Kinder brauchen Flügel, keine Helikopter!

Emily Edlynn

Kinder brauchen Flügel, keine Helikopter!

Der stressfreie Weg zu glücklichen, selbstständigen Kindern

Autonomy-Supportive Parenting – das erfolgreiche Erziehungskonzept

Aus dem Englischen von Susanne Engelhardt

Haben Sie Fragen an den Verlag?
Anregungen zum Buch?
Erfahrungen, die Sie mit anderen teilen möchten?

Besuchen Sie unsere sozialen Netzwerke:
www.mankau-verlag.de/forum

Impressum

Bibliografische Information der Deutschen Nationalbibliothek
Die Deutsche Nationalbibliothek verzeichnet diese Publikation in der
Deutschen Nationalbibliografie; detaillierte bibliografische Daten sind
im Internet über http://dnb.d-nb.de abrufbar.

Emily Edlynn
Kinder brauchen Flügel, keine Helikopter!
Der stressfreie Weg zu glücklichen, selbstständigen Kindern
Autonomy-Supportive Parenting – das erfolgreiche Erziehungskonzept
ISBN 978-3-86374-731-2
1. Auflage November 2024

Mankau Verlag GmbH
Pfarrgasse 1
D-82497 Unterammergau
Im Netz: www.mankau-verlag.de
Soziale Netzwerke: www.mankau-verlag.de/forum

Übersetzung: Susanne Engelhardt, München
Lektorat: Redaktionsbüro Julia Feldbaum, Augsburg
Endkorrektorat: Susanne Langer-Joffroy M. A., Germering
Cover/Umschlaggestaltung: Andrea Janas, München, www.andreajanas.com
Innenteil/Layout und Satz: Lydia Kühn, Aix-en-Provence, Frankreich

Druck: Westermann Druck Zwickau GmbH, Zwickau/Sachsen

Hinweis für die Leserinnen und Leser:
Die Autorin hat bei der Erstellung dieses Buches Informationen und Ratschläge mit
Sorgfalt recherchiert und geprüft, dennoch erfolgen alle Angaben ohne Gewähr.
Verlag und Autorin können keinerlei Haftung für etwaige Schäden oder Nachteile
übernehmen, die sich aus der praktischen Umsetzung der in diesem Buch vorgestell-
ten Ratschläge ergeben.

Inhalt

Teil I

Die etwas andere Art von Erziehungsratschlägen
Ein flexibles Bezugssystem, das zu Ihnen passt

Seite **23**

Kapitel 1

Autonomie-fördernde Erziehung: Versuch einer Definition 24

Kapitel 2

Warum sollten Sie Autonomie-fördernde Erziehung anwenden? . . . 35

Kapitel 3

Das Handwerkszeug für die Autonomie-fördernde Erziehung
»Aber was soll ich nur tun?« 46

Kapitel 4

Kapitel 5

Teil II

Wie man Autonomieförderung
in den Erziehungsalltag einbaut

Seite 89

Kapitel 6

Kapitel 7

Wie man gute Freunde und Partner erzieht:

Kapitel 8

Die innere Welt

Kapitel 9

Die Schule

Kapitel 10

Digitales Leben

Kapitel 11

Bereit fürs echte Leben? Das liebe Geld

Kapitel 12

Ein Leben für den Sport

Kapitel 13

Der Sinn des Lebens

Teil III

Nicht mehr ohnmächtig, sondern handlungsfähig

Seite 303

Gewidmet Philip und meinem Heimteam, »den O-Es«.

Anmerkung der Redaktion:
Emily Edlynn lebt mit ihrer Familie in den USA, und viele ihrer Erlebnisse, Fallbeispiele und Begrifflichkeiten – insbesondere in Sachen Bildungssystem – beziehen sich auf den dortigen Lebensalltag. Doch trotz einiger Unterschiede ist die Herausforderung, Kinder zu glücklichen und selbstständigen Persönlichkeiten zu erziehen, in den westlichen Gesellschaften überall die gleiche. Daher behalten Edlynns Erfahrungen und Empfehlungen auch im deutschsprachigen Raum ihren uneingeschränkten Wert.

Einführung

Je länger ich an diesem Buch schrieb, desto zuversichtlicher blickte ich auf mein Elternsein. Es klingt vielleicht übertrieben, aber meine wummernden Selbstzweifel waren nur noch eine gelegentliche Schwingung, weil ich die Autonomie-fördernde Denkweise verstand und mit diesem Bezugssystem im Hinterkopf eine Reihe von erzieherischen Herausforderungen anging. Als ich ruhiger wurde, Zutrauen in meine erzieherischen Fähigkeiten gewann und an dem Buch saß, in dem ich diese Erkenntnis mit anderen teilen wollte, entdeckte ich auch mein eigentliches Problem, das mir in den zehn Jahren meines Mutterseins immer entgangen war: meine Neigung zur Kontrolle. Dann fiel mir auf, dass andere Eltern in meiner Therapiepraxis und in meinem Umfeld mit den gleichen Schwierigkeiten zu kämpfen schienen (genau wie das andere Elternteil bei mir zu Hause). Sie lauern eben überall – verdeckt von der liebevollen Absicht, gute Eltern zu sein und gute Kinder großzuziehen.

Mir gefiel die Idee, dieses Aha-Erlebnis zu teilen: Es ist schwer, kontrollgesteuert zu sein, wenn man bewusst einen Autonomie-fördernden Erziehungsstil ausübt. Als ich meine Kontrollneigung runter- und die Autonomieförderung hochfuhr, kam es mir vor, als würde die bessere Mama-Version schmetterlingsgleich aus dem Kontroll-Kokon schlüpfen.

Aber dann, eines Abends im Herbst ...

»Du bist echt ein Kontroll-Freak!« Das schleuderte mir meine Elfjährige in voller Lautstärke und maximaler Erregtheit entgegen, als ich auf der Einhaltung der Handy-Zeiten bestand. Meine Schmetterlingsflügel zerbröselten, und ich wollte zurück in den Kokon schlüpfen. Was war schiefgelaufen?

Angesichts ihrer Reaktion musste ich mich fragen, ob ich wirklich ein »Kontroll-Freak« war. Obwohl ich ganz bewusst auf Autonomiefördernde Erziehung setzte, hatte ich vielleicht unbewusst den Drang, meine Tochter zu kontrollieren. Der kollidierte mit dem Wunsch, sie in dem Gefühl zu unterstützen, auf die Dinge Einfluss nehmen zu können. An mir nagte die Angst, sie könne ihr Handy einem erfüllten Leben vorziehen. Und Angst kann Kontrollzwang auslösen. Waren die Handy-Zeiten denn überhaupt ihrem Alter und Entwicklungsstand angemessen? Es war sicher nicht verkehrt, das mal zu überdenken, auch wenn ich für den Moment an den vereinbarten Zeiten festhielt.

Ihr war egal, dass wir die Regeln zum Handy-Gebrauch gemeinsam festgelegt hatten und ich sie nur an die Konsequenzen erinnerte, auf die wir uns geeinigt hatten. Es hätte auch keinen Unterschied gemacht, als Antwort all die wissenschaftlich fundierten Strategien zur Förderung ihrer Autonomie aufzuzählen, die ich angewandt hatte: »Hey, ich hab dich bei der Entscheidungsfindung mit einbezogen, ich hab alles begründet, und ich hab mich ganz empathisch in dich hineinversetzt, um deine Sicht nachzuvollziehen. Ich fördere dich in deiner Autonomie!« In ihrem präpubertären Zustand fühlte sie sich in diesem Moment eben kontrolliert.

Ich fange mit diesem Beispiel vom Schlachtfeld Kinderzimmer an, weil wir auch das Thema Kontrolle in der Erziehung berücksichtigen müssen, wenn wir in diesem Buch darlegen wollen, wie eine Autonomie-fördernde Erziehung aussieht. Wir alle neigen zur Kontrolle, aber wie sehr, das wechselt von Tag zu Tag. Und wie kontrollsüchtig unsere Kinder uns finden, kann sich sogar von jetzt auf gleich ändern. Als ich mich fragte, ob ich kontrollgesteuert war oder nicht, prägte ich für mich den Begriff des »Kontroll-Kontinuums«. Statt auf die Frage »Bin ich kontrollgesteuert?« mit Ja oder Nein zu antworten, geht es beim Kontroll-Kontinuum um die gezielte Frage: »Wie kontrollgesteuert bin ich gerade?«

Wie ich an mir selbst feststellte, steht Autonomieförderung für die beste Seite des Erziehens, während Kontrollneigung oft auf Furcht und Angst beruht oder bei Stress das Mittel der Wahl ist. Auch wenn manche Eltern sich bewusst für Kontrolle entscheiden, ist doch die Kontrollneigung häufig eine Reaktion und/oder letztlich der Wunsch, seine Kinder zu beschützen. Doch das fördert ihre Entwicklung nicht. Das Problem ist: Je kontrollgesteuerter wir sind, desto mehr scheinen sie außer Kontrolle zu geraten. Wenn unsere Kinder aber außer Kontrolle zu sein scheinen, zieht das Probleme nach sich, kleine und große – von mehr Trotzanfällen bei bockigen Kleinkindern bis zum erhöhten Missbrauchsrisiko verbotener Substanzen bei Jugendlichen. Als Kinderpsychologin und dreifache Mutter habe ich durch

Forschung, therapeutische Praxis und Erfahrungen in der eigenen Familie erkannt, dass eine Autonomie-fördernde Erziehung das Gegenmittel zum Gift der Kontrollneigung sein kann.

Warum gerade DIESER Erziehungsratgeber?

Dieses Buch bietet eine Blaupause, um unser aller Neigung zur Kontrolle zu ersetzen durch eine Denkweise und Strategien, welche uns helfen, Kinder großzuziehen, die wissen, dass sie beeinflussen können, wer sie sind und wie sie leben. Eigenständige Menschen eben. Zu Autonomie-fördernder Erziehung gehören Strategien, die darauf abzielen, das Vertrauen der Kinder in ihre Fähigkeiten, eine größere Eigenständigkeit und eine ausgeprägte Selbstwahrnehmung zu stärken. All das soll durch positive familiäre und soziale Bindungen erreicht werden. Die Wissenschaft bietet ein nützliches Bezugssystem für die Kindererziehung, schreibt aber nicht exakt vor, was zu tun ist. Flexibilität macht diesen Erziehungsansatz effektiver, da er eine Anpassung seiner Prinzipien an jede einzelne Familie und jedes Eltern-Kind-Paar ermöglicht.

Diese Form der Erziehung ist trotzdem harte Arbeit. Sorry, aber dieses Buch ist nicht die »Lösung in zehn Schritten« für alle Erziehungsprobleme, denn das wäre eine Lüge, um jede Menge Geld zu verdienen. Und ich lüge nicht, auch wenn das bedeutet, auf ein Dasein als Millionärin zu verzichten. Stattdessen soll dieser Ratgeber Orientierung geben, basierend auf der Wissenschaft der Autonomieförderung und im Kontext dessen, was tagtäglich beim Kindererziehen passiert. Nicht in Forschungsberichten. Nicht in der idealisierten, bereinigten Version des Kindererziehens, von der viele Erziehungsansätze ausgehen. Und die dann beim Leser ein Gefühl des Versagens auslösen. Ich habe dieses Buch geschrieben, um Eltern zu unterstützen und zu stärken, die durchmachen, was auch ich durchgemacht habe: Sie versuchen, die bestmöglichen Eltern zu sein – und haben einen totalen Burn-out.

Der Werdegang einer Erziehungsexpertin: vom Burn-out zur Autonomieförderung

Nach den Maßstäben mancher Leute habe ich mir die Auszeichnung »Erziehungsexpertin« verdient, weil ich in klinischer Kinderpsychologie promoviert habe, seit über fünfzehn Jahren als Psychologin mit Kindern und Familien arbeite, einen Elternblog betreibe, eine regelmäßige Kolumne mit Ratschlägen für *Parents.com* verfasse und Artikel zum Thema Erziehung schreibe für landesweit erscheinende Zeitungen und Zeitschriften wie *The Washington Post, Scary Mommy* und *Good Housekeeping*. Als »Expertin« also weiß ich glücklicherweise immer, was ich als Mutter tun muss. Meine Kinder gedeihen beständig, ihre Entwicklung verläuft positiv, und sie halten sich natürlich immer an die Begrenzung der Bildschirmzeiten und des Zuckerkonsums. Schön wär's.

Über Jahre habe ich meine Kinder erzogen, ohne je einen Erziehungsratgeber in die Hand zu nehmen. Ich habe kurze Artikel gelesen, die in keiner Hinsicht auf all die Nuancen des Alltags eingehen konnten, denn ich hatte weder die Zeit noch die Muße, ein ganzes Buch zu lesen. Himmel, ich hatte ja kaum Zeit, meine geliebten *Real Housewives* zu schauen (es steht unentschieden zwischen Orange County und Atlanta).

In den Jahren, als ich drei kleine Kinder zu versorgen hatte und gleichzeitig in der medizinischen Forschung tätig war (was hohe Anforderungen an die Produktivität bedeutete, während man in der »Freizeit« all das tat, was einem eine Beförderung einbrachte), verheiratet mit einem Psychologen, der den gleichen Job hatte (Ergebnis: keine Flexibilität bei den Arbeitszeiten, gnadenloser Stress usw.), suchte ich nur nach der Antwort auf die Frage: »Was ist das absolute Minimum an Erziehung, das ich leisten muss, ohne ein schlechtes Gewissen zu bekommen?« Wie sich über Wasser halten und eine gute Mutter sein? (Erster Schritt: nie und nimmer an der Definition einer »guten Mutter« orientieren, die in unserer Kultur vorherrscht. Vergessen Sie den Mythos Mutterschaft, sofort!) Ich brauchte eine Überlebensstrategie fürs Elternsein, und damit war nicht der damals angesagte, übermäßig engagierte und höchst intensive Ansatz gemeint.

Als ich begann, einen Erziehungsblog zu schreiben, um zu füllen, was ich als Lücken in der Erziehungsberatung empfand (wie die

Realität der Elternschaft), fing ich an, mehr Erziehungsratgeber zu lesen. Manches hätte ich im Nachhinein gern früher gewusst, anderes konnte ich nicht zu Ende lesen, weil die »Empfehlungen« darin für mich eher nach Stress als nach praktischen Lösungen klangen. Oder nach Mitgefühl. Mein wissenschaftlich geschultes Gehirn und der Teil meiner Seele, der sich im Leerlauf befand, sehnten sich nach besseren Erziehungstipps, und zwar im Namen aller Eltern, die sich wie ich abstrampelten. Wo waren denn all die wissenschaftlich fundierten, aber dennoch realistischen Ansätze für die Kindererziehung, die nicht davon ausgingen, dass wir uns in einem Vakuum befinden und unsere Kinder alle gleich formbar sind, wenn wir nur bestimmte Schritte beachten und diese eine Strategie anwenden?

Ich fing an, einen eigenen Ansatz zu entwickeln, den ich anfangs »Kindererziehung für Faule« nannte. Ich schrieb bei *Scary Mommy* darüber. Dann entdeckte ich, dass die Psychologie, also mein eigenes Fachgebiet, längst erforscht hatte, was ich in vielerlei Hinsicht von Natur aus im Sinn hatte: die Autonomieförderung. Mich hat begeistert, dass der Fokus hier darauf liegt, eigenständiges Verhalten und Selbstständigkeit durch Aspekte des täglichen Familienlebens zu erreichen.

Als ich mich näher damit befasste, merkte ich, dass die Autonomie-fördernde Erziehung nicht nur meinen Idealen entsprach. Die Forschung legte auch nahe, dass dieser Ansatz zu etwas führt, das meiner Überzeugung nach die meisten von uns anstreben, wenn wir Eltern werden: Wir möchten psychisch stabile Menschen großziehen, die gut klarkommen. Und als Bonus: glücklichere, heilere Familien.

Zahllose Studien mit ganz unterschiedlichen Ansätzen haben bewiesen, wie gut die Autonomie-fördernde Erziehung zu dem passt, was so viele von uns sich für ihre Kinder erhoffen, wenn sie groß werden: Selbstvertrauen, Kompetenz und Mitgefühl für sich und andere. Die Prämisse des Vertrauens auf die Fähigkeiten und die Menschlichkeit unserer Kinder ändert die elterliche Sicht: Statt Angst steht Kraft im Fokus, und sie beruht auf Werten, statt auf Furcht. Wie also lassen Sie dieses großartige Versprechen wahr werden? Als jemand, der beruflich und privat viel Erfahrung mit Burn-out hat, sage ich Ihnen, dass Sie mit Sicherheit bei der Frage beginnen müssen, warum diese Form der Erziehung auch gut für Sie ist.

Psst ... bei der Autonomieförderung geht es eigentlich um uns

Beim Elternsein dreht sich natürlich alles darum, Kinder erfolgreich großzuziehen. Aber wir können das besser, wenn wir selbst glücklicher und fitter sind. Die ständige Erschöpfung und das zombieartige Funktionieren als junge Eltern haben ihre Wunden hinterlassen. Ich hatte nie Zeit für mich. Ich gab alle Hobbys auf. Ich verlor mich selbst. Als meine Kinder altersmäßig so weit waren, allein in einem Zimmer zu bleiben, ohne dass sie unter umstürzenden Möbeln begraben zu werden drohten, konnte ich Schritt für Schritt aufatmen – einen Entwicklungsschritt nach dem anderen. Ihre Selbstständigkeit bedeutete mehr Freiheit für mich. Als zum Beispiel die Grundschulzeit begann, kam das allabendliche Vorbereiten der Lunch-Pakete zum sich türmenden Abwasch hinzu, und das drohte mich in den Abgrund zu reißen. Wie ich den Abgrund meide? Meine Kinder machen ihre Lunch-Pakete selbst! Zugegeben, am Anfang war das aufwendiger, ich musste sie beaufsichtigen und anleiten. Aber so haben meine Kinder sich im Grundschulalter angewöhnt, ihre Brotzeit selbst zuzubereiten, eine halbwegs akzeptable Auswahl an Lebensmitteln zu treffen und sie in fröhlich-bunte Boxen zu packen. Und was noch besser ist: Sie werden nicht zu den jungen Erwachsenen werden, die ihren Vater im Büro anrufen, damit er nach Hause kommt, um ihnen mittags Käse-Makkaroni zu machen (eine wahre Geschichte).

Wenn wir aufhören, so viel für unsere Kinder zu tun, wenn wir einen Schritt zurücktreten und beurteilen können, wo wir sie der Möglichkeit berauben, ihre Fähigkeiten zu entwickeln, während unsere To-do-Listen unnötig länger und stressiger werden, dann stärken wir unser Familienleben nachhaltig. Als Bonus sind diese Kinder als Erwachsene unabhängiger und besser für die Zukunft gerüstet. Dahinter verbirgt sich ehrlich gesagt nur gesunder Menschenverstand. Und Wissenschaft.

In der heutigen Zeit, in der wir streamen, was und wann wir wollen, in der unsere Uhren mit dem Handy verbunden sind und uns Smartphones mit einem Summen jede E-Mail, Textnachricht und Schlagzeile anzeigen, und in der ganze Industriezweige florieren, weil sie den schnellen Erfolg versprechen, ist die Autonomie-fördernde Erziehung vielleicht nicht sofort erfüllend, denn in mancher Hinsicht braucht es Monate oder sogar Jahre, bis sich ihre Stärken voll zeigen. Aber halten Sie durch. Bleiben Sie wachsam, und Sie werden kleine Erfolge bemerken, die Sie anspornen. Zum Beispiel könnte ein älteres Kind die Eigenständigkeit eines jüngeren Geschwisterkindes unterstützen, und dann sagen Sie sich:»Hey, das war ich, darum können die das!« Wie aber leben wir diese Vision bei der täglichen Plackerei in der Kindererziehung? Was TUN wir denn, um diesen Anspruch Wirklichkeit werden zu lassen? Der Sinn dieses Buches ist es, Ihnen zu sagen oder zu zeigen, wie Sie Ihre eigene Form von Autonomie-fördernder Erziehung finden können.

Wie man dieses Buch benutzt

Dieses Buch richtet sich an vielbeschäftigte Eltern, die sich der Aufgabe verschrieben haben, ihre Kinder auf eine Weise großzuziehen, die für die gesamte Familie am tauglichsten ist, die aber auch zu wenig Zeit und Energie haben, um ein ganzes Buch zu lesen. Ich habe Bücher und Dutzende von durch Fachleute geprüften Fachartikeln durchforstet, die belegen, dass die Autonomie-fördernde Erziehung wissenschaftlich untersucht ist. Und ich habe diese Wissenschaft auf den Alltag übertragen.

So verlockend es auch sein mag, gleich zu den Praxiskapiteln im zweiten Teil zu blättern, möchte ich Sie doch ermutigen, den ersten Teil zumindest zu überfliegen. Hier werden die Grundlagen dargelegt, warum Sie sich für Autonomie-fördernde Erziehung entscheiden sollten.

Der erste Teil behandelt die wesentlichen Elemente der Theorie und wie das Ganze in der Praxis funktioniert:

> einen Überblick über die alltäglichen und forschungsgestützten Benefits, damit Sie folgende Fragen beantworten können: Was genau ist Autonomie-fördernde Erziehung, und warum sollte man auf sie vertrauen?

> eine detaillierte Beschreibung der grundlegenden Strategien, die wir dann in jedem der Praxiskapitel anwenden.

> Risiken und Nachteile der Kontrollsucht, in die man leichter abrutscht, als man denkt (ich spreche aus Erfahrung). Erkennt man

die Kontrollthematik als zentrales Problem in der Kindererziehung, ebnet das den Weg für die Umsetzung der Lösung.

> die kulturellen Betrachtungen dazu, wie die Autonomie-fördernde Erziehung rund um den Globus funktioniert.

Der zweite Teil umfasst alle wichtigen Bereiche im Leben Ihres Kindes und Ihrer Familie: zu Hause, das soziale Umfeld (z. B. Freundschaften, Schule, Online-Aktivitäten usw.), das Gefühlsleben, Geld, außerschulische Aktivitäten, ehrenamtliches Engagement und Religion. In diesen Kapiteln geht es um allgemeine Herausforderungen für moderne Familien. Hier werden relevante Forschungsergebnisse zusammengefasst, es wird erklärt, wie diese Forschung in das Autonomie-fördernde Bezugssystem passt, und es gibt praktische Tipps für den Alltag in der Kindererziehung.

In jedem Praxiskapitel in Teil 2 werden konkrete Themen aus dem echten Leben aufgezeigt. Die Kapitel umfassen Tipps und Anleitungen für die einzelnen Entwicklungsstufen des Kindes. Sie werden in die drei in der Fachliteratur üblichen Kategorien unterteilt:

> frühe Kindheit (0–6 Jahre)
> mittlere Kindheit (7–12 Jahre)
> Adoleszenz (frühe = 10–13 Jahre, mittlere = 14–17 Jahre).

Falls Sie so pedantisch wie ich sind, dürfte Ihnen die Überschneidung zwischen mittlerer Kindheit und früher Adoleszenz aufgefallen sein. In der Tat kommen bei einigen von uns aufgrund der beginnenden Pubertät die Kinder bereits mit zehn in die adoleszente Phase, was aber im breiten Spektrum des »Normalen« liegt.

Für jede Entwicklungsstufe werden die üblichen Herausforderungen, Ängste und Hoffnungen angesprochen, das verfügbare Wissen, das wir zur Orientierung haben, wird überprüft, Tipps zur Entscheidungsfindung in unseren Familien werden genannt, und es gibt ein Beispiel zum Vergleich von kontrollgesteuertem und Autonomie-förderndem Ansatz. Dieser Aufbau ermöglicht es Ihnen, schnell zu dem benötigten Kapitel zu kommen und problemlos wissenschaftlich fundierte Strategien für das Alter Ihrer Kinder zu finden.

Eine Anmerkung zu den realen Beispielen, welche die gegensätzlichen Ansätze von Kontrolle und Autonomieförderung veranschaulichen: Ich gebe gern zu, dass die hübschen Anekdoten in Erziehungsratgebern selten das widerspiegeln, was wir bei der Erziehung erleben. Insbesondere bei den kurzen Darstellungen zur Adoleszenz bin ich mir bewusst, dass es einem Eiertanz gleichen kann, mit Jugendlichen zu sprechen.

Da wir im Buch Szenarien durchspielen, um auf Autonomie-fördernde Weise zu kommunizieren, hier ein paar Warnungen: Timing ist alles. Achten Sie auf Anzeichen von Offenheit, um im richtigen Moment eine Verbindung herzustellen, wie Augenkontakt, die Verwendung von Worten statt Grunzlauten, um auf Small Talk zu reagieren, oder ein bisschen Spaß haben, während man eine Besorgung macht, auf die auch die jungen Leute Lust haben. Ihr Kind könnte sich zum Beispiel einen Snack holen oder sich mit selbst verdientem Geld etwas Schönes kaufen.

Meine brillanten Vorschläge müssen sich möglicherweise über zahlreiche Versuche hinweg bewähren, bei denen man sorgfältig Fragen oder Beobachtungen platziert, um das aktuelle Dilemma zu thematisieren, statt alles in einem tiefschürfenden Gespräch abzuhaken.

Denken Sie daran, dass Ihr Jugendlicher vor dem Antworten möglicherweise Zeit braucht, um zu verarbeiten, was Sie sagen. Drängen Sie ihn nicht zu reden, falls er nicht aufnahmebereit wirkt, aber lassen Sie ihn wissen, dass Sie gern weiterreden möchten.

Die Kunst beim Kindererziehen besteht darin, das Seelenleben unserer Kinder zu erfassen und die Erziehung anhand dieses Wissens anzupassen. Betrachten Sie also diese Anekdoten als Illustration eines Konzepts. Fügen Sie diesem Konzept eigene Pinselstriche hinzu, um es zu Ihrem zu machen, und auch Ihr Kind soll seinen Pinsel einsetzen, damit Sie zusammen Ihr ganz persönliches Kunstwerk erschaffen. Auch wenn Sie beide dabei die Wände mit Farbe beschmieren.

Der dritte Teil des Buches befasst sich mit Überlegungen zur Erziehung von Kindern, die mit Ängsten und Depressionen zu kämpfen haben, und mit der Frage, wie man Autonomie-fördernde Erziehungsansätze bei neurodivergenten Kindern mit ADHS oder Autismus abwandeln kann.

Was Sie beachten sollten

Die Wissenschaft hat Grenzen. Die Erziehungsberatung hat Grenzen. Ich bin nicht allwissend. Übernehmen Sie, was Ihnen zusagt. Was nicht, lassen Sie weg. Das hier soll eine unbelastete Lektüre sein. Beispiele sind, was sie sind – Beispiele. Sie LIEBEN es, die Brotzeit für Ihre Kinder vorzubereiten? Dann tun Sie's! Ich will Ihnen nicht die Freude nehmen. Es gibt jede Menge Bereiche im häuslichen Alltag, in denen Sie sicher eingeständiges Verhalten erwarten können. Beispiele dienen der Veranschaulichung von Konzepten, aber ich habe nicht im Sinn, dass sie haarklein befolgt werden.

Ich wiederhole das oft, und zwar aus gutem Grund: Bei der Erziehung bewegen wir uns alle auf einer Skala zwischen Kontrolle und Autonomieförderung, abhängig von Vorkommnissen, Stresslevel, der Stimmung und dem Verhalten unserer Kinder. Es ist hilfreich, die eigene Denkweise flexibel zu halten: Anstatt uns selbst das Label zu verpassen, Autonomie-fördernde Eltern zu sein oder nicht zu sein, tun wir unser Bestes, um diese Form der Erziehung jeden Tag aufs Neue zu praktizieren.

Ein paar Stunden nach ihrem Ausbruch und dem Vorwurf, ich sei »so ein Kontrollfreak«, kam meine Tochter mit einer Umarmung und einer Entschuldigung zu mir. Einige Tage später teilte sie mir altklug mit, wie sie sich nach mehr als zwei Stunden am Handy fühle (der Kopf schmerze, sie fühle sich wie betäubt und ausgegrenzt). Sie stimmte mit mir überein, dass die Begrenzung der Handyzeiten gut für ihre Gesundheit und ihr Wohlergehen sei. (In Kapitel 9 erfahren Sie, wie sich das wenige Monate später wieder änderte!) So sieht die Realität des Elternseins aus – wir mögen im Kontroll-Kontinuum hin- und herhüpfen, und wie unsere Kinder uns sehen, hängt davon ab, wie es bei ihnen gerade läuft, aber entscheidend ist, wo im Kontinuum wir in der Regel verortet sind. Wie sich herausstellte, musste ich meiner Tochter gar nicht erklären, dass wir ihre Autonomie im Bezug auf den Handygebrauch gefördert hatten, denn weil wir das hatten (auch wenn dabei unter der Oberfläche ein bisschen Kontrollsucht mit im Spiel war), konnte sie aus dem Bewusstsein ihres Handlungsvermögens heraus ihre eigenen Einsichten entwickeln und sie uns dann mitteilen. Wenn das nicht autonom ist …

Teil I

Die etwas andere Art von Erziehungsratschlägen

Ein flexibles Bezugssystem, das zu Ihnen passt

Kapitel 1

Autonomie-fördernde Erziehung:
Versuch einer Definition

Ich sah zu, wie mein Vierjähriger versuchte, beim Ga-Ga-Ballspiel mit einer Gruppe deutlich älterer Kinder mitzuhalten. Ich wusste, was kommen würde, und genau so kam es: Er wurde abgeschossen. Frustriert rannte er davon und ließ sich schreiend und weinend auf den Asphalt plumpsen. Ich beobachtete ihn aus einigen Metern Entfernung, während ich mich weiter mit einigen anderen Eltern unterhielt. Eine Mutter bemerkte, sie könne nicht fassen, dass ich nicht zu ihm gelaufen sei, um ihn zu trösten. Ihr Kommentar wirkte eher fassungslos als wertend. Sie ergänzte:»Ich bin meinem Sohn nie von der Seite gewichen, weshalb er vermutlich auch als Teenager nicht mal allein seinen Koffer packen kann. Ich schwöre, ich muss jede Kleinigkeit für ihn erledigen.«

Es gibt Momente, in denen ich mich gezwungen sehe zu erklären, wie sehr ich meine Kinder liebe, denn was so aussieht, als würde ich die Bedürfnisse meiner Kinder ignorieren, ist in Wirklichkeit eine bewusste Erziehungsmaßnahme. Meistens geschieht das zu ihrem eigenen Besten, manchmal auch zu meinem Besten. In diesem Moment auf dem Asphalt wusste ich, dass mein Sohn seinen Frust ohne meinen Trost schneller überwinden würde, und das aufgrund seiner persönlichen emotionalen Prägung. Ich hatte ihn darauf vorbereitet, dass er wahrscheinlich nicht mit den großen Kindern würde mithalten können; er war hartnäckig geblieben und musste erfahren, was Scheitern und Frust bedeuten. Nach ein paar Minuten sprang er auf und rannte zurück zum Ga-Ga-Platz, um es noch einmal zu versuchen.

Die Evolution der Erziehungsberatung

1965 konzentrierten sich die Erziehungswissenschaftler auf die psychologische Kontrolle im elterlichen Verhalten (zum Beispiel Übergriffigkeit, Anweisungen geben, Kontrolle durch Auslösen von Schuldgefühlen usw.). Man erschuf das Konzept der »psychologisch gewährten Autonomie« als Gegensatz zum eigentlichen Diskussionsgegenstand, der kontrollgesteuerten Erziehung. Erst in den Neunzigerjahren begannen Forscher, die Auswirkungen dieser Form der Erziehung auf Wachstum und Wohlbefinden der Kinder zu untersuchen, was dazu führte, diese Auswirkungen mit einer Erziehung zur Selbstständigkeit zu vergleichen.[1]

Zwischen dem Theoretisieren über kontrollgesteuerte Erziehung in den Sechzigern und der Erforschung ihrer Folgen in den Neunzigern ging der Trend bei den Erziehungsratgebern in den Achtzigerjahren dahin, sich rauszuhalten, und in den Neunzigerjahren drehte sich alles ums Kind. Die Elterngeneration der Nullerjahre machte einen überfürsorglichen Erziehungsansatz durch, der auf der Angst vor Entführungen und dem geringen Selbstwertgefühl der Kinder beruhte (gern auch »Helikoptern« genannt).[2]

Da auch in der Mainstream-Kultur angekommen ist, dass diese überfürsorgliche Erziehung unsere Kinder trotz aller Beliebtheit nicht auf das wahre Leben vorbereitet (wie Julie Lythcott-Haims in ihrem Buch *How to Raise an Adult*[3] überzeugend darlegt), erleben wir eine Rückkehr von Erziehungsstilen, die auf Selbstständigkeit abzielen, so wie Lenore Skenazys »Freiland«-Ansatz.[4] Innerhalb dieser Mischung konzentrieren sich andere beliebte Ansätze wie die sanfte/positive Erziehung stark auf die Beziehungen, die Eltern zu ihren Kindern aufbauen. Doch diese Ansätze sind nur begrenzt wissenschaftlich fundiert, erfordern von den Eltern viel Zeit und Energie und setzen auf fragwürdige Erziehungsgrundsätze (zum Beispiel kann eine Auszeit trotz der Anweisung, nie eine Auszeit zu »nützen«, ein probates Mittel sein, wenn sie richtig angewendet wird). Und auch wenn die »Helikoptereltern« in Ungnade gefallen sind, erlebe ich in meiner Praxis und in meinem Umfeld überfürsorgliche Erziehung und ihre Auswirkungen, als würden Eltern nicht erkennen, dass das, was sich »normal« anfühlt, inzwischen als »Helikoptern« gilt.

Dieses Ausschlagen des Pendels, das anzeigt, was bei der Kindererziehung gerade angesagt ist, macht einen schwindelig und trägt zum allgemeinen Gefühl der Unsicherheit darüber bei, was »gute Eltern« auszeichnet. Das bringt mich zurück zu meiner ursprünglichen Absicht, das Universum der Erziehungsberatung mit mehr Fakten als

Frust und mehr Gelassenheit als Genervtsein zu füllen. Als Mutter auf der Suche nach einem nachhaltigeren Erziehungsstil und als Psychologin auf der Suche nach soliden Fakten, um die Kindererziehung zu rechtfertigen, entdeckte ich, dass Autonomie-fördernde Erziehung der Schatz ist, der seit dreißig Jahren unter Forschungsberichten und gründlichen Recherchen begraben lag.

Was ist das: Autonomie-fördernde Erziehung?

Die Begriffe »Autonomie« und »unabhängig« werden oft synonym verwendet, aber Autonomie umfasst einen sehr viel weiteren Zustand als der Begriff Unabhängigkeit. Ich wage zu vermuten, dass die meisten Eltern »unabhängig« so definieren, dass Kinder Aufgaben selbst erledigen können, ohne auf unsere Hilfe angewiesen zu sein (der Traum aller müden Eltern!). Während viele Eltern, vor allem in der westlichen Welt, Wert darauf legen, unabhängige Kinder großzuziehen, steht »autonom« für einen Zustand mit dem Gefühl von Handlungsfähigkeit und Freiheit, das quer durch alle Bevölkerungen, Kulturen und Umfelder mit einem generellen psychologischen Wohlbefinden verbunden ist.

Das Wort »Autonomie« leitet sich aus dem Griechischen ab und bedeutet so viel wie »Selbstverwaltung« oder »Selbstgesetzgebung«. In der Stanford Encyclopedia of Philosophy wird Autonomie wie folgt definiert: Sich von Erwägungen, Wünschen, Bedingungen und Eigenschaften leiten zu lassen, die einem nicht einfach von außen auferlegt werden, sondern Teil dessen sind, was man als authentisches Selbst betrachten kann. In diesem Sinne scheint Autonomie ein unumstößlicher Wert zu sein, zumal das Gegenteil – also von Kräften geleitet zu werden, die außerhalb des Selbst liegen, und mit denen man sich nicht ohne Gesichtsverlust verbünden kann – den Gipfel der Unterdrückung zu markieren scheint.

Einfacher ausgedrückt, bedeutet »Fördern der Autonomie«, dass wir unsere Kinder dazu erziehen, ihr wahres Selbst zu verstehen, wozu auch gehört, Selbstrespekt und Selbstwertgefühl zu entwickeln, sich wertkonform zu benehmen, die Fähigkeit zu erlangen, sich selbst zu regieren, und das Gefühl zu haben, Entscheidungen und Handlungen bewusst oder kontrolliert treffen zu können. Ist Ihnen das mit dem »Gipfel der Unterdrückung« in der Definition aufgefallen? Wenn wir nicht aufpassen, könnte das die Beziehung zu unseren Kindern sein. Ziel der Autonomie-fördernden Erziehung ist ja, Ihr Kind zu erziehen, ohne sein authentisches Selbstverständnis zu unterdrücken. Klingt gut, oder? Aber wie funktioniert das?

Nach der Selbstbestimmungstheorie, die von Richard Ryan und Edward Deci entwickelt wurde, gibt es drei menschliche Grundbedürfnisse, die für ein allgemeines Wohlbefinden erfüllt werden müssen: Autonomie, Kompetenz und soziale Eingebundenheit.[5] Es wird angenommen, dass Autonomie-fördernde Erziehung durch die Erfüllung dieser Bedürfnisse bei unseren Kindern funktioniert; umgekehrt scheint die Nichterfüllung dieser Bedürfnisse unsere Kinder dem Risiko auszusetzen, verhaltensauffällig zu werden.

Falls Ihre Augen an dieser Stelle glasig werden, denken Sie daran, dass der Zweck dieses Buches darin besteht, Forschungsergebnisse auf das echte Leben zu übertragen und den Fachjargon in Ideen zu übersetzen, die im Erziehungsalltag sinnvoll erscheinen. Bleiben Sie also dran, wenn ich die Theorie der Autonomie-fördernden Erziehung in ihre Grundprinzipien zerlege.

Die drei Grundbedürfnisse: Autonomie, Kompetenz und soziale Eingebundenheit

Die Selbstbestimmungstheorie liefert ein überzeugendes Argument: Menschen sind so veranlagt, dass sie Autonomie, Kompetenz und Eingebundenheit brauchen, um sich erfüllt zu fühlen. Mit anderen Worten: Wir sehnen uns danach, für uns selbst verantwortlich zu sein, Fähigkeiten zu haben und sozial eingebunden zu sein. Ich behaupte mal, dass die meisten unter uns, die schon einmal ein Kleinkind zu erziehen hatten, zustimmen können, dass diese Bestrebungen grundlegend für das Menschsein zu sein scheinen.

Autonomie

Sie ist so wichtig, dass sie sogar im Namen dieses Bezugssystems für Erziehung auftaucht. Das Konzept der Autonomie, ein Gefühl, beeinflussen zu können, wer wir sind und wie wir unser Leben leben, kann sich vage anfühlen. Aber ich denke, wir können einmal mehr Kleinkinder als Beispiel nehmen. Was wollen Kleinkinder mehr als alles andere? »Selber machen!« Ohne sich mit den erforderlichen Fähigkeiten oder der Schwierigkeit einer Aufgabe aufzuhalten, tragen Kleinkinder die wilde Entschlossenheit zu selbstbestimmtem Handeln zur Schau, die tief im menschlichen Gehirn verankert ist.

Man könnte meinen, dass der Drang zur Autonomie die Ursache vieler Eltern-Kind-Konflikte ist, vom Kleinkindalter bis zur Pubertät. Wir wollen unsere Handlungsfähigkeit und unsere Autorität als Eltern bewahren, und unsere Kinder wollen ihre eigene hervorbringen. Wir sind überzeugt, das Sagen zu haben oder haben zu sollen, und unsere Kinder wollen die ganze Zeit mehr zu sagen haben. Ich werde nie vergessen, wie ich meinen zweijährigen Sohn fragte: »Wer ist hier der Chef?«, und er sich prompt auf den Küchenboden setzte und lospinkelte. Ich hatte meine Antwort.

Das natürliche Machtgefüge in Familien hat seine Berechtigung. Da Erwachsene vermeintlich weiser und fähiger sind, sollte es ein wesentlicher Bestandteil der Kindererziehung sein, dass sie Grenzen setzen. Es ist aber durchaus möglich, die Hierarchie aufrechtzuerhalten und gleichzeitig das Gespür unserer Kinder für selbstbestimmtes Handeln zu Hause und in der Welt zu fördern und zu unterstützen. Die Forschung hat wiederholt gezeigt, dass dieses Gespür für selbstbestimmtes Handeln und Selbstverwaltung entscheidend ist für das allgemeine Wohlbefinden und das positive psychologische Funktionieren von Kindern in allen Entwicklungsstadien, weshalb sich die harte Arbeit auszahlt, herauszufinden, wie man Autonomie fördert.

In der Tat steht Autonomie in der Forschung quer durch alle Altersgruppen für eine potente Mischung aus ausgeprägter innerer Motivation, dem Gefühl der Freiheit, man selbst sein zu können, dem Wissen um das authentische Selbst und dem Handeln mit dem grundlegenden Gefühl der Verantwortung gegenüber anderen. Es überrascht nicht, dass jene, die sich autonomer fühlen, von einem höheren Selbstwertgefühl sprechen, von mehr Selbstverwirklichung, einer stärkeren Integration ihrer Persönlichkeit (dem Schlüssel zum Wissen um das wahre Selbst), von positiveren Ergebnissen für die mentale Gesundheit und von größerer Zufriedenheit mit den zwischenmenschlichen Beziehungen.[6]

Ich weiß nicht, wie es Ihnen geht, aber das ist eine ziemlich genaue Aufzählung dessen, was ich mir für meine Kinder erhoffe, wenn sie erwachsen sind, und was ich allen Menschen wünsche, egal welchen Alters! Stellen Sie sich vor, mehr Menschen auf dieser Welt würden sich autonom fühlen. Wir können dazu beitragen, indem wir unsere Kinder dazu erziehen, sich autonom zu fühlen. In der Forschung hält man Eltern für »Sozialisationsinstanzen«. Wir sind also die wichtigsten Influencer für die Selbstwahrnehmung und das Verhalten unserer Kinder innerhalb einer ganzen Reihe von Normen und Werten.[7] Wir haben vielleicht keine 100 000 Follower auf Instagram, aber im kindlichen Universum sind wir ganz entscheidende Influencer (leider ohne die Werbegeschenke).

Kurz gesagt, wenn wir die Aufgabe übernehmen, als Eltern Sozialisationsinstanzen zu sein, können wir es unseren Kindern leichter machen, sich ihres Wesenskerns bewusst zu werden, wer sie also wirklich sind – nicht, wer sie sein sollen oder für wen wir sie halten. Der Prozess, die Autonomie zu entwickeln, beruht auf der Erfüllung der beiden anderen menschlichen Grundbedürfnisse: Kompetenz und soziale Eingebundenheit.

Kompetenz

Kompetenz ist die Beherrschung einer Fähigkeit oder das Verstehen eines Konzepts, das zu der Überzeugung führt: »Ich kann das gut« oder »Ich verstehe das!« Kompetenz befeuert die Entwicklung der Autonomie über eine Hauptleitung: innere Motivation. Autonomie-fördernde Erziehung baut innere Motivation auf, kontrollgesteuerte Erziehung untergräbt sie (in Kapitel 4 erfahren Sie mehr über kontrollgesteuerte Erziehung). In der zweiten Klasse hasste mein Sohn das Ausfüllen der sogenannten Lese-Logbücher (äußerer Zwang), welche die Lehrerin von ihm verlangte. Er sollte durch tägliche Lektüre seine Lesekompetenz stärken. Aber mein Sohn zeigte bereits von sich aus seine Bücherliebe (innere Motivation). Um seine innere Lesemotivation zu erhalten und damit seine Lesekompetenz weiter zu entwickeln, verzichteten wir auf das Lese-Logbuch, das er als Kontrolle seines Verhaltens empfand. Und er las tatsächlich weiter jeden Tag.

Edward Deci, einer der Vordenker der Selbstbestimmungstheorie, beschreibt die Verbindung zwischen Autonomie und Kompetenz: »Das Streben nach Kompetenz und Autonomie – getrieben von Neugier und

Interesse – ergibt wechselseitige Wachstumskräfte und bringt Menschen dazu, immer mehr zu vollbringen und das ganze Leben weiter zu lernen.«[8]

Ein Gefühl der Kompetenz stärkt die innere Motivation, die im Zentrum des Aufbaus von Fähigkeiten und letztlich von Autonomie steht. Innere Motivation trägt zu optimaler Problemlösung und Leistung bei; das Verständnis dafür, was zu tun ist und wie es zu tun ist (zum Beispiel eine neue Fähigkeit entwickeln), führt in Kombination mit dem Gefühl, kompetent zu sein, zu noch mehr innerer Motivation. Das ist ein Kreislauf, der die gesunde Entwicklung von Fähigkeiten bei Ihrem Kind befeuert.

Unsere Aufgabe ist es, unseren Kindern die Möglichkeit zu geben, Dinge selbst zu tun, damit sie diese Kompetenz aufbauen können (mit dem sogenannten Scaffolding [englisch für »Gerüst«], bei dem wir sie immer ein bisschen über das hinaus fordern, was sie bereits können, damit sie ihre Fähigkeiten weiterentwickeln). Dazu gehört auch, dass wir unsere Kinder Fehler machen lassen und unser Unbehagen ertragen, wenn sie etwas nicht schaffen, denn sonst riskieren wir, sie langfristig zu enttäuschen. Junge Erwachsene, die von ihren Eltern vor Fehlern und Misserfolgen bewahrt wurden (der »Helikopter«-Ansatz), scheitern regelmäßig, sobald sie allein leben, und haben Mühe, das College abzuschließen oder finanziell unabhängig zu werden.[9]

Im Rahmen der kindlichen Entwicklung kann es aufregend sein, Kompetenz zu erleben. Lernen Kinder etwas Neues, klatschen und jubeln wir umso lauter, je jünger sie dabei sind. Die ersten Schritte, die ersten Wörter, die ersten Freunde. Sie geben uns die Gewissheit, dass die kindliche Entwicklung richtig verläuft und dass sie über die Bausteine verfügen, um immer komplexere Fähigkeiten aufbauen zu können. Während sie an der Beherrschung dieser immer komplexeren Fähigkeiten arbeiten, bedeutet das Gefühl der Kompetenz, dass unsere Kinder auch glauben, sie können neue Fertigkeiten erlernen und Herausforderungen bewältigen. In jedem Alter und in jedem Abschnitt sind sie bereit, ihren Alltag unabhängiger zu bewältigen, und dieser Glaube an sich selbst fördert die gesunde Entwicklung.

Und was braucht es für die Förderung dieser symbiotischen Entwicklung von Autonomie und Kompetenz? Eingebundenheit. (Und die fängt bei uns an!)

Soziale Eingebundenheit

Die Eingebundenheit stellt womöglich den psychologisch tiefgreifendsten Teil der menschlichen Erfahrung dar: das Gefühl, dazuzugehören. Dieses Gefühl der Zugehörigkeit gilt für das Wohlbefinden als entscheidend, aber – wenn es fehlt – auch für einige der schwerwiegendsten Probleme (zum Beispiel Depressionen, Probleme mit Gewalt oder die Zugehörigkeit zu einer Gang).

Was die Eltern-Kind-Beziehung betrifft, die als Grundlage für künftige Beziehungen angesehen wird, bauen Eltern dieses Gefühl der Zugehörigkeit und Verbundenheit zunächst in ihrem Zuhause auf. Kinder, die sich von ihren Eltern akzeptiert fühlen und den Eindruck haben, in ihre Familien zu »gehören«, sind in der Regel ausgeglichener und widerstandsfähiger gegen Stress.

Man könnte meinen, wir bedienen dieses Grundbedürfnis unserer Kinder ganz instinktiv. Aber in Wirklichkeit ist die Errichtung dieser Eingebundenheit in Gefahr, wenn es zu Machtkämpfen und Konflikten kommt – also wenn Kinder Kinder sind! Im Rahmen ihrer Entwicklung ist es ihre Aufgabe, Grenzen auszutesten, oft, indem sie mit uns streiten. Es ist Teil der Autonomie-fördernden Erziehung, mithilfe von Einfühlungsvermögen, Perspektivenwechseln und bedingungsloser Liebe durch diese Konflikte zu navigieren.

Die meisten von uns haben die Absicht, enge, vertrauensvolle und sichere Bindungen zu ihren Kindern aufzubauen; diese erblühen aber nicht auf magische Weise mithilfe von etwas Feenstaub. Genau genommen steckt dahinter eine Menge Arbeit im Erziehungsalltag. Das ist es aber auch wert, wenn man bedenkt, wie entscheidend Bindungen für die psychische Gesundheit unserer Kinder sind.

Es ist nämlich so, dass Eingebundenheit den Boden bereitet, sodass Autonomie und Kompetenz aufblühen können. Starke Bindungen ermöglichen es einem Kind, seine Selbstwahrnehmung zu entwickeln. Als ihre vorrangigen Sozialisationsinstanzen (alias »Influencer«) können wir täglich Strategien anwenden, die sowohl Autonomie als auch Kompetenz fördern, was langfristig der Entwicklung unserer Kinder zugutekommt.

Bedürfnisbefriedigung

Wenn die drei Grundbedürfnisse (Autonomie, Kompetenz und Eingebundenheit) erfüllt sind, erleben wir »Bedürfnisbefriedigung«.

In diesem Zustand haben wir das Gefühl, unseren emotionalen Bedürfnissen wird Genüge getan, und wir haben unser Leben selbst in der Hand. Das Gegenteil davon ist Bedürfnisfrustration – wir fühlen uns durch externe Kräfte kontrolliert und bekommen nicht, was wir brauchen, um uns unterstützt und emotional ausgeglichen zu fühlen. Klein- und Vorschulkinder zu erziehen hat mich persönlich fast ständig in einen Zustand der Bedürfnisfrustration versetzt, da es unmöglich war, Zeit und Energie für mein eigenes Wohlbefinden aufzubringen. Ich hatte das Gefühl, dass die Bedürfnisse meiner Kinder über mein Leben bestimmen! Die Forschung bestätigt, was wir im echten Leben auch erwarten würden: Bedürfnisbefriedigung steht in Zusammenhang mit einem höheren Selbstwertgefühl und allgemeiner Lebenszufriedenheit (dazu gehören zum Beispiel Vitalität, positive Emotionen und Motivation), während Bedürfnisfrustration mit »Unwohlsein« und Pathologien einhergeht (also zum Beispiel Ängsten, Depressionen und Burn-out).[10]

Hier ein Überblick darüber, wie Bedürfnisbefriedigung und -frustration bei unseren Kindern mit Autonomie, Kompetenz und Eingebundenheit in Beziehung stehen:

	Bedürfnisbefriedigung	Bedürfnisfrustration
Autonomie	Selbstbestimmung Innere Motivation Verhaltenskontrolle Freiheit, man selbst zu sein	Sich durch Druck von außen kontrolliert fühlen Das Gefühl haben, auf bestimmte Art handeln denken oder fühlen zu sollen, wie von den Eltern vorgeschrieben
Kompetenz	Sich in der Lage fühlen, Herausforderungen zu bewältigen Sich fähig fühlen, Ziele zu erreichen Erleben, dass man tägliche Aufgaben beherrscht	Sich als Versager fühlen An eigenen Fähigkeiten zweifeln
Eingebundenheit	Herzliche und vertrauensvolle Bindungen erleben Sich einbezogen fühlen Sich mit wichtigen Menschen verbunden fühlen	Sich ausgeschlossen, einsam und isoliert fühlen

Ich kann es nicht oft genug wiederholen: Unsere eigene Bedürfnisbefriedigung macht es uns leichter, unsere Kinder im Hinblick auf ihre Bedürfnisbefriedigung zu erziehen. Je eingebundener, kompetenter und autonomer wir uns fühlen, desto mehr Energie haben wir, um unsere Kinder zu unterstützen. Betrachten Sie das als ärztlichen Rat von meiner Seite, um bessere Eltern zu sein: Nehmen Sie sich Zeit für Abende mit Ihrem Partner und Wochenendausflüge mit Freunden – den Kindern wird es gut gehen. Sagen Sie Ihren Kindern klipp und klar, dass Sie sich in Ihr Zimmer zurückziehen, um nicht gestört zu werden, damit Sie meditieren, lesen oder was auch immer machen können, um zur Ruhe zu kommen und sich zu erden. Geben Sie nicht auf, wenn die Kleinen klopfen und nach Ihnen rufen – sie werden es schon lernen, und wert ist es das allemal. (Ich habe sehr oft mit Geschrei als Hintergrundmusik meditiert.) Investieren Sie Zeit in Teile Ihrer Identität, die Ihr Gefühl befeuern, kompetent zu sein, wie Arbeit oder Ehrenämter, denn Erziehen ist nicht gerade die verlässlichste Quelle, um das Gefühl zu vermitteln, man habe alles »im Griff«. Meldet sich Ihr schlechtes Gewissen, sagen Sie sich: »Das ist für die Kinder.« Denn letztendlich ist es das.

Warum wir unsere Kinder aus Angst erziehen

Trotz der eindeutigen Vorteile, die Autonomie-fördernde Erziehung für uns und unsere Kinder hat, könnte es aus gutem Grund schwer werden, das Helikoptern aufzugeben. Man kann die Evolution dafür verantwortlich machen, dass wir unsere Kinder häufig eher aus Angst erziehen. Damit unsere Spezies weiterbesteht, müssen wir verhindern, dass unsere Kinder sterben. Leider wandelt sich unsere moderne Welt schneller als unsere von der Evolution beeinflussten Gehirne, und unser Gehirn schaltet auch dann in den Beschützermodus, wenn eine Bedrohung nicht tödlich ist (z. B. ein nicht bestandener Mathetest). Zum Angstzentrum im Gehirn mit seinem Evolutions-Handicap kommt hinzu, dass Familien heute mit chronischem Stress zu kämpfen haben. Stress schränkt die Aufmerksamkeit ein und kurbelt die Reaktivität an. Es kann sich also wie eine Herkulesaufgabe anfühlen, die Kinder geduldig planschen zu lassen, wenn man noch Arbeit zu erledigen hat. Es ist sehr energieaufwendig und psychisch belastend, gegen den Strom von Evolution und chronischem Stress zu schwimmen. Helikopter-Erziehung kann da kurzfristig Ängste und Sorgen lindern, schafft aber langfristig mehr Probleme, die die guten Absichten gefährden, indem sie unser Leben zusätzlich belastet und die Bereitschaft unserer Kinder untergräbt, eigenständig zu werden.

Die Autonomie-fördernde Erziehung dagegen kennt Mittel und Wege, um die Angst abzuwenden, sodass wir mit dem Strom unserer Werte und Stärken schwimmen können statt gegen ihn. Wenn wir zulassen, dass unsere Kinder auf ihre eigenen Fähigkeiten und ihre Handlungsfähigkeit vertrauen, müssen wir sie weniger beaufsichtigen und retten. Dieser Prozess des Los- und Wachsenlassens in der Absicht, die Unabhängigkeit zu fördern, bringt einem Kind bei, auf seine Fähigkeiten zu vertrauen. Das ermöglicht ihm schließlich, sein wahres Selbst zu entdecken – wer es als es selbst ist. Unser Vertrauen in sie und ihre innere Zuversicht wird unseren Kindern helfen, ein starkes Gefühl der Autonomie und des Wohlseins zu entwickeln, das alle Bereiche des täglichen Lebens durchdringt: zu Hause, in der Schule, im sozialen Umfeld. Sogar das körperliche Wohlbefinden wird profitieren – ihr Geist, ihr Körper, ihr Herz.

Was also ist mit diesen Mitteln und Wegen gemeint? Jedes Kapitel in Teil II des Buches leitet Sie im Detail an, aber begleiten Sie mich zuerst dabei, wenn wir uns im nächsten Kapitel mit dem »Warum« der Autonomie-fördernden Erziehung befassen. Sich auf dieses »Warum« zu besinnen, kann uns in der Zeit helfen, in der das Leben sich härter anfühlt (seien es Tage, Monate oder Jahre).

Kapitel 2

Warum sollten Sie Autonomie-fördernde Erziehung anwenden?

Wenn Sie ein paar Jahre in die Zukunft Ihres Kindes blicken, was sehen Sie dann? Ist es das, was Sie zu sehen hoffen?

Als ich bemerkte, dass meine Kinder mich mit ihren funktionstüchtigen Köpfen und Körpern immer wieder baten, ihnen Wasser zu bringen, sah ich eine düstere Zukunft vor mir, in der ich diese verwöhnten Bälger grollend von vorn bis hinten bediente. Als ich dieses tägliche Zeremoniell abwandelte, indem ich konterte: »Wenn ihr Wasser wollt, holt es euch gefälligst«, erschien mir die Zukunft rosiger. Obwohl meine Kinder anfangs murrten, haben sie sich schließlich damit abgefunden und holen sich ihr Wasser jetzt meistens selbst – oder sie fragen zumindest etwas dankbarer und liebenswürdiger.

Nachdem ich zehn Jahre lang die auslaugenden »Kleinkindjahre« und die blanke Erschöpfung aufgrund der Erziehung dreier Kinder ertragen hatte, verspürte ich eine diebische Freude angesichts der Möglichkeiten, die ich für sie sah, mich fortan weniger zu brauchen. Ehrlich gesagt wünschte ich, ich hätte diese Fülle an Möglichkeiten früher bemerkt, sobald ich erkannt hatte, wie fähig selbst unser jüngstes Kind schon war. (Kleinkinder und Kindergartenkinder haben die größte Motivation zu helfen, auch wenn diese »Hilfe« alles andere als hilfreich ist!)

Stellen Sie sich nur einmal vor, Ihr Kind wäscht seine Wäsche (!), kocht das Essen für die Familie, denkt an alles, was es am nächsten Tag für die Schule braucht, packt seinen Koffer selbst und erzählt Ihnen, wie es einen Streit mit seinem besten Freund beigelegt hat. Stellen Sie sich die Befreiung von dem Druck vor, zu machen und zu tun und sich an alles erinnern zu müssen. Und stellen Sie sich vor, wie stolz Sie sind, wenn Sie erleben, wie Ihr Kind sein Leben in die Hand nimmt – Entwicklungsschritt für Entwicklungsschritt.

Stellen Sie sich nun noch vor, dass mit der Entfaltung dieser Selbstständigkeit nicht nur der Erziehungsalltag leichter wird, sondern dass noch etwas weit Größeres durchscheint: Ihr Kind entdeckt sein wahres Selbst und wer es sein möchte, und das zu seinen Bedingungen. Es entwickelt ein Gefühl der Autonomie, das ein Leben lang anhält.

Die Forschung zur Autonomie-fördernden Erziehung

Die wissenschaftliche Auseinandersetzung mit dieser Form der Erziehung begann in den Neunzigerjahren. Es ist beachtlich, wie viele Beweise seitdem angehäuft wurden, sodass man heute sagen kann: »Es funktioniert!« Im Vergleich zu anderen psychologischen Konzepten, die sich auf mehr als fünfzig Jahre Forschung stützen können, ist die Autonomie-fördernde Erziehung recht jung. Und es dauert bekanntlich lange, bis Forschungsergebnisse ins wahre Leben einsickern. Das mag erklären, warum das Konzept dieser Form der Erziehung erst jetzt den Weg ins allgemeine Bewusstsein findet.

Das Bezugssystem der Autonomie-fördernden Erziehung mag in der Populärkultur relativ neu sein, aber es beruht auf etablierten Konzepten, die in der Psychologie seit Langem erforscht werden: Selbstwirksamkeit, Wohlergehen, soziale Eingebundenheit, Bedürfnisbefriedigung, Familienzusammenhalt und Autonomie – um nur einige wenige zu nennen.

Jetzt, da sich die Forschung endlich mit den gängigen Elternratgebern deckt, ergibt die Autonomie-fördernde Erziehung wirklich Sinn. Beginnen wir damit, einige Punkte zu erörtern, die man aus aus der Forschung übernehmen kann, in der die Autonomie-fördernde Erziehung gestützt wird.

Wie diese Art der Erziehung Eltern hilft

In Studien wurde herausgefunden, dass Eltern, die bei der Erziehung die Autonomie fördern, tendenziell von weniger Stress, einer stärkeren Bedürfnisbefriedigung und mehr Wohlbefinden berichten.[11] Grundsätzlich sind wir weniger gestresst, wenn wir eine stärkere Bedürfnisbefriedigung empfinden, und wir haben mehr Energie, auch dafür, Autonomie-fördernde Praktiken in unseren Familienalltag einzubauen (zum Beispiel mehr Energie dafür, Empathie zu zeigen, eine Auswahl zu treffen, die Kinder in Entscheidungen miteinzubeziehen usw.). Da diese Praktiken die Beherrschung von Fertigkeiten, die Kompetenz und das Selbstvertrauen erhöhen, können unsere Kinder voraussichtlich mehr für sich tun, wodurch unser Leben leichter wird. Einfacher ausgedrückt: Wenn unsere Kinder unabhängiger sind, sind sie nicht so abhängig von uns. (So formuliert eigentlich eine banale Erkenntnis, von denen es gar nicht so wenige in den Sozialwissenschaften gibt.) Abgesehen davon, dass unsere Kinder über mehr Kompetenz und Selbstvertrauen verfügen, deuten Studien darauf hin, dass Kinder, die mithilfe von Autonomie-fördernden Ansätzen erzogen werden, auch nicht so verhaltensauffällig sind, Probleme gezielter bewältigen und ganz allgemein eine positivere Grundstimmung haben, was die Erziehung ebenfalls leichter macht.[12]

Durch Autonomie-fördernde Erziehung entsteht so ein erfreulicher Rückkopplungseffekt: glückliches Kind/glückliche Eltern – glückliche Eltern/glückliches Kind. Allgemein zeigen die Erziehungswissenschaften auch, dass dieser positive Effekt stärker ausfällt, wenn beide Elternteile so arbeiten. Wenn Sie sich die Erziehung also mit jemandem teilen, der keine Erziehungsratgeber liest, sollten Sie ihm dieses Buch heimlich unterschieben.

Wie Autonomie-fördernde Erziehung Kindern hilft

Studien zeigen immer wieder, dass Kinder, die in einem Autonomiefördernden Haushalt aufwachsen, sich ganz allgemein wohler fühlen. Das umschließt auch ein höheres Selbstwertgefühl, mehr Zufriedenheit und weniger psychische Probleme (zum Beispiel Depressionen und problematische Verhaltensweisen). Solche Kinder zeigen auch bessere schulische Leistungen und ein insgesamt besseres Sozialverhalten. Dazu gehören die innere Motivation, die Einschätzung der Kompetenz, Engagement, mehr Empathie und Einfühlungsvermögen und eine positive Einstellung zur Schule.[13]

Positive Ergebnisse gibt es kurz- und langfristig bei allen Kindern, vom Kleinkind bis zum Teenager. In der psychologischen Forschung gelten diese Ergebnisse als ziemlich belastbar und verdienen die Aufmerksamkeit aller Eltern, die nach Orientierung suchen.

Wie Autonomie-fördernde Erziehung der Familie hilft

Auch wenn es nach einer weiteren banalen Erkenntnis klingen mag, so ist es doch hervorzuheben: Wenn Eltern und Kinder weniger gestresst sind und sich wohler fühlen, geht es der gesamten Familie besser. Die Wissenschaft spricht gern von »Familienzusammenhalt«, ein Verweis auf starke Bindungen, die Unterstützung innerhalb der Familie fördern. Ich wage die Vermutung, dass die meisten von uns sich grundsätzlich einen starken Familienzusammenhalt wünschen, auch wenn wir uns durch tägliches Gezänk und die eine oder andere Krise manchmal nicht sehr zusammengehörig fühlen. Aber die Art und Weise, wie wir mit all den Reibereien umgehen, trägt zum Zusammenhalt bei. Der fachsprachliche Ausdruck für den Umgang mit diesen Reibereien ist »Rupture and Repair«, was sich auf die Wiederherstellung der Bindung nach einem Konflikt bezieht. Das kann in Form einer Entschuldigung geschehen, durch eine Erklärung unserer Gefühle oder ein Gespräch darüber, was wir beim nächsten Mal besser machen können. Und eine liebe Umarmung wirkt natürlich immer. Da Empathie und Einfühlungsvermögen wesentliche Bestandteile einer Autonomie-fördernden Erziehung sind, geben solche Beziehungskonflikte uns die Möglichkeit, beide Fähigkeiten vorzuleben und zu vermitteln. Ich weiß gar nicht, wie oft ich mich schon entschuldigt habe, nach dem Motto: »Es tut mir leid, dass ich laut geworden bin. Ich bin frustriert, ich bin müde, und ich wäre echt lieber ruhig geblieben.«

Die Vermeidung von Streitigkeiten ist nicht realistisch und auch nicht gesund, so sehr wir uns auch wünschen, dass unsere Kleinen nie wieder einen Trotzanfall bekommen. Konflikte in all ihren Formen sind in jedem Alter und auf jeder Entwicklungsstufe Teil einer gesunden Entwicklung, wenn sie innerhalb sicherer und vertrauensvoller Eltern-Kind-Beziehungen stattfinden, die durch Autonomie-fördernde Erziehung unterstützt werden.

Nicht aufgeben

Bevor wir zum Rest des Buches vordringen, ist es wichtig, eine grundlegende Wahrheit zum Thema Erziehung klarzustellen: Eltern sind nicht perfekt, und sie müssen es auch nicht sein. In diesem Kontext meine ich, dass wir die Autonomie-fördernde Erziehung zwar als Bezugssystem akzeptieren, das zu unseren Werten passt, dass wir sie aber nicht jeden Tag ausüben müssen, um sie zu »praktizieren«.

Meine eine Tochter würde beispielsweise alle Eltern denken lassen: »In Sachen Erziehung bin ich top«, denn sie war schon bei ihrer Geburt selbstmotiviert und ausgeglichen und sehnte sich nach Unabhängigkeit. Autonomie-fördernde Erziehungsmethoden bieten sich bei einem Kind mit diesem Temperament so selbstverständlich an, dass man vielleicht gar nicht bemerkt, dass man sie anwendet. Allerdings habe ich zwei weitere Kinder, die mir ein breites Spektrum an Erziehungserfahrung vermittelten. Das kommt meiner mütterlichen und beruflichen Bescheidenheit zugute. Unsere unterschiedlichen Temperamente lösen bei mir eine Neigung zur Kontrolle aus, und ich brauche mehr Selbstbewusstsein und Monitoring, um effektiv zu reagieren. Das passt zu Untersuchungen darüber, wie Unterschiede im Temperament und in der Persönlichkeit von Kindern mehr oder weniger Autonomie-fördernde Praktiken vorhersagen. Und das wiederum erinnert uns daran, dass Erziehung immer eine Wechselwirkung zwischen Eltern und Kind bedeutet.

In seinem Buch *Why We Do What We Do* weist Edward Deci darauf hin, dass manche Kinder mit einer stärkeren Neigung zur Autonomie geboren werden, und dass solche Kinder die Erwachsenen in ihrem Leben eher als Autonomie-fördernd erleben. Passivere oder aufsässigere Kinder brauchen mehr Unterstützung durch engagierte Erwachsene, um ihre Autonomie, Kompetenz und Eingebundenheit zu fördern.[14]

Die Lehre daraus? Nicht aufgeben. Wenn Sie akzeptieren, dass diese Art der Erziehung in Einklang mit Ihren Werten und Hoffnungen für das Aufwachsen Ihres Kindes steht, sollten Sie sich klar darüber sein, dass dazu eventuell langes Üben gehört. Es kommt eben auf Sie und Ihr Kind an. An manchen Tagen wird es schwerer sein, aber man ist eher in der Lage, an etwas Schwierigem festzuhalten, wenn man sieht, wie gut es zu den eigenen Werten passt.

Wie also passt Autonomie-fördernde Erziehung zu Ihren Werten in Sachen Kindererziehung?

Eigenen Werten bei der Erziehung treu bleiben

Welche Art von Kindern wollen Sie großziehen? Was bedeutet »Erfolg« als Eltern für Sie?

Laut einer Umfrage des Pew Research Centers aus dem Jahr 2014 sind sich die meisten Eltern einig darüber, welche Werte sie ihren Kindern vermitteln wollen: »94 Prozent der Eltern sagen, es sei wichtig, Kindern Verantwortung beizubringen, und fast genauso viele (92 Prozent) sagen das Gleiche über harte Arbeit. Auch Hilfsbereitschaft, gute Manieren und Unabhängigkeit werden von vielen Eltern als wichtig für ihre Kinder erachtet.«[15] Diese Ergebnisse zeigen auch kaum Unterschiede zwischen den Eltern von Kindern verschiedener Altersgruppen oder zwischen verheirateten und alleinerziehenden Müttern. Zusammenfassend lässt sich sagen, dass die Top 5 der Werte, die als »am wichtigsten« angesehen werden, Verantwortung, harte Arbeit, Hilfsbereitschaft, Höflichkeit und Unabhängigkeit sind (Empathie steht übrigens an sechster Stelle).

In meiner Therapie verwende ich häufig einen evidenzbasierten Ansatz, die Akzeptanz- und Commitment-Therapie (ACT), die sich darauf konzentriert, Menschen dabei zu unterstützen, ihre Entscheidungen und Verhaltensweisen im täglichen Leben mit ihren persönlichen Werten in Einklang zu bringen. Mit anderen Worten: Unterstützt Ihr Verhalten das, was Ihnen wirklich wichtig ist? Diese Frage können wir auch auf die Kindererziehung anwenden. Wenn wir zum Beispiel Kinder zur Verantwortung erziehen wollen, geben wir ihnen auch die Möglichkeit, Verantwortung zu lernen und auszuüben? Oder tun wir mehr für sie, als wir eigentlich wollen, weil wir beschäftigt und müde sind und es einfacher ist?

Bei einem Blick darauf, was in den letzten Jahrzehnten in der Erziehungsberatung passiert ist, könnten wir alle viel lernen – eine sprichwörtliche Achterbahnfahrt von den Achtzigern, in denen Laissez-faire angesagt war, über die Neunziger, in denen das Kind im Mittelpunkt stand, bis hin zu den »Helikopter-Eltern«, die die frühen Nullerjahre dominierten. Die negativen Auswirkungen der übermäßigen Beaufsichtigung und Strukturierung des Lebens unserer Kinder, einschließlich der Bemühungen, sie vor Fehlern und Misserfolgen zu schützen, haben dazu geführt, dass sich die jungen Erwachsenen nicht darauf vorbereitet fühlen, selbstständig zu leben oder Unannehmlichkeiten zu ertragen. Das hat zu Problemen dabei geführt, sich in der realen Welt zurechtzufinden (z. B. auf dem College und bei der ersten Arbeitsstelle) und Selbstbewusstsein zu entwickeln. Ich erlebe das regelmäßig in meiner therapeutischen Praxis.

Eine aufgeweckte Neunjährige, die bei ihren Eltern lebt, sagte mir: »Sie [die Eltern] glauben nicht, dass ich in der Lage bin, meine eigenen Entscheidungen zu treffen, aber ich bin es.« Scharfsinnig fügte sie hinzu: »Sie wollen nicht, dass ich erwachsen werde.«

Man könnte argumentieren, dass wir uns bei der Erziehung von Ängsten und Befürchtungen leiten lassen. Das kollidiert mit dem, was uns bei der Kindererziehung und dem Elternsein eigentlich wichtig ist (beachten Sie das »Wir« und das »Uns«; ich möchte niemandem persönlich die Schuld geben). Doch man lernt aus seinen Fehlern. Jetzt können wir gemeinsam daran arbeiten, von einer auf Angst beruhenden Erziehung zu einer auf Stärke beruhenden Erziehung überzugehen, bei der wir unsere Werte besser berücksichtigen.

Auf Angst beruhende Erziehung

Oft wird vorgebracht, dass die jüngste Zunahme von Angststörungen im Kindes- und Jugendalter durch »überfürsorgliche« oder »helikopternde« Eltern erklärt werden kann. Ich wehre mich aus philosophischen Gründen gegen eine pauschale Schuldzuweisung an die Eltern, denn psychische Gesundheit, Kinder und kulturelles Umfeld sind allesamt sehr komplex. Man kann fast nie eine gerade Linie von einer Ursache zu einem Ergebnis ziehen, wenn es sich dabei um so etwas Vielschichtiges wie »kindliche Ängste« handelt.

Ich gebe aber gern zu, dass die Forschung und der gesunde Menschenverstand uns Zusammenhänge zwischen Erziehung und kindlichen Ängsten aufzeigen, die es näher zu betrachten gilt. Aus der Forschung zu Angststörungen bei Kindern wissen wir, dass elterliche Ängste kindliche Ängste stark prägen. Daraus lässt sich schließen, dass das Aufeinandertreffen von kulturellen Botschaften und Erziehungsverhalten elterliche Ängste verstärkt. An Mütter werden seit Langem unmögliche Anforderungen gestellt, aber als die kindzentrierte Erziehungsberatung in den Neunzigerjahren populärer wurde, stiegen die Erwartungen noch. Es wurde zu einem Symbol für Kompetenz und Erfolg als Mutter, dass sich alles im Leben um die Kinder drehte und man ihnen ein beispielloses Maß an Zeit, Aufmerksamkeit und Energie widmete. Auch die Vaterrolle hat einen deutlichen kulturellen Wandel erlebt; um ein »guter Vater« zu sein, muss man sich mehr engagieren und einbringen. Das bedeutet, dass Väter mehr Zeit als je zuvor mit ihren Kindern verbringen.

Verstehen Sie mich nicht falsch: Zeit, Aufmerksamkeit und Energie in den Aufbau guter Beziehungen zu unseren Kindern zu investieren, ist natürlich etwas sehr Schönes. Aber wenn man etwas distanzierter auf das »überfürsorgliche« Verhalten blickt, das sich durchgesetzt hat, erkennt man, dass wir mehr getan haben, als Zeit, Aufmerksamkeit und Energie in diese Beziehungen zu investieren. Wir haben unsere Kinder übermäßig beaufsichtigt, sie unterstützt und beschützt und alles für sie organisiert. Die Angst davor, was ihnen alles passieren könnte: Da drohte Unwahrscheinliches (Kidnapping), Harmloses (eine schlechte Note) oder eine Lektion fürs Leben (von Freunden ausgeschlossen werden). Und dazu die viele Zeit und Energie, um unseren erzieherischen Fokus darauf zu lenken, was wir vermeiden wollen, statt darauf, was wir fördern wollen.

Auf Stärke beruhende Erziehung

Die Corona-Pandemie hat weitere Schwachstellen in unserer Erziehungskultur aufgedeckt und zwingt uns, den überfürsorglichen Erziehungsansatz zu überdenken. Der ultimative Affront gegen die Fähigkeit, unsere Kinder vor Schaden zu bewahren, bestand darin, dass wir sie nicht davor schützen konnten, dass Schulen geschlossen, Sportmöglichkeiten eingestellt und soziale Kontakte verboten wurden. Ihr ganzes Leben wurde auf den Kopf gestellt, und es gab keinen Pandemie-Direktor, zu dem wir marschieren konnten, um Änderungen zu fordern, damit wir unsere Kinder vor Schmerz und Leid bewahren. Wir mussten allein klarkommen. Wir mussten bei unseren Kindern ausharren, während sie versuchten klarzukommen.

Mitten in dieser größten Herausforderung seit Generationen wurde ein in der Kinder- und Jugendpsychologie seit Langem erforschtes und etabliertes Konzept zu einer dringenden Forderung: Resilienz. So wurde es plötzlich zum erzieherischen Ziel des Jahres 2020, Kindern dabei zu helfen, Resilienz zu entwickeln.

Diese Dringlichkeit überschnitt sich jedoch mit der Tatsache, dass viele Eltern sich mehr denn je überfordert fühlten. Die Idee, eiligst resiliente Kinder zu erziehen, setzte so das demoralisierende kulturelle Narrativ fort, demzufolge wir unsere Erziehungsziele niemals erreichen können.

Es kann unser aller Erziehungskultur voranbringen, etwas langsamer zu machen, auf Abstand zu gehen und Resilienz als einen Prozess zu sehen, der langfristige Investitionen erfordert, statt als schnelle Lösung für eine globale Pandemie. Statt uns darauf zu konzentrieren, die Probleme zu minimieren, mit denen unsere Kinder im Leben konfrontiert sind, können wir in den Blick nehmen, wie vorteilhaft es ist, ihnen dabei zu helfen, die Fähigkeiten zur Bewältigung dieser Probleme zu entwickeln. Wenn wir eine stabile Psyche und Wohlbefinden als »Erfolg« definieren, statt damit Spitzenleistungen in Schule und Sport zu meinen, gewinnen wir alle.

Von der Forschung zum echten Leben: eine Ermunterung

Lassen Sie uns auf die grundlegenden Fragen zurückkommen: Welche Art von Kindern wollen Sie großziehen? Was bedeutet »Erfolg« als Elternteil für Sie? Hoffentlich stimmen Ihre Antworten mit dem überein, was Sie über die Wissenschaft der Autonomie-fördernden Erziehung gelernt haben, und Sie sind motiviert, sie in die Praxis umzusetzen.

Im Interesse von Transparenz und realistischen Erwartungen sei gesagt: Die Überführung der Forschung ins reale Leben kann holprig sein, aber sie ist machbar, das verspreche ich. Als sozialwissenschaftlich geschulter Elternteil mache ich das ständig, und es hilft mir, genügsam zu bleiben. Dieses Buch ist dazu da, Sie anzuspornen. Es soll Ihnen helfen, motiviert zu bleiben, indem Sie realistisch sind und gleichzeitig Ihren Werten und Zielen als Eltern treu bleiben.

Ich persönlich bin sowohl aus Hoffnung als auch aus purem Egoismus willens, Autonomie-fördernde Erziehungstechniken anzuwenden. Was die Hoffnung betrifft, überzeugen mich Forschung und gesunder Menschenverstand davon, dass dieses Bezugssystem dazu führen wird, dass meine Kinder mit der Welt, ihrem Leben und sich selbst klarkommen werden. Und ich bin es aus ganz egoistischen Gründen leid, so viel für sie zu tun. Mein Ziel ist es, dass meine Kinder ein gesundes und sinnvolles Leben führen ... und dass ich weniger für sie tun muss, um meines eigenen gesunden und sinnvollen Lebens willen.

Ich gebe zu, dass es im Alltag der Autonomie-fördernden Erziehung ein Paradoxon gibt. Bevor man weniger tut, muss man erst mal mehr tun. Seien wir ehrlich: Es kann anstrengend sein, die Selbstständigkeit und Kompetenz seiner Kinder zu fördern, anstatt für sie zu handeln. Wenn man es eilig hat, nach Hause zu kommen und den straffen Zeitplan am Abend einzuhalten, fällt es schwer, sich zurückzulehnen und zuzusehen, wie das Kleinkind mit dem Anschnallgurt seines Kindersitzes herumfummelt. Meine eigene Kontrollneigung und mein Bedürfnis nach Pünktlichkeit können mir dabei in die Quere kommen (und haben es in vielen, vielen Kindersitz-Momenten auch getan).

Als meine Töchter neun und elf Jahre alt waren, begannen sie, sonntagabends abwechselnd zu kochen. Ich wollte zwar, dass sie sich zutrauten, ihre eigenen Mahlzeiten zuzubereiten, und ich glaubte auch, dass sie die grundlegenden Fähigkeiten besaßen. Aber sie waren nun mal Anfänger, und es bestand das Risiko, dass wir uns alle mit Salmonellen infizierten, wenn ich nicht mit Desinfektionsmittel nachhalf. Diese Kocheskapaden ließen mich gestresst und mit dem festen Willen zurück, ihnen niemals das Autofahren beibringen zu müssen. Aber ich blieb dran, aus Gründen der Hoffnung: Ich wollte meine Kinder ermutigen, die nötigen Alltagskompetenzen und Selbstvertrauen zu erlangen. Und aus Egoismus: Ich will meine Kinder ja nicht ewig bekochen.

Wie oft am Tag interagieren Sie mit Ihrem Kind? Ich weiß, das können Sie gar nicht zählen, es sei denn, Sie haben einen dieser Teenager, die derzeit lieber grunzen als sprechen. Aber von Sonnenaufgang (manchmal auch früher) bis weit nach Sonnenuntergang stehen wir mit unseren Kindern im Austausch. Da dürfte es manchmal schwer werden, an Autonomie-fördernden Grundsätzen festzuhalten wie Empathie, Einfühlungsvermögen, Auswahlmöglichkeiten, Beteiligung an Entscheidungsprozessen. Genauso schwer, wie weiter eigenständiges Benehmen zu erwarten (mehr dazu in Kapitel 3, Seite 46 ff.). Betrachten wir es aber als das, was wir die meiste Zeit tun wollen, können wir leichter die Momente abhaken, in denen es einfach nicht sein soll.

Der Schlüssel liegt darin, am Ball zu bleiben. Wenn Ihre Ziele im echten Leben unerreichbar erscheinen, behalten Sie Ihre Werte im Auge, und machen Sie weiter. Dieses Buch sagt Ihnen, wie.

Kapitel 3

Das Handwerkszeug für die Autonomie-fördernde Erziehung

»Aber was soll ich nur tun?«

Einer der überzeugendsten Aspekte dieser Erziehungsweise für mein Sozialwissenschaftler- und Muttergehirn ist, dass sie die am wissenschaftlich fundiertesten Aspekte des Elternseins mit dem guten, alten Instinkt verknüpft. Wenn Sie jemals einen Artikel über Kindererziehung gelesen haben, werden Ihnen die meisten Grundsätze in diesem Kapitel wahrscheinlich bekannt vorkommen. Autonomie-fördernde Erziehung ist jedoch kein trendiges Schlagwort, das auf wissenschaftlich fragwürdiger, aber gut vermarkteter Markenbildung beruht. Es braucht lange, dieses Wort zu tippen, und noch länger, ein ganzes Buch darüber zu schreiben. Schönheit und Seriosität derselben liegen jedoch im Fehlen einer solchen Markenbildung, und in dem alles andere als sexy Kern einer Wagenladung voller Fachartikel, die diese Erziehung stützen und alle von Fachleuten gegengecheckt wurden. Wie bereits eingangs dargestellt, ist die Autonomie-fördernde Erziehung eher ein Rahmen als ein Rezept. Die Erziehung eines autonomen Kindes gleicht einem Marathon, und für die einzelnen Schritte gibt es gesonderte Strategien. Aber man muss nicht ständig alle Strategien anwenden, damit sie Wirkung zeigen. Ich persönlich bemühe mich immer, so gut es geht, möglichst oft Autonomie-fördernde Strategien bei meinen Kindern anzuwenden. Gleichzeitig stehe ich zu meiner menschlichen (In-)Konsequenz. Dieses Kapitel liefert Informationen und Ratschläge zu dem wissenschaftlich fundierten Handwerkszeug und hilft Ihnen, es so anzupassen, dass es für Ihr Kind, Ihre Familie und Sie selbst funktioniert.

Zurück zu den Wurzeln

Im Sinne eines realitätsnahen Elterndaseins dient dieses Werkzeug als Hilfe bei Orientierungsverlust. Es umfasst nicht jede mögliche Erziehungsstrategie, und ich verspreche auch nicht, dass jedes Werkzeug jedes Mal funktioniert, wenn Sie es anwenden. Die Verwendung dieses Werkzeugs in den kleinen und großen Momenten der Kindererziehung – vom morgendlichen Aufstehen bis zur Entscheidung über die Anzahl der außerschulischen Aktivitäten – funktioniert so, als würden Sie Hammer, Schraubenschlüssel und Schraubenzieher ganz oben im Werkzeugkasten liegen haben, immer griff- und einsatzbereit.

Ich hoffe, dass die einzelnen Strategien Autonomie-fördernder Erziehung für Sie nachvollziehbar sind, so, wie ich sie benenne und beschreibe, denn ich bin überzeugt, dass sie in den ureigensten elterlichen Instinkten verwurzelt sind – unsere Kinder zu lieben, zu lenken und zu fördern. Zugegeben, unsere moderne Welt kann diese Instinkte zweifellos in die Irre führen – durch den Radau, den selbst ernannte Spezialisten und Opportunisten verursachen, und durch Stress und Ängste. Aber Sie werden sehen, dass diese Strategien uns zu den Wurzeln zurückführen – zu Wurzeln, die sehr viel Sinn ergeben.

Die Top Ten der Autonomie-fördernden Handwerkszeuge

1. Versetzen Sie sich in Ihr Kind hinein!

Sich in sein Kind hineinzuversetzen, wird einem zwar in fast jedem Erziehungsratgeber ans Herz gelegt, aber denken Sie an all die Momente, in denen das wirklich schwierig ist: Wenn das bockige Kleinkind wegen der Farbe seiner Cornflakes schreit oder das Grundschulkind seine Socken auf dem Küchentisch liegen lässt – und zwar nicht zum ersten Mal. Statt sich in sie hineinzuversetzen, fragen Sie vermutlich: »Warum kannst du dich nicht wie ein zivilisierter Mensch benehmen?«

Es bedarf also in Wahrheit einer Menge Übung und Energie, sich in sein Kind hineinzuversetzen. Neugier kann da sehr hilfreich sein. Wenn es beim Drama des Tages beispielsweise ums Fußballtraining geht, auf das sich das Kind doch schon die ganze Woche gefreut hatte, wird die unverblümte Reaktion: »Du wolltest doch hingehen, also hör auf zu weinen« eine andere Wirkung haben als: »Hmmm, kann es sein, dass du nervös bist?«

Ein weiteres Plus der Gewohnheit, sich in andere hineinzuversetzen, ist, dass unsere Kinder von uns lernen und uns nachahmen. Und Kinder, die sich gut in andere hineinversetzen können, zeigen eine höhere Sozialkompetenz und bessere schulische Leistungen! Es bedeutet auch nicht, dass Sie Verstöße verzeihen und übersehen, nur weil Sie verstehen, was Ihr Kind gerade motiviert. Aber es ist Teil des Aufbaus des wichtigsten Erziehungswerkzeugs, das Sie haben: Empathie.

2. Zeigen Sie Empathie!

Empathie ist die wichtigste Zutat für das Rezept der Autonomie-fördernden Erziehung, vergleichbar den Eiern, die dem Kuchenteig erst seine köstliche Konsistenz verleihen. Sich in andere hineinzuversetzen ist ja eine Form von Empathie – kognitive Empathie. Das haben wir jetzt verinnerlicht und können uns somit auf die affektive Empathie konzentrieren, die emotionales Verständnis ausdrückt, und auf die verhaltensbezogene Empathie, wozu gehört zu zeigen, dass man versteht und helfen will.[16] Wenn Ihr Kind von seinen Gefühlen überwältigt wird und den Eindruck hat, dass Sie es verstehen, können Sie ihm helfen, diese Gefühle besser zu verarbeiten. Wenn Sie auf ein Verhalten reagieren, das der Korrektur bedarf, egal ob bei einem trotzigen Kleinkind oder einem rebellischen Teenager, wird die Korrektur besser funktionieren, wenn Sie vorher Empathie zeigen. Die Emotion zu akzeptieren, die dem Verhalten zugrunde liegt, ebnet den Weg für Veränderungen. Empathie ermöglicht nicht nur einen effektiveren Umgang mit schwierigen Emotionen und Verhaltensweisen, sondern bildet auch den Kern einer sinnvollen Beziehung.

Man sollte meinen, dass einer Kinderpsychologin als Mutter so etwas leichtfallen sollte. Ich bin meinen Kindern gegenüber sehr empathisch, aber nicht immer (häufige Gründe für zu wenig Empathie sind schlechter Schlaf oder stressige Tage). Wir müssen uns also der schwierigen Momente bewusst sein, in denen wir nicht empathisch sind, auch wenn wir es natürlich für selbstverständlich erachten, unseren Kindern Empathie entgegenzubringen. In solch schwierigen Momenten könnten wir uns fragen: »Hilft es, wenn ich Empathie zeige?« Als mein jüngstes Kind eine Trotzphase durchmachte, in der es während der hektischen Morgenroutine ständig sagte: »Ich gehe nicht in die Schule!«, erkannte ich, dass mein Sohn diese Anwandlungen überwand und sich sehr wohl für die Schule fertigmachte, wenn ich mich in ihn einfühlte, statt zu versuchen, mit ihm zu diskutieren. Ich erkannte, dass er seinen Wunsch äußern und sich verstanden fühlen musste, bevor er den Hebel umlegen konnte.

3. Lieben und akzeptieren Sie Ihr Kind bedingungslos!

Das klingt jetzt vielleicht kitschig oder nach einem sehr banalen Rat. Entscheidend und oft übersehen ist aber, dass wir unsere Kinder nicht einfach bedingungslos lieben können, sondern sie müssen das auch spüren. Erstens müssen wir uns klarmachen, wie wir unbewusst bedingte Liebe vermitteln – zum Beispiel sind wir nach einem guten Zeugnis warmherzig und aufmerksam, aber kalt und distanziert, wenn wir schlechte Noten vorgelegt bekommen. Bleiben wir dagegen unabhängig von den Noten interessiert und beim Thema, zeigt das eben unsere bedingungslose Liebe, auch wenn wir dann darüber sprechen, was einer besseren Leistung im Wege stehen könnte (denn auch damit zeigt man Interesse!). Zweitens können wir vor allem kleinen Kindern unsere bedingungslose Liebe zeigen, indem wir ausdrücklich zwischen Verhalten und Person trennen: »Ich weiß, dass du ein sehr netter Mensch bist, aber deinen Freund zu schlagen ist nun mal nicht nett.«

Es ist nämlich ein charakteristisches Merkmal kontrollbasierter Erziehung, dass die Liebe von bestimmten Überzeugungen oder Verhaltensweisen abhängig gemacht wird und entzogen werden kann. Im Extremfall könnte sich das so äußern, dass ein Elternteil ein Kind zurückweist, welches sich als schwul oder transgender outet. Auf einer alltäglicheren Ebene könnte das Fehlverhalten eines Kindes bestraft werden, indem die Geburtstagsparty abgesagt wird oder man dem Kind die kalte Schulter zeigt.

Die ultimative Form der Autonomie-fördernden Erziehung ist es, das autonome Selbst des Kindes zu akzeptieren. Wir müssen nicht jedes Verhalten lieben und akzeptieren, wir müssen nicht einmal jeden Aspekt an unseren Kindern mögen (das ist unmöglich), aber dass ein Kind sich ganz allgemein von seinen Eltern geliebt und akzeptiert fühlt, könnte als Herzstück »guter« Erziehung bezeichnet werden. Wenn man das hinbekommt, ist der Rest ein Klacks!

4. Nutzen Sie Scaffolding!

Warum wir Scaffolding (siehe auch Seite 30) brauchen, sieht man am Beispiel eines Vaters aus der »guten, alten Zeit«, der seinem Kind »hilft«, die Wasserscheu zu überwinden, indem er es ins Becken wirft, um zu schwimmen. Eine so plötzliche Konfrontation mit der Angst führt nicht dazu, dass man die Angst überwindet und dann unbeschwert schwimmt. Ohne die Fähigkeit, sich an der Wasseroberfläche zu halten, wird das Hineinwerfen als traumatisch empfunden und führt zu weiterer Vermeidung und mehr Wasserscheu. Scaffolding ist ein pädagogisches Konzept, um die Entwicklung der Fähigkeiten eines Kindes zu lenken, indem man mit seinem aktuellen Niveau beginnt und es (mit Unterricht und Unterstützung) auf die nächste Stufe der Fähigkeit bringt. Ich stelle mir das so vor, als würde man das Erklimmen einer Leiter mit seinem Kind in drei Phasen unterteilen: (1) Wir stehen über dem Kind und halten seine Hand, um es zur nächsten Sprosse hochzuziehen; (2) nachdem es die Fähigkeit erlernt hat zu klettern, schieben wir es noch sanft von unten an, damit es weiter nach oben kommt; (3) schließlich steigt es den Rest der Leiter ohne Hilfe hinauf und winkt uns voller Stolz von oben zu.

Ihre Aufgabe ist es, das Wachstum Ihres Kindes zu unterstützen, indem Sie es ermutigen, die Entwicklungsleiter mit angemessener Hilfe zu erklimmen. So möchten Sie zum Beispiel, dass Ihr Kind anfängt, sich sein Frühstück selbst zu machen. Fragen Sie Ihr Kind als Erstes: »Was brauchst du für eine Schüssel Müsli?« Es kennt die Zutaten, aber Sie müssen es noch eine Stufe hochziehen, indem Sie ihm die einzelnen Schritte erklären: »Nimm die Schüssel, das Müsli und die Milch; schütte erst das Müsli rein, dann die Milch.« Am nächsten Morgen ermutigen Sie es, sein Frühstück selbst zuzubereiten. Erinnern Sie es daran, dass es ja jetzt weiß, wie das geht. Schauen Sie dann kommentarlos zu. Greifen Sie nur ein, wenn das Kind nicht weiterkommt. Altersgerechte Anleitung und Scaffolding geben Kindern die nötige Struktur und Unterstützung, um sowohl Kompetenz als auch Autonomie zu fördern.

5. Erwarten Sie eigenständiges Verhalten!

Angesichts der Dominanz kontrollbasierter Erziehung in den letzten zwanzig Jahren klingt es vielleicht einfach, Eigenständigkeit zu erwarten, aber die Praxis sieht anders aus. Wir denken vielleicht, dass wir von unseren Kindern Unabhängigkeit erwarten, aber überlegen Sie mal, wie oft wir ihnen dann doch ganz instinktiv und automatisch beistehen und »für sie tun«, was sie durchaus selbst tun könnten – vom Pausenbrot über E-Mails an die Lehrer, sobald es ein Problem gibt, bis hin zu Anrufen bei den Eltern ihrer Freunde, um bei der Schlichtung eines Streits zu helfen.

Das dürfte der Bereich sein, in dem wir am dringendsten zu mehr Selbsterkenntnis gelangen und unsere eigenen Ängste in den Griff bekommen müssen, um bewusst auf Abstand zu gehen und uns zurückzuhalten. Ob Sie nun ein paar Minuten länger warten, in denen Ihr Kleinkind ungeschickt die Jacke zuknöpft, oder ob Sie Ihren Teenager dazu ermutigen, sich direkt mit dem Lehrer über die Möglichkeit auszutauschen, eine Note zu verbessern – wenn wir von unseren Kindern erwarten, dass sie eigenständig sind, haben sie mehr Vertrauen in sich selbst. Wenn wir uns einmischen und den Versuch unterbinden, sich eigenständig zu verhalten, vermitteln wir ungewollt, dass wir unsere Kinder nicht für fähig halten. Das kann anhaltende Auswirkungen auf die Selbsteinschätzung und das Selbstwertgefühl eines Kindes haben, wie ich in meiner Arbeit mit jungen Erwachsenen gesehen habe, die wenig Vertrauen in ihre Fähigkeit haben, allein zu leben (und deshalb immer noch zu Hause bei ihren Eltern wohnen). Wenn die Eltern ihnen immer noch Aufgaben abnehmen, verunsichert das die jungen Erwachsenen, und das entspricht bei Weitem nicht dem Leben, das sie sich vorgestellt haben.

Bei der Erörterung der »Erwartung eigenständigen Verhaltens« als grundlegender Bestandteil Autonomie-fördernder Erziehung ist es wichtig, zwischen »strukturierten Anleitungen« und »kontrollgesteuerter Erziehung« zu unterscheiden. Eltern können Kindern dabei helfen, eigenständige Verhaltensweisen zu entwickeln – mithilfe von Scaffolding, das dem Entwicklungsstand angemessene Anleitungen liefert, und zwar im Rahmen unserer Erwartungen. Wenn man eigenständiges Verhalten erwartet, sagt man nicht einfach: »Jetzt mach dir dein Frühstück«, wenn ein Kind das noch nie getan hat und nicht weiß, wo es anfangen soll. Wir leiten es bei jedem Schritt an, bis es der Aufgabe gewachsen ist. Im Gegensatz dazu vermitteln kontrollgesteuerte Reaktionen unseren Kindern, dass wir sie nicht für fähig halten. Entweder übernehmen wir eine Aufgabe für sie oder korrigieren, wie sie sie erledigen, statt sie einfach mal machen zu lassen, um diese spezielle Fähigkeit auszubauen. (In Kapitel 4 erfahren Sie mehr darüber, wie kontrollgesteuerte Reaktionen Vertrauen untergraben.)

Dieser doppelte Ansatz zum Vermitteln von Fähigkeiten durch Scaffolding und die Erwartung eigenständigen Verhaltens trägt dazu bei, dass unsere Kinder von klein auf ein Gefühl der Kompetenz entwickeln.

6. Nutzen Sie flexible Formulierungen!

Ich muss vorausschicken, dass ich eine Weile gebraucht habe, um mir über diesen Punkt klarzuwerden. Das Vermeiden von Wörtern wie »müssen« oder »sollen« und die Zurückhaltung bei Befehlsformen definieren Forscher als flexible Sprache; klare Ersatzlösungen für solche Formulierungen bieten sie aber nicht an.

Wie aber gelingt Erziehung ohne solche Befehle? Ich habe zu experimentieren begonnen, indem ich meinen Kindern Fragen stelle, statt Befehle zu erteilen. So frage ich beispielsweise: »Wann hast du vor, dein Zimmer aufzuräumen?«, oder: »Wann wäre deiner Meinung nach ein guter Zeitpunkt, um dein Zimmer vor dem Schlafengehen aufzuräumen?« Anstelle der Druck ausübenden Anweisung »Räum sofort dein Zimmer auf!« gibt die Verwendung einer flexiblen Sprache den Kindern mehr Handlungsspielraum. Obwohl die Erwartung klar ist, einschließlich eines begrenzten Zeitrahmens, hat das Kind im Rahmen der elterlichen Vorgaben verschiedene Handlungsmöglichkeiten. Wenn Ihr Kind keine Wahl hat, wann eine Aufgabe zu erledigen ist, verwenden Sie flexible Formulierungen, um Ihr Kind zu erinnern, anstatt ihm einen Befehl zu erteilen. Mein Sohn ist zum Beispiel dafür zuständig, abends den Hund zu füttern. Anstatt zu sagen: »Füttere Tilly!«, sage ich: »Tilly sieht hungrig aus!«, um ihn an seine Aufgabe zu erinnern.

Wenn dieses Vorgehen auch viel Übung erfordert, zerbrechen Sie sich nicht den Kopf; die meisten von uns wurden wahrscheinlich von ihren eigenen Eltern darauf programmiert, Anordnungen zu erteilen. Wenn nötig, ignorieren Sie das Urteil der Großeltern, um in Ruhe Ihren Weg zu finden. Aber da wir ja gerade über flexible Sprache sprechen, ist dies ein guter Zeitpunkt, um daran zu erinnern, dass Flexibilität bei der Erziehung auch bedeutet, diese Strategie flexibel einzusetzen, da wir alle Strategien innerhalb eines bestimmten Bezugsrahmens verwenden. (Soll heißen: In meiner Familie gibt es immer noch viele direkte Anordnungen; wir suchen nur nach Möglichkeiten, bei denen wir ganz flexibel eine flexiblere Sprache verwenden können. So viel Flexibilität! Und jetzt zehnmal im Chor!)

7. Bieten Sie Wahlmöglichkeiten an (innerhalb vernünftiger Grenzen)!

Eine Wahl zu haben, ist ganz entscheidend für das Gefühl eines Kindes, handlungsfähig und willensstark zu sein, also für den Kern jeglicher Autonomie. In der Motivationsforschung wird davon ausgegangen, dass Wahlmöglichkeiten die innere Motivation erhöhen, weil sie zu einem größeren Gefühl des Engagements und der Beteiligung an einem Vorgang führen.[17] Die Strategie, Wahlmöglichkeiten anzubieten, ist auch ein gutes Beispiel dafür, wie nützlich Kreativität sein kann, um herauszufinden, was für Sie und Ihr Kind tatsächlich funktioniert.

Aus meiner Zeit als junge Mutter erinnere ich mich noch an den Ratschlag, einfach zwei Möglichkeiten zur Auswahl zu stellen, um Sachen wie Anziehen und Mahlzeiten einfacher zu machen: »Willst du das grüne oder das rote T-Shirt?« Bei meinen beiden Kindern, die für ihre festen und unerschütterlichen Ansichten bekannt sind, kam diese traditionelle Methode, eine Auswahl zu treffen, nicht gut an. Wenn sie zum Frühstück Eis wollten und ich ihnen Müsli oder Joghurt anbot, durchschauten sie das und bestanden weiterhin auf Eis. Um diesen morgendlichen Machtkampf zu gewinnen, waren andere Fähigkeiten erforderlich (etwa viel Geduld, Ablenken der Aufmerksamkeit und Hineinschmuggeln des Joghurts). Aber auch, wenn es in diesem Fall nicht geklappt hat, bei einem blieb ich hart: kein Eis zum Frühstück.

Wenn wir uns bei unserem Erziehungsmarathon angewöhnen, innerhalb vernünftiger Grenzen Wahlmöglichkeiten anzubieten, werden unsere Kinder mit der Zeit ein Gefühl der Handlungsfähigkeit entwickeln, auch wenn das nicht immer funktioniert. Meine beiden bereits erwähnten Sprösslinge würden blitzschnell auf die Frage »Noch fünf Minuten oder noch zehn Minuten?« reagieren, um sie auf den Übergang zu einer weniger beliebten Aktivität vorzubereiten. Wenn man auf die Strategie der Wahlmöglichkeiten setzt, wird man schnell feststellen, dass es zahlreiche Wege gibt, sie in verschiedenen Situationen und Altersstufen anzuwenden.

8. Begründen und erläutern Sie Regeln!

Kindern eine Begründung für Regeln zu geben, steht in krassem Gegensatz zu dem altmodischen »weil ich es sage«. Ich mag diese Worte zwar einige Male in stressigen Situationen von mir gegeben haben, aber eigentlich erklären mein Mann und ich die Ideen hinter unseren Familienregeln. Dieser Ansatz hilft Kindern, Regeln als etwas Vernünftiges zu erachten und nicht als Teil ihrer Unterdrückung durch unvernünftige Eltern.

Meine Erziehungsmethoden haben sich im Laufe der Zeit verfeinert. Ich habe bemerkt, wie viel häufiger als früher ich das mit meinen Kindern machen kann. Seit ich diese Methode häufiger anwendete, beziehungsweise erkannte, dass ich genau diese Methode als Disziplinierungsmaßnahme nutzte, wurde mir umso deutlicher, wie sehr sie hilft. Mit ihrer Hilfe kann man sogar von überschäumenden Emotionen zu logischem Denken wechseln (natürlich erst nach Einsatz von Empathie). Als ich zum Beispiel meiner etwa Zehnjährigen, deren Handynutzung bereits grenzwertig war, erklärte, dass App-Entwickler ihre Apps so gestalten, dass sie süchtig machen, weil sie dann damit mehr Geld verdienen, und dass ihnen dabei komplett egal ist, ob das den Anwendern schadet, kam sie (ziemlich überraschend) unserer Aufforderung nach, gemeinsam einen neuen Handynutzungsvertrag aufzusetzen (gemeint ist, dass sie uns das Handy um halb neun abends übergibt und mit uns ihre Bildschirmzeit nachschaut; werden die vereinbarte Bildschirmzeit oder die App-Beschränkungen überschritten, ist das Handy für den nächsten Tag weg).

Die Angabe von Gründen für Regeln verhilft nicht nur zur momentanen Zustimmung, sondern schult auch die Argumentierfähigkeit. Mein Siebenjähriger sträubt sich immer noch gegen das Duschen, aber allmählich erkennt er, dass es gute Gründe zum Duschen gibt (dann juckt der Allerwerteste nicht!). Und auch wenn es einige Zeit dauern kann, bis Sie das Gefühl haben, dass »es funktioniert«, verspreche ich Ihnen, dass das Gehirn Ihres Kindes mit jedem Mal trainierter wird und sich in Zukunft besser an die Regeln hält.

9. Beziehen Sie Ihre Kinder bei Entscheidungsfindungen und Problemlösungen ein!

Stellen Sie sich bei Problemen vor, Sie und Ihr Kind sind Teamplayer, nicht Gegner. Sie ziehen also nicht gegen Ihr Kind in den Handy-Krieg.

Vielmehr kämpfen Sie gemeinsam mit Ihrem Kind gegen das Suchtpotenzial von Smartphones. Diese Dynamik fördert die Verbundenheit und die Zustimmung des Kindes zu gemeinsam getroffenen Entscheidungen. Die Einbeziehung der Kinder in die Entscheidungsfindung stärkt auch die Überzeugung Ihres Kindes, dass seine Meinung zählt und für Sie wichtig ist, und dass die Arbeit im Team (also der Familie) eine positive Erfahrung sein kann.

So wie beim Anbieten von Wahlmöglichkeiten behalten sich die Eltern in den meisten Fällen vor, welche Entscheidungen gemeinsam getroffen werden. Häufig kontrollieren sie letztlich auch die Entscheidung. Dabei können Kinder uns mit ihrer Kreativität und ihrem Einfallsreichtum überraschen; diese jungen Köpfe können im Vergleich zu unseren alternden ziemlich frisch und flott denken!

Die Einbeziehung unserer Kinder in die Entscheidungsfindung kann von so alltäglichen Dingen wie der Menüplanung bis zu größeren Themen reichen, zum Beispiel, wenn es um die Planung des nächsten Familienurlaubs geht. Die Beteiligung an der Entscheidungsfindung kann auch beim Aufstellen von Haushalts- und Verhaltensregeln hilfreich sein. Wenn ein Kind zum Beispiel dabei hilft, Regeln zum Gebrauch sozialer Medien zu entwerfen, ist es auch mehr darin involviert, Gründe für diese Regeln zu finden, kritisches Denken und die Fähigkeit zur Problemlösung zu verwenden, und wichtige Entscheidungen eigenständig, kompetent und voller Selbstvertrauen zu treffen. Das wird ihm zugutekommen, wenn mit zunehmendem Alter die Entscheidungen immer anspruchsvoller werden.

10. Bringen Sie Verhalten und Werte in Einklang!

Wenn wir uns in das ständige Klein-Klein mit unseren Kindern verstricken und Tage haben, an denen sich die Anwendung all dieser Strategien überwältigend schwierig anfühlt, kann es helfen, sich auf die eigenen Werte zu konzentrieren.

Um sich zu sammeln und neu zu konzentrieren, kann man sich zunächst einmal fragen: »Bin ich bei der Erziehung eigentlich im Einklang mit meinen Werten?« Etwas weniger gestelzt könnte man fragen: »Bin ich die Mutter/der Vater, die/der ich gerade sein will; wenn nicht, warum, und was kann ich anders machen?«

Eines meiner Probleme beim Erziehen besteht darin, meine Kinder anzuschnauzen, wenn ich gereizt bin, und mich dann sofort schuldig zu fühlen. Diese Schuldgefühle zeigen mir, dass ich mir einen Moment Zeit nehmen muss, um das Geschehen zu analysieren, mich zu beruhigen und den Kontakt so zu gestalten, dass ich mich besser fühle: »Es tut mir leid, dass ich dich unterbrochen habe. Ich bin müde, also gib mir ein paar Minuten für eine kurze Pause, dann bin ich wieder bei dir.« Ich möchte die aufmerksame, zugewandte Mutter sein, auf die meine Kinder zählen können, und nicht die genervte, kritische (sie kriegen eh beide, aber es lohnt sich, daran zu arbeiten, dass die erste Version häufiger vorkommt).

Zweitens ist einer der Hauptgründe, warum man sich für die Autonomie-fördernde Erziehung entscheidet, ja der, dass man Kinder aufzieht, deren Verhalten auf ihren Werten beruht (nicht auf denen der Eltern, denn das könnten andere sein). Wenn Ihr Kind älter wird und Sie in andere Bereiche der Erziehung vorstoßen, sollten Sie darüber nachdenken, inwieweit Werte eine Rolle spielen – sowohl in Bezug darauf, wie Ihre eigenen Werte die Reaktionen auf Ihr Kind beeinflussen, als auch in Bezug darauf, wie dessen Werte eine effektivere Erziehung prägen könnten. Ich habe zum Beispiel gelernt, dass meine Älteste großen Wert auf Freiheit legt, also formuliere ich unsere Erwartungen an sie im Kontext der Tatsache, dass Freiheit Verantwortungsbewusstsein erfordert. Wenn sie sich verantwortungsbewusst zeigt (im Haushalt hilft, die Schulaufgaben macht usw.), legt das nahe, dass sie mit der Freiheit klarkommt, ihre Handynutzung weniger zu überwachen. Hier einige Fragen, die Ihnen beim Nachdenken helfen sollen:

> Was erhoffen Sie sich, das Ihr Kind an seinen Beziehungen zu Familie, Freunden und Partnern schätzt?
> Was erhoffen Sie sich, das es am eigenen Charakter schätzt, einschließlich schulischer, sportlicher und anderer Neigungen, die es entwickeln könnte?
> Was erhoffen Sie sich, das es über Werte lernen kann, wenn es sich in Bereichen bewegt, die Werte unterminieren könnten, zum Beispiel in den sozialen Medien?

Bedenken Sie, inwiefern Ihre Werte als Richtschnur für Ihr eigenes Erziehungsverhalten dienen, und seien Sie weiterhin interessiert an den Werten Ihres Kindes. Wir hoffen ja, dass wir unseren Kindern unsere innersten Werte vermitteln können, aber wir müssen gleichzeitig offen dafür sein, wo unsere Kinder vielleicht anders sind. Die Einbeziehung von Werten in unsere Diskussionen ist wesentlicher Bestandteil einer Autonomie-fördernden Kommunikation, während jedes Kind etwas über die Welt, das Leben und sich selbst lernt.

Die Aussicht, einen gesunden, ausgeglichenen, erfolgreichen Menschen aufzuziehen – von der Stunde der Geburt bis … nun ja … bis dass der Tod uns scheidet, ist wirklich einschüchternd. Der ach so wahre Spruch »Es gibt kein Handbuch für Eltern« steht im Widerspruch dazu, wie viele versucht wurden zu schreiben. Erziehung ist so komplex und nuancenreich, dass eine Liste nach dem Motto »Fünf Dinge, die Eltern erfolgreicher Kinder tun« nun mal nicht ausreicht. Wir hoffen, dass es genügt, den richtigen Artikel zu lesen, dem klügsten Experten zu folgen und auf den lebensverändernden Instagram-Feed zu stoßen. Und dann wissen wir endlich, wie das Erziehen einfacher wird. Aber es ist nicht einfach. Erziehung wird niemals einfach oder unkompliziert oder erfolgreich sein, nur weil man ein paar Tipps beachtet. Sie ist so kompliziert, zäh und verworren wie ein Spinnennetz. Sobald wir akzeptieren, dass Chaos und Kindererziehung zusammengehören, können wir uns darauf einlassen. Zu wissen, dass wir jederzeit die Kiste mit zehn verlässlichen und effektiven Werkzeugen öffnen können, kann zumindest etwas Ruhe und Vertrauen einflößen, während wir uns unseren Weg bahnen.

Kapitel 4

Alles unter Kontrolle

Sie fragen sich, ob Sie ein Kontrollproblem haben? Versuchen Sie mal, mit einem Vierjährigen zu backen. Mal sehen, was passiert. Als bei uns immer mehr Muffin-Teig an die Wände spritzte, statt in den Backformen zu landen, versuchte ich abwechselnd, tief durchzuatmen und mit einem Löffel ein bisschen Ordnung in die Sache zu bringen. Ich weiß nicht, ob Sie diese »lustige« Übung wirklich brauchen, um Ihre Persönlichkeit zu testen. Ich kann nur mit Nachdruck bestätigen, dass die meisten Eltern in meinem Umfeld zugeben, dass sie ein »Kontrollproblem« haben. Wenn wir das nicht in Schach halten, kann es sich als große Hürde für eine Autonomie-fördernde Erziehung erweisen. Glauben Sie mir, ich weiß, wovon ich rede. (Schnitt zu der Szene, in der ich meinem Sohn im Vorschulalter die Schuhe anziehe, obwohl der Kindergarten dringend darum gebeten hatte, dass die Kinder ihre Schuhe immer selbst anziehen. Aber was soll's, wir waren ja auch immer spät dran!)

Wenn wir also jetzt eintauchen in kontrollgesteuertes Verhalten und Kontrollimpulse als größte Bedrohung für die Autonomie-fördernde Erziehung, dann zielt dieses Kapitel darauf ab, Ihr Bewusstsein für eine solche Kontrollneigung zu schärfen, Ihnen Werkzeuge an die Hand zu geben, mit denen Sie sich davon abwenden können, und Sie mit mehr Wissen darüber zu motivieren, inwiefern Autonomie-fördernde Erziehung im wirklichen Leben den entscheidenden Unterschied macht.

Was genau ist kontrollgesteuerte Erziehung?

In den letzten dreißig Jahren hat die Erziehungsforschung durchgängig gezeigt, dass kontrollgesteuerte Erziehung durch folgende wesentliche Merkmale definiert ist: (1) Schuldgefühle verursachen, (2) bedingte Liebe anbieten, (3) das Kind beschämen und (4) die Perspektive des Kindes abwerten.[18]

Die folgende Tabelle enthält Beispiele für jedes dieser Merkmale:

Schuldgefühle verursachen	Bedingte Liebe anbieten	Beschämen	Abwerten
»Du bringst mich zum Ausrasten.« »Da du nicht brav aufessen kannst, werde ich wohl das ganze Abendessen in den Müll werfen. Was für eine Geldverschwendung!«	Das Kind mit Lob und Aufmerksamkeit überschütten, wenn es eine Prüfung mit Bravour besteht. Aufmerksamkeit und Nähe entziehen, wenn es durchfällt.	»Was stimmt nicht mit dir?« »Warum kannst du nicht so wie deine Schwester sein?«	»Mein Haus, meine Regeln. Ende der Diskussion!« »Weil ich es sage.«

Zusätzlich zu diesen charakteristischen Merkmalen umfasst kontrollbasierte Erziehung auch den Einsatz von Drohungen, Bestrafungen, Belohnungen sowie manipulativer und fordernder Sprache. Das reicht von alltäglichen, banalen Kontrollaktionen wie dem Wegnehmen des Löffels aus kleinen Kinderhänden bis hin zu krasseren Reaktionen wie dem Erzeugen von Scham- und Schuldgefühlen zur Verhaltenskontrolle. Wie man sich vorstellen kann, hat das langfristig gesehen negative Auswirkungen. Dazu gehören ein geringeres Selbstwertgefühl, Depressionen und Ängste, schlechtere Schulnoten, schwächere Sozialkompetenz, ein ausgeprägteres Verweigerungsverhalten, mehr asoziale Taten und mehr Probleme bei der Selbstregulierung.[19]

Egal, ob Sie sich selbst für kontrollgesteuert halten oder nicht, viele von uns sind es, ohne es zu merken. (Die Recherchen zu diesem Thema und das Schreiben darüber haben mir schlagartig bewusst gemacht, auf wie viele Arten man im Laufe eines Tages Kontrolle ausüben kann.) Auch wenn wir uns als Eltern nicht für kontrollgesteuert halten, weil wir nicht regelmäßig Schuld oder Scham als Druckmittel einsetzen, gibt es vermutlich subtilere und tückischere Wege, wie man als Eltern Kontrollsteuerung nutzt. Und das untergräbt die Mission, ein eigenständiges Kind großzuziehen.

Das Kontroll-Kontinuum: kontrollbasierte Erziehung im Alltag

So, wie sich Held und Bösewicht im Boxring umkreisen, werden in der Erziehungsforschung systematisch Autonomie-fördernde und kontrollierende Ansätze einander gegenübergestellt. Im Alltag erziehen die meisten von uns nicht nur auf die eine oder die andere Weise. Sogar die Forschung stellt diese Annahme infrage. Experten verweisen darauf, dass ein Elternteil, der keine Autonomie-fördernden Strategien anwendet, nicht zwangsläufig kontrollgesteuert ist. Und umgekehrt sind Eltern, die nicht auf Kontrollmittel wie Schuldgefühle, Scham oder Liebesentzug setzen, nicht gleich Autonomie-fördernde Eltern.

Außerdem hat die Forschung bei der Analyse des Erziehungsalltags herausgefunden, dass wir ständig in einem Kontinuum vieler verschiedener Erziehungsstile von einem zum anderen gleiten. Nur ein Beispiel: Unsere Stimmung und unser Stresslevel spielen eine Rolle, denn beide haben Einfluss darauf, wie unsere Kinder auf uns reagieren, und wie wir mit ihnen interagieren.[20] Denken Sie nur an die morgendliche Hektik, um endlich loszukommen, oder an Ihre Versuche, im Homeoffice zu »arbeiten«. Ständig unterbrechen die Kinder uns, statt sich dem Distanzunterricht zu widmen. In den düsteren Corona-Lockdowns mag es durchaus Momente gegeben haben, in denen der aufgestaute Druck angesichts all dessen, was ich in der letzten Stunde nicht erledigt hatte, sich explosionsartig Luft machte. Das äußerte sich dann in einem gebrüllten »Geh jetzt endlich lernen!« und in Türenschlagen.

Wenn Sie sich nach der Lektüre dieses Buches an eines erinnern, dann hoffentlich an die Vorstellung, dass wir uns als Eltern täglich in einem Kontinuum bewegen. Ich plädiere für eine einfache Möglichkeit, um das Erziehungskontinuum zu visualisieren, und zwar als eine Linie, die als Maßstab dient für den jeweiligen Grad an Struktur und Freiheit. Ganz links steht die sogenannte permissive Erziehung, bei der es aufgrund weniger Regeln und Grenzen auch wenig Strukturen gibt, und wo Freiheit ohne Verantwortungsbewusstsein herrscht. Ganz rechts steht die kontrollgesteuerte Erziehung mit ihren rigiden Strukturen, die Druck auf ein Kind ausüben, damit es sich in einer vorgeschriebenen Weise verhält. Gleichzeitig bietet sie wenig Freiraum für Experimente und individuelle Ausdrucksmöglichkeiten. Die Autonomie-fördernde Erziehung liegt in der Mitte. Strukturen aufgrund angemessener Grenzen und die Freiheit, im Rahmen der Verantwortung gegenüber anderen unabhängig zu denken und zu handeln, sind hier in einem schönen Gleichgewicht.

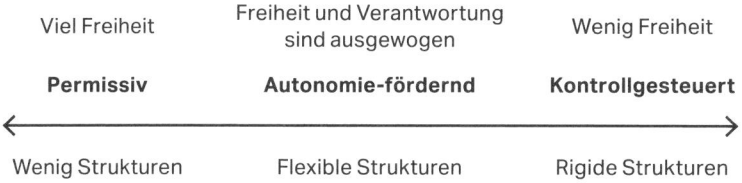

Während eine permissive Erziehung negative Auswirkungen auf die Kinder hat, stellt eine kontrollgesteuerte Erziehung eine direktere Bedrohung für die Autonomie-fördernde Erziehung dar. Diese Schlussfolgerung basiert sowohl auf den Erkenntnissen der Wissenschaft über probate Erziehungsmethoden als auch auf den jüngsten Erziehungstrends. Von Bedeutung ist auch, dass die Wissenschaft mehr Belege für Erziehungsextreme aufzeigt; im Alltag haben die meisten von uns mal permissive, mal kontrollbasierte Momente, was uns laut wissenschaftlicher Definition noch lange nicht zu permissiven oder kontrollgesteuerten Eltern macht. So mögen wir bei Zeitdruck auf eine Weise kontrollierend sein, die die Unabhängigkeit unserer Kinder untergräbt, aber das ist etwas anderes, als unsere Kinder zu beschämen, um ihr Verhalten zu kontrollieren.

Auch wenn viele von uns vielleicht stärker in den kontrollbasierten Teil des Kontinuums abgleiten, als uns lieb ist, können wir näher an der gesünderen, Autonomie-fördernden Mitte bleiben, indem wir unser Bestes tun, um die meiste Zeit so zu erziehen, wie wir es wollen. Wichtig ist auch, wie unsere Kinder uns als Eltern wahrnehmen. Ich weiß noch, dass ich meine Kinder bat, mich auf einer Schrei-Skala von eins bis zehn zu bewerten. Ich hatte ein schlechtes Gewissen, weil ich mal wieder kurz die Fassung verloren hatte. Zu meiner Überraschung gaben sie mir eine Zwei. Ich wies sie darauf hin, dass eine Zwei bedeutete, dass ich fast nie schreie, was sie bestätigten. Das allein half mir bereits, weniger zu schreien.

Kontrollgesteuerte Erziehung
in der Forschung

Glauben Sie mir: Wenn Sie die Fachliteratur sehen würden, wären Sie dankbar, dass ich sie gelesen und für Sie übersetzt habe; das war alles so kompliziert, dass mein an Fachartikel gewöhnter Kopf schmerzte. Ich habe Hunderte von Seiten auf einige Punkte reduziert, die helfen, das Schreckgespenst der Kontrolle zu verstehen, das über uns schwebt.

Zunächst einmal muss man sagen, dass Kontrolle nicht immer etwas Schlechtes sein muss. Denken Sie daran, wie wir das Wort im Alltag verwenden: Wir fühlen uns sicher, wenn eine Situation »unter Kontrolle« ist. Wenn etwas dagegen »außer Kontrolle« gerät, sind damit Stress und Unruhe gemeint, wie bei unseren Kindern, wenn sie »außer Kontrolle« sind. Das Gefühl, etwas unter Kontrolle zu haben, kann also ein entscheidender Beitrag zum Gefühl sein, alles im Griff zu haben, unser Leben und uns selbst, zum Wohle unserer Kinder und zu unserem eigenen Wohl.

In der Psychopathologie gibt es einen entscheidenden Unterschied zwischen gesunder Kontrolle als Teil des Wohlbefindens und krankhaftem Kontrollzwang. Die Frage ist, wie gut wir zwischen dem, was wir kontrollieren können, und dem, was außerhalb unserer Kontrolle liegt, unterscheiden können. Wenn wir darauf abzielen zu kontrollieren, was wir nicht kontrollieren können (wie andere Menschen oder eine globale Pandemie), kann dies zu Depressionen und Angstzuständen führen. Konzentriert man sich jedoch darauf zu ändern, was man kontrollieren kann, können wir sowohl Depressionen als auch Ängsten entgegenwirken.

Kindererziehung stellt ein Kontrolldilemma dar: Unsere Kinder sind andere Menschen, also per definitionem außerhalb unserer Kontrolle. Aber die Erziehung formt unsere Kinder. Wie also können wir die Verantwortung für die aktive Erziehung unserer Kinder wahrnehmen, ohne zu versuchen, sie zu kontrollieren? Beginnen wir damit, die Forschung dazu in kleinere Teile zu zerlegen, um besser zu verstehen, wie sich kontrollgesteuerte Erziehung auf Kinder auswirkt.

In der Forschung wird zwischen zwei Arten der Kontrolle unterschieden, der psychologischen Kontrolle und der Verhaltenskontrolle.

Man schaut darauf, wie Kinder durch sie innerlich und äußerlich motiviert werden, was wiederum Einfluss auf ihren Grad an Autonomie hat.[21] Ich sagte es ja – kompliziert! Bleiben Sie am Ball, wenn wir jetzt dazu kommen, warum es so wichtig ist, wie wir auf unsere Kinder eingehen.

Psychologische Kontrolle

Die Merkmale einer psychologisch kontrollierenden Erziehung, wie der Einsatz von Schuld, Scham und Liebesentzug, sind als Versuche zu werten, das psychologische Erleben des Kindes (zum Beispiel Gefühle, Ziele und Identität) zu kontrollieren. Diese Art der Erziehung geht ganz grundsätzlich nicht auf die emotionalen Bedürfnisse des Kindes ein, übt Druck aus und verletzt die Autonomie des Kindes, was verstärkt zu Ängsten und Depressionen sowie zu Verhaltensproblemen führt.

Interne Kontrolle fällt unter den Begriff der psychologischen Kontrolle. Gemeint ist die innere Motivation eines Kindes, sich so zu verhalten, dass es entweder ein Gefühl des Selbstwerts oder der Wichtigkeit erlangt oder Schuldgefühle und Scham vermeiden kann. Ein Kind, das interne Kontrolle durch seine Eltern erfährt, fühlt sich eher abgelehnt, hegt eher Groll gegen seine Eltern oder macht sich eher Sorgen um seine Beziehung zu den Eltern. Interne Kontrolle ist ein Beispiel für Introjektion, auf die wir später noch eingehen werden. Damit ist im Grunde gemeint, eine Forderung oder einen Wert zu »schlucken«, ohne sich damit zu identifizieren – also das Gegenteil von Autonomie.

Verhaltenskontrolle

Die Verhaltenskontrolle ist komplizierter, da sie sowohl Strategien für eine gesunde Entwicklung und letztlich Autonomie als auch Ansätze umfasst, die Probleme verursachen und die Autonomie untergraben.

Das Konzept bezieht sich auf das Strukturieren und Regulieren kindlicher Verhaltensweisen. Wir alle machen das bis zu einem gewissen Grad im Rahmen der Erziehung, da Kinder ja ein noch nicht voll entwickeltes Gehirn haben. Das Verhalten Ihres Kindes zu strukturieren und zu regulieren kann Ansätze enthalten, die für seine Entwicklung wichtig sind, wie zum Beispiel das Aufzeigen sinnvoller Grenzen und Erwartungen an sein Verhalten (dazu gehören zum Beispiel der tägliche Schulbesuch, der Hinweis, dass man nicht immer nur Nudeln essen kann usw.). Es ist allgemein bekannt, dass Kinder von der Vorhersehbarkeit einer Struktur und von klaren Grenzen für ihr Verhalten profitieren.

Wir wissen auch, dass sich das Gegenteil, nämlich ein chaotisches und unberechenbares Umfeld, negativ auf die kindliche Entwicklung auswirkt. Das Fehlen von Grenzen oder Verhaltensvorgaben (also eine permissive Erziehung) wird im Zusammenhang mit schlechten Ergebnissen gesehen und entsprechend als ineffektiver Erziehungsansatz betrachtet. Um es klar auszudrücken: Autonomie-fördernde Erziehung bedeutet nicht, dass Ihr Kind alles entscheiden darf und dass alle Grenzen über den Haufen geworfen werden! Grenzen fördern das Verantwortungsbewusstsein bei Kindern; es kommt eben darauf an, wie man diese Grenzen zieht und dann durchsetzt.

Die Bereitstellung dieser wesentlichen Strukturen mithilfe von Grenzen und Verhaltensregulierung kann entweder auf Autonomie-fördernde oder kontrollierende Weise erfolgen. Der Autonomie-fördernde Ansatz umfasst das Setzen klarer und sinnvoller Grenzen, die Anerkennung der kindlichen Perspektive, die Nutzung von Wahlmöglichkeiten, die Kommunikation von Gründen für Grenzen und das Aufzeigen von Konsequenzen bei Nichteinhaltung dieser Grenzen. Der kontrollierende Ansatz stützt sich auf Kontrollen von außen wie die Androhung von Strafen, den Entzug von Privilegien und sogar den Einsatz von Belohnungen, um ein Kind zu einem bestimmten Verhalten zu bewegen. Diese Taktiken führen dazu, dass sich ein Kind durch äußeren Druck motiviert fühlt, sich auf eine bestimmte Art und Weise zu verhalten, entweder um eine Belohnung zu erhalten oder um eine Bestrafung zu vermeiden. Aber es verinnerlicht den Sinn und Zweck eines gewünschten Verhaltens nicht. Kinder, die ein hohes Maß an externer Kontrolle erfahren, weisen ein höheres Risiko für Drogenmissbrauch sowie für kriminelles und oppositionelles Verhalten auf.[22] Einfach ausgedrückt: Die gesunde Version der Verhaltenskontrolle ist Struktur; die ungesunde Version ist Druck.

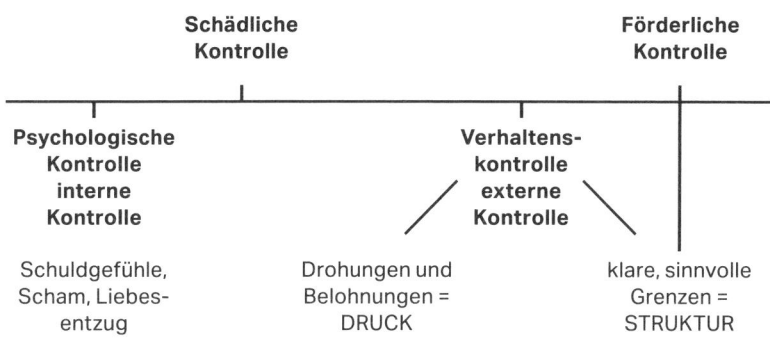

Schädliche Kontrolle		Förderliche Kontrolle
Psychologische Kontrolle interne Kontrolle	**Verhaltens- kontrolle externe Kontrolle**	
Schuldgefühle, Scham, Liebes- entzug	Drohungen und Belohnungen = DRUCK	klare, sinnvolle Grenzen = STRUKTUR

Worauf es ankommt?
Wie wir die Verhaltenskontrolle umsetzen

»Na ja«, werden Sie vielleicht sagen, »haben unsere Eltern nicht auf externe Kontrolle gesetzt? Und wird das Eltern nicht immer noch nahegelegt, weshalb es einige von uns auch tun? Brauchen Kinder nicht einfach Anreize und Konsequenzen, um ihr Verhalten zu lenken?« Stimmt, und genau hier kommt es darauf an, wie wir die Verhaltenskontrolle umsetzen.

Zunächst einmal ist die Verwendung von Befehlsformen auf lange Sicht nicht so produktiv wie flexible Sprache, wenn wir unsere Kinder beeinflussen wollen. Betrachten wir ein Thema, das ich als Mutter verfluche: Chaos im Kinderzimmer. Ein Erziehungsansatz, der darauf verzichtet, Grenzen zu setzen, würde bedeuten, dass meine Kinder buchstäblich in ihrem eigenen Dreck leben, weil es sie nicht zu interessieren scheint. (Dies ist ein perfektes Beispiel für fehlende innere Motivation, die auf die ungeliebte Tätigkeit des Aufräumens trifft; daher die Notwendigkeit elterlicher Einmischung!) Ich kann Ihnen jedoch versprechen, dass meine Standardtaktik, wenn es um unordentliche Zimmer geht – Kontrolle durch Forderungen und womöglich Schreien – nicht funktioniert. Stattdessen beeinträchtigt sie unseren Familienzusammenhalt. Deshalb bin ich (meistens) dazu übergegangen, nicht mehr zu sagen: »Dieses Zimmer wird aufgeräumt, bevor du irgendetwas anderes machst«, sondern: »Ich wette, du findest die Schuhe, die du verloren hast, wenn du dein Zimmer aufräumst; wann ist deiner Meinung nach an diesem Wochenende ein guter Zeitpunkt dafür?«

Dieser Ansatz erfordert eine gewisse Kunstfertigkeit, um herauszu-finden, welche Art flexible Sprache bei welchem Kind funktioniert und wie eng die gesetzten Grenzen sein müssen. Das hängt nämlich von der Persönlichkeit des Kindes ab. Mein Jüngster zum Beispiel braucht die Vorhersehbarkeit des Sonntagmorgens fürs Aufräumen; sollte jemals der Vorschlag kommen, den Samstagmorgen in Betracht zu ziehen, ist seine Ablehnung genauso vorhersehbar. Meine Mittlere schiebt es vor sich her und hofft, dass wir es vergessen. Also muss sie ermutigt werden, es einfach zu tun, vielleicht während sie Musik hört. Meine Älteste räumt ihr Zimmer tatsächlich gern auf, wenn sie in der Stimmung ist und selbst auf die Idee kommt. Je mehr wir also ihre Handlungsfähigkeit respektieren, desto öfter räumt sie auf.

Wenn Sie unsicher sind, ob Ihre Sprache kontrollierend wirkt, achten Sie auf Ihr Kind. Untersuchungen belegen, dass Kinder auf kontrollierende Sprache reagieren, indem sie in die Defensive gehen, ausweichen und anderen die Schuld geben.[23] Auch hier kann es helfen, sein Kind zu beobachten und seine Perspektive einzunehmen, um zu verstehen, wie es unser Verhalten wahrnimmt, statt unsere Absicht.

Ich habe schon oft einen Gang runtergeschaltet, wenn ich merkte, dass mein Kind defensiv reagiert oder sich zurückzieht; manchmal ist es eher mein Tonfall, der seine Reaktion beeinflusst, und nicht das, was ich sage. Es ist sogar schon vorgekommen, dass meine Kinder mich durchschauten und sagten: »Du denkst gar nicht wirklich, dass eine Drei gut ist!« (Ich arbeite daran, wirklich.) Aber die Tatsache, dass sie sich trauen, mir das zu sagen, bedeutet, dass die positiven Aspekte unserer Beziehung mehr Gewicht haben als einige meiner wertenden, kritischen Untertöne.

Neben der flexiblen Sprache können auch Belohnungen als eine Form der externen Kontrolle nützlich sein, wenn sie richtig eingesetzt werden. Mir ist aufgefallen, wie unpopulär Belohnungen in neueren Erziehungsratgebern sind, obwohl ich als Psychologin sie als evidenz-basierte Methode zur Verstärkung erwünschter Verhaltensweisen bei schwierigen Kindern erachte (und nutze). Der Psychologieprofessor Edward Deci erklärt in seinem Buch zum Thema Motivation, *Why We Do What We Do,* wie experimentelle Studien zeigen, dass Belohnungen, die zum Zweck der Kontrolle eingesetzt werden, die innere Motivation verringern. Aber wenn Belohnungen als Anerkennung für positive Verhaltensweisen eingesetzt werden, verschwinden die negativen

Auswirkungen auf die innere Motivation, und Belohnungen können positiv und förderlich sein.[24]

Bei der praktischen Umsetzung zu Hause habe ich gelernt, dass man für diesen Wechsel oft nur ein paar Worte ändern muss. Anstatt zum Beispiel zu sagen, »Wenn du dein Zimmer aufräumst, können wir Schlitten fahren gehen«, sage ich: »Wenn du mit dem Aufräumen fertig bist, gehen wir Schlitten fahren.« Dadurch wird eine natürlichere Erwartung geweckt, ganz nach dem Motto »erst die Arbeit, dann das Vergnügen«, anstatt das Kind durch die Aussicht auf einen lustigen Ausflug zum Aufräumen zu »zwingen«.

Wie man von der kontrollgesteuerten Erziehung weg- und zur Autonomie-fördernden Erziehung hinkommt

In Anerkennung der Tatsache, dass wir gelegentlich kontrollgesteuert sein werden, geben wissenschaftliche Erkenntnisse uns Hinweise darauf, wann und wie Kontrolle für unsere Kinder am schädlichsten ist und wann wir sie zum Wohle unserer Kinder einsetzen können. Mit ein wenig Selbsterkenntnis und Köpfchen können wir die Kontrollneigung tatsächlich in Autonomie-fördernde Ansätze einfach umwandeln.

Ich bin mir der Kontrollneigung gegenüber meinen Kindern jetzt eher bewusst und experimentiere damit, sie so zu verändern, dass sie die Autonomie meiner Kinder besser fördert oder zumindest nicht mehr so übermächtig ist. Statt zum Beispiel auf der Einhaltung eines starren Zeitplans für die Hausaufgaben zu bestehen, der auch zur Bedingung macht, dass die Hausaufgaben vor der Bildschirmzeit kommen, habe ich einen geschmeidigeren Ansatz ausprobiert: »Was musst du heute erledigen? Wann ist deiner Meinung nach ein guter Zeitpunkt, um das zu tun? Wie willst du sicherstellen, dass du das alles schaffst und noch Zeit zum Entspannen hast?« Dieser Ansatz ermöglicht es ihnen, Arbeit und Entspannung so einzuteilen, wie sie es für richtig halten, statt sich zu einer bestimmten Zeit an den Tisch zu setzen, weil es eine äußere Vorschrift gibt, die als »Hausaufgabenzeit« bezeichnet wird. In der Tat erledigten meine Kinder ihre Aufgaben mit weniger Tamtam. Im Alter von sieben Jahren erklärte unser

Zweitklässler eines Tages beim Abendessen, dass sich sein Gehirn morgens wacher anfühle als nach der Schule. Er wollte das Problem lösen, indem er seine Matheaufgaben nach dem Aufwachen machte. Und das tat er dann auch.

Vielleicht denken Sie jetzt: »Das würde bei meinem Kind nie funktionieren«, und Sie könnten recht damit haben. Manche Kinder, vor allem solche mit weniger ausgeprägten Organisations- und Planungsfertigkeiten, werden fast immer das, was sich im Moment gut anfühlt, dem Vorausplanen vorziehen. Solche Kinder sagen dann vielleicht, dass sie ihre Hausaufgaben machen wollen, nachdem sie entspannt haben, und weigern sich dann, wenn die Hausaufgabenzeit gekommen ist. Auftritt Kontrolldrang! Nutzen Sie das Wissen über Ihr Kind, um auf seine Bedürfnisse einzugehen. Wenn es nicht in der Lage ist, seine Zeit einzuteilen, können Sie ihm trotzdem eine Struktur geben, ohne es zu kontrollieren. Anstatt es zu zwingen, seine Hausaufgaben zu machen, nutzen Sie beispielsweise die Aussicht auf eine Belohnung für die Erledigung der Hausaufgaben, die es nicht machen will: »Wenn du mit den Schreibübungen fertig bist, machen wir eine Schneeballschlacht.«

Aber seien wir mal ehrlich: In vielen Momenten ist Kontrolle schlicht einfacher. Wenn ich gestresst bin, die Kinder sich aufführen und wir losmüssen, werde ich zum Kontrollfreak: »Zieht sofort eure Schuhe an! Wenn ihr nicht hört, machen wir heute nichts Schönes zusammen!« (Befehlston, Schreien, Drohen.) Ich verstehe das vollkommen, und es passiert auch den Wohlmeinendsten unter uns. Um auf das Kontroll-Kontinuum zurückzukommen: In solchen Momenten mögen wir eher am kontrollgesteuerten Ende der Skala stehen. Aber all die anderen Momente, in denen wir die Autonomie fördern oder einfach weniger kontrollierend sind, tragen dazu bei, den Gesamteindruck auszugleichen, den unsere Kinder von uns haben.

Warum weniger Kontrolle besser ist

Nach der Lektüre über das Kontroll-Kontinuum und darüber, wie man die gängige Kontrollneigung bei der Erziehung durch ein Autonomieförderndes Verhalten ersetzen kann, fragen Sie sich vielleicht, ob diese Veränderungen hin zu weniger Kontrolle den zusätzlichen Aufwand wert sind. Ein Blick auf die Belege kann der Motivation helfen, die Zeit und die Energie für mehr Autonomie-fördernde und weniger Kontrollmaßnahmen aufzubringen.

Vorweg ein bisschen Selbstreflexion: Wie verhalten Sie sich, wenn Sie sich kontrolliert fühlen? Ich bin sicher, dass Sie diese Erfahrung gemacht haben, wenn nicht in Ihrem Elternhaus oder in der Schule, dann am Arbeitsplatz – vielleicht sogar in einer Beziehung. Wann hatten Sie schon einmal den Eindruck, dass Sie keine Wahl haben, dass Ihre Meinung nicht zählt und dass Ihr Handeln den Prioritäten oder den Plänen eines anderen dient? Und was hat das mit Ihrer inneren Motivation gemacht, etwas zu lernen, etwas zu leisten oder intim zu sein? Wie hat es sich auf Ihre allgemeine Zufriedenheit mit Ihren Beziehungen oder Ihrer Arbeit ausgewirkt? Ein Grundsatz der Psychologie lautet: Je größer unsere Selbsterkenntnis, desto weniger reaktiv verhalten wir uns, selbst wenn wir unter Stress stehen. Nehmen Sie sich etwas Zeit, um über Ihre eigenen Erfahrungen mit dem Gefühl, kontrolliert zu werden, nachzudenken, damit Sie Empathie für die Erfahrungen Ihres Kindes entwickeln können. Dieses Verständnis für uns selbst und unsere Kinder kann uns dazu bringen, im anstrengenden Erziehungsalltag öfter nach unseren Werten zu handeln.

Innere Motivation – der goldene Weg zur Autonomie

Wir sind uns wahrscheinlich einig, dass ein Hauptziel der Erziehung darin besteht, unseren Kindern beizubringen, wie sie im Leben klarkommen, und ihnen wichtige Werte zu vermitteln, die ihnen dabei helfen. In der Psychologie wird dies als »Internalisierung« oder Verinnerlichung bezeichnet und wird in zwei Kategorien unterteilt – eine positive und eine negative. Glauben Sie mir, die negative kann einem sehr viel geben und sich anfühlen, als wären wir gerade sehr effizient, aber die positive ist das, was wir wirklich wollen. Lassen Sie mich das erklären.

Die positive Art der Internalisierung, die Identifikation, ist ein Prozess, bei dem Regeln und Werte auf sinnvolle Weise verinnerlicht werden. Man akzeptiert, dass manche Aufgaben oder Arbeiten vielleicht nicht interessant, aber wichtig sind (zum Beispiel Matheaufgaben oder der Haushalt). Die negative Art der Verinnerlichung, die Introjektion, steht für ein Verhalten, das auf innerer Kontrolle beruht. Man befolgt Regeln oder Erwartungen, weil man »sollte«, nicht weil sie einem persönlich sinnvoll erscheinen. (»Meine Eltern wollen, dass ich gute Noten habe und mein Zimmer aufräume.«) Kinder, die etwas introjizieren, können kooperativ und gehorsam erscheinen. Dann kann es so aussehen, als würde es gut laufen. Aber das Ganze kann auch eine Kehrseite haben, unter anderem eine schwache innere Motivation, die sich nachweislich negativ auf die allgemeine Autonomie auswirkt.[25] Da überrascht es nicht, dass das Gefühl intrinsischer oder extrinsischer Kontrolle (also Kontrolle von innen oder außen) rein erfahrungsgemäß mit der Introspektion in Verbindung gebracht wird.

Die Forschung zeigt, wie sich der Unterschied zwischen Identifikation und Introjektion im Alltag auswirkt. Wie in Decis Buch beschrieben, belegte eine Studie, dass Schüler, die der Schule mit mehr Introjektion begegneten, größere Angst vor der Schule und negativere Bewältigungsmechanismen als Reaktion auf Misserfolge zeigten. Schüler, die mehr zur Identifikation neigten, hatten mehr Freude an der Schule und zeigten angesichts von Schwierigkeiten bessere Bewältigungsmechanismen. Zu den bekannten Vorteilen von Identifikation im schulischen Kontext gehören insgesamt bessere schulische Leistungen und eine bessere Adaptierung in der Schule.[26]

Evidenzbasierte Strategien zur Verbesserung der Identifikation umfassen auch solche, die in Kapitel 3 ausführlich beschrieben werden: Gründe für eine ungeliebte Arbeit liefern, anerkennen, dass das Kind etwas nicht tun möchte, eine nicht kontrollierende Sprache verwenden und auffordern statt verlangen. Glücklicherweise gibt es bei der Erziehung von Kindern viele Gelegenheiten, sie mit ungeliebten Arbeiten zu konfrontieren, sodass wir alle weiter üben können.

Kurz gesagt: Kontrollbasierte Ansätze verringern die innere Motivation, während Autonomie und Kompetenz ihre Wurzeln in innerer Motivation haben. Wenn wir autonome Kinder großziehen wollen, müssen wir ihre innere Motivation fördern, was bedeutet, weniger zu kontrollieren.

Weitere Kontroll-Knackpunkte: unsere Kinder und unser Stress

Nachdem ich Sie nun hoffentlich davon überzeugt habe, Ihre Kontrollneigung bei der Erziehung zu hinterfragen und vielleicht im Dienste der Autonomie Ihres Kindes einige Änderungen vorzunehmen, lassen Sie uns nun andere Einflüsse darauf erörtern, warum sich Ihr Kind möglicherweise durch Ihr Verhalten kontrolliert fühlt, wie jedes Kind tickt und wie Stress beeinflusst, wo im Kontroll-Kontinuum wir landen.

Unsere Kinder

Wir sind nicht die Einzigen, die die Erziehung prägen; unsere Kinder prägen, wie wir sie erziehen. Studien und Erfahrungen aus dem wirklichen Leben zeigen, dass Temperament, Persönlichkeit und Verhalten der Kinder die Interaktion mit den Eltern beeinflussen. Manche Kinder rufen bei den Erwachsenen eher kontrollgesteuerte Reaktionen hervor, was wiederum bei den Kindern ein Verhalten triggert, mit dem sie das Gefühl der Kontrolle wiedererlangen wollen. So konnte zum Beispiel gezeigt werden, dass Kinder mit ADHS und Autismus sowohl bei Eltern als auch bei Lehrern einen stärkeren Kontrolldrang auslösen.[27] Leider scheinen neurodivergente Kinder unter den gleichen negativen Folgen des Kontrolldrangs zu leiden wie neurotypische Kinder, wodurch die Risiken noch verstärkt werden, denen sie bereits ausgesetzt sind (zum Beispiel ein geringes Selbstwertgefühl und Ablehnung durch Gleichaltrige).[28] Deswegen benötigen sie wahrscheinlich modifizierte Ansätze, um ihre Autonomie zu fördern. Diese werden in Kapitel 15 über Neurodiversität näher erläutert.

Zu den anderen kindlichen Eigenschaften, die am ehesten Kontrolltendenzen in der Erziehung auslösen, gehören geringere Leistungsorientierung und geringere innere Motivation.[29] Im nordamerikanischen Kulturraum haben beispielsweise schulische Erfolge einen hohen Stellenwert. Diese Tatsache kann dazu führen, dass Kinder, die innerlich weniger motiviert sind und weniger Wert auf Leistung legen, eher Gefahr laufen, Opfer elterlichen Kontrolldrangs zu werden. Das gilt insbesondere bei Eltern, die ändern wollen, wie ihr Kind im

Grunde nun mal ist. Dagegen schwimmt ein Kind, das die Schule und das Lernen liebt, mit dem Strom der amerikanischen Kultur, anstatt gegen ihn. Dann fällt es auch den Eltern leichter, seine Autonomie zu fördern, da es von Natur aus gut ins Schema passt.

Da jedes Kind anders ist, dürfen wir nicht vergessen, dass wir zwar dieselben Autonomie-fördernden Erziehungspraktiken bei mehreren Kindern anwenden können, dass diese Praktiken jedoch von jedem Kind anders erlebt werden. Daher kann sich ein Kind durch Ihren Erziehungsansatz kontrolliert fühlen, während ein anderes das eben nicht tut.

In meiner Familie ist mir aufgefallen, dass meine Älteste ein besonderes Gespür dafür zu haben scheint, wann man sie kontrollieren will. Leider weiß ich nicht genau, warum, aber meine Hypothese lautet, dass mein Mann und ich bei ihr als Kleinkind vielleicht ein klitzekleines bisschen zu kontrollgesteuert waren. Sie war unser erstes Kind, und unsere Lernkurve ließ noch zu wünschen übrig. Als unsere Älteste darf sie von uns erwarten, dass wir ihr mehr Selbstkontrolle und Handlungsfähigkeit zugestehen. Außerdem hat sie aufgrund ihres Charakters schon immer auf mehr Eigenständigkeit bestanden und ist grundsätzlich davon überzeugt, dass ihre Bedürfnisse unterdrückt werden. Vielleicht kann das aber auch die Astrologie erklären – sie ist ein hitziger Skorpion! Was ich sagen will: Mein Mann und ich werden nie genau erfahren, warum sie so fühlt, wie sie fühlt. Aber zumindest können wir ihr Bedürfnis nach sehr expliziter Autonomieförderung begreifen. Da sie anscheinend so gestrickt ist, dass sie mich weiter oben im Kontroll-Kontinuum verortet, als ich es sein möchte, habe ich den Hebel umgelegt, um anders mit ihr zu interagieren als mit meinen beiden anderen Kindern. In emotional aufgeladenen Momenten halte ich eher inne, um ihre Meinung einzuholen, und ich stelle mehr ergebnisoffene Fragen, um sie besser zu verstehen. Gleichzeitig bestärke ich sie in dem Gefühl, dass sie das aktuelle Problem meistern wird.

Unser Stress

Auch ein hohes Maß an Stress hat einen gewaltigen Einfluss auf die Kindererziehung. Forschungsergebnisse stützen die begründete Annahme, dass mehr Stress zu ausgeprägterem Kontrollverhalten führt.[30] Und Eltern sind heutzutage wirklich gestresst, wie jüngste Umfragen belegen.[31]

Die Stressbewältigung durch Priorisierung unserer eigenen Bedürfnisse hilft uns, bei der Erziehung weniger kontrollgesteuert zu sein. Die Forschung hat gezeigt, dass wir anderen gegenüber umso Autonomie-fördernder auftreten, je mehr unser eigenes Bedürfnis nach Autonomie, Kompetenz und Eingebundenheit befriedigt wird. Es ist hilfreich, wenn unsere Speicher voll sind, damit wir die nötige Energie, Geduld und Empathie aufbringen können, um dasselbe für unsere Kinder zu tun.

Hier ein Beispiel aus meiner Familie, das möglicherweise nicht sehr populär ist: Wir haben die außerschulischen Aktivitäten unserer Kinder absichtlich eingeschränkt, um einen ruhigeren Wochenablauf zu haben. Außerdem dürfen sich die Kinder nach halb neun abends nicht mehr im Erdgeschoss aufhalten, auch wenn sie inzwischen natürlich länger wach bleiben. So haben mein Mann und ich Zeit, gemeinsam zu entspannen. Auch wenn wir uns gar nicht unterhalten, weil wir unsere Lieblingsserie schauen, bestehen er und ich auf dieser Zeit, weil sie wichtig ist, um runterzukommen. Davon profitiert sowohl unsere Beziehung als auch unser Schlaf (und der ist eines meiner Lieblingsmittel gegen Stress).

Nachdem Sie so viel über kontrollgesteuerte und Autonomie-fördernde Ansätze gelesen haben, fragen Sie sich vielleicht, wo auf dem Kontroll-Kontinuum Sie landen würden. Genau dafür gibt es einen Test!

Besser als jede Online-Befragung: Wie kontrollgesteuert bzw. Autonomie-fördernd sind Sie?

Ich hoffe, die bisherigen Kapitel haben Ihnen geholfen, sich Ihrer eigenen Kontrollneigung als Eltern bewusster zu werden und Autonomie-fördernde Praktiken als attraktive Alternative zu erachten. Dieser Test soll Ihnen helfen, Ihre Stärken bei der Autonomie-fördernden Erziehung zu erkennen und genau zu wissen, worauf Sie sich konzentrieren sollten, um weniger kontrollgesteuert vorzugehen. Stellen Sie sich eines Ihrer Kinder vor, und überlegen Sie, wie es wohl die folgenden Fragen beantworten würde. Es könnte auch interessant sein vorherzusagen, wie die Antworten variieren, je nachdem, welches Kind Sie sich vorstellen – oder sogar, wie anders die Antworten letzte Woche ausgefallen wären!

Wie Autonomie-fördernd sind Sie?

Wenn ich mein Kind bitte, etwas zu tun, erkläre ich, warum.
0 = fast nie   1 = manchmal   2 = meistens

Im Rahmen des Machbaren erlaube ich meinem Kind, seine Aktivitäten selbst zu wählen.
0 = fast nie   1 = manchmal   2 = meistens

Ich hoffe, dass mein Kind Entscheidungen trifft, die seinen Interessen entsprechen, nicht meinen.
0 = fast nie   1 = manchmal   2 = meistens

Ich bin offen für die Gedanken und Gefühle meines Kindes, auch wenn sie sich von meinen unterscheiden.
0 = fast nie   1 = manchmal   2 = meistens

Wenn mein Kind fragt, warum es etwas tun oder nicht tun soll, nenne ich ihm meine Argumente.
0 = fast nie   1 = manchmal   2 = meistens

Wenn mein Kind eine andere Sichtweise hat, höre ich mir an, was es zu sagen hat.
0 = fast nie   1 = manchmal   2 = meistens

Wie sehr neigen Sie zur Kontrolle?

Wenn mein Kind sich weigert, etwas zu tun, drohe ich ihm damit, ihm ein Privileg zu entziehen, damit es doch tut, was es will.
0 = fast nie   1 = manchmal   2 = meistens

Ich glaube, mein Kind muss bei allem, was es tut, die oder der Beste sein, um Erfolg zu haben.
0 = fast nie   1 = manchmal   2 = meistens

Damit ich stolz auf mein Kind sein kann, muss es besser als die anderen sein.
0 = fast nie   1 = manchmal   2 = meistens

Wenn ich möchte, dass mein Kind sich anders verhält, mache ich ihm ein schlechtes Gewissen oder sorge dafür, dass es sich schämt.
0 = fast nie   1 = manchmal   2 = meistens

Wenn mein Kind meine Anweisungen nicht sofort befolgt, drohe ich ihm Strafe an.
0 = fast nie   1 = manchmal   2 = meistens

Wenn mein Kind sich schlecht benimmt oder Anweisungen nicht befolgt, bestrafe ich es, ohne klar zu sagen, warum.
0 = fast nie   1 = manchmal   2 = meistens

Ergebnis

Zählen Sie Ihre Punkte für jeden Teil. Je höher die Punktzahl, desto eher wenden Sie diesen Erziehungsstil für das Kind oder in dem Zeitraum an, den Sie sich vorstellen. Für jeden Erziehungsstil gilt: 0–4 = niedrig, 5–8 = mittel, 9–12 = hoch

Wie Sie mit den Ergebnissen umgehen

Verzweifeln oder feiern Sie nicht zu sehr; das ist der momentane Stand, der sich auch ändern kann. Nutzen Sie die Ergebnisse, um an Ihren Schwächen zu arbeiten und Ihre Stärken auszubauen, während Sie danach trachten, die Autonomie-fördernde Erziehung noch besser umzusetzen und weniger kontrollgesteuert zu sein. Kommen Sie gelegentlich auf dieses Kapitel zurück, um zu sehen, ob sich etwas geändert hat, weil ja auch Ihre Kinder und Ihre Erziehungsgewohnheiten sich ändern! (Außerdem sollte man sich nicht über die Ergebnisse eines kurzen Fragebogens definieren.)

Hinweis: Die Fragen beruhen auf zwei validierten Fragebögen, die häufig in Elternstudien verwendet werden – genannt P-PASS (Perceived Parental Autonomy Support Scale – also die Skala für wahrgenommene Autonomieunterstützung) und POPS (Perceptions of Parents Scales – also die Skala für elterliche Wahrnehmung). Meine Version ist jedoch keine wissenschaftliche, denn für diese Erhebungen braucht es viele Jahre (und viel Geld). Dennoch ist sie besser als die meisten Onlinetests, da sie auf wissenschaftlich untersuchten Messungen beruht![32]

Denken Sie immer daran, dass Erziehung ein dynamischer Prozess ist. Indem wir davon ausgehen, dass auch der Erziehungsstil sich entwickeln kann, können wir mit etwas Übung und Zeit immer mehr zu den Eltern werden, die wir sein wollen. Als Ausgangspunkt sollten Sie sich selbst und Ihre Werte kennen und dann offen und voller Neugier darauf schauen, wie das Leben, das Heranwachsen Ihres Kindes und Ihre Entwicklung als Eltern diese Werte beeinflussen.

Im zweiten Teil des Buches verwende ich Beispiele, um kontrollgesteuerte und Autonomie-fördernde Ansätze zu veranschaulichen, damit es einfacher wird, forschungsbasierte Konzepte auf den Alltag zu übertragen. Damit die Aussagekraft dieser Vergleiche so groß wie möglich ist, beziehe ich auch allgemeine Kontrolltendenzen mit ein. Das bedeutet, dass die Art und Weise, wie ich diesen Vergleich darstelle, nicht exakt von der Erziehungsforschung gestützt wird, die oft die Extreme kontrollbasierten Verhaltens analysiert. Aber so ist es nun einmal, wenn man eine Brücke zwischen Forschung und wirklichem Leben schlagen will, sodass auch Sie davon etwas haben.

Kapitel 5

Wissenschaft ist »WEIRD«

Autonomie-fördernde Erziehung und das kulturelle Umfeld

Je nach Ihrem kulturellem Hintergrund und den Normen in Ihrer Familie fragen Sie sich vielleicht: »Kann diese Erziehung bei uns wirklich funktionieren?« In Anlehnung an die knappen Antworten des *Magic-8-Balls* und auf Grundlage meiner Einblicke in die jüngste Forschung kann ich sagen: »Alles deutet auf Ja!« (Kein halbwegs seriöser Wissenschaftler würde schließlich die Garantie dafür übernehmen, dass etwas bei jedem funktioniert.)

Die lange, komplizierte Antwort lautet, dass kulturelle Ursprünge und Einflüsse zusätzlichen Kontext liefern. Und das könnte sich auf die Feinheiten der Autonomie-fördernden Erziehung auswirken. Die Erfüllung des kindlichen Bedürfnisses nach Autonomie wird jedenfalls quer durch alle Kulturen als sinnvoll und förderlich erachtet. In diesem Kapitel geht es um die Frage, was wir aus der kulturübergreifenden Forschung wissen, das uns Aufschluss darüber geben könnte, wie wir Autonomie-fördernde Praktiken in Ihrem Zuhause und in Ihrer Familie am effektivsten umsetzen können. Um die Forschungsergebnisse verantwortungsvoll auszuwerten, müssen wir uns zunächst eine traurige Wahrheit über die Verhaltenswissenschaften vor Augen führen: Ihre lange, schmutzige Geschichte ist eine Geschichte der Voreingenommenheit.

Aus dem Blickwinkel des Westens

In der erfolgreichen Netflix-Serie *Indian Matchmaking* ist immer wieder von »arrangierten Ehen« die Rede. Aber die Art und Weise, wie diese arrangierten Ehen sich entwickeln, passte nicht zu meiner voreingenommenen Sicht zweier Menschen, die am Hochzeitstag als komplett Fremde vor den Altar treten, nachdem sie von ihren Verwandten ausgesucht wurden. Ich war erstaunt über die große Bandbreite an Eigenständigkeit und Handlungsfähigkeit in solchen Ehen, die den westlichen Stereotypen widersprechen. Einige Eltern ermutigen ihre erwachsenen Kinder, die für sie beste Entscheidung zu treffen, und diese Kinder erzählen dann, wie sie selbst zu dem Entschluss kamen, einen Heiratsvermittler zu beauftragen. Andere Eltern üben enormen Druck aus und drängen zu einer baldigen Hochzeit. So macht eine Mutter die Weigerung ihres Sohnes, potenzielle Partnerinnen zu treffen, für ihren hohen Blutdruck verantwortlich (Kontrolle durch Erzeugen von Schuldgefühlen!).

Die Reality-TV-Show mag meine westlichen Vorurteile Lügen gestraft haben, aber es bräuchte eine ganze Menge Fernsehserien, um daran zu rütteln, wie westliche Denkweisen die Verhaltenswissenschaften prägten. Die westlich dominierte Forschung hat sich lange Zeit schuldig gemacht, indem sie die Ergebnisse aus der Verhaltensforschung überbewertete, die auf der Untersuchung von bestimmten Bevölkerungsgruppen basierten (weiß, aus der Mittel- oder Oberschicht, eurozentrisch). Das hat zur peinlichen Ausgrenzung von Kulturen auf der ganzen Welt beigetragen, die unsere westlich geprägten Annahmen über menschliches Verhalten infrage stellen. In der Welt der Erziehungswissenschaften und -beratung ist es nicht anders.

In ihrem Buch *Kindern mehr zutrauen – Die Erziehungsgeheimnisse indigener Gemeinschaften* schreibt Michaeleen Doucleff darüber, dass unsere Wissenschaft »WEIRD« – also eigenartig – sei (was für Western, Educated, Industrialized, Rich und Democratic steht, also westlich, gebildet, industrialisiert, reich und demokratisch). Sie zeigt den Einfluss dieser westlichen Wissenschaft auf die Erziehungsrichtlinien der letzten zwei Jahrhunderte – bis in die Gegenwart.[33] Doucleffs Eintauchen in drei große Kulturen – Maya, Inuit und Hadza – zeigt gewaltige Unterschiede in den Erziehungsgrundsätzen, die unsere westlichen Überzeugungen über angeborenes Verhalten bei Kindern infrage stellen. Als Beispiel für eine natürliche Hilfsbereitschaft, die die meisten amerikanischen Eltern bei ihren Kindern eben nicht für natürlich halten würden, berichtete Doucleff, wie ein junger Maya-Teenager in die Küche ihrer Familie kam, den Stapel schmutziges Geschirr sah und anfing, es abzuwaschen!

Diese kulturellen Unterschiede im menschlichen Verhalten mögen überraschen, weil westliche Forscher versucht haben, uns vorzugaukeln, dass sie die menschliche Natur studieren, obwohl sie in Wirklichkeit nur einen Ausschnitt dieser »Natur« untersuchen, der oft kulturell geprägt ist. Eine seit Langem existente Beschränkung der sozialwissenschaftlichen Forschung besteht darin, dass riesige demografische Gruppen oft ausgeschlossen sind: nicht-weiß, einkommensschwach, nicht-hetero, nicht-gleichgeschlechtlich – ganz zu schweigen von den Vätern in der Erziehungsforschung. Die Liste ließe sich fortführen. Die Wahrheit ist, dass es fast immer eine Reihe von Vorbehalten bei der Anwendung von Forschungsergebnissen auf das wirkliche Leben gibt, und keine einzelne Studie sollte für sich genommen zu viel Gewicht haben. In diesem Buch berücksichtige ich bevorzugt Erkenntnisse aus Artikeln von Fachzeitschriften mit Peer-Review, d. h. die darin enthaltenen Studien müssen eine höhere Forschungsdisziplin aufweisen, um veröffentlicht werden zu können. Und ich hebe die Ergebnisse von übergreifenden Studien und Metaanalysen hervor, in denen die Ergebnisse von Dutzenden Studien zusammengefasst werden, um zu Schlussfolgerungen zu gelangen. Dennoch ist es schwer zu übersehen, dass westliche Ideale und Normen einen Großteil der Forschung durchdringen, wozu möglicherweise auch die Vorstellung von Autonomie als einem positiven Wert gehört.

Autonomie:
Wie »westlich« ist sie eigentlich?

In der Psychologie gibt es eine stete Herausforderung: Wie kann man Konzepte so ähnlich definieren und messen, dass sie in verschiedenen Studien das Gleiche bedeuten? Vergleichen wir Äpfel mit Äpfeln oder Äpfel mit Birnen? Ein großer methodischer Dorn im Auge der Autonomieforschung ist die Frage, inwieweit Autonomie als Unabhängigkeit (also Nicht-Abhängigkeit von anderen) oder als »Willensfunktion« (das Gefühl, handlungsfähig in Bezug auf Gedanken, Entscheidungen, Gefühle und Verhaltensweisen zu sein) definiert wird. »Unabhängigkeit« und »Handlungsfähigkeit« sind also die zwei Möglichkeiten, Autonomie zu definieren. Die Forschung, die diese beiden vergleicht, zeigt, dass »Handlungsfähigkeit« konsequenter und eindeutiger in Zusammenhang steht mit positiven Ergebnissen, und zwar sowohl innerhalb einer Kultur als auch quer durch die Kulturen.[34] Kulturelle Unterschiede in Bezug auf Autonomie als menschliches Grundbedürfnis verschwinden im Wesentlichen, wenn die Definition von Autonomie als Erleben von Handlungsfähigkeit verwendet wird.

Interessanterweise hat die Selbstbestimmungstheorie Autonomie begrifflich immer als einen Zustand gefasst, in dem man Handlungsfähigkeit erlebt – das Gegenteil des Gefühls, kontrolliert, unter Druck gesetzt oder gezwungen zu werden, in einer bestimmten Weise zu handeln oder zu denken. Unklar ist, wie sich Förderung von Unabhängigkeit als weitere Definition von Autonomie entwickelt hat. Aber die westliche Voreingenommenheit gegenüber der Unabhängigkeit als etwas ganz Wichtigem könnte etwas damit zu tun haben. Und so wurde auch die Forschung erneut infiziert. Die weiter gefasste Definition von Autonomie als Gefühl, handlungsfähig zu sein, eine Wahl zu haben sowie eine ausgeprägte Selbstwahrnehmung, scheint kulturübergreifend zu sein und eine allgemein vernünftigere menschliche Erfahrung darzustellen als die begrenzte und kulturspezifischere Definition von Unabhängigkeit. Darüber hinaus hat man bei kulturübergreifenden Studien, in denen alle drei Komponenten der Selbstbestimmungstheorie (Autonomie, Kompetenz und Eingebundenheit) getestet wurden, sehr eindeutig festgestellt, dass Kompetenz und Eingebundenheit quer durch die Kulturen als grundlegende menschliche Bedürfnisse angesehen werden.[35]

Wie universell ist Autonomie-fördernde Erziehung?

Auch wenn Autonomie ein allgemein guter Zustand zu sein scheint, ist es vernünftig zu fragen, inwieweit das Gesamtkonzept der Autonomie-fördernden Erziehung kulturell fixiert ist oder nicht. Doucleff greift auf Jahrzehnte der anthropologischen Arbeit zurück, um zu verdeutlichen, wie unterschiedlich Erziehungsansätze und -erfahrungen ausfallen können, wenn sie über Generationen von kulturellen Praktiken geprägt werden. Zwischen all den Unterschieden finden sich jedoch auch vereinzelt Gemeinsamkeiten. So hat Doucleff in ihrer Arbeit Autonomie als eines der vier Kernkonzepte der Erziehung quer durch die Kulturen herausgestellt (die anderen drei sind Zusammengehörigkeit, Ermutigung und minimale Einmischung). Doch wie wird dieses gemeinsame, grundsätzliche Konzept der Autonomie in verschiedenen Kulturen der Welt in Erziehungsstrategien übersetzt?

Autonomie-fördernde Erziehung rund um den Globus

Modeerscheinungen wie die Verklärung französischer Erziehungsstile und die jüngst aufgekommene Bewunderung für Maya-Eltern machen deutlich, dass US-amerikanische Eltern das Gefühl haben, von anderen Kulturen so einiges lernen zu können. Wo auf der Welt wir leben, beeinflusst zweifellos in vielerlei Hinsicht, wie wir erziehen: von systemischen Hilfen (bezahlte Elternzeit!) bis hin zu gemeinschaftlichen Normen, denen zufolge ein ganzes Dorf ein Kind großzieht, statt dass wir in einem Haus in der Vorstadt auf uns allein gestellt sind. Nachdem wir festgestellt haben, dass Autonomie in allen Kulturen ein relevantes Konzept zu sein scheint, drängt sich die nächste Frage förmlich auf: »Aber funktioniert Autonomie-fördernde Erziehung unabhängig davon, wo man lebt und welche kulturellen Normen einen umgeben?«

Meine Integrität rät mir, keine falschen Versprechungen zu machen. Aber auf Grundlage von Studien, die Tausende von Menschen aus einer Vielzahl von Ländern durchgeführt haben, scheint es eben doch so zu sein, dass Autonomie-fördernde Erziehung unabhängig vom kulturellen Kontext einer Familie funktioniert.

Bei der Betrachtung von Teenagern in Ländern mit kulturellen Normen, die auf Gehorsam, Konformität und starren Machtstrukturen beruhen, kam heraus, dass auch hier Autonomie-fördernde Praktiken mit besseren Ergebnissen für die Kinder einhergehen. In der chinesischen Kultur wird beispielsweise traditionell Wert auf harmonische Familienbeziehungen gelegt, die durch mehr Autonomie theoretisch bedroht werden könnten. Schließlich verhandeln Jugendliche gern, indem sie streiten. Das chinesische Wort »guan« bedeutet »lieben« und »regieren«, was darauf hindeutet, dass die Kontrollneigung der Eltern von den Jugendlichen vielleicht eher als Ausdruck der Liebe und nicht als Vereiteln ihrer Bedürfnisse aufgefasst wird.[36] Und ein Blick auf russische Erziehungspraktiken zeigt, dass die Eltern dort im Vergleich zu den USA durchweg kontrollbasierter sind. Mindestens eine Studie mit 236 vierzehn- bis siebzehnjährigen Jugendlichen stützt diese Aussage. Es zeigte sich, dass sich russische Jugendliche im Vergleich zu amerikanischen Jugendlichen in ihrer Autonomie weniger gefördert fühlten, sowohl durch die Eltern als auch durch die Lehrer.[37]

Studien, in denen Gruppen chinesischer und russischer Jugendlicher mit amerikanischen Heranwachsenden verglichen wurden, konnten Folgendes zeigen: Unabhängig von ihrer geografischen Herkunft beschrieben Jugendliche, die laut eigener Auskunft mehr Autonomieförderung durch Eltern (und Lehrer) erfuhren, eine ganze Reihe positiver Ergebnisse, wie zum Beispiel bessere schulische Leistungen, stärkere innere Motivation für die Schule und weniger emotionale Probleme – einschließlich weniger depressiver Symptome und eines höheren Maßes an Selbstwertgefühl, Selbstverwirklichung und Lebenszufriedenheit. Selbst wenn sie in Ländern mit dezidiert autoritären Werten wie Gehorsam und Konformität lebten, führte die Wahrnehmung, dass die Eltern mehr Autonomie gewähren, dazu, dass die Kinder ihren Zustand als besser und positiver erlebten.

Die Forschungsergebnisse legen nahe, dass die Wirksamkeit bestimmter Strategien unterschiedlich sein kann, auch wenn die Förderung der Autonomie quer durch die Kulturen als positiv erachtet wird. Eine Studie aus Ghana zeigte, dass Kinder Autonomie-fördernde Ansätze, wie die Aussage: »Wenn ich Dinge auf meine Weise tun darf«, als pflichtvergessen einstuften. Wenn sie andere Verhaltensweisen als Autonomie-fördernd empfanden, wie etwa den Meinungsaustausch mit den Eltern und die Anerkennung ihrer kindlichen Perspektive, gingen diese Verhaltensweisen mit einer stärkeren Motivation und einer positiven Einstellung einher, was mit westlichen Erkenntnissen übereinstimmt.[38]

Auch wenn Sie einige Feinjustierungen vornehmen müssen, damit diese Erziehung in die kulturellen Normen Ihrer Familie passt, sollten Sie wissen, dass das Bezugssystem der Autonomie-fördernden Erziehung an sich sinnvoll und effektiv zu sein scheint, egal, wo auf der Welt Sie leben.

Autonomie-fördernde Erziehung und multi-ethnische Familien: die Vereinigten Staaten

Obwohl Studien rund um den Globus darauf hindeuten, dass Autonomie-fördernde Praktiken in allen Kulturen ähnlich positive Auswirkungen haben, lohnt es sich, die folgende Frage zu stellen: Wie wirksam ist diese Erziehung in den verschiedenen demografischen Gruppen innerhalb des nordamerikanischen Kulturraums? Wenn Sie zum Beispiel kein weißer, in Amerika geborener Elternteil aus der Mittelschicht sind, werden Sie dann die in diesem Buch gepriesenen Vorteile sehen, wenn Sie bei sich zu Hause Autonomie-fördernde Erziehungsmethoden anwenden?

Passend zur Diskussion um die Grenzen der WEIRD-Wissenschaft beziehen sich die meisten in den Vereinigten Staaten durchgeführten Studien zur Autonomie-fördernden Erziehung vorwiegend auf Teilnehmer aus der weißen Mittelschicht. Man könnte auf den gesunden Menschenverstand verweisen und argumentieren, dass die Grundprinzipien Autonomie-fördernder Erziehung, wie zum Beispiel der Einsatz von Empathie und bedingungsloser Liebe, über alle Unterschiede zwischen amerikanischen Familien hinweg gelten, ob diese Familien nun der Mehrheitskultur oder einer Minderheit angehören. Aber es ist ja Aufgabe der Wissenschaft herauszufinden, wo Beweise Vermutungen widerlegen. So gibt es beispielsweise durchaus Hinweise darauf, dass strenge, auf Gehorsam ausgerichtete Erziehungsansätze, die für die traditionelle afroamerikanische Erziehung charakteristisch sind, dazu beitragen können, dass sich schwarze Kinder in größerer Sicherheit befinden.

In den Vereinigten Staaten leben Familien ganz unterschiedlicher ethnischer Abstammung. Sie leben mit unterschiedlichen kulturellen Werten, historisch gewachsenen Erziehungsstilen und verschiedensten sozialen Einflüssen und Umweltbedingungen. Dazu gehören Einwanderung, Integrationsgrad und tägliche Erfahrungen mit Rassismus, Unterdrückung und Ausgrenzung. All das kann sehr wohl die Wirksamkeit der Autonomie-fördernden Erziehung beeinflussen. Was, wenn Ihre Großeltern jeden Ihrer Schritte mit an die Bibel angelehnten Ermahnungen, wie »Wer sein Kind liebt, züchtigt es« infrage stellen würden? Was, wenn es in Ihrem Viertel die Sicherheit Ihres Kindes gefährden würde, ein eigenständiges Verhalten zu erwarten?

Wie so oft in der Verhaltensforschung muss noch viel mehr geforscht werden, vor allem, wenn es darum geht, verschiedene Gruppen von Menschen (wie Eltern) zu verstehen. Der derzeitige Forschungsstand deutet jedoch darauf hin, dass es quer durch alle ethnischen Gruppen und eingewanderten Minoritäten vielversprechende Ergebnisse für Autonomie-fördernde Erziehung gibt. Doch aufgrund der (bis dato nur begrenzt vorliegenden) Erkenntnisse scheinen systemische Faktoren und Beziehungsnormen einen Einfluss darauf zu haben, wie Autonomie-fördernde Strategien am effektivsten eingesetzt werden können.

Wie die Wissenschaft von der Autonomie-fördernden Erziehung und die amerikanische Vielfalt sich überschneiden

Im gegenwärtigen kulturellen Klima Amerikas ist es besonders Besorgnis erregend, dass schwarze Jugendliche, insbesondere Jungen, mit ernsthafteren Konsequenzen für Verhaltensverstöße rechnen müssen als nicht-schwarze Jugendliche. Als meine Tochter erzählte, dass die Bademeister im öffentlichen Schwimmbad ihren elf- und zwölfjährigen Freunden damit gedroht hatten, die Polizei zu rufen, wenn sie sich nicht ruhiger verhalten würden (anstatt einfach ihre Eltern zu kontaktieren), konnte ich mir gut vorstellen, warum. In unserem Viertel – das statistisch gesehen als bunt gemischt gilt – höre ich regelmäßig Berichte darüber, dass jungen Schwarzen mit mehr Misstrauen und Drohungen begegnet wird (zum Beispiel mit der Androhung, die Polizei zu rufen, wenn ein Elfjähriger auf dem Gehweg Fahrrad fährt, obwohl das keine Straftat ist).

Wenn es um die Erziehung von schwarzen Kindern im modernen Amerika geht, ist es angesichts der alltäglichen Realität vernünftig zu erwarten, dass strengere Erziehungsansätze von Vorteil sein könnten. Studien deuten darauf hin, dass mehr Regeln zur Verhaltensregulierung und Entscheidungsfindung eine Art Schutzwirkung in afroamerikanischen Familien haben. Dazu gehört auch, dass Autonomie und unabhängige Entscheidungsfindung, insbesondere im Hinblick auf Gesundheit und Sicherheit, im Vergleich zu weißen Eltern erst in einem späteren Alter erwartet werden. Die Forschung hat jedoch in afroamerikanischen Familien im Allgemeinen positive Auswirkungen einer Autonomie-fördernden Erziehung konstatiert – auch wenn die Faktenlage noch begrenzt ist.[39]

In Studien zu lateinamerikanischen und asiatischen Familien in Amerika werden sowohl die Folgen der Einwanderungserfahrung als auch der über Generationen weitergegebenen kulturellen Normen berücksichtigt, die sich von der amerikanischen Mehrheitskultur unterscheiden. In Latino-Familien könnten die gemeinsamen familiären Werte, »respeto« (Respekt) und »educación« (gutes Benehmen), theoretisch im Widerspruch zu den Zielen einer Autonomie-fördernden Erziehung stehen. Untersuchungen zu Erziehungsmethoden in Familien mit mexikanischstämmigen und mexikanisch-amerikanischen Eltern zeigten, dass diese Eltern im Allgemeinen weniger auf Autonomieförderung setzen, sondern mehr vorleben, mehr Vorgaben machen und mehr einseitige Entscheidungen treffen. Trotz dieser Normen deutet die (begrenzte) Literatur darauf hin, dass Autonomie-fördernde Praktiken mit einem größeren Wohlbefinden der mexikanisch-amerikanischen Jugendlichen in Zusammenhang gebracht werden.[40]

Die wenigen Studien, die sich gezielt mit Autonomie-fördernder Erziehung in Latino-Familien befassen, haben bisher nur mexikanischstämmige und mexikanisch-amerikanische Mütter einbezogen und sind aufgrund der ausgeprägten Heterogenität der Latino-Kulturen mit Vorbehalt zu bewerten. Laut diesen Studien förderten die eher »US-amerikanisch« eingestellten Eltern Autonomie und eigenständige Entscheidungsfindung in jüngeren Jahren. Mexikanisch-amerikanische Mütter zeigten eine Mischung aus Autonomie-fördernden und kontrollierenden, beschützenden Ansätzen. Es wäre wichtig, den Kontext der Erfahrung von Rassismus, Diskriminierung und einwanderungsfeindlicher Stimmung näher zu untersuchen, um zu ersehen, inwieweit Autonomie-fördernde Erziehungsmethoden in lateinamerikanischen Familien anders funktionieren als in weißen Familien.[41]

Ähnlich wie bei den kulturellen Normen lateinamerikanischer Familien könnten die mit asiatisch-amerikanischen Familien in Verbindung gebrachten Werte der gegenseitigen Abhängigkeit, der familiären Verbundenheit, der hierarchischen Familienstrukturen und der vorrangigen Sozialisationsziele – Gehorsam, familiäre Verpflichtung und Respekt vor Älteren – einen Einfluss auf die positiven Ergebnisse Autonomie-fördernder Erziehung haben, die wir in vorwiegend weißen amerikanischen Familien erleben. Die Schlussfolgerungen aus den wenigen Studien über asiatisch-amerikanische

Jugendliche und ihre Eltern legen nahe, dass die »Autonomie-Einbindung« von größerer Bedeutung sein könnte. Die Autonomie-Einbindung bezieht sich darauf, dass zwar eine starke Abhängigkeit von engen Familienmitgliedern besteht, dass aber auch das Gefühl da ist, in Bezug auf diese Abhängigkeit eine Wahl zu haben. So wird die Autonomie-Einbindung mit den positivsten Ergebnissen bei asiatisch-amerikanischen Jugendlichen in Verbindung gebracht. Ich möchte zudem anmerken, dass die Zunahme von Hassverbrechen gegen asiatische Amerikaner und asiatische Einwanderer in jüngster Zeit ebenfalls Einfluss auf die Autonomie-fördernde Erziehung haben könnte. Das ist jedoch in den asiatischen Communities noch nicht untersucht worden.[42]

Als Weiße westeuropäischer Abstammung, die zweifellos zur »Mehrheitskultur« in Amerika gehört, bin ich mir der Grenzen bewusst, wenn es darum geht, die Erfahrungen von Familien nachzuvollziehen, die nicht zu dieser »Mehrheit« gehören. Ich weiß jedoch genug, um zu erkennen, dass ein oder zwei Absätze nicht ausreichen, um eine so große Gruppe von Menschen zu würdigen, ganz zu schweigen von den vielen anderen Minderheiten, die von der Forschung noch nicht berührt wurden. Ich hoffe aufrichtig, dass die wissenschaftliche Auseinandersetzung mit Eltern aus solchen Minderheiten zunimmt, da in der amerikanischen Kultur zunehmend die Notwendigkeit erkannt wird, das auszuweiten, was wir als »die amerikanische Familie« erleben. Dazu gehört auch die Frage, wie Autonomie-fördernde Erziehung in diesen Kontext passt.

Trotz der begrenzten Forschung scheint Autonomie tatsächlich eine durchgängig positive Erfahrung zu sein, vor allem wenn man sie durch die Brille des Handelns aus Handlungsfähigkeit heraus betrachtet. Umgekehrt scheint das Gefühl, kontrolliert zu werden, eine durchweg negative Erfahrung zu sein, selbst in Kulturen, die von stark kontrollbasierten Werten wie Gehorsam und Angepasstheit geprägt sind.

Vielleicht haben Sie einen familiären Hintergrund oder ein Wertesystem, die sich von der westlichen Mehrheit unterscheiden, aber in der Wissenschaft verbreitet sind. Das wirft die Frage auf, wie gut Autonomie-fördernde Erziehung für Sie und Ihre Kinder funktionieren kann. Es gibt gute Gründe für diese Frage, und Sie werden vielleicht feststellen, dass eine Mischung aus Autonomie-fördernden Ansätzen und eher beschützenden oder permissiven Praktiken am besten funktioniert, je nachdem, welche kulturellen Normen Sie verinnerlicht haben. Das Schöne an dieser Form der Erziehung als Bezugssystem ist jedoch, dass es sich flexibel anpassen lässt, um die Autonomie im Kontext der wichtigsten kulturellen Werte Ihrer Familie zu fördern.

Eine der Säulen, auf die sich dieses Buch stützt, ist die Berücksichtigung der Einzigartigkeit jedes Kindes, jedes Elternteils und jeder Familie bei der Frage, wie Autonomie-fördernde Erziehung am besten funktioniert. Im zweiten Teil des Buches finden Sie Anleitungen dazu, wie man diese Art der Erziehung umsetzt und gleichzeitig die Kontrollneigung minimiert. Illustriert wird das anhand alltäglicher Situationen, in denen Eltern sich häufig in einem Dilemma befinden. Bedenken Sie bei der Lektüre dieser Kapitel, dass Ihre ganz persönliche Art der Autonomie-fördernden Erziehung durch Ihre Einflüsse und die Kultur Ihrer Familie geprägt werden. Diese Einflüsse können sich darauf auswirken, wie Sie die grundlegenden menschlichen Bedürfnisse Ihres Kindes erfüllen, aber die Zufriedenheit und das Wohlbefinden, die sich daraus ergeben, überwinden alle kulturellen Unterschiede.

Teil II

Wie man Autonomieförderung in den Erziehungsalltag einbaut

Kapitel 6

Das häusliche Umfeld: Kinder großziehen und ein Heim schaffen

Vom Zanken zum Zusammenhalt
und von hilflos zu hilfsbereit

»Ich mag es, dass du mich magst.«
Mein Sohn im Alter von sieben Jahren

Ich weiß noch, wie ich – wohl im Alter von drei oder vier Jahren – einem freundlichen alten Mann mit einer roten Knollennase ins Gesicht blickte. Ich saß auf seiner Küchenarbeitsplatte, fast auf Augenhöhe mit ihm. Ich weiß nicht mehr, was er zu mir sagte, aber ich erinnere mich, dass ich mich wahrgenommen und besonders fühlte. Der Grund, warum sich mir dieser kurze Moment ins Gedächtnis gebrannt hat, liegt darin, wer dieser Mann war – der bahnbrechende Pionier der bedingungslosen positiven Wertschätzung, der Psychologe Carl Rogers. Vielleicht war das auch ein Hinweis auf meinen späteren Beruf. Mein Vater passte in meiner Kindheit mehrere Jahre lang auf sein Haus auf, sodass ich dieses Haus in den wunderschönen Hügeln von La Jolla in Kalifornien in noch genauerer Erinnerung habe als ihn selbst.

Denjenigen unter Ihnen, die Carl Rogers vielleicht noch nicht in einem Psychologiekurs begegnet sind oder auf seiner Küchenarbeitsplatte gesessen haben, sei gesagt, dass seine Arbeiten zur bedingungslosen positiven Wertschätzung in den Fünfzigerjahren für die damalige Zeit revolutionär waren. Diese Arbeiten stellten das traditionelle Freudsche Expertenmodell auf den Kopf. Laut Rogers Konzept brauchen Menschen von ihrem Therapeuten keine Psychoanalyse, sondern das Gefühl, wahrhaft verstanden und umsorgt zu werden. Nicht unähnlich dem, was unsere Kinder von uns als ihren Eltern brauchen.

In der Erziehung wird bedingungslose positive Wertschätzung von unseren Kindern als Verständnis für ihr emotionales Erleben wahrgenommen, auch wenn wir ihr Verhalten nicht gleichzeitig akzeptieren.

Kurz gesagt, wenn Sie Ihrem Kind in einem schwierigen Moment Empathie zeigen, bedeutet das nicht, dass Sie damit negatives Verhalten verstärken. Wenn Sie Ihr Kind umarmen, nachdem es in einem Anfall unkontrollierter Wut einen Stuhl umgeworfen hat, hilft ihm das, sich zu beruhigen. Es bedeutet nicht: »Bitte wirf jedes Mal Stühle um, wenn du wütend bist.«

Autonomie und Kompetenz können nicht ohne den fruchtbaren Boden des dritten menschlichen Grundbedürfnisses – Eingebundenheit – gedeihen. Empathie und Perspektivenübernahme nähren die bedingungslose positive Wertschätzung, wodurch die übrigen Autonomie-fördernden Prinzipien und Methoden wirksam werden. Wenn wir es schaffen zu verstehen, auf welch einzigartige Weise unsere Kinder die Welt erleben, lernen wir ihre inneren Mechanismen kennen und erfahren, warum sie so reagieren, wie sie es tun. Dadurch können wir effektiver auf ihr Verhalten reagieren. Wir stärken mithilfe von Empathie und Perspektivenübernahme die Bande zwischen Eltern und Kind. Gleichzeitig müssen wir konsequent unsere Liebe und Anerkennung dafür zeigen, wer sie sind – vom werdenden Menschen bis zum voll entwickelten Individuum. Das Gefühl, von den Eltern geliebt und akzeptiert zu werden, verstärkt das positive Gedeihen des Kindes.

Eine Fülle von Studien belegt, dass Kinder umso mehr Empathie und Verständnis für andere entwickeln, je mehr wir ihnen Empathie und Perspektivenübernahme vorleben. Diese Vorbildfunktion trägt zur Stärkung der kindlichen Autonomie bei. Autonomie wird oft mit der Freiheit, man selbst zu sein, gleichgesetzt. Doch ein seltener erwähntes, zentrales Merkmal der Autonomie ist die Übernahme von Verantwortung für das Wohlergehen anderer. Beispielsweise gehört zum Bewusstsein für unsere eigenen Grenzen auch, die Grenzen anderer kennenzulernen, um Beziehungen aufzubauen. Wenn wir Autonomie aufgrund des starken Bewusstseins für unsere individuellen Rechte erleben, erfordert dies, auch die Rechte anderer zu verstehen und zu respektieren.

Wo sonst üben wir das mehr als in unseren Familien, in denen die Rechte der Menschen ständig aufeinanderprallen? Hier ist das ultimative Übungsfeld, um herauszufinden, wie jeder Einzelne seine Handlungsfähigkeit bewahren und gleichzeitig die Beziehungen zu anderen aufrechterhalten kann. Wenn dies innerhalb vernünftiger

Grenzen und authentischer Bindungen geschieht, stärkt es den Zusammenhalt der Familie.

Der Begriff Familienzusammenhalt bezieht sich auf die Vorstellung, dass familiäre Beziehungen in der Regel von enger Verbundenheit geprägt sind. Das System Familie funktioniert wie eine gut geölte Maschine – meistens. In Momenten, besonders gern während der Morgen- oder Abendroutine, in denen Geschrei und Tränen die Oberhand gewinnen (egal ob bei Kindern und Erwachsenen), verzweifeln wir vielleicht, weil der Zusammenhalt in der Familie alles andere als gut zu sein scheint. Diese Momente haben jedoch das Potenzial, eben diesen Zusammenhalt zu stärken, denn die konstruktive Bewältigung von Konflikten und Problemen bildet das Fundament jeder soliden Beziehung. Das menschliche Grundbedürfnis nach Eingebundenheit hält die Familie zusammen, da jedes Mitglied innerhalb seiner Familie Zusammen- und Zugehörigkeit empfindet. Dies mag erklären, warum die Forschung den auf gesundem Menschenverstand basierenden Zusammenhang zwischen Autonomie-fördernder Erziehung und einem stärkeren Familienzusammenhalt bestätigt hat und dass – Trommelwirbel! – ein höherer Familienzusammenhalt mit erhöhtem Wohlbefinden der Eltern in Verbindung steht.

Während familiäre Beziehungen entscheidend dafür sind, dass sich beim Kind Autonomie und Eingebundenheit entwickeln, kann das Familienleben auch die Grundlage für den Aufbau von Kompetenzen darstellen. Die Beteiligung an der täglichen Arbeit im Haushalt trägt beispielsweise dazu bei, dass sich Kinder als Mitglieder der Familie würdig und nützlich fühlen, wodurch Autonomie und Eingebundenheit in einem erfreulichen Kreislauf der Befriedigung grundlegender menschlicher Bedürfnisse weiter gestärkt werden. Indem sie Vertrauen in ihre Fähigkeiten bei der Bewältigung kleinerer Pflichten im Haushalt aufbauen, entwickeln Kinder ein Gefühl der Handlungsfähigkeit in Bezug auf ihr häusliches Umfeld.

Der zweite Abschnitt dieses Buches beginnt mit dem häuslichen Umfeld, denn unsere familiären Beziehungen und unser häusliches Umfeld dienen als Ausgangsbasis, von der aus der Rest der Autonomie-fördernden Erziehung ihren Lauf nimmt. Dieses Kapitel befasst sich mit zwei grundlegenden Bereichen des häuslichen Umfelds: den familiären Beziehungen und der Haushaltsführung. Die familiären Beziehungen umfassen sowohl die Beziehungen zwischen Eltern und

Kind als auch die zwischen Geschwistern. Sie sind die Grundlage, auf der jedes Kind Eingebundenheit erfährt, auf der dann die Fähigkeit zur Entwicklung von Autonomie und Kompetenz gedeiht. Der Abschnitt über die Haushaltsführung zeigt auf, wie man Gelegenheiten (also die Übernahme kleinerer Aufgaben im Haushalt) zur Entwicklung von Autonomie und Kompetenz so nutzt, dass auch der Teamgeist in der Familie gestärkt wird: mehr Zusammenhalt, weniger Zank; mehr Hilfsbereitschaft, weniger Hilflosigkeit.

ABSCHNITT 1:
KINDER GROSSZIEHEN, BEZIEHUNGEN AUFBAUEN

Grundlagen: Wissenschaft, Praxis und Erziehung im wirklichen Leben

Die Beziehungen zwischen Eltern und Kind

Trotz konkurrierender Erziehungstrends haben Jahrzehnte der Forschung über die Eltern-Kind-Beziehung einige unbestreitbare Wahrheiten ergeben. Die ideale Formel, um verhältnismäßig glückliche und stabile Kinder zu erziehen, besteht aus einer Mischung aus Wärme und Zugewandtheit, eingerahmt von festen und beständigen Grenzen und Unterstützung (»autoritäre« Erziehung). Verwirrend wird es, wenn wir versuchen, uns vorzustellen, wie das in jeder Familie aussehen und angewendet werden soll. Gehören zu den Grenzen auch Auszeiten, oder bedeuten Auszeiten, dass wir nicht herzlich und zugewandt sind? Wie können wir unterstützen, ohne uns zu sehr einzumischen oder zu sehr rauszuhalten? Die Antwort auf all diese Fragen zum Erziehungsstil ist vielleicht nicht befriedigend: Es kommt halt darauf an. Der größte Fehler von Erziehungstrends besteht darin, Allgemeingültigkeit über Individualität zu stellen. Jede Familie hat ihre Eigenheiten, welche die genaue Formel für den effektivsten Erziehungsansatz beeinflussen. Und diese Formel ändert sich, wenn sich Kinder, Umstände oder wir selbst uns ändern.

Worin auch immer Sie den sinnvollsten Weg zum Aufbau familiärer Beziehungen im häuslichen Umfeld sehen, die Forschung zeigt, dass es vor allem auf die kindliche Perspektive ankommt – fühlt es sich von seinen Eltern geliebt und akzeptiert? – und nicht darauf, dass wir wissen, wie sehr wir unsere Kinder lieben und akzeptieren.[43]

Ich muss an all die Kinder und Jugendlichen denken, mit denen ich gearbeitet habe, die wirklich das Gefühl hatten, von ihren Eltern nicht geliebt zu werden. Ich glaube gar nicht, dass dies stimmt, aber das spielt keine Rolle; das, was sie als wahr empfinden, zählt.

Ich habe die ärgerliche Angewohnheit, regelmäßig bei meinen Kindern vorbeizuschauen, meist zur Schlafenszeit, wenn ihre süßen Gesichter unter der Bettdecke hervorlugen. »Weißt du, wie lieb ich dich habe?«– »Ja, Mama!«

Lieber finden sie mich nervig, als diese Wahrheit jemals infrage zu stellen.

Nicht, dass man sich geliebt fühlt, nur weil man sich gegenseitig sagt: »Ich liebe dich« – ohne ein liebevolles Verhalten klingen diese Worte nichtssagend.

Es kann sogar sein, dass wir unbemerkt und unabsichtlich durch kleine Gesten signalisieren, dass unsere Liebe nicht bedingungslos ist oder unsere Akzeptanz nicht echt. Dabei spielt aber die solide Grundlage der Eltern-Kind-Beziehung eine Rolle. Wenn wir konsequent auf Empathie und Perspektivenübernahme setzen, können wir besser verstehen, wie unsere Kinder Dinge erleben, und das wird sich so gut wie immer von unserem eigenen Erleben unterscheiden. Wenn wir die offene, interessierte Denkweise Autonomie-fördernder Eltern beibehalten können (zumindest in den meisten Fällen), gestatten wir uns, unser Tun anzupassen – als Reaktion darauf, dass wir die kindliche Perspektive verstanden haben. Logisch betrachtet mag das mehr als einleuchtend klingen, aber unser Herz braucht gelegentlich die kleine Ermahnung: »Mein Kind ist ein anderer Mensch als ich.« Seine Bedürfnisse, Motive und Wünsche sind andere. Je offener wir dafür bleiben, desto eher lernen wir diese Unterschiede auf eine Weise kennen, die uns hilft, unsere Reaktion darauf anzupassen.

Wenn wir ein Kind wirklich dazu erziehen wollen, sich autonom zu fühlen, besteht unsere vorrangige Aufgabe darin, sein Bewusstsein für sein wahres Selbst zu fördern, nicht für das, was wir von ihm wollen oder für das, wofür wir es halten. Der gesamte Ansatz der Autonomieförderung beruht auf der Prämisse, dass jeder mit diesem wahren Selbst zur Welt kommt, das es zu entdecken und zu akzeptieren gilt. Dieses wahre Selbst zu kennen, bedeutet zu wissen, was man für sein allgemeines Wohlbefinden und seine Zufriedenheit braucht. In unserer Funktion als Eltern sind wir in der Lage, unsere Kinder durch diesen Prozess der autonomen Entdeckung ihres Selbst zu begleiten.

In dieser Funktion werden Eltern auch als »Sozialisationsagenten« bezeichnet.[44] Die Forschung zur Autonomie-fördernden Erziehung hat – wie bereits zuvor erwähnt – deutlich gemacht, von welch überragender Bedeutung unsere bedingungslose positive Wertschätzung für unsere Kinder ist. Um genau zu sein, wird diese bedingungslose positive Wertschätzung definiert als »die Wahrnehmung der Kinder, dass ihre Eltern ihr emotionales Erleben akzeptieren und es nicht als ungültig oder falsch ansehen, selbst wenn sie das Verhalten des Kindes eindeutig nicht akzeptieren«.[45]

Die Beziehungen zwischen Geschwistern

Aus Sicht der Autonomieförderung gibt es vielleicht keine größere Quelle für »Bedürfnisfrustration« als Geschwister. Dabei ist das gar nicht so schlimm, wie es sich anhört. Jahrzehnte voller Untersuchungen und Expertenanalysen haben einwandfrei gezeigt, dass das die Beziehungen sind, die Kindern beim Einüben der Fähigkeiten helfen, welche Autonomie-fördernde Eltern sehen wollen: Empathie, Perspektivenübernahme, Affektsteuerung und Selbstkontrolle, Verhandlungsgeschick und letztendlich das eigenständige Lösen von Problemen (also ohne Hilfe der Eltern).

Obwohl Experten Eltern immer wieder dazu raten, sich weitgehend »rauszuhalten« und die Geschwister ihre Probleme untereinander klären zu lassen, zeigen neuere Studien, dass die Eltern als Mediatoren eine wichtige Rolle bei der Förderung der Beziehungsfähigkeit spielen. Andernfalls neigt das ältere Kind dazu zu »gewinnen«, und alle Geschwister könnten für sich lernen, dass Mobbing erfolgreich ist.[46] In ihrem Buch mit dem unvergesslichen Titel *Wie Kinder keine Arschlöcher werden* beschreibt Melinda Wenner Moyer evidenzbasierte, Autonomie-fördernde Praktiken als wesentliche Voraussetzung für den Aufbau von Fähigkeiten und für bessere Entschlüsse: elterliches Scaffolding, Perspektivenübernahme und die Einbeziehung der Kinder bei der Lösungsfindung.[47] Beim Vergleich von Eltern, die Mediation nutzten, mit solchen, die das nicht taten, sprachen Erstere und ihre Kinder mehr über Gefühle, und die Kinder kamen zu Entschlüssen, wobei Geschwister aktiv an der Lösungsfindung mitarbeiteten. Bei den Eltern, die keine Mediation anwandten, regten häufiger die Eltern Entschlüsse an, die Verhandlungen waren kontroverser, und es gab mehr Anschuldigungen und Beleidigungen zwischen Geschwistern.[48]

Wie dem auch sei, Beziehungen unter Geschwistern sind offensichtlich wichtig dafür, dass der familiäre Zusammenhalt und die Autonomie-fördernde Erziehung effektiv sind. In der Forschung deutet sogar einiges darauf hin, dass Autonomie-fördernde Geschwister gerade total angesagt sein könnten! (Indem sie das Autonomie-fördernde Verhalten von den Eltern übernehmen, können ältere Geschwister die Praktiken mit ihren jüngeren Geschwistern beim »Vater-Mutter-Kind«-Spiel anwenden.)

Eine Studie fand heraus, dass Kinder, die ihre Mütter als Autonomie-fördernd erlebten, auch von ihren Geschwistern als Autonomie-fördernd angesehen wurden.[49] Das entspricht der verbreiteten Erkenntnis, dass wir unseren Kindern ständig Verhaltensweisen vorleben. Wenn sie uns also dabei beobachten, wie wir ihre Konflikte steuern, indem wir das Problem benennen und sie ermuntern, die Perspektive des anderen zu übernehmen und eine Lösung zu finden, lernen sie, es uns gleich zu tun. Da ältere Kinder (in der Regel) über mehr Entwicklungskapazitäten verfügen, um diese Fähigkeiten nachzuahmen, dienen sie ihren jüngeren Geschwistern als Vorbild und Lehrer.

Nachdem wir nun festgehalten haben, was wir aus der Wissenschaft über die Schaffung von familiärem Zusammenhalt durch Eltern-Kind- und Geschwisterbeziehungen wissen, und wie gut das Autonomie-fördernde Bezugssystem passt, wollen wir uns nun der Herausforderung zuwenden, wie man diesen familiären Zusammenhalt im wirklichen Leben erreicht. Die Realität der Erziehung bietet uns tagein, tagaus unendlich viele Gelegenheiten, die Autonomie unserer Kinder zu fördern und in kontrollbasierte Verhaltensweisen abzugleiten! Blättern Sie zu der Kindheitsphase, die Sie gerade betreffen, um weitere Einzelheiten über die wissenschaftlichen Hintergründe zu erfahren. Es geht darum, wie man familiäre Beziehungen erschafft, die nicht nur den Familienzusammenhalt stärken, sondern auch das grundlegende Bedürfnis nach Eingebundenheit für uns und unsere Kinder erfüllen.

In der frühen Kindheit:
»Ich liebe dich – und ich will dir entkommen.«

Manche Eltern scheinen Naturtalente im Umgang mit kleinen Kindern zu sein; ich war es nicht. Ich liebte meine kleinen Kinder mit jeder Faser meines Körpers und hätte sofort mein Leben für sie gegeben. Aber einen Großteil unserer gemeinsamen Zeit fand ich bestenfalls banal, schlimmstenfalls sogar zermürbend. Mein Motto für diesen Lebensabschnitt lautete: »Ich liebe dich – UND ich will dir entkommen.« Ich frage mich oft, ob ich meine Kinder in diesen Jahren besser hätte erziehen können, wenn ich mich mal nach Rat und Unterstützung umgesehen hätte, wovon es ja da draußen reichlich gibt, aber ICH WAR IMMER SO MÜDE.

Viele von uns haben das Gefühl, dauerhaft im Chaos zu leben, wenn man kleine Kinder hat, und das ist nicht die beste Zeit in unserem Leben. Und auch jetzt, Jahre nach der Kleinkindphase, habe ich kein Verlangen, dahin zurückzukehren. Die Tage waren sehr, sehr lang, und auch im Rückblick fühlen sich die Jahre lang an, entgegen allen Klischees.

Wenn es Ihnen als Eltern von kleinen Kindern wie mir ergeht, kommt es Ihnen vielleicht so vor, dass es zwar in der Theorie toll klingt, einem Kleinkind oder einem Kind im Vorschulalter zu helfen, Autonomie, Kompetenz und Eingebundenheit zu entwickeln – also die Prinzipien hinter der Autonomie-fördernden Erziehung. Aber in der Realität scheint Ihnen das nahezu unmöglich. Die Erziehung konfrontiert uns in dieser Phase mit einigen verbreiteten Herausforderungen und Ängsten, aber auch mit der Hoffnung, dass eine Autonomie-fördernde Denkweise dem großen Potenzial der lieben Kleinen zum Durchbruch verhelfen kann, sich auf Autonomie, Kompetenz und Eingebundenheit zu konzentrieren, zumindest an den meisten Tagen.

Die Herausforderung: Ich habe eine geradezu visionäre Hypothese: Zeit ist das größte Hindernis für vielbeschäftigte, gestresste, moderne Eltern, die die Autonomie ihres Kleinkindes fördern wollen.

Das Gefühl, von Sonnenauf- bis Sonnenuntergang unter Zeitdruck zu stehen, lässt die Geduld schwinden und erhöht die Kontrollneigung, sodass ein krasses Missverhältnis zwischen unserem Alltag und dem idealen Leben mit einem Klein- oder Vorschulkind entsteht.

Die Befürchtung: Zeitdruck und Stress führen dazu, dass wir die Geduld verlieren und zu viel schreien. Das, so unsere Befürchtung, schädigt die Eltern-Kind-Beziehung unwiderruflich. Die Geschwister scheinen in einen nicht enden wollenden Konkurrenzkampf um unsere Aufmerksamkeit verwickelt zu sein. Das führt dazu, dass wir uns ineffektiv vorkommen und pessimistisch sind, was die Zukunft unserer Familie angeht. Wird sich die Familie jemals so anfühlen, wie wir uns das erhofft hatten?

Die Hoffnung: Für unsere Kinder stellen wir das gesamte Universum dar. Bei jeder Gelegenheit, bei der wir Ruhe, Verspieltheit und Verbundenheit ausstrahlen, helfen wir ihrem noch nicht voll entwickelten Gehirn, Verbindungen in den Nervenbahnen zu schaffen für mehr Selbstregulierung und Empathie. Seien Sie nachsichtig mit sich, wenn es in dieser Phase der frühen Gehirnentwicklung wie im Wilden Westen zugeht und schwierig ist, Empathie und Perspektivenübernahme einzusetzen oder unabhängige Verhaltensweisen zu fördern. Geben Sie Ihr Bestes, um den Fokus und die Aufmerksamkeit auf die Zeiten zu lenken, in denen Sie die Prinzipien der Autonomie-fördernden Erziehung befolgen können. Je gütiger wir in diesem Abschnitt der Erziehung zu uns selbst sind, desto mehr Mitgefühl können wir auch für diese pausbäckigen Schlafdiebe aufbringen.

Ich trage die Last des Bedauerns darüber, in diesen Jahren so oft Nerven gezeigt zu haben, doch meine nachsichtigen Kinder scheinen wunderbar zu gedeihen und machen mir im Hier und Jetzt Hoffnung.

Üben Sie sich nicht nur in Nachsicht mit sich selbst, bedenken Sie auch immer die Umstände. Als sich meine Arbeitszeiten änderten und ich nicht länger drei Winzlinge zur unchristlich frühen Stunde von 07:15 Uhr aus dem Haus scheuchen musste, war ich plötzlich morgens eine viel nettere und geduldigere Mutter. Wenn wir uns schon durch die familiären Beziehungen mit unseren Jüngsten wühlen, müssen wir auch zugeben, wie übermächtig die Umstände sind, also zum Beispiel das pünktliche Erscheinen bei der Arbeit. Und das verwandelt auch die nettesten und geduldigsten Eltern in frustrierte Schreihälse.

Die Ergebnisse von Studien, in denen Autonomie-fördernde und kontrollbasierte Erziehungsmaßnahmen im Umgang mit Klein- und Vorschulkindern verglichen wurden, würden alle übermüdeten Eltern davon überzeugen, es mal mit Autonomie-fördernden Strategien zu versuchen. Autonomieförderung bei Kleinkindern wurde in Verbindung gebracht mit dem genaueren Befolgen elterlicher Wünsche (muss ich überhaupt noch weitermachen?); mit besseren exekutiven Funktionen (einschließlich der Fähigkeit zur Selbstregulierung!), mit stärkeren Bindungen und ausgeprägteren sozialen, emotionalen und kognitiven Fähigkeiten.[50] Im Gegensatz dazu wird die kontrollbasierte Erziehung mit schlechterer Selbstregulierung sowie weniger Fügsamkeit, Motivation und Kompetenz assoziiert.

Soll heißen: Wer als Kleinkind eine Autonomie-fördernde Erziehung (also Empathie, Wahlmöglichkeiten, Regelbegründung, nicht kontrollierende Sprache usw.) erlebt hatte, entwickelte sich insgesamt besser und hörte seinen Eltern auch später besser zu. Im Gegensatz dazu waren Kleinkinder, die eine eher kontrollbasierte Erziehung (also Befehle erteilen, Drohungen aussprechen usw.) durchlaufen hatten, in späteren Jahren weniger motiviert, hatten nicht so ausgeprägte Fähigkeiten und waren nicht so fügsam.[51] Es ist wahrscheinlich, dass eine Autonomie-fördernde Erziehung soziale, emotionale und kognitive Vorteile mit sich bringt, weil dieser Ansatz mehr Gelegenheiten bietet, sich in kindgerechten Schritten mit der Umwelt auseinanderzusetzen, und weil die Eltern dann eher in der Lage sind, den Grad der Unterstützung an die individuellen Bedürfnisse ihres Kindes anzupassen.

Zum Autonomie-fördernden Handwerkszeug, das besonders gut auf die Entwicklungsbedürfnisse von Kleinkindern abgestimmt ist, gehört es, kindliche Perspektiven zu übernehmen, zu ermutigen, erlernte Fähigkeiten zu loben, Hilfestellung und Anleitung beim Erlernen weiterer Fähigkeiten anzubieten, dem Kind Wahlmöglichkeiten und ihm (in der Regel beim Spielen) die Führung zu überlassen. Durch die Anwendung dieser Strategien helfen wir dem Kind nicht nur, sich autonom, kompetent und eingebunden zu fühlen, sondern wir helfen ihm auch, durch unser Vorbild zu lernen, diese Fähigkeiten in zwischenmenschlichen Beziehungen anzuwenden.[52] Dann wollen wir mal sehen, wie sich all das darauf übertragen lässt, was alle Eltern als Fluch empfinden: das Aufräumen der Spielsachen.

Das Szenario: Beziehung zwischen Eltern und Kind: »Räum auf! Räum auf!«

Beherzt stimmen Sie ein kleines Liedchen an, um Ihren Dreijährigen zu bewegen, Ihnen beim Aufsammeln der unzähligen Legosteine und Klötzchen im Wohnzimmer zu helfen. Er ist unbeeindruckt und ignoriert Ihren fröhlichen Gesang, während er weiter mit den Legosteinen spielt, statt sie aufzuheben. Die Uhr tickt. Sie müssen in zehn Minuten los, um seinen älteren Bruder von der Schule abzuholen. Wie bewältigen Sie diesen potenziellen Machtkampf so ruhig und positiv wie möglich?

Die nachfolgende Tabelle zeigt zwei Erziehungsansätze für diese Situation auf: kontrollbasierte Erziehung und Autonomie-fördernde Erziehung. Überlegen Sie, wie Sie einige, wenn nicht alle, der Autonomie-fördernden Strategien anwenden und gleichzeitig der Verlockung der zur Kontrolle neigenden Reaktionen widerstehen können.

Kontrollbasiert	Autonomie-fördernd
Verwendung von Befehlen: »Du musst sofort mit dem Spielen aufhören und aufräumen.«	Empathie zeigen: »Ich weiß, dass du lieber mit den Sachen spielst, als sie wegzuräumen. Aufräumen macht keinen Spaß!«
Bedingte Liebe anbieten: »Sei ein lieber Junge und mach die Mama glücklich, indem du aufräumst, wenn ich dich darum bitte.«	Gründe nennen: »Wenn wir nicht aufräumen, könnte jemand auf das Spielzeug treten und es kaputt machen. Wenn wir zu lange trödeln und zu spät zu deinem Bruder kommen, kriegt er vielleicht Angst.«
Das Erleben des Kindes abwerten: »Das ist keine große Sache. Hör halt mit dem Spielen auf und fang an aufzuräumen.«	
Scham einflößen: »Du machst die Sache schwieriger als nötig.«	Eine Wahlmöglichkeit anbieten: »Willst du lieber die Legosteine oder die Klötzchen aufräumen? Du wählst aus, was ich mache und was du.«
Drohen: »Wenn du nicht sofort aufräumst, sind die Legosteine für den Rest der Woche weg.«	Scaffolding in flexibler Sprache: »Wir können das zusammen machen, dann sind wir beide hilfreich! Wir können die Zeit stoppen, um zu sehen, wie schnell wir sind!«
	Bringen Sie ein bisschen Spaß in den Ablauf, um Spannungen abzubauen. Bei kleinen Kindern wechselt die Stimmung schnell!

Diejenigen unter Ihnen, die gerade ein Klein- oder ein Vorschulkind haben, kennen vermutlich die vielen Gelegenheiten, die sich jeden Tag bieten, um die Beziehung zum Kind aufzubauen oder zu zerstören – auch jenseits der Daueraufgabe, winzige Spielsachen aufzuräumen. Wie bereits erwähnt, passt meine Persönlichkeit nicht so gut zum Profil eines Kleinkindes. Ich lege zum Beispiel großen Wert auf Effizienz, und kleine Kinder bewegen sich auf höchst ineffiziente Weise durch die Welt, was meine Kontrolldämonen weckt. (»Jetzt komm schon, lass uns GEHEN!«) Das »Abwerten« kindlichen Erlebens? Habe ich ständig gemacht. Ich merkte aber, dass sich die Momente auszahlten, in denen ich die Energie hatte, spielerisch und kreativ zu sein und mein Kind dabei zu unterstützen zu verstehen, *warum* es gut ist, Spielzeug aufzuräumen.

Unser Ziel als Eltern ist es, mehr Nähe als Konflikte in unseren Eltern-Kind-Beziehungen zu haben, und nicht die völlig unrealistische Erwartung, dass jede Interaktion wundervoll sein wird, wenn wir nur hart genug daran arbeiten. Das wird nämlich nicht der Fall sein. Aber es könnte öfter besser laufen, wenn wir verstehen, wie unsere Kinder diese Interaktionen erleben, und wenn wir unser Bestes tun, um seltener zu kontrollgesteuert zu sein, dafür aber öfter Autonomie-fördernd. Sobald wir auf unsere Kompetenz vertrauen, unser kleines Kind so zu erziehen, dass unsere Beziehung gestärkt wird, können wir dieses Vertrauen auf die nächste Schlacht an der Heimatfront anwenden: den Geschwisterkrieg.

Geschwister unter sich: Das ist meins!
Der Krieg ums Eigentum

Studien gehen davon aus, dass kleine Geschwister (bis sieben Jahre) zwischen drei und sieben Konflikte pro Stunde haben und mindestens zehn Minuten pro Stunde streiten.[53] In diesem Alter fehlt es Kindern an den Fähigkeiten, die für eine erfolgreiche Konfliktlösung erforderlich sind, weil sie ihre Affekte schlecht regulieren können, wenig Selbstkontrolle haben, sich schwertun, andere Sichtweisen zu verstehen und ... Habe ich schon die schlechte Affektregulierung erwähnt? Konflikte unter Geschwistern können die emotionale Bestie in unseren Kindern wecken, die jedes logische Denken außer Kraft setzt. Unterm Strich brauchen sie also wirklich Hilfe – Ihre Hilfe!

So anstrengend die Machtkämpfe zwischen Geschwistern auch sein mögen, geben sie Ihnen doch (immer und immer wieder) Gelegenheit, Empathie und Perspektivenübernahme mit Ihren Kindern zu üben, die ihre allgemeine Verbundenheit in Beziehungen steigern und sie zu Geschwistern machen, die sich in ihrer Autonomie fördern. Die Forschung hat beispielsweise gezeigt, dass ältere Geschwister, die schon zu mehr Empathie und Perspektivenübernahme fähig sind, mit jüngeren Brüdern und Schwestern besser spielen.[54]

Sie können folgende Autonomie-fördernden Ansätze verwenden, um Geschwisterkonflikte effektiver zu schlichten:

> Benennen Sie das Problem und berücksichtigen Sie dabei die Perspektive jedes der Geschwister. Dieser erste Schritt hilft den Kindern, Perspektivenübernahme und Empathie zu beobachten, damit sie diese schließlich selber einsetzen können.

> Beziehen Sie Ihre Kinder ein, indem Sie gemeinsam nach Lösungen für das Problem suchen. Als Erwachsener sollten Sie vernünftige Lösungen vorschlagen, aber auch Anregungen einholen, um den kleineren Kinder zu helfen, selbst unbedingt nach einer Problemlösung zu suchen.

> Bauen Sie schrittweise die Fähigkeiten zu effektiver Kommunikation und Problemlösung auf, damit Sie bei künftigen Streitigkeiten nicht mehr als Vermittler auftreten müssen. Loben Sie Ihre Kinder, wenn sie Probleme gut lösen: »Du hast eine tolle Idee gehabt, damit ihr weiter zusammen spielen könnt!«

Schlafmangel, die unerbittliche tägliche Familienroutine und die lästigen Launen der lieben Kleinen können für einige zermürbende Jahre in der Erziehung von Kleinkindern und Vorschulkindern sorgen (natürlich sind da auch ihre anbetungswürdige Unschuld und Freude). Aber vergessen Sie zwei wichtige Faktoren nicht: (1) Bei all der Interaktion mit Kleinkindern haben wir viel Raum für Fehler und für Triumph, und (2) ihr formbares Gehirn erweist sich oft als überaus nachsichtig. Die Verwendung des Autonomie-fördernden Bezugssystems in dieser frühen Phase kann für Sie ein Leuchtturm in stürmischen Zeiten sein. Und bedenken Sie, dass ein Autonomie-förderndes Umfeld kleine Kinder lehrt, sich selbst besser zu regulieren, mehr im Haushalt zu helfen und mehr auf die Eltern zu hören – in der Gegenwart und in der Zukunft.

In der mittleren Kindheit: Die »goldene Mitte«

Als ich mit diesem Buch anfing, waren alle meine drei Kinder in dieser Phase, ich bin also bestens mit ihr vertraut. In vielerlei Hinsicht entspricht sie auch den Erwartungen an die »goldene Mitte«: Die Unterhaltungen sind cool, weil sie jetzt an für beide Seiten interessanten Gesprächen teilnehmen können; sie erkundigen sich tatsächlich, wie mein Tag war, und interessieren sich für mich als Mensch, nicht nur als Glucke, die sie verhätschelt; und wir können etwas unternehmen, ohne dass es Trotzanfälle und Tränen gibt, denn jetzt halten sie zwischen Essen und Schlafen schon länger durch.

Die harte körperliche Arbeit und die fordernde Art egozentrischer Kleinkinder hinter sich zu lassen, hat jedoch auch eine Kehrseite. Schließlich steht jetzt mehr auf dem Spiel, weil unsere Kinder mehr Zeit außerhalb des Hauses und damit außerhalb des sorgfältig gestalteten Umfelds verbringen. Obwohl alle meine Kinder mit Ganztagsbetreuung aufgewachsen sind und nicht tagein, tagaus in meiner Obhut waren, hielten mich die Tagesstätten über gefühlt jedes Detail auf dem Laufenden, vom Inhalt jeder Windel bis hin zu jedem Buchstaben, den sie lernten.

In gewisser Hinsicht hat dieser Abschnitt in der Erziehung das Potenzial, unsere Kontrollneigung am stärksten auszutesten. Nach den Jahren mit Kleinkindern fühlt es sich normal und richtig an, sich zu sehr einzumischen und zu viel zu kontrollieren, und es kann Angst machen, sich zurückzunehmen (blättern Sie noch einmal zu Kapitel 4, falls das für Sie zutrifft). Hinzu kommt, dass sich Kinder in der modernen Erziehungskultur schon im Grundschulalter auf eine Sportart oder ein Musikinstrument festlegen, um später möglichst ein Stipendium zu erhalten, was viel Zeit (und Geld) erfordert. Dadurch bleibt weniger Zeit für den Familienzusammenhalt, was Stress auslösen kann (mehr dazu in Kapitel 12). Und dieser auf Zeitmangel beruhende Stress kann uns wiederum anfällig für eine ausgeprägtere Kontrollneigung machen.

Die Herausforderung: Wie bereits erwähnt, sind die übervollen Tage ohne Auszeiten, die die Norm für Familien sind, in dieser Phase die größte Bedrohung für die Eltern-Kind-Beziehung, die ich beobachtet habe. Der hektische Alltag lässt den Stresspegel steigen, was uns bekanntermaßen kontrollgesteuerter macht. Und während alle ohne Pause von Termin zu Termin hetzen, täuscht Ihr Eindruck nicht, dass Ihre Kinder ständig streiten. Studien haben gezeigt, dass Geschwister in diesem Alter die meiste Zeit miteinander verbringen und den intensivsten Austausch haben (soll heißen: erbitterte Kämpfe).[55]

Die Befürchtung: Diese Jahre scheinen schnell vorbeizugehen, und wir befürchten vielleicht, das Zeitfenster zu verpassen, in dem sich die Gelegenheit bietet, den eigenen Kindern nahe und verbunden zu sein, während in ihnen entsteht, wer sie sind – bevor sie dann als Teenager viel weniger mit uns zu tun haben wollen. Ganz zu schweigen davon, dass diese Jahre vielleicht kürzer sind, als wir denken, weil die Pubertät früher einsetzt und das pubertäre Denken jetzt eher mit elf als mit dreizehn Jahren beginnt! Abgesehen davon, dass Sie dieses Zeitfenster für den Aufbau einer engen Beziehung verpassen könnten, fragen Sie sich vielleicht, ob Ihre Kinder sich wegen der ständigen Streitereien untereinander für immer hassen werden.

Die Hoffnung: Glücklicherweise gibt es in dieser Phase der Kindheit jene wunderbare Kombination aus wachsender Unabhängigkeit und emotionaler Entwicklung, die es Ihrem Kind erleichtert, auf sinnvolle Weise mit anderen Verbindungen aufzubauen. Kleinere Kinder können das noch nicht. Es kann verblüffend sein mitzuerleben, wie da autonome Wesen erblühen. Es gibt weitaus mehr prägende Einflüsse für ihre Identität als das Elternhaus und die Familie (und für viele von uns die Kindertagesstätte, wenn beide Elternteile berufstätig sind). Diese Phase des Heranwachsens ist die beste Zeit, um ein Verständnis dafür zu entwickeln, wer sie sind, bevor sie in die Pubertät kommen. In diesem Alter tut sich eine große Chance auf: Je Autonomie-fördernder unsere Kinder uns erleben, desto wahrscheinlicher werden sie in der Pubertät genauso empfinden. Ganz zu schweigen davon, dass bei all dem Gezänk unter Geschwistern Fähigkeiten verfeinert werden, die ihnen in der Zukunft helfen, weniger zu streiten und mit Problemen in Freundschaften besser umzugehen.

Wie können wir also das spannende Potenzial dieser Phase mit Wissen und Praktiken der Autonomieförderung optimieren? Da es in dieser mittleren Phase der Kindheit zu kognitiven Sprüngen in Richtung rationales, logisches Denken kommt, können wir ihre Sichtweisen viel besser verstehen, was unserer Empathie Nahrung gibt. Auch das Begründen von Regeln und die Beteiligung an Entscheidungs-findungen können in dieser Phase leichter fallen. Angesichts der sich entwickelnden (kognitiven, sozialen, emotionalen und körperlichen) Fähigkeiten Ihres Kindes wird die Erwartung unabhängigen Verhaltens zum Aufbau von Kompetenzen und Selbstvertrauen zentral. Dazu gehört auch, unsere Aufgaben und Grenzen mit den heranwachsenden Kindern neu abzustimmen, da sich die Eltern-Kind-Beziehung ständig weiterentwickelt. Die Forschung zeigt, dass die Autonomieförderung größere Eigenständigkeit sowie die soziale und kognitive Entwicklung begünstigt.[56]

Warum sollten wir uns der Anwendung dieser Instrumente ver-schreiben? Die durch Studien ermittelten Vorteile sind überzeugend. Ein Großteil der Forschung zu Autonomie-fördernder Erziehung in dieser Altersgruppe beschäftigte sich mit dem Thema Schule und schulischen Leistungen (um die es ausführlich in Kapitel 9 geht). Doch es gibt auch Belege dafür, dass die Autonomieförderung das Selbstwertgefühl und das psychologische Wohlbefinden der Kinder fördert. So hat die Forschung gezeigt, dass ein stärkeres Selbstwertgefühl und psychologisches Wohlbefinden bessere schulische Leistungen versprechen und nicht umgekehrt.[57] Obwohl also die Wissenschaft Autonomieförderung in dieser Altersgruppe mit Bildungsvorteilen in Verbindung bringt, wird angenommen, dass diese Vorteile aufgrund eines hohen Selbstwertgefühls und psychologischen Wohlbefindens auftreten, und die werden durch unsere Erziehung stark beeinflusst.

Kinder im Grundschulalter befinden sich meist in der »goldenen Mitte« der Entwicklung. Doch gibt es einen Lebensbereich, der sich als nicht so golden erweist: die Beziehung zu den Geschwistern. Diese Altersspanne gilt als die intensivste Phase der Geschwisterbeziehungen, in der es sowohl die meiste Nähe als auch die meisten Konflikte gibt.[58] Meiner Erfahrung nach zahlt sich in diesem Alter aber auch all das aus, was wir in jüngeren Jahren vorgelebt haben. Ich war ein paar Mal sehr verblüfft, weil meine Neunjährige ihren jüngeren Bruder viel effektiver erzog, als ich es in diesem Moment gekonnt hätte. Aber dann merkte ich, dass sie Sätze und Verhaltensweisen kopierte, die ich Hunderte von Malen benutzt hatte. (Gut gemacht, Mama!)

Ich kann mir jedoch vorstellen, dass die Beziehung zwischen meinem jüngsten Kind und seiner Schwester Parallelen zu vielen anderen Geschwisterbeziehungen aufweist. Sie sind fast genau drei Jahre auseinander, lieben sich innigst und bekämpfen sich heftigst. Die Höhen und Tiefen können schwindelerregend sein, wenn das Lachen beim Durchkitzeln abrupt in Schmerzensschreie und wüste Beschimpfungen umschlägt. Herauszufinden, wann man vermitteln muss und wann man sich besser nicht einmischt, fühlt sich an wie der Versuch, ein bewegliches Ziel zu treffen. Lassen Sie uns üben, indem wir das, was wir aus der Forschung wissen (wie und wann wir eingreifen sollten), auf einen realen Streit unter Geschwistern anwenden.

Das Szenario: Zanken, Vertragen, Zanken, Vertragen ...

Ihre Kinder haben sich einen Plan zurechtgelegt: Sie wollen zusammen spielen, aber jeder etwas anderes, also wollen sie abwechselnd das eine und das andere machen. Sie stellen die Uhr: erst eine halbe Stunde Turnen, dann eine halbe Stunde Fußball. Als das Turnen etwa zur Hälfte um ist, bricht Chaos aus. Das ältere Kind beschwert sich, dass das jüngere nicht mitmacht, Zeit vergeudet und sich unter dem Sofa verschanzt hat, weil es nicht weiterspielen will. Das jüngere beteuert, dass es sich »Mühe gibt«, und dass es nicht fair sei, wenn der andere jetzt nicht mehr mit ihm Fußball spielt. Die Gefühle kochen hoch, und das jüngere Kind rennt schließlich nach oben und beschwert sich bei Ihnen über die Ungerechtigkeit des Ganzen. Sie berufen ein Geschwistertreffen ein, aber wie können Sie die beiden zu dem Entschluss bringen, sich so weit zu vertragen, dass Sie sich wieder Ihrer nicht erzieherischen Beschäftigung widmen können, welche auch immer das ist?

Kontrollbasiert	Autonomie-fördernd
Das Erleben des Kindes abwerten: »Ach, das ist doch nicht so schlimm! Krieg dich wieder ein.«	Empathie zeigen und fördern: »Ihr scheint beide enttäuscht zu sein, dass das gemeinsame Spielen nicht wie erwartet verlaufen ist. Was glaubt ihr, wie der andere sich gerade fühlt?«
Befehle erteilen: »Entschuldige dich und spiel weiter!«	
Drohen: »Wenn ihr das nicht klärt, könnt ihr beide eine Auszeit nehmen!«	Perspektivenübernahme zeigen und fördern: »Ihr habt beide verschiedene Erfahrungen gemacht. Was ist eurer Meinung nach passiert?«
Bestrafen: »Jetzt reicht's. Ich bin das Geschrei leid. Ihr geht jetzt beide in eure Zimmer, bis ihr zusammen spielen könnt, ohne zu streiten.«	Noch mehr Empathie zeigen: »Ganz schön schwer zu erkennen, was passiert ist, wenn jeder von euch eine andere Vorstellung davon hat und sich verletzt fühlt.«

Kontrollbasiert	Autonomie-fördernd
Belohnungen verwenden, um das Verhalten zu kontrollieren: »Wenn ihr euch beide entschuldigt und euch umarmt, mache ich euch einen Kakao.«	Scaffolding anwenden: »Wie könnt ihr sagen oder euch gegenseitig zeigen, dass ihr den anderen versteht?« (Das kann zu Entschuldigungen und Umarmungen führen.)
	Sich bei der Problemlösung einbringen: »Welche Möglichkeiten gibt es für das weitere Vorgehen?«
	Werte aufzeigen: »Ich glaube, ihr wollt trotzdem noch zusammen Spaß haben.«

Ich habe dieses Szenario einen Tag, nachdem es sich genau so zwischen meiner Zehnjährigen und meinem Siebenjährigen abgespielt hat, festgehalten. So verlockend es auch war, die beiden auf ihre Zimmer zu schicken, um in Ruhe weiterarbeiten zu können, so habe ich doch jeden dieser Autonomie-fördernden Schritte eingehalten. Falls Sie denken, ich hätte das Ende geschönt: Sie haben sich tatsächlich entschuldigt und fest umarmt! Außerdem haben sie wie geplant Fußball gespielt, ohne dass es weitere Probleme gab – nur eine Glasplatte ist zu Bruch gegangen.

Erinnern Sie sich noch an die Kraft des familiären Zusammenhalts und daran, dass Konfliktsteuerung in der Familie zu positiven Beziehungen führt, wenn sie auf vernünftige Weise erfolgt? Was bei Geschwisterkonflikten für oder gegen Sie arbeitet, ist die Geschichte ihrer Beziehung. Geschwister reagieren wahrscheinlich stark auf Muster in ihrer Beziehung. (Im Fall unserer Familie bekommt der Jüngere häufiger, was er will, also achtet seine Schwester penibel darauf, ob auch sie ihre Wahl treffen kann.) Innerhalb dieses Musters lernen sie jedoch mehr über den anderen und darüber, wie man einen Bruch in der Beziehung beheben kann (zum Beispiel hat der Kleine erkannt, welche Macht eine aufrichtige Entschuldigung hat und tut das auch schnell und ohne Aufforderung der Eltern).

In Ihrer Rolle als Eltern können Sie Ihr Wissen über jedes Ihrer Kinder und über die Art und Weise, wie sie gemeinsam funktionieren, nutzen, um eine Lösung zu finden oder nicht, je nach Situation. Bei meiner Zehnjährigen und meinem Siebenjährigen habe ich bemerkt, dass manchmal eine Pause den nötigen Raum schafft, um sich zu sammeln und sich ohne mein Zutun etwas einfallen zu lassen. Bei anderen Gelegenheiten brauchen sie mich, um weiterzukommen. Das ist ein Beispiel dafür, dass alles in diesem Abschnitt – also die Verwendung der Autonomie-fördernden Methoden im Rahmen der Wertschätzung von Beziehungen – sich ergänzt und Flexibilität erfordert.

Ich war zunächst überrascht, als ich merkte, dass die Forschung über diese Form der Erziehung bei Kindern im Schulalter die unergiebigste aller Entwicklungsstufen ist. Dann dachte ich über die berüchtigten Stresspunkte der Erziehungsphasen nach, und alles ergab Sinn. Kleinkinder und Teenager haben mehr gemein, als man auf den ersten Blick vermuten würde: Ihre Gehirne verändern sich rasend schnell, ihr Verhalten und ihre Emotionen sind rätselhaft, und es kann schwieriger sein, sich in sie einzufühlen, ihnen eine Wahl zu lassen usw. In der mittleren Kindheit schafft Ihre Fähigkeit, »den Bezugsrahmen [Ihres Kindes] zu übernehmen und zu akzeptieren«[59], die Voraussetzungen dafür, die anderen Methoden zur Autonomieförderung anzuwenden, um den Bedürfnissen Ihres Kindes gerecht zu werden. In diesen goldenen Jahren der Kindererziehung können wir die Autonomieförderung bereitwillig annehmen als etwas, das vielleicht einfacher zu praktizieren und zu verfeinern ist – nach dem (buchstäblichen und bildlichen) Durcheinander mit den Kleinkindern und vor der Sturm der Pubertät.

In der Pubertät:
Vom Abstand und ständigen Verhandeln

Eines Tages, kurz nach ihrem zwölften Geburtstag, wachte meine Älteste im selben Haus auf, bei derselben Familie, im selben Leben. Nur eines war anders: Sie schien mich nicht mehr zu brauchen. So krass fühlte sich das zumindest für mein mütterliches Herz an. Nachdem ich mir jahrelang gewünscht hatte, dass mich alle nach einem langen und anstrengenden Tag einfach in Ruhe lassen, vermisste ich sie und klammerte mich noch fester an die anderen beiden, weil sie das noch zuließen.

Schneller, als ich dachte, begann sie, auf Abstand zu uns zu gehen. Oder vielmehr stürzte sie sich kopfüber hinein. Bei meinen Nachforschungen stolperte ich über Studien zum Thema »Trennungsangst«

bei Müttern junger Teenager (natürlich in Zusammenhang mit üblen Folgen), und erkannte, dass ich genau das fühlte. Angst davor, was sie allein oben auf dem Dachboden – so weit weg von uns anderen wie möglich – tat, machte sich in mir breit. Ich rief mir in Erinnerung, dass sie tat, was sie tun sollte. Wir hatten sie ihre ganze Kindheit lang darauf vorbereitet, und wir mussten ihr vertrauen und für sie da sein, sobald sie bereit war, zu uns als ihrem Prüfstein zurückzukehren.

Die Aufgabe Heranwachsender besteht darin, in der Zeit als Teenager autonom zu werden und eine stabile Identität zu entwickeln. Dazu muss man sich von seinen Eltern und der Familie lösen, um draußen in der Welt man selbst zu sein. Wenn ein Teenager seine eigene Welt aufbaut, kann das für uns Eltern sehr verwirrend sein. Das bringt Herausforderungen, Ängste und Hoffnungen mit sich, die beim Großziehen eines Jugendlichen häufig vorkommen.

Die Herausforderung: Kaum haben Sie und Ihr Grundschulkind sich womöglich an eine im Vergleich zu den früheren Jahren komfortable Beziehung gewöhnt, kommt die Pubertät und damit die Neuverhandlung von Rollen und Grenzen. In diesem Alter verbringt man bekanntlich am wenigsten Zeit mit den Eltern, und der ganz normale Prozess herauszufinden, wer man außerhalb der Familie ist, macht es erforderlich, die Eltern-Kind-Beziehung das eine oder andere Mal auf die Probe zu stellen. Wir müssen einfach herausfinden, wie man die Einhaltung von Regeln und vernünftigen Grenzen in Einklang bringt mit dem Drang unserer Teenager nach mehr Unabhängigkeit, und wie man gleichzeitig als Familie weiter zusammenhält. Dieser Abschnitt ist prädestiniert dafür, Kontrollprobleme neu aufflammen zu lassen, weil die Jugendlichen mehr und mehr Kontrolle auf eine Weise ausüben, die uns unvernünftig erscheint (wie das, was sie unter einer »Mahlzeit« verstehen oder die Offenbarung, dass Mathe sinnlos sei).

Die Befürchtung: Was ich über Teenager weiß, ist Folgendes: Sie wollen unbedingt ein Gefühl der Handlungsfähigkeit haben, und sie werden darum kämpfen, wenn es unerreichbar scheint. Dieses »Kämpfen« kann sich in negativem, rebellischem Verhalten äußern, zum Beispiel Lügen, Regeln brechen, sich der Aufsicht entziehen, und manchmal führen sie sich sogar wie Idioten auf. Da der emotionale Teil ihres Gehirns vor lauter Veränderung in Flammen steht, ist es nicht ungewöhnlich, dass sie überall, wo sie hinkommen, eine Spur der

Verwüstung hinterlassen. Die Befürchtung, dass sie in schlimmste Schwierigkeiten geraten – sexuelle Übergriffe, Komasaufen, Drogenkonsum, Verhaftungen usw. –, kann bei uns eine verstärkte Kontrollneigung hervorrufen, um unsere Kinder zu beschützen.

Die Hoffnung: Dabei haben diese verblüffenden Hirnstrukturen auch so viel zu bieten: Kritisches und abstraktes Denken zeigen sich, ihre Fähigkeiten erreichen das Niveau von Erwachsenen, und ihre persönlichen Entdeckungen erleuchten uns. Wenn es uns gelingt, in dieser turbulenten Zeit eine relativ enge Beziehung aufrechtzuerhalten, vertrauen unsere Teenager vielleicht auch darauf, dass wir ihrem Ringen und ihren Einsichten folgen. Und vielleicht wenden sich sich auf der Suche nach Rat sogar auch an uns, wenn wir uns ein bisschen rar machen und sie nicht belehren. Wann immer also meine Tochter fragt: »Mama, was meinst du?«, ist das eine Dosis Selbstbestätigung, dass ich es noch nicht völlig vermasselt habe.

Wie können wir also dazu beitragen, die Superkräfte unserer Teenager nutzbar zu machen und potenzielle Schäden zu mindern? Wenn man sich mit diesem Forschungsgebiet befasst, wird eines sonnenklar: Die Beziehung zu unseren Kindern schafft den Rahmen, in dem Autonomie-fördernde Strategien besser funktionieren. So empfanden beispielsweise Jugendliche in einer Studie Mütter, die Wahlmöglichkeiten boten und Regeln begründeten, eher als Autonomie-fördernd, wenn sie (die Jugendlichen) auch über ein hohes Maß an bedingungsloser positiver Wertschätzung in der Beziehung berichteten. Eine Folgestudie zeigte, dass die Glaubwürdigkeit der Eltern eine stärkere Nutzung Autonomie-fördernder Praktiken vorhersagte.[60] Die Adoleszenz markiert auch den Punkt, an dem unsere bisherigen Investitionen in die Eltern-Kind-Beziehung sich auszahlen können, weil Jugendliche, die in ihrer Kindheit Autonomie-fördernd erzogen wurden, die entsprechenden Praktiken mit größerer Wahrscheinlichkeit auch in ihrer Jugend wahrnehmen.[61]

Einen Vorbehalt gibt es allerdings: Wir denken vielleicht, dass alles paletti ist, wenn unsere Teenager auf alles hören, was wir sagen, und alles tun, was wir von ihnen verlangen. Die Forschung weiß es besser. Es ist erwiesen, dass besonders gehorsame Jugendliche wahrscheinlich keine gesunden Jugendlichen sind, weil sie dazu neigen, zu petzen, zu lügen und den Eltern auf andere Weise Schwierigkeiten zu machen, wenn sie diesen nicht gegenüberstehen. In der Tat wird dieses

Verhalten bei Jugendlichen mit einer kontrollbasierten Erziehung in Verbindung gebracht, bei der Druck ausgeübt wird, damit sich die Jugendlichen in vorgeschriebener Weise verhalten. Im Gegensatz dazu fühlen sich Jugendliche, die Regeln offen hinterfragen, in der Beziehung zu ihren Eltern sicherer, da sie wissen, dass sie widersprechen dürfen und trotzdem die emotionale Verbundenheit bestehen bleibt. Wenn meine Tochter also hartnäckig und ausdauernd über Regeln streitet, sage ich mir: »Sie fühlt sich sehr sicher!«[62]

So eindeutig die wissenschaftlichen Erkenntnisse auch zu besagen scheinen, dass ein Autonomie-fördernder Umgang mit unseren Teenagern zu stärkeren Eltern-Kind-Beziehungen führt, so schwierig ist die Umsetzung im Alltag. Sie sind emotional. Wir sind emotional. Die Angst vor dem Unbekannten kann uns dazu verleiten, mehr Kontrolle auszuüben. Schauen wir uns an, wie sich dies in einer alltäglichen Situation auswirkt, in der der Teenager Teenager ist und die Eltern verloren und hilflos sind.

Das Szenario: Vom Großziehen und Entziehen

Ihr vierzehnjähriger Sohn scheint dieser Tage jede freie Minute in seinem Zimmer zu verbringen, und Sie haben das Gefühl, dass Sie den Überblick über sein Leben verloren haben – was er mit seiner Zeit anstellt, wie er sich fühlt (ist er glücklich?), und wer er überhaupt ist. Ängstlich malen Sie sich aus, dass er zum Beispiel pornosüchtig wird, weil Sie nicht wissen, was in all den Stunden in seinem Zimmer passiert. Seine Noten sind gut, er hat eine Gruppe von Freunden, die er regelmäßig trifft, und er »hilft« im Haushalt, wenn Sie ihn darum bitten. Aber Sie fühlen sich ängstlich und ratlos und wollen mögliche Warnsignale nicht übersehen. Außerdem vermissen Sie ihn. Wie können Sie ihn ansprechen, damit Sie sich ihm wieder näher fühlen, ohne dass Sie ihn noch mehr verschrecken?

Kontrollbasiert	Autonomie-fördernd
Forderungen stellen: »Ich kriege dich nie zu Gesicht! Wir müssen Zeit miteinander verbringen. Wir setzen uns jetzt jeden Abend nach dem Essen zusammen und reden über den Tag.«	Perspektivenübernahme üben: »Ich weiß, du bist in einem Alter, in dem es normal ist, nicht mehr so viel Zeit mit der Familie zu verbringen.«
	→

Kontrollbasiert	Autonomie-fördernd
Aufdringlich sein: »Du lässt von jetzt an deine Tür offen; ich weiß ja nie, was du machst!«	Das Gefühl vermitteln, dass Ihr Kind eine Wahl hat: »Ich bin da und möchte gern ein bisschen Zeit mit dir verbringen, wann immer du in der Stimmung dazu bist.«
Schuldgefühle hervorrufen: »Willst du denn gar keine Zeit mit deinen Eltern verbringen, oder hast du uns etwa nicht mehr lieb?«	Empathie zeigen: »Ich weiß, dass du erwachsen wirst und herausfinden willst, wer du bist. Und es ist wichtig, dass du deine Freiräume hast. Ich verstehe auch, dass ich wahrscheinlich mehr Zeit mit dir verbringen möchte als du mit mir!«
Das Erleben des Kindes abwerten: »Wozu brauchst du überhaupt so viel Privatsphäre?«	
Scham hervorrufen: »Du machst bestimmt etwas Schlimmes, wenn du so oft in deinem Zimmer rumhängst.«	Werteorientiertes Verhalten vorleben: »Unsere Beziehung ist mir wichtig, und mehr darüber zu wissen, was in dir vorgeht, stärkt die Beziehung. Ich will aber auch deine Freiräume und deine Privatsphäre respektieren.«
	Ins Problemlösen einbeziehen: »Überleg dir, wann für dich unter der Woche eine gute Zeit wäre, um mit mir Zeit zu verbringen, und was du Schönes machen möchtest.«

Da es in diesem Kapitel um unsere Beziehungen geht, ist dieses Szenario nicht dazu gedacht, der Frage auf den Grund zu gehen, ob Ihre Sorge um die Sache mit der Pornografie begründet ist. Vielmehr soll es Ihnen helfen, in der Sturmflut der Pubertät mit Ihrem Kind in Verbindung zu bleiben. Und geben Sie es nicht auf. Ihr Kind braucht Sie immer noch, auch wenn es oft »Mamaaa!« oder »Papaaa!« stöhnt.

Teenager als Geschwister: »Der will gar nicht mehr mit mir spielen!«

Ist man einmal darauf fixiert, seinen Teenager verstehen zu wollen, vor allem in der ersten Zeit, stellt man vielleicht auch fest, dass sich auch die Beziehungen unter den Geschwistern ändern, was das Streben nach Familienzusammenhalt noch stärker auf die Probe stellt. Die Geschwisterbeziehungen verändern sich nach der mittleren Kindheit oft drastisch. Jugendliche Geschwister verbringen im Durchschnitt zehn Stunden pro Woche miteinander, und Studien legen nahe, dass diese Zeit im Vergleich zu den Grundschuljahren zwar nicht so konfliktreich und intensiv ist, dass es aber auch mehr Distanz und weniger Verbundenheit geben kann. In der frühen Adoleszenz scheint es viele Konflikte zu geben, die in der mittleren Adoleszenz und im frühen Erwachsenenalter nachlassen.[63] Ein interessantes Detail dieser Ergebnisse besteht in den geschlechtsspezifischen Unterschieden: Weibliche Geschwisterpaare scheinen sich am nächsten zu stehen,[64] während gemischtgeschlechtliche Geschwisterpaare in der späteren Adoleszenz mehr Nähe zeigen.

Wenn bei Ihnen das älteste Kind bereits ein Teenager ist, bietet sich hier eine fantastische Gelegenheit, alle drei Prinzipien der Selbstbestimmung (Autonomie, Eingebundenheit und Kompetenz) anzusprechen, indem Sie das älteste Kind dem/den anderen Kind(ern) helfen lassen. Ob es sich um Hilfe bei den Hausaufgaben handelt (was Ihnen Zeit und Stress erspart und Ihrem/Ihrer Ältesten mehr Zielbewusstsein gibt), Babysitten oder Fahrdienste (und wieder sparen Sie Zeit und Stress) – wenn Jugendliche mit den kleineren Geschwistern helfen, erleben sie sich dadurch vermehrt als geschätztes und respektiertes Familienmitglied. Als meine Älteste an der Schwelle zur Pubertät stand und Gelegenheiten hatte, offiziell die Verantwortung für ihre jüngeren Geschwister zu übernehmen, glich sie einem dieser Pads mit Samen, denen man beim Wachsen zusehen kann. Sie verwandelte sich im Handumdrehen von einem genervten, distanzierten ältesten Kind in eine reizende, hilfsbereite Betreuerin – wie die Samen, die aus den kahlen Keramiktöpfchen in Tiergestalt sprießen und die Köpfe in blühende Gärten verwandeln.

Zu einem Autonomie-fördernden Ansatz, der einem desinteressierten und distanzierten älteren Geschwisterkind dabei hilft, zu einem engagierten und hilfsbereiten Betreuer zu werden, gehört neben einer Diskussion über Werte auch die Zusammenarbeit zwischen Ihnen und Ihrem Teenager.

> Ermutigen Sie Ihre/n Älteste/n, ein Vorbild für seine/ihre jüngeren Geschwister zu sein, indem Sie Fragen stellen, die sie/ihn dazu anleiten, ihr/sein Verhalten mit persönlichen Werten zu verknüpfen. (Anmerkung: Dafür sollten Sie einen Zeitpunkt wählen, zu dem Ihr Kind den Geschwistern gegenüber gerade positiv eingestellt ist!)
  • Wie sollen deine jüngeren Geschwister dich sehen?

- Wie stellst du dir eure Beziehung als Erwachsene vor, was erhoffst du dir?
- Wie siehst du deine Rolle dabei, ihnen beim Erwachsenwerden zu helfen?

> Lassen Sie Ihren Teenager mit darüber entscheiden, wie er/sie seinen/ihren Geschwistern helfen möchte. Sie können gemeinsam eine Liste mit allen Möglichkeiten erstellen, und dann kann er/sie etwas Geeignetes auswählen. Dies zielt auf die innere Motivation Ihres Teenagers ab, anstatt durch äußeren Druck etwas zu erzwingen, das er/sie nicht tun möchte.

Ein älteres Geschwisterkind, das lernt, die Autonomie seiner jüngeren Geschwister zu fördern, kann eine Win-win-Situation schaffen, da das ältere Kind in seiner Rolle nicht nur an Selbstvertrauen und Kompetenz gewinnt, sondern auch die Lautstärke bei aufgeheizter Stimmung dämpfen kann – und gleich ist es ruhiger im Haus.

Zahlreiche Aspekte einer Autonomie-fördernden Erziehung bereichern die Entwicklungsphase von Jugendlichen, in der die grundlegende Spannung zwischen Bedürfnisbefriedigung und Bedürfnisfrustration besonders akut sein kann. Heranwachsende können den Drang zur unmittelbaren Bedürfnisbefriedigung verspüren, und die elterliche Unterstützung, die ihnen helfen soll, diesen Drang zu regulieren, kann als Bedürfnisfrustration erlebt werden. Wenn es uns gelingt, die Prinzipien der Autonomie-fördernden Erziehung anzuwenden, kann dieses Bezugssystem einen gewissen Trost bieten: Die Eltern-Kind-Beziehung stellt einen wichtigen Anker für Ihren Teenager dar, selbst wenn er mit Ihnen streitet – vielleicht sogar besonders dann.

Autonomie-fördernde Erziehung hört sich nach harter Arbeit an, und das ist sie auch. Kontrollgesteuerte Reaktionen scheinen einfacher und im Moment oft effektiver zu sein, um das gewünschte Ergebnis zu erzielen. Glücklicherweise scheint sich der Autonomie-fördernde Weg zu lohnen, denn es gibt einheitliche Erkenntnisse darüber, dass dieser Erziehungsansatz in der Adoleszenz mit vielen positiven Ergebnissen in Verbindung gebracht wird. Dazu gehören eine bessere Selbstregulierung (siehe Kapitel 8, Seite 163 ff.), eine bessere soziale Anpassungsfähigkeit, weniger Depressionen und ein allgemein besseres Wohlbefinden.[65]

Auch wenn für mich das Abenteuer Pubertät bei meinen eigenen Kindern gerade erst beginnt, so hat das Vertrauen in das Autonomie-fördernde Bezugssystem meine elterliche Angst bereits abgefedert. Anstatt mich auf all die möglichen Übel zu konzentrieren, denen meine Tochter ohne mich an ihrer Seite begegnen wird, nehme ich lieber wahr, wie eigenständig sie sich um sich selbst und ihr Leben kümmert (zum Beispiel badet sie regelmäßig, bereitet ihre eigenen Mahlzeiten zu, auch wenn sie nicht dem Ernährungsideal entsprechen, schafft es jeden Tag pünktlich zum Bus und hat in dem berüchtigten sozialen Abgrund der Mittelstufe neue Freunde gefunden). Wollte ich nicht genau das? Wir haben vielleicht noch viele harte Jahre vor uns, aber das scheint mir ein ziemlich guter Anfang zu sein.

Beziehungen aufbauen und Konflikte mit Geschwistern bewältigen – quer durch alle Altersstufen: Wichtige Erkenntnisse

> Zeigen Sie Ihrem Kind »bedingungslose Wertschätzung«, indem Sie sein emotionales Erleben akzeptieren, auch wenn Sie sein Verhalten nicht akzeptieren.
> Bedenken Sie, dass Kinder, die schon früh in ihrer Autonomie gefördert werden, ihre Eltern auch eher als Autonomie-fördernd empfinden, wenn sie Teenager sind.
> Verzweifeln Sie nicht, wenn Ihr Teenager streitet und verhandelt! Das ist in der Regel ein Zeichen für emotionale Sicherheit.
> Führen Sie in Ihrer Familie Regeln für Konflikte ein, die sich an Werten orientieren:
>   • Respekt hat Vorrang.
>   »Solche Ausdrücke benutzen wir in dieser Familie nicht.«
>   »Beleidigungen sind nicht erlaubt. Wir sprechen respektvoll miteinander, auch im Streit.« (Daran müssen sich Erwachsene bei Streitigkeiten untereinander natürlich auch halten!)
>   • Bestehen Sie auf der Einhaltung von Absprachen: »Jeder behält die Hände bei sich!« Zu Zwistigkeiten unter Geschwistern gehören unweigerlich auch körperliche Übergriffe. Das ist die Möglichkeit, Botschaften zu wiederholen über körperliche Grenzen und Zustimmung dazu, andere zu berühren und selbst berührt zu

werden. Auch wenn Geschwister sich im Kampf oft nicht anders zu helfen wissen, als sich gegenseitig zu packen und zu knuffen, verinnerlichen sie diese Regeln mit der Zeit, wenn man sie nur oft genug wiederholt.

> Konzentrieren Sie sich darauf, jede einzelne Eltern-Kind-Beziehung durch regelmäßige Einzelgespräche zu stärken, um den Wettbewerb um Aufmerksamkeit zu minimieren.

> Ziehen Sie ältere Geschwister für Aufgaben als Mentoren heran: Das erzeugt ein Gefühl der Verantwortung und der Sinnhaftigkeit und vermittelt Ihrem Kind, dass Sie ihm zutrauen, als großes Geschwisterkind hilfreich zu sein.

> Loben Sie besonders die positiven Seiten der Geschwisterrolle: »Ich finde es toll, dass du bemerkt hast, wie traurig deine Schwester war, und dass du zu ihr gegangen bist, um sie zu umarmen. Sie hat so ein Glück, dich als kleinen Bruder zu haben!«

> Weisen Sie auf positive Interaktionen hin: »Ihr hattet heute so viel Spaß zusammen! Ist euch aufgefallen, wie ihr euch gegenseitig zum Lachen gebracht habt?«

> Helfen Sie ihnen, an den positiven Seiten festzuhalten, die sie aneinander erleben: »Was magst du an deiner Schwester am meisten?« Lob aus dem Mund seiner Geschwister zu hören, kann die Beziehung vertiefen.

> So verlockend es auch sein mag, ergreifen Sie niemals Partei. Ich wiederhole: Ergreifen Sie niemals Partei. Als meine Älteste behauptete, ich würde ihre kleine Schwester mehr lieben, weil ich anscheinend öfter mit ihr einer Meinung war, war das ein Moment, den ich nie vergessen werde und der mir das Herz bluten ließ. Seitdem ich mehr auf Neutralität achte, weigere ich mich, auf die Frage zu antworten, wer »recht« hat, selbst wenn ich eine klare Meinung habe. Wenn sie mir vorwerfen, dass ich Partei ergreife, erinnere ich sie daran, dass ich das nicht getan habe und auch nicht tun werde.

> Lassen Sie sich nicht unterkriegen.

ABSCHNITT 2:
EIN HEIM SCHAFFEN

»Wir sind ein Team!«
Haushaltsführung und Hilfe im Haushalt

Ich erinnere mich, wie ich eines Nachmittags viele Tüten voller Lebensmittel aus dem Auto ins Haus schleppte, während meine Kinder zusahen und keines Anstalten machte, eine Tüte zu tragen oder mir die Tür aufzuhalten. Meine Verbitterung flammte auf wie eine lange klein gehaltene Flamme, an die plötzlich Sauerstoff dringt. »WIR SIND EIN TEAM!« schrie ich, als würde es umso wahrer, je lauter ich es sagte. Während ich ergrimmt die Einkäufe auspackte, wurde mir klar, dass ich mich eigentlich über mich selbst ärgerte (und über meinen Partner). Es ist unsere Aufgabe, die harte Arbeit zu leisten, Kinder großzuziehen, die helfen, und wir hatten diese Herausforderung nicht angenommen. Noch nicht.

Ich beschloss, das Blatt zu wenden und die Monarchie zu stürzen (unsere Kinder waren die Herrscher, mein Mann und ich die Untergebenen). Als meine Kinder vier, sieben und neun Jahre alt waren, erstellten wir also einen Plan für Aufgaben im Haushalt, mitsamt einer lustigen, fluoreszierenden Tafel. Wir schlugen uns etwa ein Jahr lang damit herum, bis Corona kam, alles auf den Kopf stellte und die Aufgaben im Haushalt um eine Milliarde vervielfachte, weil jetzt alle die ganze Zeit zu Hause waren. Das brachte neuen Schwung in die Sache, nachdem die Tafel monatelang unangetastet geblieben und höchstens vage erwähnt worden war. Ein Ansatz aus K. J. Dell'Antonias *How to Be a Happier Parent* [66] hatte mich auf die Idee gebracht: Ich druckte eine Liste mit Aufgaben, und jedes Kind suchte sich mehrere aus, die es für den Rest des Jahres übernehmen wollte. Das jüngste hatte die wenigsten, das älteste die meisten. Dann erstellte ich einen Wochenkalender, und die Kinder wählten die Tage aus, an denen sie bestimmte Aufgaben erledigen wollten. Dieser Kalender lag in der Küche, bis jeder ihn auswendig konnte.

Damals war mir nicht bewusst, dass ich unser Haushaltsproblem mithilfe von Autonomie-fördernden Maßnahmen in Angriff genommen hatte.

Wenn Sie nicht schon davon überzeugt sind, dass es etwas Gutes ist, die Kinder im Haushalt helfen zu lassen – und sei es nur um Ihrer geistigen Gesundheit willen, könnten wissenschaftliche Erkenntnisse zum Thema Sie überzeugen. Die Forschung hat gezeigt, dass Kinder, die mit Pflichten im Haushalt aufwachsen, in der Schule, im Gefühlsleben und später im Berufsleben besser dastehen.[67]

Ein Beispiel dafür ist eine Studie, die 84 Kinder vom Vorschulalter bis Mitte zwanzig begleitete. Es zeigte sich, dass Kinder, die schon im Vorschulalter im Haushalt mitzuhelfen begannen, mit größerer Wahrscheinlichkeit gute Beziehungen, gute Noten, frühe berufliche Erfolge und wirtschaftliche Unabhängigkeit erreichten als Kinder, die nicht halfen.[68] Eine Theorie, warum Hausarbeit in der Kindheit mit beruflichem Erfolg verbunden sein könnte, besagt, dass solche Kinder gelernt haben, hilfsbereit zu sein, was am Arbeitsplatz geschätzt wird. So springen sie beispielsweise ein, um Kollegen zu helfen, ohne darum gebeten oder dazu aufgefordert zu werden. Als meine eigenen kleinen Kinder mich darüber informierten, dass unser neuer Welpe auf den Teppich gemacht hatte, kam ich gar nicht dazu, mich zu fragen, wie lange der Haufen schon dort lag. Stattdessen erklärten sie mir, dass sie bereits gemeinsam die Hinterlassenschaft entsorgt und den Teppich gereinigt hätten. Solche Mitarbeiter würde sich jeder Chef wünschen – wenn sie einen Haufen Scheiße sehen, kümmern sie sich darum!

Andere Daten deuten jedoch darauf hin, dass wir bei der Erziehung im Gegensatz zu früher nicht mehr in diese Richtung gehen. So ist beispielsweise die Zahl der Neun- bis Zwölfjährigen, die im Haushalt helfen, zwischen 1997 und 2003 von 80 Prozent auf 72 Prozent gesunken; bei den Sechzehn- bis Achtzehnjährigen waren es sogar nur noch 65 Prozent.[69] Eine Umfrage unter zehntausend Schülern der Mittel- und Oberstufe ergab, dass für 80 Prozent Erfolg und Glück wichtiger sind als die Fürsorge für andere. Die Leiter der Umfrage überlegen, ob wir falsche Signale aussenden, wenn wir Kinder wegen der Schulaufgaben von der Mithilfe im Haushalt befreien.[70]

Ich gestehe, wie sehr ich bedauere, dass wir nicht früher oder gewissenhafter mit diesem Prozedere der Aufgabenteilung begonnen haben, aber die gute Nachricht lautet: »Besser spät als nie«. Wenn Sie Kinder haben, die noch im Teenageralter daran gewöhnt sind, dass ihre Kleidung auf wundersame Weise sauber und ordentlich gefaltet in der Schublade liegt, ist es trotzdem nicht zu spät – sie können ihre

Wäsche immer noch selbst machen. Achtung: Das mit dem »sauber und ordentlich gefaltet« klappt vielleicht nicht so wie bei Ihnen, aber dieses Opfer bringt man, wenn man seinem Kind hilft, zu lernen und seine Fähigkeiten auszubauen. Außerdem kann ich mir nicht vorstellen, dass Sie vorhaben, Ihren Kindern in die erste eigene Wohnung zu folgen, um dafür zu sorgen, dass ihre Kleidung »ordentlich gefaltet in der Schublade liegt«. Aber ganz egal, in welchem Entwicklungsstadium sich Ihr Kind gerade befindet, (übermütiges, unterqualifiziertes Kleinkind, hilfsbereites Grundschulkind, das gerade anfängt, mit der zusätzlichen Belastung durch Training – für was auch immer – klarzukommen, oder ein Teenager, der sich ganz wohl damit fühlt, noch nie im Haushalt geholfen zu haben [und wer würde das nicht?]), sie können jetzt loslegen. Hier noch zwei Tipps auf die Schnelle:

Passen Sie Ihre Erwartungen an. Wenn Sie ganz, ganz unbedingt wollen, dass etwas richtig gemacht wird, sollten Sie diese Aufgabe nicht Ihrem Zweijährigen übertragen. Wählen Sie Dinge aus, die Sie sowieso noch einmal machen werden (natürlich heimlich, Sie wollen Ihr Kind ja nicht kränken), oder bei denen Sie mit einem suboptimalen Ergebnis leben können. Mit zunehmendem Alter und mehr Geschick sollten Sie die Erwartungen und Qualitätsstandards entsprechend erhöhen! (Obwohl ich davon überzeugt bin, dass für ordentlich gefaltete Kleidung in Schubladen offenbar das ausgereifte Gehirn eines Erwachsenen nötig ist.)

Kontrollieren Sie Ihre Kontrollneigung. Wenn es jemals einen Zeitpunkt gibt, zu dem man seine Kontrollneigung in den Griff bekommen sollte, dann jetzt. Als mein Sohn sechs Jahre alt war, bedeutete »den Küchenboden fegen« eher, den Schmutz zu verteilen, während alle sich vor dem planlos herumfuchtelnden Besenstiel in Sicherheit brachten. Aber es geht ja auch gar nicht um einen sauberen Küchenboden, sondern darum, dass er weiß, wir erwarten, dass er jeden Donnerstag fegt. Und das tut er.

Autonomie-fördernde Erziehung und regelmäßige Mitarbeit im Haushalt

Wie beschrieben haben wir Wahlmöglichkeiten und die Mitwirkung an der Entscheidungsfindung in die nicht verhandelbare Erwartung mit einbezogen, dass unsere Kinder tägliche und wöchentliche Aufgaben im Haushalt übernehmen müssen. Da letztendlich Sie die Entscheidung treffen, können Sie gestalten, welche Wahl Ihr Kind trifft, zum Beispiel welche Pflichten und welche Hausarbeiten es übernimmt. Falls Ihr Kind alt genug ist, kann es Ihnen bei der Erstellung dieser Liste helfen, damit es sich von Anfang an als Partner fühlt.

Das Erstellen und Umsetzen eines solchen Pflichtenkatalogs orientiert sich an diversen Leitlinien Autonomie-fördernder Erziehung, die in Kapitel 3 beschrieben werden. Dazu gehören der Punkt »unabhängiges Verhalten erwarten« sowie die Nutzung von Zusammenarbeit und einer gewissen Auswahl, um mit der Zeit eine innere Motivation aufzubauen. Der gesamte Prozess, Kinder regelmäßig im Haushalt helfen zu lassen, kann ihnen dabei helfen, ein allgemeines Gefühl von Handlungsfähigkeit und Kompetenz im täglichen Leben zu entwickeln – selbst wenn sie sich bei jedem Wisch mit dem Staubwedel beschweren. Manche Familien können sich mit diesem Konzept nicht anfreunden. Ein solcher Pflichtenkatalog kann auf eine kontrollgesteuerte Art und Weise umgesetzt werden, was die innere Motivation des Kindes untergräbt, weil zum Beispiel keine Auswahl angeboten wird oder eine Forderung unbegründet bleibt, statt ein gemeinschaftliches System zu verwenden. Sollte es in Ihrer Familie mit der Hilfe im Haushalt nicht klappen, denken Sie noch einmal daran, dass das Einüben von Hilfsbereitschaft als Wert an sich das übergeordnete Ziel ist, ob nun mit oder ohne regelmäßige Pflichten im Haushalt.

Diese kleinen Pflichten sind zwar eine konkrete Möglichkeit, um zu Hause hilfsbereites Verhalten zu trainieren, aber es gibt auch andere Möglichkeiten, dies zu tun. Wie man dabei von indigenen Kulturen lernt, zeigt Michaeleen Doucleff in ihrem Buch *Kindern mehr zutrauen: Die Erziehungsgeheimnisse indigener Gemeinschaften*.[71] Sie gibt Tipps, wie man eher von innen heraus den angeborenen Drang eines Kindes fördert, das helfen will. Dieser Drang beruht auf dem grundlegenden Wunsch, zur Familie zu gehören und sich einen Platz in der Gruppe zu verdienen:

> Kinder nie entmutigen. (An dieser Stelle müssen wir unsere Kontrollneigung vielleicht etwas zügeln.) Ist eine Aufgabe gefährlich oder übersteigt die Fähigkeiten des Kindes, ermutigen Sie es, lieber nur zuzusehen und zu lernen.

> Regen Sie bis zum siebten Lebensjahr regelmäßig zur Mithilfe bei Aufgaben an, die einen Beitrag für die Familie leisten und die ohne

Ihre Hilfe einfach und leicht zu verstehen sind (zum Beispiel Dinge in den Mülleimer werfen, Arbeitsflächen abwischen, schmutzige Kleidung in den Wäschekorb legen usw.).

> Nach dem siebten Lebensjahr sollten Sie die Anforderungen an den Interessen und Fähigkeiten Ihres Kindes ausrichten. Verwenden Sie Nachfragen anstelle von Anweisungen (also die »flexible Sprache« als Teil der Autonomie-fördernden Erziehung). Als mein Mann, der für seine Liebe zu Hausprojekten und seine hohen Qualitätsansprüche bekannt ist, an einem Samstagmorgen die Terrasse streichen wollte, wollte unser Siebenjähriger mitmachen. Ich konnte sehen, wie mein Mann zögerte. Wahrscheinlich sah er schon überall Spritzer klebriger weißer Farbe. Ich erinnerte ihn: »Nur so werden sie zu hilfsbereiten Menschen.«

Ratgeber Hausarbeit

Wenn Sie finden, dass regelmäßige Hilfe im Haushalt richtig für Ihre Familie ist, habe ich hier eine Reihe von Tipps, die Ihnen den Einstieg und die Durchsetzung erleichtern. Beachten Sie, dass die Hausarbeit ein Bereich ist, der geradezu nach kontrollgesteuerter Erziehung schreit, also Vorsicht! Aber als klassisches Beispiel dafür, dass unsere Kinder etwas tun sollen, was sie nicht tun wollen, kann die Mitarbeit im Haushalt eine großartige Gelegenheit sein, Strategien zur Förderung der Autonomie zu üben.

Wie beginnen:
> Erstellen Sie mit Ihren Kindern eine Liste möglicher kleiner Pflichten. Dazu könnten tägliche (Tisch decken), wöchentliche (Wohnzimmer saugen) und saisonale Aufgaben (Laub harken) gehören.
> Legen Sie eine realistische Anzahl von Aufgaben pro Kind fest, und lassen Sie jedes Kind aus der Liste wählen. Die Anzahl kann von der Art der Aufgaben abhängen, die sie auswählen.
> Halten Sie die Pflichten in einem Plan fest, und legen Sie ihn dort aus, wo jeder ihn sehen kann. Ich habe einen Wochenplan ausgedruckt und ihn als Referenz auf den Papierstapel auf der Kücheninsel gelegt.

> Lassen Sie die Kinder selbst entscheiden, an welchen Tagen und zu welcher Tageszeit sie ihre Aufgaben erledigen wollen.

Wie durchsetzen:

> Machen Sie es wie in einem Videospiel – jüngere Kinder können durch gute Leistungen auf einem »Level« in der Verantwortung aufsteigen.
> Um prosoziales Verhalten (also die Sorge um andere und ihr Wohlergehen) zu fördern, sollten sich die Pflichten auf den ganzen Haushalt beziehen und nicht nur auf den persönlichen Bereich und die Besitztümer des Kindes.
> Sagen Sie lieber »Erledigen wir unsere Aufgaben« statt »Erledige deine Aufgaben«. Gutes Marketing ist alles. Die Hausarbeit sollte nicht als Strafe gedacht sein. Dabei hilft es, sachlich über die eigenen Pflichten zu sprechen, statt sich zu beklagen. Ein Zugeständnis mache ich: Ich nutze Empathie (»Ich weiß, ich räume nach dem Abendessen auch nicht gern auf; ich verstehe dich«), räume dabei aber auf und erwarte das auch von den Kindern.
> Verknüpfen Sie ungeliebte Pflichten mit etwas Angenehmem. Meine Tochter schaut sich Serien an, während sie die Wäsche faltet. Das hat sie von mir gelernt. (Das ist die Möglichkeit, pünktlich zu meinen Treffen mit den Damen von *The Real Housewives* zu kommen.)

Wenn diese Art der Aufgabenteilung neu für Ihre Familie ist, spricht nichts dagegen, den Beginn als Pilotphase zu betrachten, in der man wahrscheinlich auch Fehler macht. Aber ich verspreche Ihnen, dass diese Arbeitsteilung schließlich Teil der Alltagsroutine wird, wenn Sie konsequent bleiben. Da Alter und Entwicklungsstand Einfluss darauf haben, wie man die Hausarbeit am besten angeht, gebe ich im Anschluss Tipps für die frühe Kindheit, die mittlere Kindheit und das Jugendalter, um in jeder Phase eine Atmosphäre der Hilfsbereitschaft zu schaffen.

In der frühen Kindheit: »Ich will auch!«

Wenn Sie kleine Kinder haben, haben Sie im Gegensatz zu mir noch nichts verpasst. Ich erkannte die Vorteile der Mithilfe im Haushalt ja erst, als unsere beiden älteren Kinder schon keine Kleinkinder mehr waren! Es hat so viele Vorteile, früh damit anzufangen, auch wenn die rudimentären motorischen Fähigkeiten die Qualität der Leistung beeinträchtigen können. (Im Internet heißt es, dass Kinder schon mit zwei Jahren anfangen können mitzuhelfen.) Kleinkinder und Vorschulkinder sind bekannt für ihren Eifer; sie wollen unbedingt helfen! Mit dem Wunsch, die Dinge effizienter zu erledigen, bringen wir diesen Enthusiasmus zum Bröckeln. Wenn wir bei der Erziehung bewusster darauf achten, Kinder, die im Haushalt helfen, als selbstverständlich und nicht als optional anzusehen, können wir verzeihen, dass ihre »Hilfe« am Anfang vermutlich nicht gerade hilfreich ist.

> Sie werden die Kleinen beaufsichtigen müssen! Aber das ist in Ordnung – eine Investition darein, das schon im Vorschulalter nicht mehr tun zu müssen, zumindest bei einigen Aufgaben.

> Geben Sie Kleinkindern nur Aufgaben, die in einem Schritt erledigt werden können. Bei Vorschulkindern können es dann schon Aufgaben mit zwei bis drei Arbeitsschritten sein.

> Mit zunehmendem Alter, zum Beispiel mit vier Jahren, erweitern Sie die Aufgabenliste, damit die Kleinen wissen, dass sie bestimmte Aufgaben gemeistert haben und stolz darauf sein können, fortan mehr Verantwortung zu übernehmen.

> Danken Sie Ihrem Kind dafür, »ein Helfer« zu sein, anstatt zu »helfen«. In einer Studie mit drei- bis sechsjährigen Kindern erwies sich dieser kleine Unterschied als motivierender.[72]

> Stellen Sie die Aufgaben der Kinder mit Bildchen und Symbolen dar. Dann können sie diese abhaken oder einen Sticker für »erledigt« anbringen. (Kennen Sie auch nur ein Kleinkind, das nicht gern Filzstifte oder Sticker benutzt?) Wenn Sie besonders gut organisiert sind, drucken Sie ein Musterblatt aus, stecken es in eine Plastikhülle und verwenden dann abwischbare Stifte.

In der mittleren Kindheit: »Ich will nicht.«

Wenn unsere Kinder diese frühen, eifrigen Jahre hinter sich lassen und die Grundschulzeit beginnt, in der so viel interessantere Dinge im Leben gibt als ihre kleinen Pflichten, wird es wahrscheinlich ein bisschen schwieriger, dass die Kinder in Sachen Hilfe im Haushalt am Ball bleiben. Ihr Kind entwickelt ein Gefühl für sich selbst und merkt vielleicht: »Hey, Hausarbeit macht keinen Spaß. Ich spiele viel lieber Roblox.« Hier bietet sich eine weitere Gelegenheit, ihm Wahlmöglichkeiten zu geben und es in die Entscheidungsfindung einzubeziehen, während gleichzeitig die Erwartungen an sein Verhalten erhalten bleiben, die in den Werten der Familie verwurzelt sind. Denken Sie an diese Tipps, wenn Sie in dieser Altersgruppe auf der Einhaltung der Pflichten bestehen:

➤ Drängen Sie Ihre Kinder nicht zur Erledigung der Hausarbeit. In diesem Alter können Ihre Kinder nicht nur allmählich damit beginnen, diese Aufgaben selbstständig zu erledigen, sondern auch entscheiden, wann sie das tun wollen, und Ihnen Bescheid geben, wenn sie fertig sind.

➤ Tun Sie Ihr Bestes, um zu verhindern, dass die Zeit für außerschulische Aktivitäten die Zeit für die Mithilfe im Haushalt ersetzt. Dadurch suggeriert man womöglich, dass die persönlichen Interessen vor dem Wohl der Familie kommen, und flugs landet man bei so gefürchteten Eigenschaften wie »verwöhnt« und »anspruchsvoll«, und das wollen wir nicht!

➤ Denken Sie an das F-Wort: Flexibilität. Wenn Sie ein System ausprobieren, das sich als nicht zukunftsfähig erweist, versuchen Sie etwas anderes. Sie sollten so lange nachjustieren, bis Sie – mithilfe Ihres Kindes – das Passende für Ihre Familie gefunden haben.

In der Jugend: »Ich hab keine Zeit.«

Die gute Nachricht vorweg: Im Alter von etwa vierzehn Jahren kann Ihr Kind so ziemlich alles tun, was Sie tun, wenn es um den Haushalt geht. Auch hier hat es vielleicht andere Qualitätsstandards, aber die kognitiven Fähigkeiten sind vorhanden. Die schlechte Nachricht: Es hat eine Reihe überzeugender Gründe, warum es seinen Teil der Hausarbeit nicht erledigen kann. Wie bereits erwähnt, zeigen Studien, dass die Beteiligung der Teenager an der Hausarbeit in den letzten Jahrzehnten deutlich zurückgegangen ist, was erklärt wird mit der verstärkten Konzentration auf schulische Leistungen und der übermäßigen Menge an Zeit, die heute für alle Arten von außerschulischen Aktivitäten (Sport, Musik und andere) aufgewendet wird.

Vielleicht ist das der Zeitpunkt, um unsere Erinnerung an die Kehrseite aufzufrischen, die eine verstärkte Konzentration auf schulische Leistungen und die Teilnahme an zeitaufwendigen Aktivitäten zur Aufhübschung des Lebenslaufs haben und die unseren Teenagern den dringend benötigten Schlaf rauben. Erstens sind schulische Leistungen kein Garant für späteren Erfolg, und zweitens wird eine starke Konzentration auf schulische Leistungen mit ernsthaften psychischen Problemen in Verbindung gebracht, einschließlich einer Zunahme von Stress und Angst und eines gut dokumentierten Mangels an Lebenstauglichkeit, der dazu führt, dass junge Erwachsene wieder von ihren Eltern abhängig werden.[73] (Weitere Informationen finden Sie in den Kapiteln 9, Seite 190 ff., und 11, Seite 243 ff.)

Natürlich kann ich Ihnen nicht versprechen, dass die Erwartung an Ihren Teenager, seinen Teil an der Hausarbeit zu erledigen, bedeutet, dass er nach der Ausbildung oder dem Studium nicht wieder bei Ihnen einziehen wird. Aber ich denke, einen Versuch ist es doch auf jeden Fall wert. Sie können mir ja eine Postkarte schicken und mir dann erzählen, was passiert ist.

Wenn Ihr Teenager mit Pflichten im Haushalt aufgewachsen ist, wird es leichter sein, diese Erwartung aufrechtzuerhalten und gleichzeitig Schwierigkeitsgrad und Verantwortung zu erhöhen. Wenn Ihr Teenager nicht mit solchen Pflichten aufgewachsen ist und darin eine neue, lustige Idee sieht, die Mom oder Dad mal ausprobieren wollen, sollten Sie mit heftigem Widerstand rechnen. Um diesen Widerstand zu umgehen, sollten Sie die Gaben nutzen, die mit der Entwicklung des Teenagers einhergehen, um Erfolg zu haben:

> Lassen Sie ihn von der wissenschaftlichen Erkenntnis wissen, derzufolge Hilfe im Haushalt zu mehr Erfolg im Erwachsenenalter führt. Finden Sie heraus, was Ihren Teenager motiviert (Geld, Leistung und Wettbewerb, ihr/sein Beliebtheitsgrad usw.), und zeigen Sie, inwiefern Hilfe im Haushalt mit den eigenen Wünschen für die Zukunft zusammenhängt.

> Betrachten Sie Ihren Teenager als einen geschätzten Entscheidungsträger im Team. Sie mögen zwar die Erwartung haben, dass Ihr Kind im Haushalt hilft, aber es kann innerhalb dieser Erwartung eine Wahl haben. Bitten Sie nachdrücklich um seinen Input – dazu gehört auch, Bedenken anzusprechen (zum Beispiel die Frage nach genügend Zeit). Ermutigen Sie es, selbst ernsthaft darüber nachzudenken, wie das Ganze funktionieren könnte, und bitten Sie es, eine Lösung zu finden.

> Teenager sind noch nicht zu alt für Lob, vor allem, wenn Sie ihnen nach viel Laissez-faire in der Kindheit Haushaltspflichten auferlegt haben. Feiern Sie mit ihnen, während sie sich in diese neue Routine finden; neue Verhaltensweisen können einem schwerfallen! Gehen Sie mit ihnen ins Café, sagen Sie ihnen, wie sehr Sie es schätzen, dass sie am Ball bleiben, oder nennen Sie Beispiele dafür, wie ihre Arbeit der ganzen Familie geholfen hat.

Als ich vor Kurzem wieder mit den Armen voller Einkaufstüten nach Hause kam und meiner zwölfjährigen Tochter vorschlug, mir zu helfen, setzte sie sich auf die Treppe, sah mir unverblümt in die Augen und sagte: »Nein.« In mir wallten Kontrollsucht und Frust auf – und die Sorge, dass all unsere Bemühungen der letzten Jahre in Sachen Hilfsbereitschaft tatsächlich zu nichts geführt hatten. Statt mit ihr zu streiten, wies ich darauf hin, dass ich ein paar leckere Snacks dabei hätte, die wir beim Schmücken des Weihnachtsbaums essen könnten; ich hatte beim Einkaufen an sie gedacht, und das war ihre Chance, ebenfalls fürsorglich zu sein. Ich schleppte weiter Tüten herein. Wortlos kam sie zu mir in die Küche und begann, die Lebensmittel wegzuräumen. Es kam mir vor, als wären wir ein Team.

Vom Alltag als Familie bis hin zur transzendentalen Erfahrung, mithilfe unserer Beziehungen untereinander Sinn und Erfüllung zu finden: Sich dem häuslichen Leben mit einem Blick durch die Brille der Autonomieförderung zu nähern, kann in der Tat Zanken in Zusammenhalt und Hilflosigkeit in Hilfsbereitschaft verwandeln – nicht immer, aber immer mal wieder. Dabei ist es hilfreich anzuerkennen, dass wir eine starke Kontrollneigung haben können, sei es bei Konflikten in der Familie oder bei dem Versuch, Ordnung im Haushalt zu schaffen. Konflikte innerhalb der Familie gehen mit heftigen Gefühlsausbrüchen einher, und dann neigen wir zu kontrollgesteuerten Reaktionen: »HÖRT SOFORT AUF ZU STREITEN!« Denken Sie an das Kontrollkontinuum: Es kommt zu Ausrastern. Denken Sie aber auch daran, wie positiv sich ein Autonomie-förderndes häusliches Umfeld auf unsere Kinder auswirkt, damit sie ihre grundlegenden menschlichen Bedürfnisse nach Autonomie, Eingebundenheit und Kompetenz besser erfüllen können. Wenn wir uns auf dieses Potenzial konzentrieren, kann uns das motivieren, so oft wie möglich in der Autonomie-fördernden Mitte des Kontinuums zu bleiben.

Apropos Kontrollneigung: Ich vermute, dass mein Mann und ich nicht die Einzigen sind, die darüber verzweifeln, dass unsere Kinder keine Rücksicht auf die Rechte anderer nehmen, wenn sie eine Spur aus nassen Handtüchern und schmutzigen Socken hinterlassen, und offensichtlich keine Ahnung haben, dass man Licht auch ausmachen kann. Wenn es darum geht, Hilfsbereitschaft zu entwickeln, sei es bei der Hausarbeit oder anderweitig, hoffe ich, dass die Strategien, die in dem Autonomie-fördernden Bezugssystem wurzeln, dazu beitragen, die Nadel im Kompass der Hilfsbereitschaft zu Ihren Gunsten ausschlagen zu lassen, und sei es nur ganz wenig. Wenn Sie also das nächste Mal nach Hause kommen, den Kofferraum voller Lebensmittel, trägt mindestens einer eine Tüte rein.

Kapitel 7

Wie man gute Freunde und Partner erzieht: Von der Sandkasten-Verabredung zum echten Date

*»Entscheidend für die Förderung der Autonomie ist es,
Menschen dazu zu bringen zu verstehen,
wo ihre Rechte enden und die Rechte anderer beginnen.«*
Edward Deci, *Why We Do What We Do*

Im Alter von neun Jahren war ich beileibe kein Engel. Ich testete Freunde, indem ich einen zugunsten neuer verließ, nur um dann von den neuen in schmerzhaften Szenen auf dem Spielplatz abgewiesen zu werden: »Wir wollen nicht mehr mit dir spielen.« Ich schloss mich dieser miesen Masche an und hänselte meinerseits sozial weniger bewanderte Gleichaltrige, obwohl mein Gewissen mich dann schluchzend auf mein Bett sinken ließ. Ich war gemein – und ich habe daraus gelernt.

Traurig daran ist, dass ich, soweit ich mich erinnere, meine Eltern nicht oft davon wissen ließ. Vielleicht hat meine Erinnerung Lücken, aber ich weiß noch, dass ich mir eine innere, private Welt erschuf, die ich unter Verschluss hielt. Bereits mit neun Jahren waren die täglichen Konflikte, Verhandlungen, wechselnden Allianzen und der Klatsch ein großes Problem. Ich nahm mir vor, mich daran zu erinnern, wie sich das anfühlte, und ich habe mich daran gehalten, glaube ich.

Deshalb höre ich immer genau zu, wenn meine Kinder mir Probleme mit Freunden anvertrauen. Ich rede weniger als sonst und überlege ganz bewusst, wann ich meinen Rat anbiete. Auch wenn ich sicher bin, dass täglich viel mehr passiert, als ich mitkriege, sehe ich meine Reaktionen jetzt als Investition darein, dass meine Kinder mir auch noch vertrauen, wenn sie älter werden und mehr auf dem Spiel steht, sodass sie auch weiterhin von der Perspektive eines Erwachsenen und meinem Coaching profitieren.

Sie sind vielleicht nicht mehr mit der Person befreundet, die damals die andere Hälfte Ihrer BFF-Halskette mit dem zerbrochenen Herz trug, aber ich garantiere Ihnen, dass das, was Sie in dieser Freundschaft gelernt haben, Ihnen geblieben ist. Kinderfreundschaften und die ersten Liebesbeziehungen sind ein wichtiger Übungsplatz für das weitere Leben. Wir lernen, wie man kommuniziert, verhandelt und sich erkenntlich zeigt; wie man Menschen außerhalb der Familie vertraut und das richtige Maß an emotionalen Grenzen für eine gelungene Beziehung findet. In diesen prägenden Jahren lernen wir zum Beispiel, dass Menschen, an denen uns liegt, uns verletzen oder sogar betrügen können. Wir lernen nicht nur, wie kompliziert unser Gefühlsleben sein kann, sondern auch, wie es sich anfühlt, wenn sich bei einem Uralt-Freund oder der Liebe unseres Lebens etwas ändert.

Erfahrungen mit Schmerz, Leid, Freude und Nähe lehren unsere Kinder etwas, und sie müssen all dies empfinden, um zu lernen. Wir können (und sollten) ihre Nöte nicht verhindern, aber wir können ihnen ein Coach sein – wenn wir es schaffen, Kontrollneigung und Trillerpfeife stecken zu lassen. Wir können unseren Kindern helfen, die Leiter der sozialen Entwicklung zu erklimmen. Aber wenn unsere Kinder heranwachsen, sollten wir mit ihnen die Plätze tauschen – wir stehen dann nicht mehr über ihnen und helfen ihnen die Leiter hoch, sondern unter ihnen, um sie von da sanft anzustupsen, damit sie die Fähigkeiten, die sie bereits haben, nutzen und verinnerlichen.

Grundlagen: Wissenschaft, Praxis und Erziehung im wirklichen Leben

Sozialkompetenz ist wohl die entscheidendste aller in diesem Buch angesprochenen Fähigkeiten. Die Forschung hat nachgewiesen, dass Sozialkompetenz am ehesten zu Erfolg als Erwachsener führt.[74] Selbstregulierung hat sich – gestärkt durch eine Autonomie-fördernde Erziehung – als wesentlich erwiesen, um Sozialkompetenz und positive Beziehungen aufzubauen und einen Zustand allgemeinen Glücks zu erreichen. Viele Studien mit Jugendlichen, die ihre Erziehung als Autonomie-fördernd oder die Beziehung zu den Eltern als sehr eng wahrnahmen, weisen darauf hin, dass solche Jugendlichen von besseren Freundschaften und Beziehungen und von einem positiveren Sozialverhalten berichten.[75] Darüber hinaus zahlt sich der Aufbau guter Sozialkontakte aus, und zwar in Form von mehr sozialer Unterstützung, die wiederum mit der Vereitelung oder deutlichen Abschwächung von psychischen Problemen und Stress in Verbindung gebracht wird.

Die Wissenschaft hat sich auch mit der Frage befasst, wie Autonomieförderung und eine feste Eltern-Kind-Bindung zu solch positiven Ergebnissen führen. Die Ergebnisse belegen, dass Interaktionen zwischen Eltern und Kindern unter dem Zeichen der Autonomieförderung Letzteren helfen, ihr Selbstwertgefühl und ihre Selbstbestimmtheit (Autonomie, Eingebundenheit, Kompetenz) aufzubauen, was dann bessere Beziehungen wahrscheinlicher macht. Darüber hinaus spielt die Affektregulierung, die durch Autonomie-fördernde Praktiken entwickelt wird, eine wichtige Rolle für die allgemeine Sozialkompetenz.[76] Kurz gesagt, wenn unsere Kinder uns als mit positiven Affekten verbunden erleben – also als (oft) warmherzig, auf ihre Bedürfnisse eingehend und empathisch, dann entwickeln sie Eigenschaften, die für stabile soziale Bindungen notwendig sind, und kommen zu der Überzeugung, dass sie es wert sind, geliebt und gut behandelt zu werden.

Die Kehrseite davon zeigen Studien mit Vorschulkindern und Jugendlichen. Darin wird eine kontrollbasierte Erziehung mit sozialen Problemen, mehr Anzeichen von Depressionen und Ängsten,[77] einer höheren Neigung zu Mobbing und emotionaler Unsicherheit in Verbindung gebracht, was zu instabileren Freundschaften beiträgt.[78] Es wird spekuliert, dass kontrollbasierte und Autonomie-fördernde Erziehung in gegensätzliche Richtungen gehen, was den Einfluss auf diese Zusammenhänge betrifft. Ein Kind, das seine Eltern als kontrollgesteuert erlebt, hat ein geringeres Selbstwertgefühl und ist in Bezug auf Bindungen unsicherer. Das wirkt sich auf seine Selbstwahrnehmung aus und macht es anfällig für die in der Forschung gefundenen Ergebnisse.

In diesem Kapitel geht es darum, wie man Kinder bei der Bewältigung sozialer Herausforderungen unterstützen kann, ohne ihnen etwas abzunehmen, damit sie ihre Autonomie und die Eingebundenheit in Freundschaften und Beziehungen ausbauen können. Die Verwendung von Autonomie-fördernden Strategien kann dieses Coaching mit wichtigen Lektionen zum Thema Beziehungen in Einklang bringen, sodass Ihr Kind im sozialen Umgang Selbstbewusstsein und Kompetenz erlangen kann. Im ersten Teil geht es um das Thema Freundschaft in allen Entwicklungsphasen, der zweite Teil beschäftigt sich mit Zustimmung und dem Setzen von Grenzen, wozu auch Liebe und Sex in der Adoleszenz gehören.

ABSCHNITT 1:
FREUNDSCHAFTEN

Die Entwicklung von sozialen Fähigkeiten und Sozialkompetenz

Mein Sechsjähriger drängte sich so nah wie möglich an mich, während drei andere Erstklässler auf dem Bürgersteig Wettrennen veranstalteten. Nervös schaute ich zu den anderen Eltern und versuchte zu erkennen, ob sie das guthießen oder nicht. Unsere Kleinen waren mitten im Winter auf einer Geburtstagsfeier im Freien, nachdem sie ein Jahr Distanzunterricht hinter sich hatten, das bereits mit dem in sozialer Hinsicht so wichtigen letzten Kindergartenjahr begonnen hatte. Ich bemerkte einige andere Eltern, deren Kinder wie Kletten an ihren Beinen klebten. Gemeinsam bedauerten wir, dass die Sozialkontakte unserer Kinder beinahe zum Erliegen gekommen waren. Ich tat mein Bestes, um meinen Sohn sanft zu ermutigen, mit anderen zu spielen, ohne ihn unter Druck zu setzen, weil tief in mir die Angst gärte, dass ihm wichtige soziale Fähigkeiten abhandengekommen waren und er vielleicht nie wieder Freunde haben würde.

Es ist noch zu früh, um die langfristigen Auswirkungen der Pandemie auf die sozialen Fähigkeiten von Schulkindern abzuschätzen, aber die Wissenschaft weiß seit Langem um die Bedeutung des sozialen Lernens für Kinder, und dass Fähigkeiten wie Empathie, Durchsetzungsvermögen und Konfliktlösung weitreichende Vorteile mit sich bringen. In den letzten Jahren sind viele Schulbezirke den Erkenntnissen der Forschung gefolgt und haben vom Kindergarten bis zur achten Klasse Stunden für sozial-emotionale Entwicklung in die Lehrpläne aufgenommen, um positive soziale und emotionale Fähigkeiten zu lehren und zu stärken. Und trotzdem habe ich beobachtet, dass meine Kinder mit Problemen in Freundschaften zu kämpfen haben, die mir bereits aus meiner Kindheit vertraut sind und sich wie ein roter Faden durch die Generationen ziehen, nach dem Motto: »Manche Dinge ändern sich nie.«

Das Allgemeinwissen und der Umgang mit den sozialen Fähigkeiten von Kindern haben sich glücklicherweise weiterentwickelt. Aussagen wie »Jungs sind halt so«, um Drangsalieren und Mobbing zu rechtfertigen, sind Schnee von gestern, aber das bedeutet nicht, dass unsere Kinder ein leichtes, unbeschwertes Leben haben. Um ihre Sozialkompetenz zu entwickeln, müssen Kinder Fehler machen und schmerzhafte Lektionen über sich ergehen lassen. Von den frühesten Kämpfen unserer egozentrischen Kleinen (»Meins!«) über die unvermeidliche soziale Ausgrenzung in der Grundschule bis hin zum wachsenden Einfluss von Freunden in der Pubertät ist es unser Job, das Leid und das Durcheinander zuzulassen, während wir sie sachte – nicht zu sehr! – lenken.

In der frühen Kindheit: Das gemeinsame Spiel

Wir können die soziale Kompetenz unserer Kleinsten am besten fördern, indem wir ihnen positive Verhaltensweisen vorleben und ihnen Sozialkontakte mit gleichaltrigen Kindern ermöglichen (d. h. nicht nur mit ihren älteren oder jüngeren Geschwistern, die sie in den Wahnsinn treiben!). Diese Kombination aus Interaktion mit Gleichaltrigen und klügeren, erfahreneren Betreuungspersonen formt ihre Sozialkompetenz so weit, dass sie erfassen, wie sie mit anderen Kindern in Kontakt treten und Spaß haben und sie schließlich als Freunde auffassen können. Unsere Jüngsten bei der Entwicklung ihrer sozialen Fähigkeiten zu begleiten, kann ein Prozess sein, der mit Herausforderungen, Ängsten und Hoffnungen verbunden ist, die alle von den Fähigkeiten und Tücken dieser sich entwickelnden jungen Köpfe abhängen.

Die Herausforderung: Die soziale Kompetenz ist noch im Keimstadium, da Kinder erst im Alter von etwa vier oder fünf Jahren die Perspektive anderer einnehmen können. Da sich zu diesem neurologisch bedingten Mangel an Empathie und Einfühlungsvermögen auch noch eine schwach ausgeprägte Affektregulierung gesellt, sind tumultartige Konflikte unvermeidlich. Sie brauchen uns eben sehr, aber sie müssen auch Selbstvertrauen gewinnen.

Die Befürchtung: Bevor in der mittleren Kindheit die Sorgen um die schulischen Fähigkeiten und Erfolge unserer Kinder beginnen, stehen ihre sozialen Kontakte im Vordergrund. Wir erleben möglicherweise, dass sie sich schwertun, mit anderen zu teilen oder mit ihnen zu spielen, und befürchten, dass unsere Kinder keine Freunde haben werden – oder die, die sie haben, beißen!

Die Hoffnung: Die formbaren Gehirne von Kleinkindern sind allerdings dafür gemacht, ihr soziales Umfeld zu begreifen. In dieser Phase des Übens ist unser Einfluss am wichtigsten, da wir ihnen Fähigkeiten wie Empathie und Einfühlungsvermögen vorleben und beibringen können. Daran können sie sich dann orientieren, wenn ihr Gehirn so weit ist. Unsere Beziehung zu ihnen prägt ihre Erwartungen, wie Beziehungen sich anfühlen und wir ihre Bedürfnisse erfüllen sollten.

Auch wenn die frühe Kindheit den wichtigsten Abschnitt für das Vermitteln sozialer Fähigkeiten darstellt, müssen wir sicherstellen, dass wir es nicht übertreiben. Gestatten Sie den Kleinen also, Selbstbewusstsein und Vertrauen in sich selbst als kompetente soziale Wesen aufzubauen. Hier einige Tipps, wie wir die Sozialkontake unserer Kinder zum Sprießen bringen können, indem wir das gemeinsame Spiel beaufsichtigen:

> Erleichtern Sie das Freispiel, indem Sie nichts erleichtern. Mein Vorschlag wäre, höchstens auf verschiedene Möglichkeiten hinzuweisen (z. B. Lego, Malbücher, das große Helden-Hauptquartier von PJ Masks usw.) und dann das Spielen beginnen zu lassen.

> Beaufsichtigen Sie die Kinder so wenig wie möglich, achten Sie nur – in Abhängigkeit vom Alter der Kinder – auf ihre Sicherheit. Setzen Sie sich zum Beispiel in die Nähe, und sagen Sie: »Ich bin hier und lese, falls du etwas brauchst.« (Und dann lesen Sie auch wirklich etwas, das Ihnen gefällt!)

> Wenn die Fetzen fliegen, halten Sie sich zurück! Egal, ob es sich um eine offizielle Verabredung zum Spielen bei Ihnen zu Hause oder um eine spontane Begegnung mit einem anderen Kind im Park handelt – wenn ein Konflikt ausbricht, lassen Sie ihn eine Weile laufen, es sei denn, es besteht ein echtes Sicherheitsrisiko.

> Wenn die Kleinen feststecken, können Sie mit Fragen statt mit Anweisungen eingreifen, um sowohl den Konflikt als auch eine Lösung zu formulieren: »Es sieht aus, als ob jeder von euch etwas anderes machen will. Wie könnt ihr das lösen? Habt ihr eine Idee?« Wenn sie auch dafür noch zu jung sind, können Sie zunächst Optionen vorschlagen, ihnen aber dann die Möglichkeit geben, eine Lösung auszuwählen, anstatt ihnen vorzuschreiben, was sie tun sollen.

Dieses Vorgehen stärkt bei Ihrem Kind den Eindruck, dass Sie ihm zutrauen, mit einem Freund zu spielen. Gleichzeitig dient es als Sicherheitsnetz, wenn die Probleme seine Fähigkeiten übersteigen. Wenn

Sie Interesse zeigen, statt Anweisungen zu geben, unterstützen Sie Ihr Kind dabei, Probleme eigenständig zu lösen. So ermöglichen Sie ihm, Kompetenzen im Umgang mit Konflikten und deren Lösung aufzubauen. Und auch wenn ein Lösungsvorschlag absolut nicht akzeptabel ist (z. B. der Vorschlag »Wir könnten stattdessen Eis essen!«), trainiert dieses Vorgehen sein Gehirn. Beim nächsten Mal wird es dann vielleicht eine beeindruckende Lösung finden. Beobachten Sie einfach weiter, was passiert – Sie werden unweigerlich miterleben, wie seine Sozialkompetenz vor Ihren Augen erblüht.

Es gibt jedoch eine noch bessere Möglichkeit, die sozialen Fähigkeiten Ihres Kindes zu stärken: Wenn möglich, reduzieren Sie die Verabredungen zum Spielen zugunsten des spontanen Spiels. Wenn in der Nachbarschaft etwa gleichaltrige Kinder leben, wäre es ideal, wenn sie zwischen den Häusern herumlaufen, um herauszufinden, was sie tun wollen und wie sie ohne Aufsicht durch Erwachsene klarkommen. Ältere Kinder haben Gelegenheit, auf jüngere aufzupassen, wodurch Selbstständigkeit und Verantwortungsbewusstsein der älteren Kinder gefördert werden. Wenn man sich mit anderen Eltern aus der Nachbarschaft zusammentut, um ähnliche Grenzen und Erwartungen festzulegen, kann das Ängste lindern und sich sehr befreiend anfühlen, da Sie mit den anderen Eltern Zeit verbringen können, um so etwas wie ein eigenes Sozialleben zu haben. Wenn dies in Ihrer Umgebung nicht machbar ist, können Sie ähnliche Ergebnisse erzielen, indem Sie sich bei Verabredungen zum Spielen zurücknehmen.

Wenden wir diese Mischung aus dem Training sozialer Fähigkeiten und der Förderung sozialer Autonomie dort an, wo sich der Zauber sozialer Kontakte für unsere Jüngsten oft entfaltet: auf dem Spielplatz.

Das Szenario: Rangeleien auf dem Spielplatz

An einem schönen Samstag sitzen Sie auf einer Bank und nippen genüsslich an Ihrem Nachmittagskaffee, während Ihr dreijähriger kleiner Engel auf dem Spielplatz beschäftigt ist. Sein charakteristisches Kreischen erregt Ihre Aufmerksamkeit. Sie blicken auf und sehen, wie ein anderes Kleinkind ihn daran hindert, die Rutsche hinunterzurutschen. Eine Pattsituation. Wie können Sie reagieren, damit das Erlernen grundlegender sozialer Fähigkeiten unterstützt und nicht behindert wird?

Kontrollbasiert	Autonomie-fördernd
Anweisungen erteilen: »He! Lass ihn gefälligst rutschen!«	Verhandlungsversuche der Kinder beobachten, bevor Sie einschreiten.
Einen Beschluss durchsetzen: »Hast du nicht gehört? Du kannst die Rutsche nicht blockieren. Lass ihn rutschen. Jeder ist mal dran, aber er war zuerst da.«	Falls die Pattsituation weiter besteht, das Problem benennen: »Wie es aussieht, wollt ihr beide gleichzeitig rutschen!«
Übergriffig werden: Zur Rutsche gehen und das andere Kind runterheben, damit Ihr kleiner Engel rutschen kann.	Empathie zeigen: »Ihr seht beide frustriert aus und bekommt nicht, was ihr wollt.«
	Nach Vorschlägen fragen: »Wie können wir das lösen, damit ihr beide rutschen könnt?«
	Wenn sie nicht weiterkommen, eine Lösung anbieten: »Sollen wir eine Münze werfen, um zu sehen, wer als Erstes rutschen darf, und dann wechselt ihr?«

Wenn Sie den Beschützerinstinkt unterdrücken können, der sich womöglich bemerkbar macht, fällt es leichter, in dieser Situation eine Gelegenheit für Ihr Kind zu sehen, selbstsicher zu werden (also Vertrauen in die Fähigkeit aufbauen, diese schwierige Situation ohne einen Erwachsenen zu meistern) und positives Sozialverhalten zu üben, einschließlich Bestimmtheit anstelle von Aggression. Es ist vielleicht viel erwartet von einem Dreijährigen, aber wenn man so früh damit anfängt, werden im Gehirn Verbindungen aufgebaut, die Ihr Kind zum Erfolg führen, wenn es weiter übt (natürlich unter Ihrer fachkundigen Anleitung). Vielleicht tut es Ihnen auch gut, erst einmal innezuhalten, bevor Sie etwas unternehmen, um Ihr Kind zu »retten«. Spüren Sie bewusst Ihren Gefühlen und Ängsten nach, atmen Sie einmal tief durch und beurteilen Sie dann, ob Ihr Kind wirklich Ihre Hilfe braucht. Die Ergebnisse sind vielleicht noch nicht gleich sichtbar, aber Sie werden überrascht sein, wenn Sie eines Tages an Ihrem Kaffee nippen und beobachten, wie Ihr Kind plötzlich ganz allein so eine Auseinandersetzung löst. Das Potenzial zur Lösung von Konflikten in jungen Jahren zu trainieren, wird für Ihr Kind wichtig sein, denn in ein paar Jahren wird es auf dem Pausenhof mit ganz anderen Minenfeldern zu tun haben, weit weg von Ihrem wachsamen Auge.

In der mittleren Kindheit:
»Ich will nicht mehr mit dir befreundet sein.«

Ich weiß noch, wie froh ich war, als ich nicht mehr körperlich anwesend sein musste, wenn meine Kinder mit Freunden spielten. Die Erleichterung verwandelte sich schnell in Angst, weil die neue Unabhängigkeit auch ausgeklügeltere Formen der Ablehnung durch Gleichaltrige mit sich brachte. Und ich war nicht dabei, um mein völlig unablehnbares Baby zu retten! Grundschulkinder können, im Gegensatz zu Kleinkindern, die nur andere Spiele spielen wollen oder sich um ein Spielzeug streiten, bleibende Wunden hinterlassen. (Ich erinnere mich noch an meine. Sie auch?) Ich habe sie gehört, und jetzt hat mindestens eines meiner Kinder sie auch gehört, die Worte, die auf Spielplätzen, in Cafeterias und in Gruppenchats widerhallen: »Ich will nicht mehr mit dir befreundet sein«, oder etwas Ähnliches, das Ablehnung ausdrückt und seelische Schmerzen bereitet. In dieser Entwicklungsphase drehen sich die Herausforderungen, Befürchtungen und Hoffnungen um das prekäre Gleichgewicht zwischen notwendigen Ratschlägen und der Möglichkeit, Kinder auch Fehler machen zu lassen, um aus ihren Erfahrungen zu lernen.

Die Herausforderung: Eltern haben aufgrund des Beschützerinstinkts möglicherweise den Drang, zu Hilfe zu eilen, wenn es Probleme mit Freunden gibt. Das kann dazu führen, dass sie die sozialen Fähigkeiten zu sehr steuern, was das Selbstvertrauen des Kindes untergräbt und es der Möglichkeit beraubt zu lernen, wie man sich in Freundschaften zurechtfindet.

Die Befürchtung: Dieser Beschützerinstinkt kann in der Angst wurzeln, unsere Kinder könnten (emotional) verletzt werden oder andere (emotional) verletzen. Ich rate selten dazu, sich mehr Sorgen zu machen, aber Eltern neigen immer dazu, die Rolle ihres eigenen Kindes bei Konflikten und Mobbing zu unterschätzen. Studien zufolge besteht die Gefahr, dass unsere Kinder sehr wohl selbst mobben als auch gemobbt werden können, wenn wir sie zu sehr kontrollieren. In diesem Fall kann die kontrollbasierte Erziehung auf Angst beruhen, was genau die Auswirkungen hat, die wir zu vermeiden hofften!

Die Hoffnung: Anstatt also zu einem gemeinen Kind zu marschieren und es wissen zu lassen, dass es die Großartigkeit Ihres Kindes verkennt, können Sie Ihrem Kind mit Empathie und Einfühlungsvermögen begegnen und es ermutigen, seine Fehler zu erkennen – und Sie können von eigenen Fehlern erzählen. Wenn wir in solchen Gesprächen die Fähigkeit unserer Kinder, Probleme zu lösen, unterstützen, werden unsere Kinder aus ihren Fehlern lernen (genau wie wir!), Freunde auszuwählen, die zu ihnen passen, und ihre Beziehungsfähigkeit zu entwickeln, was ihnen in der Pubertät von Nutzen sein wird. Bedenken Sie dabei immer, dass diese Erkenntnis leichter fällt, wenn wir einen sicheren Rahmen schaffen, um dem nachzugehen. Damit ist gemeint, dass unsere Kinder von ihren Problemen erzählen können, ohne Angst davor, dass wir sie verurteilen oder kritisieren.

Eines ist mir dabei bewusst geworden: Ich erwarte von meinen Kindern vielleicht ein zu reifes Verhalten, reifer zumindest, als ich es in ihrem Alter war. Wir müssen unseren Kindern nicht nur erlauben, Hausaufgaben mit falschen Antworten abzugeben, damit sie mehr lernen, sondern wir müssen auch akzeptieren, dass es zur Entwicklung sozialer Fähigkeiten gehört, ein falsches Sozialverhalten an den Tag zu legen.

Lassen Sie uns nun üben, wie wir die soziale Autonomie unserer Kinder unterstützen können, anstatt ihnen zu Hilfe zu eilen, wenn sie diese berüchtigten Worte hören: »Ich will nicht mehr mit dir befreundet sein.«

Das Szenario: »Sie wollen nicht mehr meine Freunde sein.«

Ihre Neunjährige kommt eines Tages weinend aus der Schule. Sie ist erschüttert, weil ihre beiden besten Freundinnen ihr mitgeteilt haben, dass sie nicht mehr mit ihr befreundet sein wollen. Dem vorangegangen sind mehrere Zyklen wechselnder Bündnisse, die Ihrer Tochter anscheinend Angst machen, weil sie jeden Tag unsicher ist, was in der Schule vorfallen wird. Ihre Tochter hat Ihnen auch anvertraut, dass diese »Freundinnen« anderen Kindern gegenüber gemeine Bemerkungen gemacht haben und auch ihr manchmal zusetzen. Sie können klar erkennen, dass diese Freundschaften Ihrem Kind nicht guttun, aber wie können Sie ihr helfen, das zu erkennen, ohne es ihr einfach zu sagen?

Kontrollbasiert	Autonomie-fördernd
Durch Sprache Druck ausüben: »Du musst diesen Mädchen zeigen, dass du sie nicht brauchst!« Die kindliche Perspektive für nichtig erklären: »Das sind blöde Kühe. Ohne sie bist du besser dran.« Scham auslösen: »Ich verstehe gar nicht, warum du überhaupt so lange mit denen befreundet warst.« Übergriffiges Verhalten: »Ich rufe ihre Mütter an und verlange, dass sie sich bei dir entschuldigen!«	Empathie zeigen und sich einfühlen: »Es tut weh zu hören, was deine Freundinnen sagen! Ich weiß noch, wie mir in deinem Alter genau das Gleiche passiert ist. Ich war am Boden zerstört.« Interesse zeigen und kritisches Denken fördern: »Was hältst du von diesen Mädchen? Wie oft verhalten sie sich wie gute Freundinnen und wie oft tun sie dir weh? Wie fühlst du dich, wenn du mit ihnen zusammen bist?« Die Problemlösung gemeinsam mit dem Kind angehen: »Lass uns mal überlegen, wie wir damit umgehen können. Hast du eine Idee, was wir als Nächstes tun sollten?« Bei Bedarf das Kind schrittweise dabei unterstützen, positive Lösungen zu finden: »Eine andere Möglichkeit wäre, ihnen zu sagen, wie du dich fühlst, und dass sie keine guten Freundinnen sind. Du könntest auch darüber nachdenken, mit welchen Kindern du dich in deiner Klasse noch gut verstehst, und etwas mehr Zeit damit verbringen, sie kennenzulernen.« Innere Werte in den Vordergrund stellen: »Überleg dir mal, was für eine Freundin du sein willst und inwiefern sich das mit diesen Mädchen deckt oder nicht.«

Es ist leicht zu erkennen, wie der kontrollgesteuerte Ansatz die Emotionen des Kindes und seine Fähigkeit ignoriert, den Umgang mit den Emotionen rund um die Zurückweisung zu üben. Er lässt dem Kind auch keinen Raum, um sich kritisch mit den größeren Entwicklungsschritten zu befassen, bei denen es darum geht, gute von unguten Freundschaften zu unterscheiden. Denn die kontrollgesteuerten Eltern übernehmen ja das gesamte Denken und das Lösen des Problems für das Kind. Darüber hinaus ist die Entscheidung des kontrollgesteuerten Elternteils in unserem Beispiel kein Vorbild für eine gute Konfliktlösung!

Ist der Autonomie-fördernde Ansatz eine Garantie dafür, dass Kinder eine wohlüberlegte und effektive Lösung finden, die ihre Not lindert? Nein. Aber darum geht es eigentlich auch nicht. Wahrscheinlich sind bei vielen Kindern Monate oder sogar Jahre ähnlicher Diskussionen nötig, bis sie über die nötige Reife und die Bewältigungsmechanismen verfügen. Aber wenn sie es dann einmal verinnerlicht und sich angeeignet haben, ist es auf eine Art und Weise verankert, wie es das einfache »Befolgen von Ratschlägen« nie wäre. Dies wird Ihrem Kind in der Mittelstufe zugutekommen, denn es wird alle sozialen Bewältigungsmechanismen brauchen, die es bekommen kann!

In der Adoleszenz: Von Freunden zu Feinden zu Freunden und wieder von vorn

Die Geschwindigkeit, mit der in der frühen Adoleszenz die Freunde wechseln, kann schwindelerregend sein. Die Mittelstufe ist für besonders instabile Gruppen bekannt. Statistisch gesehen ist nur ein Prozent der Freundschaften, die in der siebten Klasse geschlossen wurden, fünf Jahre später noch intakt.[79] Ich fand das ehrlich gesagt beruhigend; wenn meine zukünftigen Siebtklässler Freunde haben, die mir Herzrasen verursachen, darf ich hoffen, dass diese Freundschaften nicht von Dauer sind. Wie Sie vielleicht noch wissen, sind Freunde das Zentrum des Teenager-Universums, sodass die Freunde, mit denen sie abhängen, mehr Einfluss haben können als wir selbst.

Die Gruppe der Gleichaltrigen ist bei einem Teenager aus einer ganzen Reihe von Gründen wichtig, von den positiven Auswirkungen sozialer Normen (zum Beispiel das Hinauszögern des ersten Bierkonsums) bis hin zu dem mächtigen Gefühl der Zugehörigkeit und Verbundenheit. Wie können wir also helfen und sicherstellen, dass unsere Teenager passende Gleichaltrige finden, ohne sie zu sehr zu manipulieren und damit Sinn und Zweck der Autonomieförderung in der Erziehung zu untergraben?

Obwohl die üblichen Herausforderungen und Ängste dieser Phase für Eltern besonders schmerzhaft sein können, kann die Hoffnung, die in dieser Entwicklungsphase liegt, dazu beitragen, uns auf das Ziel zu konzentrieren, dass unser Kind in der späten Adoleszenz eine gute Selbstwahrnehmung entwickelt und beim Übergang zum jungen Erwachsenenalter tiefe Beziehungen aufbaut.

Die Herausforderung: Wenn sie die Aufgabe erfüllen, sich zu entwickeln, verbringen Teenager immer weniger Zeit mit der Familie und deutlich mehr Zeit mit Gleichaltrigen, was deren Einfluss stark erhöht. Freundschaften haben so viel Gewicht für das allgemeine Wohlbefinden unserer Teenager, und wir haben wahrscheinlich nur wenig damit zu tun, wenn wir überhaupt wissen, was vor sich geht.

Die Befürchtung: Jugendliche empfinden Ablehnung und FOMO (Fear of missing out – also die »Angst, etwas zu verpassen«) in höherem Maße als andere Altersgruppen. Diese Intensität der Gefühle kann dazu führen, dass sie sich aufgrund des starken Wunsches, akzeptiert zu werden, eher negativen Einflüssen zuwenden. Zusätzlich zu diesem normativen Teil des Erwachsenwerdens erweitert die moderne Cyberwelt die Möglichkeiten für Mobbing, was für Erwachsene schwer zu durchschauen ist.

Die Hoffnung: So schädlich eine negative Peer-Group, zu wenig Sozialkontakte und Mobbing auch sein können, könnte Ihr Teenager wie von Zauberhand auch eine positive Identität, ein starkes Selbstbewusstsein und damit insgesamt ein glückliches Dasein aufbauen – mittels guter Freundschaften. Wenn wir die Abgründe »falscher Entscheidungen« und schmerzhafter Sozialkontakte mit Autonomieförderndem Denken und Herangehen überstehen, können wir unseren Kindern weiterhin zeigen, dass sie es wert sind, gut behandelt zu werden und sich in Beziehungen ernst genommen zu fühlen. Die Beziehung zu unseren Teenagern kann ihnen helfen, aus diesen Abgründen herauszufinden und die Gipfel einer positiven sozialen Identität zu erklimmen.

Im Idealfall besteht die Aufgabe des Teenagers darin, eine soziale Identität zu entwickeln, die auf eigenen Wertvorstellungen beruht. Es ist natürlich nicht Ihre Aufgabe, diese Identität oder diese Werte für sie auszuwählen, so sehr wir das vielleicht auch wollen. Vergessen Sie nicht, dass wir das womöglich kommunizieren, ohne uns dessen bewusst zu sein. (»Was ist mit dem netten Jungen, der so gute Manieren hat und der den Preis bei ›Jugend forscht‹ gewonnen hat? Wäre das nicht ein passender Freund?«)

Ein Großteil unserer Arbeit findet in der frühen Kindheit und im Grundschulalter statt, wie die Forschung zeigt, die immer wieder belegt, wie sich die Eltern-Kind-Beziehung und die Erziehungsansätze in jüngeren Jahren auf die soziale Kompetenz in späteren Jahren auswirken.[80] Tatsächlich finden Studien über Jugendliche oft sogenannte »indirekte Auswirkungen« der Erziehung auf die Ergebnisse. Gemeint ist, dass die Auswirkungen der Erziehung auf den Teenager aufgrund der für dieses Entwicklungsstadium normalen Distanz zu Eltern und Familie nicht so direkt sind.[81]

Als Eltern haben wir vielleicht nur indirekt Einfluss auf das Sozialleben unserer Teenager, aber auch dieser Einfluss kann stark sein. Selbst wenn Sie mit der Autonomieförderung in der Erziehung erst später beginnen, können Sie Ihrem Teenager das Rüstzeug an die Hand geben, das er braucht, um stabile Freundschaften aufzubauen. Dieses Rüstzeug besteht in der Art und Weise, wie Sie mit ihm umgehen, und in der von Ihnen geschaffenen Familienkultur. Studien zufolge werden positive Beziehungen mit Gleichaltrigen und Sozialkompetenz hauptsächlich durch folgende Faktoren beeinflusst: positiver Umgang mit Emotionen in der Familie, Selbstwertgefühl und Selbstbestimmung (selbstständiges, authentisches Handeln) – alles Eigenschaften, die durch Autonomieförderung in der Erziehung unterstützt werden.[82] Eine kontrollbasierte Erziehung dagegen wird nicht nur mit dem erhöhten Risiko in Verbindung gebracht, einen kleinen Tyrannen aufzuziehen, sondern eine Studie fand auch heraus, dass psychologische Kontrolle in der frühen Adoleszenz ein Indikator für problematische Freundschaften in der mittleren Adoleszenz ist. Von den vielen möglichen Gründen, die die Forscher untersuchten, war der stärkste Einfluss bei diesem Zusammenhang zwischen Erziehung und »minderwertigen« Freundschaften die emotionale Unsicherheit betroffener Jugendlicher.[83]

Wie bei den meisten Aspekten der Erziehung von Teenagern ist es am besten, die Entwicklung Ihres Kindes zu fördern, indem Sie sich so wenig wie möglich in seine Sozialkontakte einmischen und die Kommunikationswege offenhalten, damit es sich an Sie wenden kann, wenn es Rat braucht. Denken Sie immer daran, in Bezug auf ein soziales Dilemma neutrale Fragen zu stellen, anstatt Ihrem Teenager vorzuschreiben, was er zu tun hat. Diese Fragen können sich problemlos auf Prinzipien der Autonomieförderung konzentrieren, womit Empathie, Einfühlungsvermögen und ein an inneren Werten orientiertes Verhalten gemeint sind.

Das berüchtigte Durcheinander bei Freundschaften in der Mittelstufe kann eine Herausforderung für unsere Kontrollneigung sein, weil wir doch so deutlich sehen, was unsere Kinder tun »sollten«, um gute Erfahrungen mit Freundschaften zu machen. Lassen Sie uns deshalb üben, wie wir zulassen, dass unsere Kinder eigene Erfahrungen machen, während wir sie gleichzeitig angemessen anleiten.

Das Szenario: Neue Freunde finden, ohne sich von den alten abzuwenden?

Ihre Tochter hat seit der zweiten Klasse eine allerbeste Freundin (Amaya). Jetzt, da beide in der Siebten sind, stellen Sie fest, dass Ihr Kind eine neue enge Freundin hat (Taylor), der es all seine Aufmerksamkeit zu widmen scheint. Sie machen sich Sorgen, dass Ihre Tochter die langjährige Freundin ausgrenzen könnte oder nicht mehr in diese wichtige und positive Freundschaft investiert. Sie befürchten, dass sie so töricht sein könnte, diese solide Freundschaft zugunsten der neuen, aufregenden schleifen zu lassen. Sie wollen aber nicht, dass sie diese Freundin verletzt, die auch Ihnen mit den Jahren ans Herz gewachsen ist. Wie erinnern Sie also an die positiven Werte dieser Freundschaft, ohne die Handlungsfähigkeit Ihrer Tochter infrage zu stellen?

Kontrollbasiert	Autonomie-fördernd
Anweisungen geben: »Du solltest mehr Zeit mit Amaya verbringen. Sieh zu, dass du nett bist!«	Offen und interessiert sein: »Erzähl doch mal von Taylor und woher du weißt, dass sie so eine tolle Freundin ist. Was ist bei ihr anders als bei Amaya?«
Erlebtes abwerten: »Ich weiß, du glaubst, du hast eine coole neue Freundin, aber du kennst sie kaum.«	Die Perspektive wechseln: »Wie fühlt es sich deiner Meinung nach für Amaya an zu sehen, dass du und Taylor so schnell so dicke Freundinnen geworden seid?«
Scham auslösen: »Du wirst es bereuen, Amaya so zu vernachlässigen, und die neue Freundschaft könnte schneller enden, als du denkst. Dann stehst du ganz alleine da.«	Innere Werte in den Vordergrund stellen: »Was ist dir an einer Freundin und an einer Freundschaft wichtig? Was für eine Freundin willst du sein?«
Schuldgefühle hervorrufen: »Ich dachte, du bist eine bessere Freundin.«	Vertrauen kundtun: »Ich weiß, dass du freundlich und fürsorglich bist, und ich vertraue darauf, dass du freundlich zu Amaya sein wirst, auch wenn sich die Dinge ändern.«
	Bedingungslose Wertschätzung zeigen: »Du weißt, dass ich für dich da bin, wenn mit einer deiner Freundinnen Probleme auftreten, die dir zu schaffen machen.«

Das kann der entscheidende Test für die Frage sein: »Wessen Leben ist das?« Wir wünschen uns vielleicht bestimmte Freundschaften für unsere Kinder, aber das hieße, ihre Handlungsfähigkeit und Autonomie nicht zu respektieren. Vor allem in den Teenagerjahren wissen sie besser als wir, wie sie sich mit ihren verschiedenen Freunden fühlen. Da könnte es hilfreich sein, an unsere eigenen Freundschaften in verschiedenen Altersstufen zurückzudenken. Auch da gab es bestimmte Menschen, mit denen wir uns sehr wohlfühlten, und andere, die wir mochten, bei denen wir aber nicht das gleiche Gefühl hatten. Kinder verändern sich in dieser prägenden Phase der frühen Jugend. Ein sehr wichtiger Bestandteil Autonomie-fördernder Erziehung ist es, dem heranwachsenden Kind soziale Autonomie zuzugestehen und zu respektieren, dass es seine eigenen Entscheidungen trifft, während es gleichzeitig seine inneren Werte und die Übereinstimmung seines Verhaltens mit diesen Werten im Auge behält.

Wenige Tage vor Beginn der zweiten Klasse erfuhr mein Sohn, dass keiner seiner Freunde mehr in seiner Klasse sein würde. Er war am Boden zerstört. Nachdem ich einige Monate zuvor bei einem Erstklässler-Geburtstag erlebt hatte, wie zerbrechlich seine Sozialkompetenz noch war, kostete es mich viel Willenskraft, die Schule nicht per E-Mail um einen Klassenwechsel zu bitten, bevor das neue Schuljahr begann. Widerwillig folgte ich meinem eigenen Rat, darauf zu vertrauen, dass er die Herausforderung meistern und dabei wichtige soziale Fähigkeiten entwickeln würde, was nicht der Fall wäre, wenn ich ihm aus der Patsche half. Ich saß mit ihm auf dem Bett, während er Urschreie ausstieß und weinte. Obwohl sein Schmerz mein Mutterherz brechen ließ, tat ich mein Bestes, ihm seine Gefühle nicht auszureden.

Innerhalb weniger Wochen fand er einen neuen besten Freund, der sein Ein und Alles wurde. Die Lehrerin berichtete, mein Sohn sei nicht mehr »schüchtern und still«, sondern »eine kleine Plaudertasche mit vielen Freunden«. Jetzt erhalte ich regelmäßig SMS von anderen Eltern, die Treffen für unsere Kinder ausmachen wollen. Alles, was ich tun musste, war warten und ihn sanft anstupsen, wie ich es bei der Geburtstagsfeier in der ersten Klasse getan hatte. Und ich musste meine Angst im Zaum halten, damit ich beobachten konnte, wie er seinen Weg geht.

Wie Sie Ihrem Kind helfen, Freunde zu finden und zu behalten

> Finden Sie Sozialkontakte für kleine Kinder, die noch keine Betreuungseinrichtung besuchen. Sowohl angeleitetes als auch freies Spiel helfen ihnen, Selbstregulierung und soziale Fähigkeiten zu üben.

> Beobachten Sie Konflikte zwischen kleinen Kindern, bevor Sie eingreifen, und fragen Sie nach ihren Ideen für eine Konfliktlösung, bevor Sie den Streit für sie schlichten.

> Suchen Sie in Ihrer Nachbarschaft nach Möglichkeiten für Freispiel mit Kindern verschiedenen Alters.

> Ermutigen Sie Ihre Kinder im Grundschul- und Jugendalter, mit ihren Freunden persönlich zusammen zu sein, und geben Sie ihnen die Gelegenheit dazu. Apps (Hallo Snapchat!) und Online-Spiele vermitteln nicht die Fähigkeiten, die für persönliche Interaktionen nötig sind!

> Widerstehen Sie dem Drang, Ihr Kind aus der sozialen Ablehnung zu retten; fördern Sie kritisches Denken und die Fähigkeit, Probleme zu lösen, um mit der Ablehnung fertig zu werden.

> Erzählen Sie von eigenen Kindheitsfehlern, damit Ihre Kinder das Gefühl haben, dass sie mit ihren Fehlern offen umgehen können.

> Stellen Sie neutrale Fragen, um die Selbstreflexion darüber anzuregen, was gute und was schädliche Freundschaften auszeichnet, und um herauszufinden, wie das Verhalten Ihres Kindes mit seinen persönlichen Werten zusammenhängt.

> Zeigen und fordern Sie Empathie und Einfühlungsvermögen, bis Ihre Kinder Ihnen ins Wort fallen und Ihren Satz beenden, weil sie die gleichen Aussagen schon so oft gehört haben:
  - »Es sieht aus, als ob du dich ... fühlst.«
  - »Ich weiß, dass ich mich ... fühlen würde.«
  - »Was meinst du, wie sich der/die andere fühlt?«
  - »Wie war es deiner Meinung nach für sie/ihn, als du ...?«

Sie müssen sich nicht auf das wirkliche Leben beschränken – es kann Spaß machen, beim Lesen diese Fragen über ihre Lieblingsfiguren zu stellen. Sobald Sie die Empathiebrille aufgesetzt haben, werden Sie überall Gelegenheiten zum Üben sehen.

ABSCHNITT 2:
DU MUSST DEINE OMA NICHT UMARMEN

Warum Grenzen setzen von Anfang an wichtig ist

Als zum ersten Mal Artikel in meinen Social Media Feeds auftauchten, in denen es darum ging, dass Kinder die Oma nicht umarmen müssen, habe ich zunächst die Augen verdreht und gedacht: »Geht das nicht ein bisschen weit?« Je mehr ich jedoch im Zuge von #MeToo darüber nachdachte, desto klarer wurde mir, was unsere Kinder gewinnen, wenn wir sie umarmen lassen, wen und wann sie wollen – auch wenn das bedeutet, dass sie Nein zur Oma sagen: Sie gewinnen ein Gefühl der Kontrolle. Das Gefühl, die Kontrolle über den eigenen Körper zu haben, ist vielleicht sogar die konkreteste Form der Erfahrung von Handlungsfähigkeit und Selbstbestimmungsrecht. Unsere Kinder erhalten genug schädliche soziale und kulturelle Botschaften über ihre Körper. Warum also nicht alles in unserer Macht Stehende tun, um ihnen beizubringen, dass sie selbst über ihren Körper bestimmen?

Beim Setzen vernünftiger Grenzen geht es natürlich um mehr als nur um körperliche Berührungen. Wenn wir unseren Kindern helfen, solide emotionale Grenzen zu entwickeln, haben sie ein Leben lang die Chance auf ausgeglichene, erfüllende Beziehungen. Zu vernünftigen emotionalen Grenzen gehört, dass Ihr Kind lernt, sich angemessen auf seine eigenen Bedürfnisse und die Bedürfnisse anderer zu konzentrieren. Wenn es zu sehr in eine Richtung tendiert, wird es entweder unangenehm egozentrisch oder zum Fußabtreter anderer. Wie können unsere Kinder lernen, einem geliebten Menschen großzügig etwas von sich zu geben, sich aber nicht in diesen anderen Personen zu verlieren? Ich bin mir sicher, dass viele von uns schon einmal an dieser Schwelle standen, aber als Eltern hoffen wir, dass unsere Kinder davon so unbehelligt wie möglich bleiben.

In der frühen Kindheit:
»Mein Körper, meine Entscheidung!«

Heben Sie die Hand, wenn Sie auch einmal ein Kleinkind hatten, das verkündete: »Mein Körper, meine Entscheidung!«, um sich zu weigern, die Zähne zu putzen oder ein Bad zu nehmen. Sie sind Experten darin, unsere eigenen Weisheiten gegen uns zu verwenden, aber wir können die Weisheit der Autonomie-fördernden Erziehung nutzen, um das Gespür unserer Kinder zu bestärken, handlungsfähig zu sein und selbst über ihren Körper und ihr Herz zu bestimmen. (Zum Beispiel können wir ihnen helfen zu lernen, dass Selbstfürsorge ein wichtiger Teil davon ist, in Bezug auf ihre körperliche Gesundheit handlungsfähig zu bleiben!) Mit unserem voll ausgebildeten Gehirn können wir uns den verbreiteten Herausforderungen und Ängsten stellen, ein kleines Kind zu begleiten, wenn es lernt, wie man Grenzen setzt.

Die Herausforderung: In dieser Phase beginnt man damit, das Setzen von Grenzen zu lernen, und wir können ungewollt schwache Grenzen weiter schwächen, indem wir Entscheidungen im Hinblick auf ihren Körper zu stark kontrollieren (zum Beispiel, indem wir auf gekämmten Haaren bestehen), oder indem wir sie nicht wirklich als eigenständige kleine Personen wahrnehmen, weil sie uns mit ihren ausgiebigen Bedürfnissen – zum Beispiel den Hintern nach jedem Klogang abzuwischen – ziemlich in die Irre führen können.

Die Befürchtung: Einige von uns sorgen sich vielleicht, dass ihre Körper stinken, wenn wir die Körperreinigung nicht kontrollieren, was nach außen so aussieht, als würden wir sie vernachlässigen; oder dass sie krank werden, weil sie sich nicht richtig anziehen.

Die Hoffnung: Kindern schon in jungen Jahren vorzuleben und beizubringen, wie man Grenzen setzt, bietet jedoch eine solide Grundlage für das Gefühl der Autonomie über ihren Körper und für die Entwicklung der Fähigkeit, sich in Situationen zu behaupten, in denen Grenzen überschritten werden. Das kann sie letztlich vor körperlichen wie auch emotionalen Schäden bewahren. Unsere Kinder können die innere Motivation entwickeln, auf ihre Körper achtzugeben, wenn sie erkennen, wie unangenehm es ist, das nicht zu tun. (Beispiel: »O Mann, wenn ich bade und meinen Hintern mit richtiger Seife wasche, juckt er nicht mehr so!«)

Da kleine Kinder nur über ein begrenztes logisches Denkvermögen und ein begrenztes Verständnis von Ursache und Wirkung verfügen, fragen Sie sich vielleicht, wie Sie Ihrem Kind helfen können, sinnvolle körperliche und emotionale Grenzen zu ziehen, sei es in Bezug auf die Selbstfürsorge oder auf andere Weise, damit es sich für seinen Körper verantwortlich fühlt.

> Wenn es sagt, »Hör auf, mich zu kitzeln!«, dann hören Sie auch auf, egal, wie sehr es lacht. Sie können weitermachen, sobald es »Noch mal!« ruft.

> Stellen Sie sicher, dass es das Gefühl hat, selbst entscheiden zu können, ob es Zuneigung durch Küsse und Umarmungen zeigen will. Das gilt auch für uns, für Geschwister und Haustiere. Bringen Sie ihm aber auch bei, dass andere diese Wahlmöglichkeit auch brauchen: »Erst fragen, dann umarmen!« Sie können auch darauf hinweisen, dass ein Nein oder das Setzen von Grenzen andere Menschen auch verletzen können, was eine weitere Lektion übers Grenzensetzen ist.

> Zwingen Sie Ihr Kind nicht, ein anderes Kind zum Spielen einzuladen. Wir können ermutigen und anregen, vor allem, indem wir die Einbeziehung von Kindern vorleben, die sich vielleicht nicht so leicht damit tun, sich einzufügen. Wenn unser kleines Kind aber nachdrücklich erklärt, dass es diese Person nicht in seinem Haus mit seinen Sachen spielen lassen möchte, sollten wir zustimmen, anstatt darauf zu bestehen, um zu zeigen, dass wir diese Beziehungsgrenze respektieren.

> Erlauben Sie Ihrem Kind, sich so anzuziehen, wie es will, vorausgesetzt, das ist aufgrund der Witterung keine lebensbedrohliche Entscheidung. In solchen Fällen habe ich mir einfach angewöhnt, die Winterjacke mitzunehmen und zu sagen: »Gib mir Bescheid, wenn du bereit bist, sie anzuziehen.« Und das waren meine Kinder auch, und zwar kurz nachdem wir das Haus verlassen hatten.

> Lassen Sie Ihr Kind Verantwortung für seinen Körper übernehmen, wann immer Sie können. Manche Kinder baden zum Beispiel sehr gern. Andere wiederum kreischen und protestieren, und es kommt einem Ringkampf gleich, sie halbwegs sauber zu kriegen. Finden Sie für diese Kinder Bereiche, in denen sie eine Wahl haben, gestalten Sie das Ganze spielerisch. Überlassen Sie ihnen die Verantwortung für Dinge, die Sie bestimmen können, zum Beispiel die Wassertemperatur oder die Reihenfolge der zu reinigenden Körperteile.

> Nachdem wir das Baderitual besprochen haben, lassen Sie uns üben, wie man das gefürchtete Zubettgehen angeht, und dabei die Anwendung Autonomie-fördernder Strategien im Auge behält, um das Gefühl der Handlungsfähigkeit unserer kleinen, protestierenden Zubettgeher zu stärken, statt einen abendlichen Nervenzusammenbruch bei Eltern *und* Kindern zu riskieren.

Das Szenario: Bettfertig – oder nicht?

Mit der Zeit haben Sie begonnen, das allabendliche Ritual nach dem Essen zu fürchten, bei dem es darum geht, dass Ihr Kind gewisse Hygienevorschriften beachtet, bevor es zu einer angemessenen Zeit einschläft, damit Sie sich mithilfe von Netflix oder auch nur dem schönen Klang der Stille entspannen können. Problematisch ist nur, dass Ihr Vorschulkind nicht mitzieht und sich gegen jeden Schritt des Prozederes wehrt: baden, Schlafanzug anziehen, Zähne putzen, vorlesen und EINSCHLAFEN. Sie sind da in einen kleinen Machtkampf geraten und kurz davor, die Seife einfach auf den nackten Körper zu klatschen, während Ihr Kind kreischt, den Schlafanzug über die zappelnden Gliedmaßen zu stülpen und den Kiefer festzuhalten, damit die Zahnpasta auch die Milchzähne erreicht. Wenn Ihr Kind so überdreht ist, dass es nicht einschlafen wird, hat niemand etwas davon. Wie können Sie dafür sorgen, dass vor dem Schlafengehen Frieden herrscht und nicht Krieg? Wie können Sie Ihr Kind davon überzeugen, dass es sich selbst um seinen Körper kümmern muss, damit dieser (und Sie) zur Ruhe kommen können?

Kontrollbasiert	Autonomie-fördernd
Perspektiven abwerten: »Jetzt komm schon, das ist doch alles ganz einfach – wenn du nur machen würdest.«	Empathie zeigen: »Die Zeit zwischen Abendessen und Schlafengehen war schwierig. Es scheint dich so aufzuregen, dich bettfertig zu machen!«
Befehlen: »Du musst jetzt baden. Zieh SOFORT den Schlafanzug an. Du musst dir die Zähne putzen.«	Interesse zeigen: »Erzähl mir mal, was du am Baden, Schlafanzug anziehen und Zähneputzen nicht magst.« (Bei ganz kleinen Kindern eher drei separate Fragen stellen!)
Drohen: »Kein Vorlesen heut Abend, Wenn du das nicht sofort machst.«	
Scham hervorrufen: »Du benimmst dich wie ein Baby. Verhalte dich altersgemäß und tu, was getan werden muss!«	

Kontrollbasiert	Autonomie-fördernd
Übergriffig werden: »Wenn du das nicht selbst hinkriegst, mache ich das.« Bestrafen: »Sieht aus, als müsste ich das für dich machen, also kein Nachtisch morgen Abend!«	In die Problemlösung einbeziehen: »Jetzt, wo ich die Probleme besser verstehe, lass uns gemeinsam nach Ideen suchen, damit wir besser miteinander auskommen und vor dem Schlafengehen ruhiger sind.« Regeln begründen: »Wenn du Karius und Baktus wegputzt, machen sie deine Zähne nicht kaputt!« Scaffolding nutzen: »Was kannst du allein machen, und wobei brauchst du meine Hilfe?« In die Entscheidungsfindung einbeziehen: »Lass uns gemeinsam ein neues Ritual einführen, das dir besser gefällt. Du entscheidest, in welcher Reihenfolge und wie es mehr Spaß macht« (zum Beispiel mit Bade-Malstiften, lustigen Kinderliedern beim Zähneputzen oder einem Schlafanzug-Wettanziehen!). Angemessene Sprache verwenden: »Es ist an der Zeit, sich bettfertig zu machen. Ich warte oben auf dich, sobald du bereit bist!«

Es fällt mir leichter, Beispiele für kontrollgesteuertes Verhalten zu nennen, als ich zugeben möchte, weil ich viel davon selbst getan habe! Wenn also etwas aus dieser Spalte auf Sie zutrifft, denken Sie daran, dass es nicht selbstverständlich ist, die Autonomie zu fördern, sondern etwas, das wir jeden Tag aufs Neue anpeilen können. Je öfter wir angesichts dieser langen Tage Autonomie-fördernde Prinzipien anwenden können, desto besser, aber es geht nicht um Perfektion. Für gezieltere Strategien, um den Widerstand eines Kleinkindes in Kooperation zu verwandeln, empfehle ich Rebecca Schrag Hershbergs Ratgeber *The Tantrum Survival Guide*.[84]

Anmerkung: Unser Familienleben wandelte sich, als wir erfuhren, dass man kleine Kinder nicht täglich baden muss. Komischerweise hatten wir das nie infrage gestellt, und die Erlaubnis, nicht zu baden, hat das Abendritual total verändert! Denken Sie also daran, auch Ihre Rituale zu hinterfragen, um zu sehen, was notwendig und was optional ist.

In der mittleren Kindheit:
Grenzen und Gruppenzwang

Ich war in der Waschküche im Keller, als meine Zehnjährige kam und in Tränen ausbrach. Sie gestand mir, dass eine Freundin sie neulich dazu gedrängt hatte, mit den Fahrrädern zum Supermarkt zu fahren, und jetzt wieder dazu drängte. Ich gebe zu, dass ich tief durchatmen musste, um die reflexartige Reaktion zu unterdrücken, sie für die Missachtung unserer klaren Regeln zu schelten. (Es war die Zeit vor den Corona-Impfungen, als wir unseren Kindern nicht erlaubten, irgendwo hineinzugehen, schon gar nicht dort, wo ihre Fahrräder an einer belebten Straßenecke gestohlen werden konnten.)

Noch als ich durchatmete, sah ich ihre Tränen und ihre Gewissensbisse. Ich erinnerte mich an meine eigene Zerrissenheit in diesem Alter, als ich Dinge tun sollte, die mir unangenehm waren. Sie wusste, dass sie gegen unsere Regeln verstoßen hatte; das war der Grund für ihr tränenreiches Geständnis. Anstatt mit ihr zu schimpfen, lobte ich sie dafür, dass sie mutig ihren Fehler zugegeben hatte, und verlegte mich darauf, gemeinsam mit ihr nach einer Lösung zu suchen, wie sie Nein sagen konnte.

Als mein Mann und ich später noch einmal mit ihr über den Vorfall sprachen, fragten wir sie, was ihrer Meinung nach eine angemessene Konsequenz wäre. Sie bot an, nicht mehr mit der Freundin Fahrrad zu fahren, da sie das Vertrauen in die Freundin verloren hatte. Wir hielten das für eine reife Entscheidung und stimmten zu.

Dieser Vorfall entsprach dem Muster der Freundschaften in diesem Alter: Sie fühlte sich regelmäßig unwohl, weil sie Gefahr lief, dafür gehänselt zu werden, dass ihre »übervorsichtigen Eltern« andere Regeln aufstellten, und verletzlich, weil sie unter Druck gesetzt zu werden drohte, Dinge zu tun, die sich nicht richtig anfühlten. Es war eine Lektion darin, wie sie sich in Beziehungen auf Grundlage ihrer Wertvorstellungen behaupten konnte.

Der Druck durch Gleichaltrige ist ein Übergangsritus und steckt voller Potenzial – im Guten wie im Schlechten. Die Herausforderungen, Befürchtungen und Hoffnungen, die wir mit den ersten prägenden Erfahrungen unserer Schulkinder im Umgang mit Grenzen haben, sind vielleicht genauso universell wie der Gruppenzwang selbst.

Die Herausforderung: Druck durch Gleichaltrige testet die Grenzen der Bequemlichkeit, und die Gefahr, einen Freund zu verlieren, kann die Ressourcen von Kindern im Grundschulalter überfordern. Die Sehnsucht dazuzugehören, gepaart mit unreifem Urteils- und Problemlösungsvermögen, kann dazu führen, dass diese Altersgruppe bedauerliche Entscheidungen trifft. Es wird Momente geben, in denen ihr impulsives Gehirn, das nach sozialer Akzeptanz sucht, über ihr Urteilsvermögen und die Willenskraft triumphiert zu sagen: »Das mache ich nicht.« Oberflächlich betrachtet sehen wir vielleicht falsche Entscheidungen, ohne auf das innere Ringen unserer Kinder zu achten, und reagieren mit Bestrafung statt Hilfe.

Die Befürchtung: Wir befürchten vielleicht, dass unsere Kinder leicht dem Druck durch Gleichaltrige nachgeben und falsche Entscheidungen treffen, und dadurch in ein Muster aus unguten Freundschaften und problematischem Verhalten verfallen. Das könnte mit der Zeit zu einem geringen Selbstwertgefühl und dem Risiko, gemobbt zu werden, führen.

Die Hoffnung: Die Beziehungen in der mittleren Kindheit können unsere Kinder lehren, wie man sinnvolle Grenzen zieht. Das ist eine Vorbereitung auf die Pubertät: Da ist der Einsatz höher, und die Konsequenzen sind größer. In der Regel erzählen sie uns immer noch mehr über ihr Leben, als sie es in der Pubertät tun werden. Deshalb können wir diese Jahre nutzen – ihr kritisches Denken fördern, positive Botschaften übers Grenzensetzen vermitteln und ihnen sogar dabei helfen, sich zu überlegen, was sie sagen sollen, wenn sie Druck von Gleichaltrigen spüren.

Unsere Kinder dabei zu coachen, wie sie das Austesten von Grenzen durch Gleichaltrige bewältigen, erfordert eine Menge Nachsicht mit ihrer Lernkurve und viele Gespräche, während sie diese Jahre der mittleren Kindheit durchlaufen.

> - Verschaffen Sie sich jedes Schuljahr einen Überblick, indem Sie Fragen zu den Mitschülern stellen, mit wem sie in der Pause spielen, was sie zusammen machen und was ihnen am Umgang der Kinder mit anderen Kindern auffällt. Dergestalt Interesse zu bekunden, regt zu weiteren Gesprächen an, und Sie erhalten vielleicht Hinweise auf die soziale Dynamik in den Freundschaften Ihres Kindes.
> - Bleiben Sie interessiert statt wertend, damit Ihr Kind weiter mit Ihnen über schwierige Situationen spricht. Das gelingt Ihnen, indem

Sie offene, nachforschende Fragen stellen, anstatt Ihrem Kind zu sagen, was es in einer bestimmten Situation hätte tun sollen.

> Konzentrieren Sie sich auf positive, gute Freundschaften, damit Sie diese eventuell entstehenden, Besorgnis erregenden Freundschaften gegenüberstellen können. Ermutigen Sie Ihr Kind zur Selbstreflexion: »Wie fühlst du dich, wenn du mit ihm/ihr Zeit verbringst, im Gegensatz zu dieser anderen Person?«

> Bereiten Sie Ihr Kind auf den Gruppenzwang vor. Finden Sie zunächst heraus, wie es mit Gruppenzwang umgeht: »Was würdest du tun, wenn ein Freund dich zu etwas auffordert, das dir unangenehm ist?« Üben Sie dann, wie man Nein sagt oder sich dem Gruppenzwang entzieht: »Ich möchte das nicht tun. Lass uns etwas anderes machen.« Wenn Ihr Kind erzählt, dass jemand anderes dem Gruppenzwang nachgegeben hat, ist das eine gute Gelegenheit, um anzuwenden, was Sie besprochen haben, und die Argumentation zu verstärken. In der dritten Klasse erzählte meine Tochter, wie ein Gleichaltriger auf dem Spielplatz ein anderes Kind aufforderte, in ein Dixi-Klo zu gehen. Das ging nicht gut aus, weil die Lehrer das Kind nicht finden konnten. Wir sprachen darüber, dass solche Mutproben die eigene Handlungsfähigkeit nicht unterbinden. Jeder entscheidet, ob er etwas tun will, Mutprobe hin oder her!

Gehen wir noch weiter in die Tiefe und üben, wie man Autonomie-fördernde Denkweisen und Strategien bei einem immer häufiger auftretenden Dilemma beim Testen von Grenzen anwendet: Gruppendruck im Cyberspace.

Das Szenario: Gruppenzwang, Cyber-Style

Ihr Sohn ist in der Fünften und hat einen guten Freund, der auf seinem Smartphone bereits allerlei Streiche in den sozialen Medien beherrscht. Ihr Kind hat weder ein Handy noch die Erlaubnis, soziale Medien zu benutzen. Über mehrere Ecken erfahren Sie, dass Ihr Sohn und sein Freund bei Snapchat ein Video hochgeladen haben, in dem ein Klassenkamerad verspottet wird. Als Sie Ihr Kind auf den Vorfall ansprechen, bricht es in Tränen aus und sagt, dass es nicht darüber reden will. Wie können Sie diesen Regelverstoß und sein schlechtes Urteilsvermögen so ansprechen, dass er daraus lernen kann, anstatt aus Scham vor dem Gespräch wegzulaufen?

Kontrollbasiert	Autonomie-fördernd
Befehle und Druck verwenden: »Wir müssen darüber reden. Hör auf zu weinen, und sag mir, was du dir dabei gedacht hast.«	Deutlich machen, dass man den Vorfall besprechen will, aber Wahlmöglichkeiten lassen: »Wir müssen noch mal darüber reden, was passiert ist. Ich verstehe, wenn du im Moment zu aufgewühlt bist, also nehmen wir einen Zeitpunkt, an dem du dich ruhiger fühlst, entweder vor oder nach dem Abendessen.«
Scham einflößen: »Du hast unsere Regeln gebrochen und furchtbare Entscheidungen getroffen. Wir können dir nicht mehr vertrauen.«	
	Interesse zeigen: »Erzähl mir, was passiert ist und wie du es erlebt hast.«
Schuldgefühle hervorrufen (es ist gut möglich, dass sich ein Kind in dieser Situation bereits schuldig fühlt): »Du warst gemein zu dem Kind und solltest dich schämen.«	Empathisch und einfühlend sein: »Das klingt, als hättest du in dem Moment nicht gewusst, was du tun sollst. Du warst verwirrt und unter Druck. Und jetzt wünschst du dir, du hättest es nicht getan.«
Die Sichtweise des Kindes abwerten: »Mir egal, was dein Freund sagt. Du solltest es besser wissen.«	Zum Nachdenken anregen: »Als er vorschlug, das fiese Video zu posten, was ging dir da durch den Kopf? Mich interessiert, wie dieser Moment sich für dich angefühlt hat.«
Strafe: »Du wirst dich nicht mehr mit diesem Freund treffen. Diese Freundschaft ist beendet. Und du dachtest, du würdest nächstes Jahr ein Handy bekommen? Falsch gedacht!«	Innere Werte integrieren: »Ist dir etwas daran aufgefallen, wie du dich gefühlt hast, als du dem Ganzen zugestimmt hast? Es klingt nämlich so, als ob du nicht wolltest. Ich würde gern verstehen, warum du nicht wolltest, und wie es sich angefühlt hat, als du es doch getan hast.«
	In die Lösung für den zukünftigen Umgang mit Gruppenzwang unter Gleichaltrigen einbeziehen: • »Hast du eine Idee, wie du nächstes Mal damit umgehst, wenn dieser Freund etwas vorschlägt, das sich für dich falsch anfühlt? Was könntest du sagen oder tun, damit du dich besser fühlst?« »Was könnte passieren, wenn du dich weigerst mitzumachen oder sogar weggehst?« (Die Antwort kann ein weiteres Gespräch erfordern über die Frage, wie man mit negativen Konsequenzen wie Ablehnung umgeht.) • »Mal angenommen, deine Befürchtungen treten ein. Hätte das auch etwas Gutes an sich?« (Hier wäre es schön, Identität und innere Werte zu verknüpfen, zum

$\rightarrow$

Kontrollbasiert	Autonomie-fördernd
	Beispiel:»Wenigstens musst du dich später nicht so schuldig/gestresst/verlegen fühlen.«)
	In die Entscheidung über die Konsequenzen von Regelverstößen oder anderem Fehlverhalten einbeziehen, zum Beispiel eine Entschuldigung oder Wiedergutmachung:»Was sollte deiner Meinung nach als Nächstes passieren? Eine Idee, wie man die Situation verbessern kann?«

Vielleicht konnten Sie einige der kontrollgesteuerten Reaktionen nachvollziehen, weil sie oberflächlich betrachtet logisch erscheinen. Sie wollen ja vermitteln, dass es sich um einen ernsthaften Verstoß handelt, der inakzeptabel ist! Eltern erzählen mir oft, dass sie befürchten, ihr Kind könne sein schlechtes Verhalten wiederholen, wenn sie keine solche Antwort parat haben. Die Ironie dahinter: Wenn Sie möchten, dass Ihr Kind aus dieser Erfahrung lernt, sollten Sie daran denken, dass eine kontrollbasierte Reaktion genau das verhindert. Empfindet ein Kind (oder jeder andere Mensch) Scham und Verlegenheit, ist es wahrscheinlicher, dass es sich verschließt und Diskussionen aus dem Weg geht, statt offen zu sein, um von Ihnen, den Eltern, zu lernen.

Der Autonomie-fördernde Ansatz begünstigt das Lernen, indem er zwar das Verhalten klar verurteilt, nicht aber das Kind selbst. Die neutralen Fragen und das Interesse ermutigen das Kind zudem, seine Gedanken, Gefühle und Verhaltensweisen zu erforschen, und zwar auf eine Weise, die auf die Entwicklung einer stärkeren Selbsterkenntnis abzielt. Eben diese befähigt das Kind, später nicht nur zu verstehen, wie es mit dem Druck durch Gleichaltrige umgehen kann, sondern auch, warum es sich angesichts von Gruppenzwang unwohl fühlt, der gegen seine persönlichen Wertvorstellungen geht. Da unsere Kinder bald Liebe, Romantik und – o Schreck – Sex entdecken werden, legen diese Fähigkeiten den Grundstein für das Austesten emotionaler und körperlicher Grenzen in der Pubertät, wenn viel mehr auf dem Spiel steht.

In der Adoleszenz: Liebe und Sex

Obwohl ich nicht katholisch war, besuchte ich eine katholische Highschool, wo der Sexualkundeunterricht aus grausigen Geburtsvideos bestand, um sicherzustellen, dass wir (Mädchen) nicht schwanger wurden. Als es einmal dazu einen Elternabend gab, erfuhr ich auf Umwegen (die Mutter meiner Freundin erzählte es meiner Freundin), dass mein Vater dort seinem Wunsch Ausdruck verliehen hatte, ich möge in der Zukunft ein gesundes und erfülltes Sexualleben haben. Ich war dreizehn. Jedes Mal, wenn meine Freundin in den folgenden Jahren diese Geschichte erzählte, war ich total gedemütigt.

Wie schnell doch die Zeit vergeht. Inzwischen bin ich für die Sexualerziehung meiner Kinder zuständig, und mir ist bewusst, wie fortschrittlich die Gedanken meines Vaters waren, auch wenn sie nicht mit der von erbärmlicher Angst geprägten Mission meiner katholischen Schule auf einer Linie lagen. Mein Vater ermutigte mich nicht, ein sexuell freizügiges Leben zu führen, aber meine Eltern betrachteten Sex als wichtigen Teil jeder reifen Beziehung.

Dieses Thema ist eindeutig abhängig von den kulturellen Normen in Bezug auf Sex und Sexualität und den Wertvorstellungen der einzelnen Familien, die in der Religion und auch in der Nationalität verwurzelt sein können. (Amerika ist zum Beispiel bekannt für das, was manche Prüderie nennen; in Holland hingegen wird ein offenerer Umgang bei der Sexualerziehung propagiert.) Wo auch immer Sie als Eltern mit Ihren Wertvorstellungen in Bezug auf Sex stehen, denken Sie daran, dass das ultimative Ziel einer Autonomie-fördernden Erziehung darin besteht, ein an Werten orientiertes Verhalten bei Ihren Kindern zu fördern. Lehren Sie zuerst die Werte, das Verhalten folgt. Einen Vorbehalt gibt es: Die inneren Werte Ihrer Kinder können sich von Ihren unterscheiden – genau das versteht man unter Autonomie.

Worin also bestehen die üblichen Herausforderungen, Befürchtungen und Hoffnungen für Eltern von Jugendlichen, die ein eigenes Liebesleben entdecken?

Die Herausforderung: Sex.

Die Befürchtung: Sex.

Die Hoffnung: Kein Sex.

Also gut, das ist ein Scherz, aber auch die unmittelbare Reaktion, die viele Eltern haben, wenn sie an Jugendliche und Liebe denken, was auch das Thema Sexualität einschließt. Aber Spaß beiseite: Eltern stehen vor sehr realen Herausforderungen und Ängsten, wenn sie ihren Teenagern dabei helfen wollen, gesunde körperliche und emotionale Grenzen rund um ihre aufkeimende Sexualität zu entwickeln.

Die Herausforderung: Grenzen und Druck durch Gleichaltrige spielen sowohl für die Liebe als auch für erste sexuelle Erfahrungen eine Rolle, die wir vielleicht länger hinauszögern wollen, als sie es wollen! Umfragen legen nahe, dass amerikanische Eltern nicht mit ihren Kindern über Sex sprechen, was die Kinder anfällig für andere einflussreiche Quellen macht.[85] Wenn wir mit unseren Kindern nicht über das Thema Sex sprechen wollen, könnten die Vorteile, die wir als ihre primäre Informationsquelle haben (statt YouTube oder eine Pornoseite, über die sie stolpern), uns motivieren. Es ist wahrscheinlicher, dass wir eher als das Internet Sex auf eine ausgewogene und gesunde Art und Weise darstellen, die zu einer gesünderen Sexualität beiträgt (Pornos sind zum Beispiel nicht wie Sex im echten Leben). Das ermutigt unsere Kinder auch dazu, uns Fragen zu sexuellen Inhalten zu stellen.

Die Befürchtung: Einige Eltern befürchten vielleicht, dass das Sprechen über Sex die Idee fördert, tatsächlich Sex zu haben. Studien zeigen jedoch das Gegenteil: In einer Umfrage von 2012 gaben 87 Prozent der Jugendlichen an, dass es leichter wäre, sexuelle Aktivitäten hinauszuzögern und eine Schwangerschaft zu vermeiden, wenn sie mit ihren Eltern offener und ehrlicher über Sex hätten sprechen können.[86] Eine weitere große Angst ist, dass Ihr Kind sexuell belästigt oder angegriffen wird. Diese Angst ist laut verschiedener Statistiken leider nur zu begründet.[87] Sie kann uns nun dazu verleiten, unsere Jugendlichen bis zur Volljährigkeit wie Rapunzel im Turm einzusperren. Da sich die Befürchtungen meist auf Mädchen konzentrieren, die zum Opfer oder ungeplant schwanger werden, möchte ich darauf hinweisen, dass wir auch darauf achten sollten, Söhne zu erziehen, die nicht zu Tätern werden. (Und natürlich können Jungen ebenfalls Opfer sexueller Übergriffe werden.)

Die Hoffnung: Sobald wir einmal akzeptieren, dass unsere Kinder irgendwann alt genug sein werden, um im Rahmen einer erfüllten Beziehung auch Sex zu haben, können wir sie bei der Entwicklung vernünftiger Einstellungen und Verhaltensweisen unterstützen. Studien haben gezeigt, dass Eltern, die Angst als Taktik verwenden, wenn sie mit ihren Kindern über Sex sprechen, dadurch die Wahrscheinlichkeit erhöhen, dass die Jugendlichen in der Pubertät Sex haben. Eltern dagegen, deren Gesprächstaktik als offener und unterstützender angesehen wird, haben Kinder, die sich wahrscheinlich seltener auf ein riskantes Sexualverhalten einlassen.[88] Außerdem können wir zwar nicht kontrollieren, ob unsere Kinder von sexuellen Übergriffen betroffen sein werden, aber wenn wir von klein auf regelmäßig über Zustimmung und Grenzen sprechen, vermitteln wir ihnen die Botschaft: »Du allein bestimmst über deinen Körper.« Wenn man diese Botschaft verinnerlicht und übt, was man beim/vorm Sex sagen kann (zum Beispiel, wie man aufhört, wenn man sich unwohl fühlt, statt sich um die Gefühle der anderen Person zu sorgen; oder dass man sich beim Partner erkundigt, ob er sich wohlfühlt usw.), dann kann das die Fähigkeiten stärken, die das Risiko verringern, zum Opfer oder Täter zu werden.

Wie also können wir mit unseren Teenagern über Sex und Sexualität sprechen? Die Sexualerzieherin und Autorin Deborah Roffman bietet einen Rahmen an, der sich eng an die Grundsätze der Autonomie-fördernden Erziehung anlehnt und Eltern dabei anleitet, wie sie mit jüngeren Teenagern über Sexualität sprechen. Im Zusammenhang damit nennt sie fünf Kernbedürfnisse:

1. Bestätigung durch aktives Zuhören und Einfühlungsvermögen,
2. Informationen über riskantes und sinnvolles Verhalten und über die verantwortungsvolle Beschaffung von Informationen,
3. Diskussion und Vorleben von inneren Werten ohne erhobenen Zeigefinger,
4. das Setzen angemessener Grenzen und Hürden und
5. die vorausschauende Anleitung für verantwortungsvolle Entscheidungen in heiklen Situationen, in denen man als Eltern nicht anwesend ist.[89]

Wir müssen mit unseren Kindern offen und ehrlich über Sex und Sexualität sprechen, wenn wir wollen, dass sie gesunde Einstellungen, Verhaltensweisen und Beziehungen haben. Die Wertschätzung des Einverständnisses und das Setzen und Respektieren sinnvoller Grenzen sind wesentlich, wenn wir uns der Herausforderung stellen,

Kinder großzuziehen, damit sie als junge Erwachsene zu Verantwortungsbewusstsein und sexueller Erfüllung finden.

Anmerkung: Dieses Thema mag in dem Abschnitt über Jugendliche behandelt werden, aber Experten empfehlen durchweg, unsere Kinder schon in jungen Jahren in Sexualkunde zu unterrichten, indem wir regelmäßig über Grenzen und ausgewogene Beziehungen sprechen.

Sehen wir uns nun an, wie ein Gespräch mit unserem Kind, das in einer ernsthaften Beziehung ist, in zwei sehr unterschiedliche Richtungen gehen kann, auch wenn hinter beiden der Wunsch steckt, den ersten Sex auf später zu verschieben.

Das Szenario: Allein zu Hause

Ihr/e Sechzehnjährige/r ist in einer ernsthaften Beziehung, und Sie mögen den/die Freund/in wirklich. Die beiden sagen, dass sie sich lieben, und bei Ihnen läuten nicht die Alarmglocken in Bezug auf die Einhaltung von Grenzen, denn das Pärchen scheint sehr ausgeglichen zu sein und sich gegenseitig zu unterstützen, ohne dass die Bedürfnisse einer Person überwiegen. Das »Homecoming«-Wochenende an ihrer Schule steht vor der Tür und fällt zufällig mit einem Wochenendausflug für Sie als Eltern zusammen. Wie bereiten Sie Ihr Kind darauf vor, dass es möglicherweise allein zu Hause ist?

Kontrollbasiert	Autonomie-fördernd
Regeln aufstellen ohne Angabe von Gründen: »Ihr zwei dürft nicht allein hier sein, während wir weg sind.«	Offenheit und Interesse bekunden: »Wenn wir weg sind, wissen wir, dass ihr beide allein zu Hause sein könntet, und wir würden es nie erfahren. Was sagst du dazu?«
Strafe androhen: »Wenn du unsere Regeln brichst, kriegst du einen Monat Hausarrest. Kein gemeinsames Ausgehen.«	An die Regeln erinnern und diese begründen: »Denk daran, dass du in unseren Augen noch etwas reifer werden musst, bevor du Sex hast, weil wir nicht wollen, dass du eine Erfahrung machst, für die du noch nicht bereit bist. Das könnte eurer Beziehung schaden.«
Scham einflößen: »Ich wäre sehr enttäuscht von dir, wenn da hinter verschlossenen Türen irgendwas läuft. So haben wir dich nicht erzogen.«	
Die Wahrnehmung der Jugendlichen abwerten: »Auch wenn du glaubst, du bist bereit, weißt du noch nicht genug über das Leben.«	Empathie und Einfühlungsvermögen zeigen: »Wann ist deinem Gefühl nach der richtige Zeitpunkt für den ersten Sex? Wie offen redet ihr beide darüber?«

Kontrollbasiert	Autonomie-fördernd
	In die Problemlösung einbeziehen: »Es klingt so, als würdest du zustimmen, dass du noch nicht bereit bist. Besteht in deinen Augen die Möglichkeit, dass das Alleinsein zu Hause Druck auf diese Entscheidung ausüben könnte?«
	Eigenständigkeit erwarten: »Ihr beide habt viel Respekt voreinander. Ich vertraue darauf, dass ihr die richtige Entscheidung trefft.«

Die Eltern, die zur Kontrolle neigen, haben sich mit dem Verdikt »kein Sex« für einen Ansatz entschieden, der Diskussionen unterbindet, während die Autonomie-fördernden Eltern vielleicht auch den Wunsch haben, mit dem Sex noch zu warten, bis die Kinder reifer sind, aber das auf eine Art kommunizieren, die es Ihrem Kind erlaubt herauszufinden, wie es über sexuelle Aktivitäten denkt. Seien wir uns auch darüber im Klaren, dass die Teenager auf meine sorgfältig formulierten, neutralen Fragen vielleicht mit Augenrollen und Frust reagieren. Das hängt aber auch davon ab, wie oft solche Gespräche bisher zwischen Ihnen stattgefunden haben. Um zu große Verlegenheit zu vermeiden, sollten Sie den Zeitpunkt vielleicht so wählen, dass kein direkter Blickkontakt besteht, zum Beispiel bei einer Autofahrt. Egal, wie unangenehm die Gespräche auch sein mögen, denken Sie an Ihr oberstes Ziel: Sie wollen ein Kind großziehen, das eine gesunde Einstellung zu Sex hat, die zu erfüllten Intimbeziehungen im Allgemeinen beiträgt.

Wir finden es vielleicht süß, wenn der Zweitklässler seinen ersten Schwarm hat oder die Viertklässlerin einen »Freund«, mit dem sie in der Pause Händchen hält. Aber wenn unsere Kinder in die Pubertät kommen und ihre eigene Sexualität entwickeln, ist das oft eher verwirrend als süß. Da unsere Kinder in der heutigen Zeit mehr denn je Zugang zu zweifelhaften Infos über Sex und Sexualität haben, sollten wir umso mehr Maßnahmen ergreifen, um ihnen als vertrauenswürdige Quelle zu dienen, auch wenn es noch so »peinlich« ist (um die Ausdrucksweise meiner Kinder zu verwenden). Die Einbeziehung von Themen wie dem Grenzensetzen in Diskussionen über die Beziehungen Jugendlicher im Allgemeinen (womit auch Freundschaften gemeint sind) legt den Grundstein für etwas tiefer schürfende Lektionen zum Thema Sex als ein unbeholfenes »Aufklärungsgespräch« in der Mittelstufe.

Grenzen respektieren quer durch alle Altersstufen: Wichtige Erkenntnisse

> Widerstehen Sie Ihrem zärtlichen Drang, wenn Ihr Kind eine Umarmung oder einen Kuss ablehnt (auch wenn die heiß geliebten Pausbäckchen zum Anbeißen sind!). Wenn Familienmitglieder diesen zärtlichen Drang nicht unterdrücken können, obwohl Ihr Kind zeigt, dass es diese Zärtlichkeiten nicht möchte, ergreifen Sie Partei für Ihr Kind, um zu verdeutlichen, dass es in Ordnung ist, eine Umarmung oder einen Kuss abzulehnen.

> Stellen Sie sicher, dass Ihr Kind sich für seinen Körper zuständig fühlt, solange Gesundheit und Sicherheit nicht betroffen sind (dann sind die Haare halt ungekämmt!).

> Bitten Sie Ihre Kinder zu respektieren, dass Ihr Handy Privatsache ist. Sobald die Kinder alt genug sind, um mit digitalen Geräten zu hantieren, erinnern Sie daran: »Das ist Mamas Telefon, das private Informationen enthält. Bitte erst fragen.«

> Respektieren Sie im Gegenzug, dass die Handys Ihrer Kinder ebenfalls Privatsache sind. Früher, als es nur Festnetz und lange Telefonkabel gab, wollten wir auch nicht, dass unsere Eltern die ausgedehnten Telefonate mithörten; die moderne Version endloser Chats verdient den gleichen Respekt – es sei denn, wir haben berechtigte Sicherheitsbedenken. (Siehe Kapitel 10, Seite 218 ff., für weitere Einzelheiten und Ausnahmen aufgrund von Sicherheitsbedenken.)

> Achten Sie darauf, wie Sie Zustimmung und Abgrenzung vorleben; dazu kann auch das Vorleben sinnvoller Grenzen in Bezug auf Ihre Rolle als Eltern gehören. Sie können ankündigen, wenn Sie sich um sich selbst kümmern wollen (zum Beispiel zum Yoga gehen, einen Spaziergang machen oder sich in Ihr Zimmer zurückziehen, um zu lesen). All das hilft Ihnen, später wieder ruhiger und freundlicher zu sein.

> Wenn Ihr Kind etwas Privates nicht mitteilen möchte (zum Beispiel die erste Flamme oder sonst etwas, das in seinem Alter peinlich ist),

hören Sie zu und respektieren Sie das, statt es zu drängen, sich Ihnen anzuvertrauen.

➤ Wenn Ihr Kind Tagebuch führt (was als Bewältigungsstrategie sehr zu empfehlen ist), versprechen Sie ihm, dass Sie es niemals lesen werden, und halten Sie dieses Versprechen auch. (Wenn Sie jedoch ernsthafte Bedenken wegen der psychischen Gesundheit oder eines Verhaltens haben, das seine Sicherheit gefährden könnte, dürfen Sie als Eltern nachschauen. Aber sagen Sie ihnen, dass dieser Vorbehalt grundsätzlich besteht.)

➤ Bereiten Sie Ihr Kind auf den Druck durch Gleichaltrige vor. Gehen Sie Beispiele durch, und üben Sie entschiedene Reaktionen, wobei die Handlungsfähigkeit Ihres Kindes im Vordergrund steht.

➤ Ermutigen Sie zu offenen und ehrlichen Gesprächen über Sex und Sexualität, auch darüber, wie wichtig es ist zu prüfen, ob sich jeder Partner wohlfühlt, um das Einverständnis und die Beachtung körperlicher Grenzen sicherzustellen.

Vor Kurzem habe ich meine Tagebücher aus der Grundschulzeit entdeckt, und die Lektüre war bestenfalls beschämend. (Sie werden nie das Licht der Welt erblicken.) Meine kindlichen Gedanken, die ich für die Nachwelt niedergeschrieben habe, erinnern arg an die Schmerzen sozialer Reifeprozesse. Unzuverlässige Freunde. Meine Urteile über andere – inklusive Beleidigungen. Diese innere Version meiner Welt unterscheidet sich erheblich von der Darstellung, dass ich ein umgängliches, beliebtes, wenn auch schüchternes und in sich gekehrtes Kind war. Das mögen die Erwachsenen von außen gesehen haben, aber wenn ich lese, was in meinem Kopf vorging, ist es ein Wunder, dass ich bis zum Erwachsenenalter durchhielt und überhaupt Freunde hatte. Aber das tat ich, und es hilft mir zu glauben, dass meine Kinder es auch tun. Vor allem, wenn ich mich immer wieder daran erinnere, wie schwer das sein kann.

Von den grundlegenden Fähigkeiten der frühen Kindheit, mit »Worten zu kämpfen«, statt Freunde zu beißen, über den emotionalen Schmerz der wechselnden Freundschaften und des Gruppenzwangs in der Grundschule bis hin zu den differenzierteren und komplexeren Freundschaften und Romanzen in der Pubertät lernt Ihr Kind ständig etwas über sein soziales Selbst. Wenn wir uns fest auf das ultimative Ziel konzentrieren, unsere Kinder zu beziehungsfähigen Menschen zu erziehen, wozu auch gehört, dass sie im Rahmen einer sicheren und vertrauensvollen Beziehung mit uns aus großen und kleinen Fehlern lernen können, dann können sie sowohl soziale Autonomie als auch soziale Kompetenz finden, die ihnen ihr ganzes Leben lang zugutekommen werden.

Kapitel 8

Die innere Welt

Von »Du schaffst das schon« zu »Ich schaffe das«

*»Wenn Menschen autonom sind, können sie ihre Emotionen voll
ausleben und frei entscheiden, wie sie das tun.«*
Edward Deci, *Why We Do What We Do*

Ich saß mit meiner jüngeren Tochter auf der Treppe vor dem Haus. Ich drückte sie eng an mich, und sie schmiegte sich in meine Arme. Ich konnte auf ihrem siebenjährigen Gesicht ablesen, wie aufgewühlt sie war; unter der stoischen Oberfläche brodelte es. Ich konnte nicht anders, als in den Therapeutenmodus zu wechseln, und ermutigte sie zu weinen und wütend zu sein, falls ihr danach war. Ich erkannte an, dass sie ein Leben zwischen zwei emotional anspruchsvollen Geschwistern führte und vielleicht nicht das Gefühl hatte, dass da noch Raum für ihre eigenen Gefühle blieb. Es mag seltsam klingen, aber ich hatte mir für dieses Kind erhofft, dass es sich auch mal aufregt.

Ich würde behaupten, dass die Erziehungsnormen der vergangenen Jahrzehnte – autoritäre und überfürsorgliche Ansätze eingeschlossen – den hohen Stellenwert der Eltern-Kind-Beziehung zeigen. Wir lesen all die Elternratgeber und Online-Artikel und folgen so vielen Erziehungsexperten, weil wir uns nach enger Verbundenheit mit unseren Kindern sehnen. Ich sehe, wie das in Familien umgesetzt wird, die in meine Praxis kommen. Viele Kinder und Jugendliche teilen sich ihren Eltern offen mit und haben keine Skrupel, sie in die Therapiearbeit einzubeziehen.

Ich habe allerdings die – (noch) nicht von der Forschung gestützte – Theorie, dass diese positiven Veränderungen bei der Empathie für unsere Kinder und beim Aufbau enger Beziehungen die unbeabsichtigte Folge haben könnten, unsere Kinder daran zu hindern, widerstandsfähig zu werden, also Resilienz aufzubauen. Wenn unsere Empathie die emotionalen Grenzen verwischt (d. h. wenn wir ihr Unbehagen zu tief empfinden), kann es für uns schwer werden, uns zurückzuhalten und die Kinder selbst machen zu lassen.

Dieses Kapitel versucht, eine Antwort auf die Frage zu geben, wie wir die emotionale Gesundheit unserer Kinder unterstützen können, statt ihnen in schwierigen Gefühlslagen zu Hilfe zu eilen. Statt unseren Kindern instinktiv zu sagen, »Du schaffst das«, können wir ganz bewusst auf diese Gefühlslagen eingehen, indem wir ihnen helfen, ihre Emotionen zu verstehen und auf vernünftige und effektive Weise mit ihnen zurechtzukommen. Das stärkt schlussendlich ihre Fähigkeit, stressigen Situationen zuversichtlich zu begegnen. Wenn wir unseren Kindern helfen, emotionale Intelligenz und ihr eigenes Rüstzeug an Bewältigungsstrategien zu entwickeln, ist das vielleicht der wichtigste Beitrag zu ihrer allgemeinen Widerstandsfähigkeit. Der Einsatz Autonomie-fördernder Praktiken zum schrittweisen Aufbau der emotionalen Intelligenz und der Bewältigungsstrategien macht unseren Kindern Selbstbewusstsein und Selbstvertrauen zum Geschenk, um schwierige Situationen bewältigen zu können.

Grundlagen: Wissenschaft, Praxis und Erziehung im wirklichen Leben
Affektregulierung

Mein Sechsjähriger, der in unserer Familie für seine geringe Frustrationstoleranz und seine heftigen Wutausbrüche gefürchtet wird, stand auf und verließ wortlos den Esstisch. Wir hatten ihm gerade die Nachricht überbracht, dass er seine Absicht, am nächsten Tag im Schwimmbad vom Sprungbrett zu springen, von der er sogar den Freunden seiner älteren Schwestern erzählt hatte, nicht verwirklichen konnte. Sein schwimmerisches Können entsprach einfach noch nicht den Sicherheitsanforderungen, weshalb wir in diesem Fall liebenswerte Strenge walten ließen. Er war einige Minuten verschwunden und kam dann zurück, um in Ruhe sein Abendessen zu beenden.

Später am Abend rollte er sich auf meinem Schoß zusammen und weinte. Wir sprachen über seine Gefühle: Er war traurig, enttäuscht und beschämt. Ich kann mein Gefühl des Triumphs an diesem Frühsommerabend gar nicht genug betonen: Er hatte nicht die Kontrolle verloren. Er war aufgebracht, tat, was er in diesem Moment tun musste, um damit fertigzuwerden (er entschuldigte sich), und später am Abend äußerte und verarbeitete er diese Gefühle, ganz ohne die Zerstörungswut, die seine großen Gefühle häufig begleitete. Nach Jahren harter Arbeit an der Affektregulierung kommen wir also weiter. Richtig gehört: nach Jahren.

Stellen Sie sich vor, wir würden uns in emotional aufgeladenen Momenten alle wie Kleinkinder verhalten. (Es gab Zeiten, da erlebte ich einen der Montagsmorgen-Wutanfälle eines meiner Kinder und dachte: »Ich bin voll bei dir. Innerlich schreie und heule ich auch.«) Eine wichtige Aufgabe in der Kindheit ist es, sich so kompetent zu fühlen, dass man mit intensiven Gefühlen in sozialen Situationen umgehen kann, was auch als Selbstregulierung und – genauer gesagt – Affektregulierung bezeichnet wird.

Das gut untersuchte Konzept der Selbstregulierung umfasst eine Vielzahl von Exekutivfunktionen, die mit einer Kombination von emotionalen und verhaltensbezogenen Fähigkeiten in Zusammenhang stehen, wie zum Beispiel das Verarbeiten von Frust und das Hinauszögern von Belohnungen (etwa wenn man dem Geburtstagskuchen widersteht, der einen von der Küchenarbeitsplatte aus anlacht, bis es Zeit zum Anschneiden ist). Unter dem Oberbegriff der Selbstregulierung wurde die Affektregulierung definiert als die »Fähigkeit, die emotionale Reaktivität und den emotionalen Ausdruck zu regulieren«,[90] einschließlich der Verwendung von Strategien zur Steuerung des inneren Gefühlszustandes und des äußeren Verhaltens.

Eine bessere Affektregulierung in der frühen Kindheit wird durchweg mit all den guten Eigenschaften in späteren Jahren in Verbindung gebracht: größere Selbstwirksamkeit (der Glaube, etwas zu können), höhere Sozialkompetenz, weniger Verhaltensprobleme, Verinnerlichung von Regeln, vermehrtes Befolgen von Regeln, die man nicht mag, und bessere Regulierung heftiger Gefühle. Wie Sie sich denken können, tragen diese Charaktereigenschaften zu besseren sozialen Beziehungen, schulischem Erfolg und allgemeinem psychologischem Wohlbefinden bei.[91]

Im Erziehungsalltag kann es sich jedoch unmöglich anfühlen, einem Kind dabei zu helfen, seine Affektregulierung zu verbessern und dadurch Zugang zu diesen Vorteilen zu erhalten. Unterschiedliche Temperamente und die neuronalen Verbindungen erschweren bei manchen Kindern die Affektregulierung, was auch für Eltern eine stärkere Belastung bedeutet. Per definitionem gehört zu neurologischen Entwicklungsstörungen (am häufigsten sind ADHS und

Autismus-Spektrum-Störungen) eine weniger ausgebildete Fähigkeit zur Selbstregulierung und zu Exekutivfunktionen, sodass auch in späteren Jahren deutlich mehr externe Unterstützung bei der Affektregulierung erforderlich ist.

Aufgrund der Erfahrung mit meinen eigenen Kindern, die zu heftigen Gefühlsausbrüchen neigen, kann ich gar nicht genug betonen, wie sehr es mir geholfen hat, mir in solchen Momenten zu sagen: »Das liegt nur an ihrem Gehirn. Es liegt nicht an mir; es liegt nicht daran, dass sie ›böse‹ oder ›außer Rand und Band‹ sind; Gefühlsausbrüche sind Teil dessen, wie ihre Gehirne in diesem Entwicklungsstadium funktionieren. Was sie von mir brauchen, ist Hilfe bei der Regulierung, nicht Strenge.« Bei Strenge geht es ums Unterrichten, und unsere Kinder können nicht lernen, wenn sie sich in einem Zustand der Dysregulation befinden. Wenn ein Kind also wegen einer abgesagten Verabredung ausrastet und einen Stuhl umwirft, wird es nicht sofort für eine Lektion über das Umwerfen von Gegenständen empfänglich sein. Wenn es sich jedoch beruhigt hat, kann man besser mit ihm besprechen, wie man bei Wutanfällen auf Sicherheit achtet.

Stresstoleranz

Während die Affektregulierung die grundlegende Fähigkeit darstellt, starke Emotionen angemessen zu regulieren und auszudrücken, ist die Stresstoleranz eine spezifischere Fähigkeit, die darin besteht, eine schwierige Emotion zu tolerieren, anstatt sie ändern oder vermeiden zu wollen. Diese Fähigkeit ist unabdingbar für die psychologische Gesundheit. Stressintoleranz bezieht sich auf die Flucht vor emotionalem Unbehagen oder Schmerz, was zu destruktivem Verhalten und erheblichen emotionalen Symptomen führen kann, einschließlich Drogenmissbrauch und -abhängigkeit, kriminellen Verhaltens, Depressionen und Angstzuständen.

Um als Mentoren in Sachen Stresstoleranz für unsere Kinder am effektivsten zu sein, müssen wir vermutlich zuerst an uns selbst arbeiten. Ich fürchte (sehen Sie's?), in der jüngsten Ära der angstbasierten Erziehung wurden wir als Eltern so sozialisiert, dass wir unsere Kinder vor Stress und Nöten schützen, wann immer wir können. (Ihre Tochter hat es nicht in die gleiche Mannschaft wie ihre Freundin geschafft? Schicken Sie eine E-Mail an die Liga, und verlangen Sie, dass die Mannschaften neu aufgestellt werden!) Wenn diese Nöte in Form von schwierigen Emotionen auftreten, wollen wir, dass es aufhört. Es kann dem Elterninstinkt zuwiderlaufen (der dafür sorgt, dass wir auf das Weinen von Säuglingen reagieren), still neben unserem schluchzenden Kind zu sitzen und die Sache nicht irgendwie »in Ordnung« zu bringen. Die Folgen davon, dem Drang zum Helfen und Retten nachzugeben, können jedoch zumindest teilweise zu den Problemen beitragen, die wir bei jungen Erwachsenen beobachten, die nicht für das wirkliche Leben gerüstet sind. In einer Studie wurde gezeigt, dass College-Studenten mehr emotionalen Stress hatten, wenn sie überfürsorglich erzogen wurden. Die geringe Toleranz der jungen Erwachsenen gegenüber emotionalem Stress war die Folge dieser überfürsorglichen Erziehung, und sie erklärte auch den höheren emotionalen Stress.[92]

Eine große Herausforderung besteht darin, dass wir unsere Kinder in einer Welt erziehen, in der wir von zahlreichen Möglichkeiten umgeben sind, uns von unseren Emotionen abzulenken. Tatsächlich höre ich oft von Kindern, mit denen ich arbeite, dass Ablenkung ihre bevorzugte Bewältigungsstrategie ist. Wenn Ablenkung uns davor bewahrt, ins Grübeln zu kommen (diese ständige negative Gedankenschleife, die uns nicht dabei hilft, vom Problem zur Lösung zu gelangen), kann es hilfreich sein, sich ein lustiges Video anzusehen oder ein Videospiel zu spielen. Zu einem gesunden Bewältigungsmechanismus gehört jedoch auch, dass wir uns Stress, Problemen und schwierigen Gedanken und Gefühlen direkt stellen, statt sie zu vermeiden. Wenn sie im Rahmen verschiedener Bewältigungsstrategien eingesetzt wird, kann Ablenkung wirksam sein. Wenn sie die meiste Zeit genutzt wird, wird sie Teil der Stressintoleranz.

Durch die Förderung der Fähigkeit zur Stresstoleranz wird Ihr Kind in die Lage versetzt, mit stressigen, emotional heftigen Situationen umzugehen, wenn Sie nicht für Unterstützung zur Verfügung stehen. Das bedeutet, dass Sie Ihrem Kind erlauben müssen, Probleme selbstständig zu lösen, auch wenn Sie theoretisch erreichbar wären (heutzutage wahrscheinlich per WhatsApp, Signal und Co.). Das ist quasi eine weitere Foltermethode für Eltern! Aber das eigenständige Lösen von Problemen ist ein wichtiger Bestandteil der psychologischen Gesundheit und Widerstandsfähigkeit unserer Kinder, die ihnen ein Leben lang erhalten bleiben.

Autonomie-fördernde Erziehung und die Stärkung der Resilienz

In den etwa dreißig Jahren der Forschung über Autonomie-fördernde Erziehung ist einer der hellsten Lichtblicke die wiederholte Erkenntnis, dass sie eine bessere Selbstregulierung, eine stärkere Erforschung emotionaler Erfahrungen und eine größere Offenheit gegenüber den Eltern begünstigt. All dies lässt auf ein größeres psychologisches Wohlbefinden der Kinder schließen.

> Studien deuten darauf hin, dass die folgenden Autonomie-fördernden Vorgehensweisen die Affektregulierung begünstigen:
> Respektieren Sie die Perspektive Ihres Kindes.
> Zeigen Sie Interesse und Zuwendung für seine Gefühle, und akzeptieren Sie seine Erfahrungen.
> Zeigen Sie Offenheit und Akzeptanz durch Zuhören.
> Schreiben Sie Ihrem Kind nicht vor, was es fühlen sollte. Erlauben Sie ihm stattdessen, seine Gefühle zu äußern.
> Leben Sie die Fähigkeit zur Affektregulierung vor, und geben Sie Ihrem Kind Schritt für Schritt Gelegenheit, diese selbst zu üben.

In diesem Prozess für mehr Offenheit und weniger Druck fördern wir Wahlmöglichkeiten und Handlungsfähigkeit. Das ermutigt unsere Kinder dazu, ihre Gefühle zu erforschen, statt den Eindruck zu haben, wir würden ihnen vorschreiben, was sie fühlen »sollen«. Dieser Prozess vermittelt unseren Kindern auch unser Vertrauen darauf, dass sie in der Lage sind, mit Stress und heftigen Emotionen umzugehen. Der Aufbau dieser inneren Zuversicht und Kompetenz ist ein wesentlicher Bestandteil der Förderung ihrer Resilienz und ihres Autonomiegefühls; die Überzeugung »Ich schaffe das« wird es auf viele Ereignisse im Leben vorbereiten.

Wenn wir unsere Kinder durch Handlungsfähigkeit und das Gefühl von Selbstvertrauen und Kompetenz ermächtigen, können sie mit mehr Neugier und weniger Zurückhaltung an Emotionen herangehen. Das erleichtert Verantwortlichkeit und Selbstakzeptanz bei positiven und negativen Erfahrungen. Kurz gesagt: Wenn Eltern Interesse und Akzeptanz für die Emotionen ihrer Kinder zeigen, lernen diese Kinder, sich selbst zu akzeptieren; wenn Eltern eher kontrollgesteuert oder überfürsorglich reagieren, lernen Kinder nicht, ihre Emotionen zu akzeptieren. Wenn ein Kind zum Beispiel von einer Stresssituation erzählt, sollten Sie, anstatt gleich mit Vermutungen zu kommen (»Du bist bestimmt wütend!«), neutrale Fragen stellen, um die Situation zu erkunden (»Wie ging es dir damit?«). Achten Sie darauf, wann Sie versehentlich eine emotionale Reaktion erzwingen, insbesondere eine positive, anstatt eine unangenehme Emotion zuzulassen. (»Ich weiß, dass dein bester Freund nicht zu deiner Geburtstagsparty gekommen ist, aber du bist bestimmt froh, dass du so viele andere Freunde hast!«)

Zusammenfassend lässt sich sagen, dass der Topf voll Gold am Ende dieses emotionalen Regenbogens darin besteht, dass unsere Kinder eine vorurteilsfreie Haltung gegenüber schwierigen Emotionen einnehmen, zu mehr Selbsterkenntnis gelangen, sich der Erforschung des emotionalen Selbst öffnen und anderen ihre Emotionen auf ausgewogene Weise kundtun. Die Entwicklung einer solchen Denkweise in Bezug auf Gefühle und die damit einhergehenden Fähigkeiten werden letztlich ihre internen Bewältigungsmechanismen und ihre künftigen Beziehungen stärken.

Ich möchte noch anmerken, dass die Frage, wo Sie selbst gerade im Leben stehen, Einfluss auf Ihr eigenes emotionales Wohlbefinden haben kann. Sie verdienen jede Unterstützung, die Sie brauchen, um Ihre Bewältigungsstrategien zu stärken, damit Sie Ihr Kind so effektiv wie möglich anleiten können. Zu emotionaler Ausgeglichenheit und Resilienz zu erziehen ist nämlich in jeder Entwicklungsphase Ihres Kindes anders.

Während Sie die Entwicklungsstufe durchlesen, die Sie betrifft, sollten Sie auch daran denken, dass Temperament und Persönlichkeit eines jeden Kindes eine Rolle für die Stresstoleranz und das Erleben von Emotionen spielen. Manche Kinder fühlen intensiver, was größere Anstrengungen bei der Regulierung erfordert, andere Kinder reagieren sensibler auf ihre Umgebung und Reize von außen. Außerdem ist bekannt, dass eine traumatische Vorgeschichte oder sehr belastende Kindheitserfahrungen das Gehirn so beeinflussen, dass es ihm schwerer fällt, Stress zu tolerieren. Sie kennen Ihr Kind am besten und können es bei der Selbstregulierung effektiver unterstützen, wenn Sie die unterschiedlichen Ausgangsbedingungen und angeborenen Fähigkeiten jedes Kindes verstehen.

In der frühen Kindheit: Trotzanfälle

Als mein Sohn vier Jahre alt war, wälzte er sich schreiend auf dem Boden des Museums – Sie wissen schon, dieser Ort, an dem alle leise sind und flüstern. Besucher hoben die Augenbrauen und behielten ihre Meinung zum Glück für sich, aber ich konnte ihr unausgesprochenes Urteil tief in mir spüren. Da er mein drittes Kind war, hatte ich irgendwann herausgefunden, dass ich diese öffentliche Demütigung am besten abkürzen konnte, indem ich ruhig blieb. Ich nahm ihn stillschweigend auf den Arm und zog mich in eine Ecke zurück, damit er sich auf meinen Schoß kuscheln konnte, bis sein Unmut sich gelegt hatte.

Da das Gehirn von Klein- und Vorschulkindern sich in einem frühen Konstruktionsstadium befindet, wie bei einem Haus, dessen Fundament zwar gelegt ist, wo aber die Wände noch nicht hochgezogen wurden, so ist ihre Selbstregulierung bestenfalls schwach. Das heißt, wenn ihnen etwas unangenehm und unbehaglich ist, spüren sie das stark und haben keine Ahnung, was sie dagegen tun sollen.

Die schlechte Nachricht? Viele, viele Trotzanfälle.

Die gute? Ein unbeschriebenes Blatt für Ihre Erziehungsstrategien, um die Nervenbahnen zur Selbstregulierung bei Ihrem Kind auszubilden. In dieser frühkindlichen Entwicklungsphase sind die sich rasch verändernden Gehirne darauf ausgelegt zu lernen, wie sie von der Notwendigkeit externer Unterstützung bei der internen Regulierung dahin gelangen können, das selbst zu tun.

Wenn Sie die Herausforderungen dieser Phase annehmen und zugeben, dass hinter den verbreiteten Ängsten wahrscheinlich Ihr eigener Mangel an rationalem Denken steht, und dann noch die Hoffnung begrüßen, etwas bewirken zu können, verspreche ich Ihnen, dass Sie das durchstehen werden!

Die Herausforderung: Was die Affektregulierung in dieser frühen Kindheitsphase so anspruchsvoll macht, liegt auf der Hand: die vielen, vielen Trotzanfälle. Wir alle haben »Hör auf zu weinen!« gebettelt. Das schuldgeplagte Anschreien unserer Kleinsten kommt von unserer eigenen Dysregulation als Reaktion auf ihre. Wir wollen einfach nur, dass es aufhört, was unseren Kindern letztlich nicht dabei hilft, die so wichtigen Fähigkeiten zur Affektregulierung zu entwickeln, die erforderlich sind, um tatsächlich – irgendwann – die Wutausbrüche sein zu lassen.

Die Befürchtung: Unsere Kinder sind Monster. Wir sind schlechte Eltern. Alle halten uns für schlechte Eltern. Unsere Kinder werden sich durch die Schulzeit trotzen. Genau genommen werden sie die Schule nicht mal schaffen – wegen der Trotzanfälle.

Die Hoffnung: Wenn wir unsere eigenen Gefühlsausbrüche besser im Griff haben, können wir ihren jungen Gehirnen dabei helfen, diese Nervenbahnen Trotzanfall für Trotzanfall zu entwickeln, und irgendwann wird es besser. Ich war schon etwas länger Kinderpsychologin und Mutter, als die Lektüre des Buches *Achtsame Kommunikation mit Kindern* von Daniel Siegel und Tina Payne Bryson[93] mir endlich eines klarmachte: In diesen frühkindlichen Jahren sind wir ihr Gehirn. Als ich meinen winzigen Störenfried im Museum ansah, fiel es mir wieder ein: »Zur Zeit bin ich sein Frontallappen.« Aus diesem Grund ist unsere eigene Selbstregulierung für Kleinkinder so wichtig. Aus eins mach zwei: Wir haben unser Gehirn und sind gleichzeitig ihr Gehirn, und das Vorleben wirksamer Bewältigungsstrategien ist das A und O, will man das Gefühl haben, Stress und Emotionen zu meistern.

Der beste Ratgeber, den ich je über den Umgang mit Trotzanfällen gelesen habe, ist Rebecca Schrag Hershbergs bereits erwähntes Buch *The Tantrum Survival Guide*. Also lesen Sie es, aber bis dahin hier schon mal einige Tipps aus dem Autonomie-fördernden Bezugssystem:

Empathie ist alles

Es ist echt schwer, Empathie zu zeigen, wenn der Dreikäsehoch sich mal wieder über die kleinste Kleinigkeit aufregt, aber genau darum ist es so wichtig, das ausdrücklich zu tun. Empathie kann ihm auch dabei helfen, die Fähigkeit zu entwickeln, durch das Benennen die »schrecklichen« Gefühle zu bezähmen, die er gerade geistig und körperlich durchmacht. »Du bist frustriert, weil ich deinen Joghurt anders gerührt habe, als du das wolltest.« Diese erprobte Technik mildert die Intensität eines heftigen Gefühls allein dadurch, dass es benannt wird, und trägt durch den Aufbau eines Wortschatzes für Gefühle zur emotionalen Bildung des Kindes bei.

Interesse am Erleben des Kindes zeigen, indem man seine Perspektive einnimmt

Wenn Ihr Kind einen Trotzanfall hat, können Sie auch mal laut sagen, wie seine Gefühle bei Ihnen ankommen. Zum Beispiel: »Du meine Güte, du siehst ja plötzlich so wütend aus! Was hat dich denn wütend gemacht hat?« Je größer die verbalen Fähigkeiten Ihres Kindes, desto aufschlussreicher seine Antwort. Aber egal, wie die Antwort des Kindes ausfällt, zeigen Sie Interesse an seinem Gefühlsleben. Auch wenn Sie es nicht in Worte fassen, habe ich entdeckt, wie sehr es sich auszahlt, wenn ich mein schluchzendes, sich windendes Kleinkind anschaue und neugierig auf die mutmaßlichen Ursachen seines Trotzanfalls bin: Erschöpfung, Hunger, Reizüberflutung? Ein weiterer häufiger Grund ist die Hochsensibilität von Kleinkindern, die diese noch nicht erklären können, außer dass sie sich vielleicht über die Etiketten im Pulli beschweren. Sobald Sie erkennen, dass Ihr Kind zum Beispiel lärmempfindlich ist, erkennen Sie auch, warum die laute Geburtstagsparty es für einen Kollaps anfällig macht.

Tröstliche Berührungen

Vielen kleinen Kindern gelingt die sogenannte Herabregulation mithilfe tröstlicher Berührungen. Der Begriff »Herabregulation« meint den Prozess, bei dem das aktivierte Nervensystem beruhigt oder »heruntergefahren« wird (das hilft auch uns Erwachsenen). Egal, ob man ihre Hand hält, sie an sich zieht oder auf den Schoß nimmt, um den Körperkontakt herzustellen, wenn sie sich körperlich ruhiger fühlen, kann das auch die Herabregulation kickstarten. Zum Ablauf eines Trotzanfalls gehören in der Regel Anstieg, Höhepunkt und Abstieg, und oft sind Kinder in diesem dritten Abschnitt empfänglicher für körperlichen Trost. Wenn sie treten, zappeln, strampeln oder sich anderweitig gegen Ihre Berührung wehren, warten Sie einfach den richtigen Moment ab. Dadurch zeigen Sie auch die bedingungslose Liebe zu Ihrem Kind, selbst wenn es sich emotional schwertut.

Mit Ihrem Kind Ideen für Beruhigungsstrategien sammeln

Wenn es gerade keinen Trotzanfall hat, können Sie Ihrem Kind helfen, Dinge zu finden, die bewirken, dass es sich ruhiger fühlt. Kuscheln mit dem Stoffhasen? Kopfhörer aufsetzen, um andere Geräusche auszublenden? Es braucht viel Übung, aber was werden Sie den Selbstregulierungserfolg feiern, wenn eines Tages etwas Ihr Kind aufwühlt, und es selbstständig zu einem dieser Mittel greift! Ich werde nie vergessen, wie meine Älteste im Alter von etwa drei Jahren unter Tränen verkündete, sie müsse sich »Zeit nehmen«. Dann verschwand sie zum Weinen in ihrem Zimmer. (Bis heute ist sie dasjenige unserer Kinder, das sich zurückzieht, wenn es aufgebracht oder überfordert ist.)

Regeln für Trotzanfälle begründen

Ich weiß, dass sich Kleinkinder bei ihren Trotzanfällen nicht an Regeln halten, aber Grenzen sind wichtig. Emotionen ja, Gefährdung nein. Wenn ein Kind jemanden körperlich verletzt, muss eine Trennung stattfinden, und nach dem Trotzanfall sollte es nachsehen, ob es der anderen Person gut geht (das hat sich als wirksamer erwiesen als eine Entschuldigung; die verstehen sie nicht wirklich, oder wenn doch, können wir sie nicht dazu bringen, es auch so zu meinen). Und wenn sie mit großen Gegenstände um sich werfen, müssen sie diese wieder aufheben.

Auch hier gilt: Erklären Sie den Grund für die Regeln, wenn das Kind nicht gerade mitten in einem Trotzanfall steckt. Sie können sogar nach seiner Meinung fragen. Das könnte zu lustigen Lösungsvorschlägen führen: »Wie sollten die Regeln deiner Meinung nach lauten, wenn du wütend bist und deine Mama boxt?« – »Draußen im Regen schlafen!« Entlocken Sie ihm ruhig erst seine Ideen, bevor Sie dann die Regeln begründen: »Mama zu schlagen ist gegen die Regeln, weil es gefährlich ist. Du musst also gar nicht im Regen schlafen. Aber schauen wir doch mal, was du machen kannst, wenn du wütend bist, ohne mir wehzutun.«

Dann wollen wir jetzt mal üben, diese Strategien zur Autonomieförderung bei einem Szenario anzuwenden, das selbst die geduldigsten und verständnisvollsten unter uns dazu bringen kann, kontrollgesteuert zu reagieren: Wenn unsere Kinder sagen, dass sie »nicht gehen«, aber tatsächlich zu diesem oder jenem gehen müssen.

Das Szenario: »Ich geh nicht mit!« – Trotz oder Verzweiflung?

Ihr vierjähriges Kind möchte schon seit Monaten zum Kindertanzen gehen. Nachdem Sie es endlich angemeldet haben und Ihr Kind die ganze Woche voller Aufregung und Vorfreude darüber gesprochen hat, ist der große Tag gekommen. Als Sie am Samstagmorgen mit Strumpfhose und Trikot dastehen, zeigt sich Ihr Kind, gelinde gesagt, unkooperativ. Nach Streitereien und Verhandlungen über jeden einzelnen Schritt, um aus dem Haus zu kommen, verkündet die kleine Diva: »Ich geh nicht mit!« Es wirft sich in schönster Trotzlaune auf den Boden und schreit immer wieder, dass Tanzen das Schlimmste sei, was es gibt, und dass es nie, nie, nie da hin wolle. Wie kriegen Sie es dorthin, ohne selbst einen Wutanfall zu bekommen? Und wie nutzen Sie das stattdessen als Gelegenheit, um emotionale Bewältigungsstrategien zu entwickeln?

Kontrollbasiert	Autonomiefördernd
Mit Sprache Druck ausüben: »Was, zum Kuckuck? NATÜRLICH GEHST DU!« Seine Perspektive abwerten: »Das ist ja lächerlich.« (Das ist es, hilft aber nicht weiter.) Durch Anweisungen Scham erzeugen: »Hör auf, dich wie ein Baby zu benehmen. Hoch mit dir.« Drohen: »Wenn du nicht sofort aufstehst und ins Auto steigst, melde ich dich nie wieder für irgendwas an!« Belohnungen versprechen, um das Verhalten zu beeinflussen: »Wenn du aufstehst und mit mir zum Auto kommst, kriegst du auf dem Weg ein Eis.«	Emphatisch reagieren: »Du siehst gerade so aufgewühlt aus, und ich wette, du bist traurig, weil es sich so schwer anfühlt, jetzt zu gehen, wo du doch so aufgeregt warst.« Mögliche Emotionen benennen, um die kindliche Perspektive zu erraten: »Du wolltest schon so lange tanzen. Ich frage mich, ob du dir jetzt Sorgen machst. Das ist ja etwas Neues und anderes.« Hilfe bei der Selbstregulierung anbieten: »Willst du dich zu mir auf den Schoß setzen, damit wir ein paar von den Sorgen wegkuscheln können?« (Die Herabregulation sollte vor den nächsten Denkschritten und Lösungsansätzen kommen.) Flexible Formulierungen verwenden: »Ich frage mich, was dir helfen könnte, damit du dich bereit fürs Tanzen fühlst?«

Kontrollbasiert	Autonomiefördernd
	Das Kind in die Anwendung der Bewältigungsstrategien miteinbeziehen: • Den Denkansatz verlagern: »Sollen wir noch mal die Gründe aufzählen, warum du tanzen wolltest? Worauf hast du dich gefreut?« • Entspannen: »Was können wir tun, damit die Schmetterlinge im Bauch wegfliegen? Wie wäre es mit ein paar tiefen Atemzügen, um sie rauszupusten?«

So mancher würde sagen, dass das Eis-Angebot doch ein viel schneller Weg durch diese samstägliche Zeitnot ist, um noch rechtzeitig zum Tanzen zu kommen. Als pünktlicher Mensch, der ständig vor der Herausforderung steht, seine Kinder innerhalb fester Zeitfenster aus der Tür zu kriegen, verstehe ich das. Aber ich habe gelernt, flexibel zu sein, und frage mich deshalb: »Was ist das Schlimmste, was passieren kann, wenn mein Kind ein paar Minuten zu spät kommt?« Ich habe Jahre gebraucht, aber schließlich habe ich erkannt, wie wichtig es ist, sich in solch absurden Momenten ein paar Minuten Zeit zu nehmen, um die Gefühle meines Kindes ernst zu nehmen. Je öfter ich das tat, desto schneller kamen wir durch die Krise, weil ich mit jedem Mal mehr darüber erfuhr, was meinem Kind zu schaffen machte. Und nur zu oft verbergen sich, wie ich auch aus meiner therapeutischen Praxis weiß, hinter Trotzanfällen Ängste, Sorgen oder andere Gefühle. Wenn wir in den Kontrollmodus schalten, um das Verhalten unserer Kinder zu ändern, statt auf die Emotionen einzugehen, verpassen wir die Gelegenheit, mit jedem weiteren Trotzanfall die Affektregulierung und die Artikulationsfähigkeit zu fördern – so lange, bis wir die Trotzphase überstanden haben.

In der mittleren Kindheit: Körper und Geist

Alles begann mit einer göttlichen Mischung aus gebratener Banane und Eiscreme. Mein Mann und ich hatten unsere Tochter mittags zum Sushi-Essen ausgeführt, um ihren zehnten Geburtstag zu feiern, und der Kellner brachte nach dem Essen diese Überraschung, womit er mein Nachspeisen liebendes Kind in Entzücken versetzte. Stunden später setzten die Schmerzen ein. Sie hielt sich den Bauch und wollte im Bett bleiben. Während der kommenden Monate wurden die Bauchschmerzen zu einem Thema, das nicht nur mit zuckerhaltigen Speisen zusammenfiel. Es stellte sich heraus, dass im Alter von zehn auch Nervosität und Stress mit Bauchweh einhergehen. Es war der Beginn einer monatelangen Entdeckungsreise zu der Frage, wie ihr Magen mit ihr kommuniziert, nicht nur bei zu viel Zucker, sondern auch bei Stress.

Dieses Alter ist die perfekte Phase, um physische und emotionale Punkte miteinander zu verbinden, was den Grundstein für ein größeres emotionales Bewusstsein legt. Entwicklungsbedingt entdecken Kinder im Schulalter kompliziertere Emotionen, und glücklicherweise hat sich ihr Gehirn entwickelt, sodass sie Dinge besser regulieren können als in der frühen Kindheit. Da sie aber noch in konkreten Bahnen denken, können sie Kopf- oder Bauchschmerzen zwar leicht als solche erkennen, aber sie brauchen vielleicht noch Ihre Hilfe, um den Zusammenhang zwischen diesen körperlichen Symptomen und Stress, Angst oder anderen Gefühlen zu erkennen. Es ist Teil des Scaffoldings, sie beim Erkennen körperlicher Symptome zu lenken, die auf Emotionen beruhen; bei kleineren Kindern ist es leichter zu erkennen, wie körperliche Anzeichen (geballte Fäuste, Herzrasen usw.) mit Gefühlen zusammenhängen. Wenn mein Jüngster mal wieder ausflippt, knie ich mich manchmal hin, führe seine Hand mit meiner auf seine Brust und sage: »Spür mal, wie dein Herz gerade pocht!«

Kaum hat ihr Gehirn endlich die Trotzphase überwunden (zumindest in den meisten Fällen), werden Kinder im Schulalter mit einem komplexeren Gefühlsleben konfrontiert. Diese Phase triggert Herausforderungen und Ängste, die in unserem eigenen Gefühlsleben wurzeln, aber wir können in dieser Phase darauf hoffen, unseren Kindern Fähigkeiten zu vermitteln, die wirklich ein Leben lang halten.

Die Herausforderung: Wenn wir uns nicht auf das Ziel konzentrieren, unseren Kindern dabei zu helfen, mit ihren Emotionen zurechtzukommen, ist es wahrscheinlicher, dass man entweder ihre Nöte beenden oder sie davor retten will. Das würde bedeuten, sie lernen, ihre Nöte nicht zu tolerieren. Manche von uns fühlen vielleicht zu sehr mit unseren Kindern und wollen ihr emotionales Leid lindern, damit auch wir uns besser fühlen. Die andere Versuchung besteht darin, ihre emotionalen und körperlichen Erfahrungen (z.B. Bauchweh vor der

Schule) als »unwichtig« abzutun, obwohl sich ihr kindlicher Stress für sie genauso schlimm anfühlt wie unser erwachsener Stress für uns.

Die Befürchtung: Wenn unsere Kinder in Not sind, interpretieren wir das vielleicht so, als würden wir sie irgendwie im Stich lassen und unsere elterliche Pflicht nicht erfüllen, sie vor Schlechtem zu bewahren. Wenn wir sie ihren Tränen oder ihren Sorgen überlassen, könnten wir befürchten, dass wir irgendwie zur Verschlimmerung dieser Gefühle beitragen, und sie depressiv oder ängstlich werden.

Die Hoffnung: Dank ihrer besser ausgestatteten Gehirne kann diese Altersgruppe damit beginnen, sich selbst zu regulieren und emotionale Bewältigungsmechanismen auf befriedigende, stärkende Weise zu nutzen. (Wir müssen sie nur lassen!) Die Kinder sind jetzt eher in der Lage, sich ihrer Emotionen bewusst zu werden und sie zu benennen, sodass sie ihre Gefühle mit uns teilen können. Dadurch haben wir Gelegenheit, ihren emotionalen Wortschatz schrittweise aufzubauen, was sich in der Pubertät als sehr nützlich erweisen wird. Sie können zum Beispiel zusammen mit Ihrem Kind Werkzeuge benennen, die sie in ihr eigenes Rüstzeug zur Bewältigung von Gefühlen übernehmen. Wenn Sie das im Kleinkindalter getan haben, hat sich die Art der Werkzeuge vermutlich geändert, aber es ist gut, wenn Ihr Kind bereits mit dem Konzept vertraut ist. Diese Art Scaffolding stärkt zusammen mit ihrer Entwicklung in der mittleren Kindheit das Vertrauen des Kindes, dass es mit schwierigen Gefühlen umgehen kann.

Wenn Sie nicht sicher sind, wie dieses Scaffolding genau aussehen soll, denken Sie einmal an die automatischen Antworten, die viele von uns haben, wenn unsere Kinder in Nöten sind. Und dann suchen Sie nach Ideen, wie Sie diese Reaktionen durch Aussagen und Taten ersetzen können, um Ihr Kind gezielt dabei anzuleiten, gesunde emotionale Bewältigungsmechanismen aufzubauen:

Wie Sie reagieren, wenn Ihr Kind aufgewühlt ist

Versuchen Sie, mit folgenden Aussagen sparsam umzugehen:
> »Das passt schon.«
> »Hör auf zu weinen.«
> »Das ist kein Grund, sich aufzuregen.«
> »Aber du hast es doch so gut!«
> »Hier, iss ein Eis, dann geht's dir besser.«

Wie Sie auf Gefühlsausbrüche reagieren und gleichzeitig das emotionale Bewusstsein und einen gesunden Umgang mit Gefühlen fördern

> »Erzähl mal, warum du so traurig/wütend/besorgt bist.«

> »Gibt's da noch was, das dich bedrückt?«

> »Irgendeine Idee, was dir helfen könnte, diese Gefühle durchzustehen?«

> »Wann hast du dich das letzte Mal so gefühlt, und was ist dann geschehen?« (Das kann Kindern helfen, sich daran zu erinnern, dass schwierige Gefühle nicht ewig anhalten. Und sie können sich daran erinnern, welche Strategien ihnen damals geholfen haben.)

> »Es ist echt schwer, sich so zu fühlen!«

> »So schlimm es sich im Moment auch anfühlt, du stehst das durch. Das weiß ich, weil du das schon mal geschafft hast.« (Damit zeigen Sie, dass Sie auf seine Fähigkeiten vertrauen. Noch effektiver wird es, wenn Sie Beweise anführen können: »Als du schon einmal Streit mit deinem besten Freund/deiner besten Freundin hattest, habt ihr euch ausgesprochen, sobald ihr beide euch beruhigt hattet.«)

> Umarmen. Nichts sagen! Bleiben Sie ruhig sitzen, während bei Ihrem Kind die Tränen fließen, auch wenn Ihnen das Herz übergeht. Das kann einer der schwierigsten Momente für Eltern sein; vielleicht sehnen Sie sich sogar nach der Trotzphase zurück, als sich solche Gefühlsausbrüche noch in Luft auflösten, ohne bleibende Narben auf der Seele zu hinterlassen.

Wenn Sie es schaffen, dem Impuls zu widerstehen, Ihr Kind vor schwierigen Emotionen zu bewahren, ihm diese auszureden oder sie kleinzureden, und stattdessen mithilfe von Scaffolding die Fähigkeit zur Affektregulierung fördern, wird Ihr Kind die Zuversicht entwickeln, mit Stress und Emotionen umgehen zu können. Im nächsten Abschnitt über Strategien der Achtsamkeit geht es verstärkt darum, wie man die Verbindung zwischen Körper und Geist nutzen kann, um das emotionale Bewusstsein und das Rüstzeug an Bewältigungsstrategien Ihres Kindes zu erweitern.

Achtsamkeit – (hoffentlich) mehr als eine Modeerscheinung

Als Psychologin kann ich nicht guten Gewissens über emotionale Mündigkeit, Stresstoleranz und Resilienz schreiben, ohne explizit auf das Thema Achtsamkeit einzugehen. Es liegt im Trend, stimmt, aber dieser Trend ist um vieles besser als Mom-Jeans oder die Rückkehr der Scrunchies (das sind diese entsetzlichen Haargummis).

Bereits kleine Kinder können leicht Strategien der Achtsamkeit erlernen. Es ist wissenschaftlich erwiesen, dass sie emotionale Bewältigungsstrategien unterstützt und beim Aufbau von Stresstoleranz im Zentrum steht. Der Schwerpunkt der Achtsamkeit liegt auf der Körper-Geist-Verbindung und ist zentraler Bestandteil bei der Bewältigung von Emotionen, da Stress und starke Emotionen unser Nervensystem aktivieren, das mit uns über Körpersignale wie angespannte Muskeln, erhöhte Herzfrequenz und schnelle Atmung kommuniziert. Strategien der Achtsamkeit helfen Kindern zu lernen, wie sie diese körperlichen Empfindungen als Teil ihrer Emotionen erkennen, um dann nicht im Meer der Emotionen unterzugehen und zu ertrinken.

Hier einige Tipps für mehr Achtsamkeit, die wir in unsere Rolle als Emotions-Coach integrieren können. (Es schadet übrigens nicht, diese Tipps selbst einmal auszuprobieren!)

> Weisen Sie auf den Zusammenhang hin zwischen dem, was Sie bei Ihrem Kind in einem Moment der Not beobachten (zum Beispiel geballte Fäuste oder ein gerötetes Gesicht) und wie es sich fühlt (zum Beispiel wütend oder frustriert). Sie können diese Beobachtungen mit dem Kind noch einmal durchgehen, wenn sich die Wogen geglättet haben und es besser zuhören kann.

> Ermutigen Sie Ihr Kind, tief durchzuatmen, wenn Ihnen die physischen Veränderungen auffallen, die mit heftigen Emotionen einhergehen. Sagen Sie ihm, dass auch Sie tief durchatmen, um sich zu beruhigen (und tun Sie es auch!).

> Üben Sie, sich mithilfe der Sinneswahrnehmungen im Hier und Jetzt zu erden, wenn man von Emotionen überwältigt zu werden droht. Gehen Sie alle fünf Sinne durch: »Was siehst du um dich herum, was hörst, spürst, riechst und schmeckst du?« Häufige Beispiele sind Gegenstände im Raum, Geräusche von draußen und die Kleidung auf der Haut.

> Man kann sich selbst Mut machen, was gern auch als »Selbstgespräch« bezeichnet wird. Ihr Kind kann sich ruhig selbst überlegen, was ihm da am meisten hilft: »Ich weiß, ich kann das schaffen. Ich bin schon mit schwierigen Situationen klargekommen. Das fühlt sich zwar gerade hart an, aber ich weiß, dass es nicht ewig dauert.«

Fassen wir noch einmal zusammen: Wenn Ihr Kind dazu neigt, Problemen auszuweichen oder sich auf Sie zu verlassen, um an seiner Stelle schwierige Gefühle zu managen, betonen Sie ihm gegenüber, wie sehr Sie darauf vertrauen, dass es sich selbst hilft, da durchzukommen. Erinnern Sie es an seine Stärken und an die Gelegenheiten, bei denen es das schon getan hat. Nachdem es schwierige Emotionen oder eine Stresssituation bewältigt hat, loben Sie, welche Fähigkeiten es dabei angewendet hat, und verarbeiten Sie die Erfahrung mit ihm, um es auf die nächste Herausforderung dieser Art vorzubereiten.

Das Szenario: Bauchschmerzen am Sonntagabend

Ihr achtjähriges Kind klagt seit Kurzem über Bauchschmerzen, und Ihnen ist aufgefallen, dass diese häufig am Sonntagabend auftreten. In diesem Schuljahr gibt es einige Probleme mit einem Lehrer, den Ihr Kind nicht mag, und mit Freunden, die es in der Pause meiden. Deshalb fragen Sie sich, ob etwa die drohende Schulwoche Stress verursacht, der sich in Form von Bauchschmerzen äußert. Im Laufe der Wochen erklärt Ihr Kind jeden Sonntagabend immer entschiedener, dass es am nächsten Tag nicht in die Schule könne, und der Montagmorgen gleicht mehr und mehr einem Kampf. Wie gestalten Sie den Start in die Schulwoche, ohne Ihrem Kind die Stressbewältigung abzunehmen?

Kontrollbasiert	Autonomie-fördernd
Die kindliche Perspektive durch mangelndes Interesse abwerten: »Mit dir ist alles in Ordnung, du gehst zur Schule. Ohne Wenn und Aber.« Scham einflößen: »Hältst du mich für dumm? Ich weiß, dass du versuchst, dich vor der Schule zu drücken.«	Interesse zeigen: »Mir ist aufgefallen, dass die Bauchschmerzen immer am Wochenende kommen, vor Beginn der neuen Schulwoche. Ich frage mich, wie es dir mit der Schule geht.« Seine Perspektive nachvollziehen: »Ich wette, es ist schwer, nach dem Wochenende wieder in die Schule zu gehen.«

Kontrollbasiert	Autonomie-fördernd
Drohen: »Wenn du noch einmal sagst, du hast Bauchschmerzen, gibt es keinen Nachtisch mehr.«	Empathie vorleben: »Ich weiß noch, wie meine Freunde mich geschnitten haben, als ich in deinem Alter war. Ich habe die Schule manchmal gehasst.«
Bestrafen: »Bleib von mir aus zu Hause, aber dann ist das Handy eine Woche lang weg.«	Den Zusammenhang zwischen Körper, Stress und Emotionen aufzeigen: »Wenn ich wirklich nervös bin, wird mir schlecht. Manche Leute haben dann Bauchgrummeln. Was passiert deiner Meinung nach bei dir?«
Eine Belohnung in Aussicht stellen, um das Verhalten zu kontrollieren: »Wenn du morgen in die Schule gehst, lade ich dich auf ein Eis ein.«	
	Begründen, warum man zur Schule gehen muss: »Das Problem ist, wenn wir dich jedes Mal zu Hause lassen, sobald du gestresst oder nervös bist, verpasst du den Unterricht. Dann lernst du nicht, mit schwierigen Situationen umzugehen, was aber zum Erwachsenwerden dazugehört.«
	In die Auswahl über die Entwicklung von Strategien miteinbeziehen: »Lass uns mal über ein paar Möglichkeiten reden, die gegen Stress und Bauchweh helfen. Du kannst entscheiden, welche deiner Meinung nach am besten bei dir funktionieren.«
	Vertrauen aussprechen: »Wenn du diese Strategien anwendest, wird es nach und nach besser. Ich kann dir jetzt helfen, dich daran zu erinnern, aber ich wette, bald schaffst du es allein.«

Einmal mehr geht die kontrollbasierte Reaktion nur auf das äußere Problem (die Bauchschmerzen) ein, ohne die tieferen Ursachen (Stress und Angst) zu ergründen. Die Autonomie-fördernde Reaktion dagegen verwandelt das scheinbar trotzige Verhalten (Schulverweigerung) in eine Gelegenheit für das Kind, mehr über die körperlichen Auswirkungen von Stress und Emotionen zu lernen. Dies fördert die Selbstwahrnehmung und die emotionale Kompetenz, aber der nächste Schritt, die Nutzung als Ausgangspunkt für Bewältigungsstrategien, verleiht dieser Reaktion noch mehr Macht.

In der Adoleszenz: Teenager-Trotz oder totales Schweigen

Oje, diese geheimnisvollen Wesen. Teenager scheinen entweder nichts oder alles zu zeigen, bleiben zu 90 Prozent der wachen Zeit in ihren Zimmern oder rasten aus, weil man sie mit hochgezogener Augenbraue ansieht. Obwohl die Teenagerjahre einen schlechteren Ruf haben, als sie verdienen (die Forschung zeigt zum Beispiel, dass Teenager gar nicht so rebellisch sind und Risiken besser einschätzen können, als wir denken[94]), können sie dennoch eine Zeit großer Umwälzungen sein – für ihre Gehirne und für unsere Beziehungen. Diese Veränderungen tragen zu verbreiteten Herausforderungen und Ängsten bei, können aber auch Teil einer echten Hoffnung darauf sein, dass unsere Teenager das Erwachsenenalter mit gut ausgebildeten Gehirnen und intakten Beziehungen zu uns erreichen werden.

Die Herausforderung: Die Herausforderung der Adoleszenz ist – die Adoleszenz. Die Entwicklung des Gehirns bedeutet, dass das limbische System (die Schaltzentrale der Emotionen) sich rasch verändert, was sich in heftigen Emotionen äußert (Trotzanfälle in Teenager-Größe). Jugendliche sind häufiger mit ernsthaftem Stress konfrontiert und empfinden diesen mit größerer Intensität. Die Jugend ist auch die Phase, in der die Zahl der Angst- und Depressionsdiagnosen zunimmt: Die psychische Gesundheit unserer Teenager scheint laut Statistiken also instabiler zu sein, vor allem in den letzten Jahren. Wir neigen deshalb vielleicht zu mehr Schutz und Kontrolle, um diese psychischen Probleme zu vermeiden, aber diese Reaktionen vergrößern eher das Risiko für die Entwicklung von Angstzuständen und Depressionen (mehr dazu in Kapitel 14).

Die Befürchtung: Wenn Jugendliche von Stress und Emotionen überwältigt werden und das auf eindringliche und unangenehme Weise ausleben, kann diese Intensität uns Angst machen. Man könnte in einem solchen Gefühlsausbruch einen Vorboten sehen, dass unsere schlimmsten Befürchtungen wahr werden (zum Beispiel in der Schule durchzufallen oder süchtig zu werden), statt den Drang, Probleme zum Ausdruck zu bringen. Ihre heftigen Emotionen können in Verbindung mit unseren Ängsten dazu führen, dass wir unsere eigenen Nöte nicht mehr ertragen können, was wiederum bedeutet, dass wir ihre nicht ertragen können. Dann bringen wir unseren Teenagern unbeabsichtigt bei, starke Gefühle zu meiden oder zu ignorieren, anstatt sie zu bewältigen.

Die Hoffnung: Auch wenn Ihr Jugendlicher im Hinblick auf Verhalten und Emotionen manchmal »außer Kontrolle« zu sein scheint, bringt die frühe bis späte Adoleszenz einen sprunghaften Anstieg beim abstrakten Denken, der Fähigkeit, für die Zukunft zu planen und zu erforschen, wie Werte mit Verhaltensweisen zusammenhängen. Sie sind in der Lage, tiefgehende Gespräche mit Ihnen zu führen, die Macht über ihre Entscheidungen haben können. Jugendliche hatten auch schon mehr Zeit, um die Fähigkeit zur Selbstregulierung und zur Toleranz gegenüber Stress zu entwickeln, und können diese Fähigkeit durchdachter einsetzen. Vor allem in der späten Adoleszenz können sie mit Ihnen ihre Probleme durchsprechen, statt Türen schlagend aus dem Zimmer zu stürmen. Sie wissen inzwischen besser, was ihnen dabei hilft, schwierige Emotionen zu verarbeiten, und sie können erkennen, welche Strategien (zum Beispiel etwas vermeiden) ein Problem eher schlimmer als besser machen.

In seinem Buch *Age of Opportunity*, in dem es um die Entwicklung des Gehirns bei Jugendlichen geht, fasst der Autor Laurence Steinberg Jahrzehnte der Forschung zur Bedeutung der Entwicklung einer stärkeren Selbstregulierung in der Jugend zusammen: »Selbstregulierung und die von ihr beeinflussten Eigenschaften wie Entschlossenheit sind starke Prädiktoren für viele verschiedene Arten von Erfolg: schulische Leistungen, beruflicher Erfolg, zufriedenstellende Freundschaften und Beziehungen sowie eine bessere körperliche und geistige Gesundheit.«[95] Weiter berichtet er von überzeugenden Erkenntnissen dazu, dass Menschen mit besserer Selbstregulation länger zur Schule gehen, ein höheres Einkommen und mehr beruflichen Erfolg haben und mit größerer Wahrscheinlichkeit (glücklich) verheiratet bleiben. Im Gegensatz dazu haben Menschen mit einer schlechteren Selbstregulierung eher Probleme mit dem Gesetz und mit der Gesundheit, sowohl körperlich als auch mental. In der Tat stellt Steinberg die Bedeutung der Selbstregulierung für die Vorhersage von Gesundheit, Glück und Erfolg auf eine Stufe mit Intelligenz und sozio-ökonomischem Status.

Da das Gehirn in der Pubertät immer noch formbar ist und auf Umwelteinflüsse reagiert, können wir den Jugendlichen immer noch helfen, ihre Selbstregulierung zu entwickeln.

> Sprechen Sie die Emotionen an, die dem Verhalten zugrunde liegen. Wenn Ihr Kind bei Stress ausflippt (und zum Beispiel Familienmitglieder anschreit), sprechen Sie in einem ruhigen Moment darüber, was emotional hinter dem Verhalten steckt. Denken Sie daran, Empathie für die emotionale Erfahrung zu zeigen, auch wenn Sie sein Verhalten nicht akzeptieren!

> Erinnern Sie es an die Strategien der Achtsamkeit, die es mag (die meisten Teenager haben Favoriten, wenn sie Achtsamkeit bereits geübt haben):

  • Körperliche Reaktionen auf Stress und Emotionen wahrnehmen und Strategien wie tiefe Atemzüge und Meditation anwenden, um die körperliche Stressreaktion zu lindern und wieder klarer denken zu können.

  • Sich erden, indem man sich auf die fünf Sinne konzentriert. (»Was siehst, hörst, spürst du?«)

  • Aussagen zur Selbstbestätigung wie ein Mantra wiederholen: »Ich kann das schaffen« oder »Das geht vorbei«.

> Führen Sie tiefer gehende Gespräche über Emotionen und deren Bewältigung (wenn Ihr Teenager in der Stimmung ist und den Kopf frei hat). So können Sie zum Beispiel mit Ihrem Jugendlichen ausführlich über seine Erfahrungen im Hinblick auf Stresstoleranz reden, und darüber, welche Strategien ihm helfen oder nicht helfen, mit schwierigen Gefühlen umzugehen.

Obwohl diese Strategien nicht nur für das Autonomie-fördernde Bezugssystem gelten, belegen Forschungsergebnisse, dass Jugendliche sich eher Autonomie-fördernden Eltern mitteilen als zur Kontrolle neigenden Eltern, und zwar mit »konstruktivem emotionalem Zutrauen« (und nicht aus emotionaler Abhängigkeit heraus). Wenn Jugendliche ihre Eltern als Autonomie-fördernd erleben, finden sie oft ein Gleichgewicht zwischen übermäßiger Abhängigkeit von ihren Eltern, um ihre emotionalen Probleme zu lösen, und dem Vermeiden von Gefühlen, indem sie nie darüber sprechen.[96]

Das folgende Szenario zeigt, wie wir auf einen gestressten Teenager in einer Weise reagieren können, die auf dieses Gleichgewicht abzielt, auch wenn sein Verhalten bei uns den Drang auslöst, ihn zu kontrollieren.

Das Szenario: Ein Schmetterling mit ermatteten Flügeln

Ihr sechzehnjähriger Sohn war immer sehr kontaktfreudig und hatte viele Freunde. In letzter Zeit allerdings scheint er sich mit seiner Clique überworfen zu haben. Ihnen fällt auf, dass er immer öfter zu Hause bleibt und reizbar und zurückgezogen wirkt. Manchmal rastet er wegen Kleinigkeiten aus, was ihm gar nicht ähnlich sieht. Sie machen sich Sorgen darüber, wie er mit diesem sozialen Druck umgeht, und fragen sich, ob Sie ihn drängen sollen, mehr zu erzählen, falls er depressiv sein sollte. Es gefällt Ihnen auch nicht, dass er Sie abwechselnd ignoriert und anschreit. Wie können Sie eine Diskussion anstoßen, die einen gesunden Umgang mit dem Thema fördert, ohne weitere Konflikte zu verursachen?

Kontrollbasiert	Autonomie-fördernd
Forderungen und Druck verwenden: »Du musst mir sagen, was los ist. Ich weiß doch, dass etwas nicht stimmt, und wir müssen darüber reden.«	Einladende Sprache verwenden und Wahlmöglichkeiten anbieten: »Mir ist aufgefallen, dass du in letzter Zeit nicht du selbst zu sein scheinst. Ich mache mir Sorgen um dich. Wenn für dich ein guter Zeitpunkt ist, würde ich wirklich gern mehr darüber hören, was los ist.«
Seine Erfahrungen abwerten: »Du bist noch so jung, du wirst dich an diese Freunde gar nicht erinnern. Such dir ein paar neue Freunde, und alles ist gut.«	
Drohungen verwenden und bedingte Liebe anbieten: »Wenn du willst, dass ich was Nettes für dich tue, musst du auch nett zu mir sein.«	Offen und interessiert sein, um das emotionale Erkunden anzustoßen: »Wie ist es, weniger Zeit mit deinen Freunden zu verbringen? Wenn du deswegen geknickt bist, was fühlt sich dann anders für dich an als sonst?«
Scham einflößen: »So wie du dich verhältst, bist du eigentlich gar nicht. Du bist eine echte Enttäuschung.«	
Schuldgefühle hervorrufen: »Ich mache so viel für dich, und du redest nicht mal mit mir!«	Empathie nutzen und emotionale Erfahrungen mit inneren Werten verknüpfen: »Ich weiß, wie wichtig dir deine Freundschaften sind; ich kann mir vorstellen, dass diese kürzliche Veränderung sich wie ein großer Verlust anfühlt.«
	Grenzen für sein Verhalten festlegen und begründen: »Das klingt nach einer wirklich schweren Zeit für dich, und ich bin da, falls du etwas brauchst. Aber ich finde es nicht okay, wenn du mich aufs Übelste beschimpfst. Das schadet unserer

$\rightarrow$

Kontrollbasiert	Autonomie-fördernd
	Beziehung und hilft dir nicht bei dem, was gerade passiert.«
	In die Lösung der Probleme mit einbeziehen: »Also falls dir danach ist, ich bin da, um darüber zu reden, was dir helfen könnte, mit all dem Schmerz klarzukommen. Ich weiß, was dir geholfen hat, als du jünger warst, aber mir ist klar, dass es jetzt anders sein könnte.«

Das übergeordnete Ziel des Autonomie-fördernden Ansatzes besteht darin, Eigeninitiative und Wahlmöglichkeiten beim Ausleben von Gefühlen zu unterstützen. Das ermutigt den Jugendlichen, sich seinen Gefühlen mit Neugierde und Erkundungsdrang zu nähern, anstatt sie zu unterdrücken oder sich defensiv zu verhalten. Wesentlich dabei ist, dass der Jugendliche das Gefühl hat, sich im eigenen Tempo und zum eigenen Vorteil mitteilen und ausdrücken zu können, und nicht, weil Sie es von ihm verlangen. Kompliziert, ich weiß. Meine eigenen Kinder, die noch nicht in diesem Alter sind, haben mich immer wieder wegen meines Eifers, über Gefühle zu sprechen, zurechtgewiesen: »Mama, hör auf, einen auf Therapeutin zu machen.« Sie durchschauen einen! Aber wenn Sie zeigen, dass Sie Anteil nehmen und zu ihren Bedingungen für sie da sein wollen, kann Sie das zu dem Coach machen, den die Kinder brauchen, um Bewältigungsmechanismen und Selbstregulierung weiter zu trainieren.

Als Therapeutin, die mit Kindern, Jugendlichen und Familien arbeitet, ist das Streben nach emotionaler Gesundheit meine berufliche Leidenschaft. Als Mutter dreier unterschiedlich tickender Kinder in verschiedenen Entwicklungsphasen hoffe ich, mein Teil dazu beizutragen, ihrem emotionalen Wohlbefinden nicht im Weg zu stehen, sondern es zu fördern. In unserer Kultur, die eher eine des »Tuns« statt des »Seins« ist, kann es gegen unsere Intuition gehen, dass unsere Kinder es manchmal tatsächlich brauchen, dass wir weniger tun. Sobald sie über gewisse Fähigkeiten verfügen, können sie noch mehr lernen, wenn wir den Weg frei machen und zulassen, dass sich Gefühle und Bewältigungsmechanismen entfalten.

Während unsere Kinder von Kleinkindern, die aus ihrem Herzen wahrlich keine Mördergrube machen und mit dem ganzen Körper zeigen, was sie fühlen, zu Teenagern werden, die ihre sich entwickelnde innere Welt eng an ihr behütetes Herz drücken, werden wir zu unsicheren Beobachtern, die hoffen, einen Blick auf ihre wahren Gefühle zu erhaschen. Bei dieser Entwicklung können wir, auch wenn sich unsere Rolle ändert, weiterhin den Faden der emotionalen Wahrhaftigkeit spinnen, aus dem der Stoff der Autonomie wird. Um zu wissen, wer sie sind, müssen unsere Kinder wissen, was sie fühlen und was sie mit diesen Gefühlen anfangen sollen.

Seit jenem Tag vor unserer Haustür, an dem ich meiner Siebenjährigen beigebracht habe, ihre Tränen fließen zu lassen, sind drei Jahre vergangen, und mein Kind erbringt Höchstleistungen: Füße stampfen, Augen rollen, Tränen fließen. Viele Tränen. Natürlich sind das die ersten Anzeichen der Pubertät, aber ich glaube auch, dass das die Person ist, die sie zurückgehalten hatte. Mit den Tränen und der Wut kam aber auch die Empathie, da sie leicht erkennt, wann andere Trost und Hilfe brauchen (meist ist es ihr kleiner Bruder). Dieses Kind musste ich tatsächlich auffordern, mehr zu weinen. Ich bin froh, dass sie anscheinend auf mich gehört hat, und so sehr es auch schmerzen kann, sie aufgewühlt zu sehen, bin ich doch erleichtert, dass sie in ihren Gefühlen Sicherheit und Authentizität gefunden hat.

Erziehung zu emotionaler Gesundheit und Resilienz quer durch alle Altersgruppen: Wichtige Erkenntnisse

> Äußern Sie den Emotionen Ihres Kindes gegenüber Interesse und Akzeptanz, damit es lernt, ebenfalls neugierig zu sein und zu akzeptieren, was es fühlt.

> Widerstehen Sie dem Drang, Ihr Kind zu positiven Gefühlen überreden oder es vor Unannehmlichkeiten bewahren zu wollen.

> Bleiben Sie neugierig, und achten Sie auf Ihre Gefühle in Bezug auf die Gefühle Ihres Kindes!

> Beobachten Sie Ihre Emotionen angesichts der Emotionen Ihres Kindes weiterhin bewusst und interessiert!

Was Sie vorleben können

> Erzählen Sie von Ihren eigenen Emotionen, wenn auch mit Einschränkungen. Das elterliche Reden über Emotionen ist wie eine Erlaubnis, über seine eigenen Gefühle zu sprechen. Die Einschränkung besteht darin, seine Gefühle in einer Weise zu äußern, die das Kind nicht überwältigt oder ihm vermittelt, sich um Sie kümmern zu müssen. Zum Beispiel: »Ich bin jetzt wirklich traurig und auch besorgt, aber ich weiß, wie man auf sich aufpasst« oder: »Mama/Papa/Oma/ein anderer Erwachsener ist hier, um mir zu helfen.«

> Zeigen Sie, was Sie tun, um Stress und heftige Gefühle zu bewältigen. Auch wenn meine Kinder meinen Vorschlag zu meditieren besch...eiden finden (der übrigens auf meinem Fachwissen über die Wechselwirkungen zwischen Stress und Nervensystem beruht, aber das ist ihnen egal), achte ich darauf, sie wissen zu lassen, wenn ich meditiere: »Ich bin jetzt eine Viertelstunde in meinem Zimmer, um zu meditieren. Unterbrecht mich nur, wenn sich jemand die Knochen bricht!« Ich weiß, dass sich das irgendwo in den Neuronen festsetzt, und eines Tages werden sie vielleicht selbst auf dieses großartige Mittel zurückgreifen. Ich erkläre ihnen auch, dass ich meditiere, weil ich Probleme mit dem Einschlafen und Abschalten habe. Wenn ich regelmäßig meditiere, schlafe ich besser und fühle mich ruhiger.

Was Sie vermitteln können

> »Name it to tame it.« (Benenne es, um es zu zähmen.) Während Kinder einen emotionalen Wortschatz erlernen, hilft ihnen das Nachdenken über Emotionen, die sie beobachtet haben, Gefühle zu benennen und emotionale Kompetenz zu entwickeln.

> Akzeptieren Sie ausdrücklich alle Emotionen, unterscheiden aber zwischen Emotion und Verhalten. (»Es ist in Ordnung, wütend zu sein, aber nicht, seinen Bruder zu schlagen.«)

> Bringen Sie Ihrem Kind Fähigkeiten zur Selbstregulierung bei, zum Beispiel atmen, sich Zeit nehmen, beruhigende Aktivitäten und einen Rückzugsort finden. Wenn Ihre Kinder älter sind, können sie versuchen, Tagebuch zu führen, zu meditieren oder spazieren zu ge-

hen. Unterstützen Sie Ihr Kind dabei herauszufinden, was ihm gut-tut, damit es sein eigenes »Rüstzeug« zusammenstellen kann.

> Sprechen Sie über Ihre Selbstregulierung. (»Ich bin jetzt gerade echt genervt, also ziehe ich mich ein paar Minuten zurück, um durchzu-atmen, und dann komme ich wieder.«)

Kapitel 9

Die Schule

Erfolgreich erziehen: Noten? Charakter!

»*Der beste Garant für Erfolg ist eine Mischung aus Resilienz, Biss und der Fähigkeit, auf die Nase zu fallen und wieder aufzustehen. Wenn man daran gehindert wird, das Unbehagen des Scheiterns zu spüren, hat man überhaupt kein Gefühl dafür, wie man mit so was umgehen soll.*«

Julie Lythcott-Haims, *How to Raise an Adult*[97]

Während ich an diesem Buch schrieb, kam meine eine Tochter in die Mittelstufe, und ich sah mich mit den Dämonen meiner eigenen Ansprüche konfrontiert. Meine Tochter fand in der sechsten Klasse den sozialen Umgang, nach dem sie sich so gesehnt hatte. Folglich war sie so glücklich und zufrieden, wie ich sie noch nie erlebt hatte. Abgesehen davon fiel es ihr schwer, konsequent ihre Schulaufgaben zu erledigen, und ihre Noten schwankten stark. Einmal fragte sie mich: »Warst du eine Einserschülerin?«

O ja, das war ich. Ich wägte meine Antwort sorgfältig ab, denn ich wollte nicht, dass bei ihr ankam, sie müsse so sein wie ich: »War ich, und ich war sehr verbissen, was nicht immer gut war. Ich möchte nicht, dass meine Kinder so verbissen sind wie ich. Deshalb solltest du mal mit deinem Vater sprechen, der ganz andere Erfahrungen mit der Schule gemacht hat.« Dann verbot ich mir, in dem Online-Portal, in dem die Noten und zu erledigenden Aufgaben ständig aktualisiert werden, nachzuschauen – meiner Meinung nach verführt das quasi zur Kontrollsucht. Auch ich stehe bei der Erziehung regelmäßig den Dämonen meiner Ansprüche gegenüber, aber das Wissen um ihre Existenz hat sich als erste Maßnahme erwiesen, um diese Biester zum Schweigen zu bringen und kleinzuhalten, auch wenn sie manchmal wieder lauter und größer werden.

Mir ist aufgefallen, dass ich damit nicht allein dastehe. Es ist vermutlich kein Zufall, dass ich mich in einem Kreis befreundeter

Mütter wiedergefunden habe, die ähnliche Hintergründe, Erziehungsstile, Erwartungen und Ängste haben. Ich arbeite aktiv daran, dass meine Sorgen nicht auf meine Kinder übergreifen. Das bedeutet, dass ich mir häufig auf die Zunge beiße und absichtlich die Bedeutung von Noten und Ergebnissen herunterspiele, auch wenn es mich innerlich vor Angst quasi zerreißt, dass ich irgendwie das Zeitfenster verpasse, in dem meine Kinder ihr schulisches Potenzial maximieren könnten.

Es ist viel einfacher, die Risiken übermäßiger Konzentration auf die Schule bei den Kindern anderer Leute zu erkennen, wenn ich als Therapeutin und nicht als Mutter betroffen bin. Dann sehe ich zum Beispiel Mittelstufenschüler, die nicht schlafen, weil sie bis 20:00 Uhr Schwimmtraining haben und davor und danach stundenlang Hausaufgaben machen müssen. Ich sehe Highschool-Schüler, die mit lähmenden Kopfschmerzen in mein Büro kommen. Ihre Zehnstundentage sind vollgestopft mit Talentkursen, den Ansprüchen ihrer Debattiergruppe und den klaren Erwartungen der Eltern, nur Bestnoten zu schreiben. Meine jahrelange Erfahrung hat mir quasi die Fähigkeiten einer Kristallkugel verschafft, denn ich sehe die Schatten dieser Schüler, die total ausgebrannt sind, wenn sie aufs College kommen. Der Weg vom Leistungsdruck zum Burn-out ist aus Sicht der Psychologin so klar, dass er die leistungsorientierte Mutter im Zaum hält.

Auch wenn wir die Kehrseite des Leistungsdrucks kennen, ist es schwer zu erkennen, wann wir dranbleiben und wann wir uns zurückhalten sollten, wozu wir raten und wovon wir abraten sollten, und wann wir uns den Kopf zerbrechen beziehungsweise unsere Kinder machen lassen sollten. Wie gut, dass auch die Forschung nahelegt, dass Autonomie fördernde Ansätze alle drei Grundbedürfnisse – Autonomie, Kompetenz und Eingebundenheit – im Kontext von Schule und Ausbildung oder Studium stärken. Da die Schule der erste Ort außerhalb des Elternhauses ist, an dem Kinder ein Gefühl von Kompetenz und sozialer Eingebundenheit entwickeln, lernen Kinder am besten, wenn wir uns darauf konzentrieren, ihre innere Motivation für das Lernen zu fördern, und wenn wir darauf achten, das Verarbeiten (des Gelernten) über die Ergebnisse (Noten, Testresultate) zu stellen.[98]

Wie gehen wir also zu Hause mit unseren Kindern und Jugendlichen um, damit sie diese Ziele erreichen?

Dieses Kapitel befasst sich mit Kindern und Jugendlichen im Schulalter, denn in Kindergarten und Vorschule geht es um Spiel und soziale Fähigkeiten, nicht ums Lernen (zumindest sollte es so sein). Bei der Untersuchung von zwei Hauptaspekten im Schulalltag Ihres Kindes, den schulischen Leistungen und den Hausaufgaben, geht es im Wesentlichen darum, den Erziehungsansatz darauf auszurichten, wie die Schule die persönliche Erfolgsdefinition eines Kindes ergänzen und bereichern kann, und nicht darum, wie ein Kind erfüllen kann, was in der Schule als Erfolg definiert wird. Wenn wir unsere Neigung zu Wettbewerb und Vergleichen beherrschen können, wenn es um unsere Kinder und die Schule geht, stehen die Chancen besser, ihre Autonomie zu unterstützen, indem sie lernen, eine Identität anzustreben, die über die des »Schülers« hinausgeht, während wir (ironischerweise) gleichzeitig ihre Chancen auf bessere schulische Leistungen erhöhen.

Grundlagen: Wissenschaft, Praxis und Erziehung im wirklichen Leben

Schulische Leistungen

Die Mutter eines anderen Kindes aus der fünften Klasse und ich tauschten uns mitten in der Arbeit per Smartphone über die E-Mail aus, die wir gerade erhalten hatten; darin standen die Ergebnisse des Mathe-Einstufungstests unserer Kinder. Die Zahlen schockierten und bestürzten uns.

»Er hat den Test verhauen.« – »Hat sie gepennt, als sie den Test gemacht hat? Wie kann ihre Punktzahl so niedrig sein?«

Wir tauschten uns über unsere eigenen Leistungsneurosen aus und darüber, wie wir beide versucht haben, dieses Wissen in der Erziehung zu nutzen, obwohl wir uns nicht sicher waren, welcher Ansatz für unsere Kinder »richtig« ist. Hatte diese Mathenote uns gerade das Gegenteil bewiesen? Hätten wir mehr Druck ausüben, mehr aufpassen, uns mehr an den Hausaufgaben beteiligen sollen? (Die andere Mutter ist übrigens auch Kinder- und Jugendpsychologin.)

Die übliche Denkweise drängt uns dazu, auf die schulischen Leistungen unserer Kinder zu achten: In Amerika besuchen Schüler mit besseren Noten in der Highschool mit größerer Wahrscheinlichkeit ein College, was wiederum mit einem höheren Einkommensniveau und insgesamt mehr Ressourcen und Vorteilen im Erwachsenenalter einhergeht. Und auch das Gegenteil trifft zu: Schlechtere Leistungen in der Highschool sind mit diversen negativen Resultaten verbunden. Dazu gehören Schulabbruch, Konflikte mit dem Gesetz, Drogenmissbrauch und schlechtere Berufsaussichten. (Diese Resultate werden häufig von sozialen und umweltbedingten Faktoren beeinflusst, die nicht unter der Kontrolle der Eltern stehen, wie zum Beispiel das Schulniveau, Rassismus und Armut.)

Die Risiken der Leistungskultur

Die allgemein verbreitete Denkweise und auch diverse Forschungsergebnisse hatten unbeabsichtigte schädliche Folgen. Wir haben daraus mitgenommen, wie wichtig elterliches Engagement und gute Noten sind. Das gibt vielen Kindern das Gefühl, ihr Wert als Person hänge von ihrem Notendurchschnitt, ihren Testergebnissen und ihrem Studienort ab.[99]

Jüngst haben Studien gezeigt, dass Jugendliche an besonders leistungsorientierten Schulen zwei- bis dreimal häufiger von Ängsten, Depressionen und Drogenmissbrauch betroffen sind oder straffällig werden als der nationale Durchschnitt. Das macht sie nach den Kriterien des Center for Disease Control (CDC) zu einer Risikogruppe.[100] Diese Schulen liegen in der Regel in wohlhabenden Gegenden, in denen die Schüler mit hohen Erwartungen an ihre Leistungen konfrontiert werden. So haben beispielsweise außerschulische Aktivitäten ein ungekanntes Maß an Intensität und Anspruch erreicht, statt einen Ausgleich zur Schule zu bieten und durch körperliche oder kreative Betätigung Stress abzubauen.

Viele von uns sind vielleicht überzeugt, dass wir unsere Kinder keineswegs damit unter Druck setzen, wenn wir die Ivy League für die einzig mögliche Zukunft halten oder von der Sportbegeisterung unseres Achtjährigen erwarten, dass sie ihm später ein Stipendium einbringt. Ich behaupte jedoch, dass wir vielleicht trotzdem unbewusst tückische Botschaften aussenden, die zu den vom CDC benannten Problemen beitragen könnten. Drängen wir unsere Kinder zum Beispiel, Kurse für Fortgeschrittene zu belegen, die vielleicht gar nicht zu ihnen passen? Sind wir unzufrieden mit dem, was wir »unzureichend«

finden? Loben wir unsere Kinder für die vielen Stunden, die sie mit Lernen verbringen, auch wenn dies auf Kosten von Schlaf, Freizeit und Entspannung geht? Welche subtilen Botschaften übermitteln wir vor allem in Bezug auf schulische Leistungen und Noten?

Autonomie-fördernde Erziehung und Erfolg bei der Erziehung

Die Forschung hat in den vergangenen dreißig Jahren durchweg ein klares Bild ergeben. Autonomie-fördernde Erziehungspraktiken werden mit einer Reihe positiver Ergebnisse in der Schule in Verbindung gebracht: Leistungen, wahrgenommene Kompetenz und Kontrolle bei schulisch relevanten Aufgaben sind besser, Engagement und Bemühungen sind größer, die Einstellung zur Schule ist positiver, die kognitiven Fähigkeiten sind ausgeprägter, und die Motivation ist höher.[101] Auffallend ist, dass nur eines dieser Ergebnisse der traditionellen Definition von Erfolg entspricht – die besseren Leistungen. Die übrigen Ergebnisse beziehen sich auf den Lernprozess des Kindes und seine inneren Erfahrungen mit der Schule. Die Schlüsselkomponente quer durch die Forschung ist die innere Motivation. Druck vonseiten der Eltern, Noten, Lob für gute Noten, Testergebnisse und das Aufhübschen des Lebenslaufs für Bewerbungen sind das Gegenteil: Motivation von außen.

Leider liegt wegen der Wettbewerbskultur im Schulwesen der Fokus auf der Motivation von außen, und das nährt den Kontrolldämon in einigen von uns. Da aber die geistige Gesundheit und das Selbstwertgefühl unserer Kinder auf dem Spiel stehen, hier einige Tipps, wie Sie diesen lästigen Teufel zurückdrängen und stattdessen die klügeren, Autonomie-fördernden Engel inspirieren können:

> Machen Sie sich bewusst, was Sie unter schulischem »Erfolg« verstehen und ob die Einstellungen in Ihrer Familie und in Ihrem Umfeld eine Rolle spielen könnten. Dank dieses Bewusstseins können Sie den Impuls unterdrücken, Druck auf Ihr Kind auszuüben (zum Beispiel auf Topnoten in allen Fächern bestehen), und sich auf den Prozess statt auf das Ergebnis konzentrieren (zum Beispiel die Erwartung, dass alle Hausaufgaben erledigt werden, statt nur an die Noten zu denken).

> Vermeiden Sie es, Ihr Kind mit leistungsstarken Gleichaltrigen oder Geschwistern und auch mit Ihnen oder dem anderen Elternteil zu vergleichen. Der soziale Vergleich ist ein natürlicher menschlicher Impuls, aber wenn wir Kinder in Leistungskulturen großziehen, kann das besonders schädlich sein. Sie sind vielleicht schon in der Gruppe der Gleichaltrigen damit konfrontiert, daher ist es umso besser, je weniger wir zu dieser Art von Kommunikation beitragen.

> Loben Sie ein Kind, das sich anstrengt. Die Psychologin Carol Dweck hat ein Konzept populär gemacht, das als »Growth Mindset« bezeichnet wird – als Wachstumsdenken. Bei der Anwendung dieses Konzepts liegt der Schwerpunkt auf der Anstrengung und dem Lernprozess und nicht auf dem Ergebnis. Dieser Ansatz vermeidet es, Kindern ein Etikett zu verpassen, das zu ihrer Identität wird. Sagt man zum Beispiel immer wieder: »Du bist so schlau!«, denkt das Kind, dass es immer gute Leistungen bringen muss, um »so schlau« zu bleiben. Das führt dazu, dass es aus Angst vor dem Scheitern vor Herausforderungen zurückschreckt, was letztlich Lernen und Gedeihen behindert. Loben Sie stattdessen seine Bemühungen: »Du hast dich so angestrengt, um die Matheaufgabe zu lösen – klasse, dass du nicht aufgegeben hast!«

Wenn es um die schulischen Leistungen geht, kann es schwer sein, der Kontrollneigung bei der Erziehung zu widerstehen, da Leistung in den kulturellen Normen des Erfolgs fest verankert ist. Aber es ist möglich, wenn wir unsere Herangehensweise Schritt für Schritt ändern, um die Autonomie mehr zu fördern. Wir können mit dem Epizentrum vieler Machtkämpfe in der Familie beginnen: der täglichen Zeit für die Hausaufgaben.

Die Hausaufgaben: Alltag oder blankes Elend?

Als meine Älteste in die zweite Klasse kam, sahen wir uns zum ersten Mal mit den täglichen Hausaufgaben konfrontiert. Ich setzte mich mit ihr an den Küchentisch und stellte mir vor, wie ich idealerweise ihre Liebe zur Mathematik förderte. Schnitt, nächste Szene: Die Tränen fließen, Bleistifte fliegen durch die Luft, und das Arbeitsblatt für Mathe liegt beklagenswert leer auf dem Tisch. Meine Sorge um ihre künftige Arbeitsmoral brachte mich dazu, sie anzutreiben, auch wenn ich versuchte, mitfühlend und ermutigend zu sein. Meine Tochter empfand meine »Ermutigungen« immer noch als Druck, der, so machte sie unmissverständlich klar, zu viel für sie sei. Wochen später zeigte uns die Lehrerin beim Elternsprechtag vierzig Minuten lang stapelweise Arbeiten aus dem letzten Trimester. Die Lehrerin erzählte uns, dass unsere Tochter stundenlang schreiben würde, wenn man sie ließe, und dass sie immer wieder daran erinnert werden müsse, eine Mittagspause zu machen. Das traf mich hart: In der Schule hatte sie eine erstaunliche Arbeitsmoral, und wenn sie nach Hause kam, war sie müde. Sie war acht.

Aus persönlicher und beruflicher Erfahrung weiß ich, dass die Hausaufgaben zum Machtkampf werden können – da kommt es zu Gefühlsausbrüchen und Konflikten, was die Frage aufwirft, ob die Hausaufgaben das wert sind. Das können sie sein oder auch nicht.

Einerseits kann die Hausaufgabenzeit die Eltern-Kind-Beziehung arg strapazieren. Ich habe viele Familien beraten, in denen eine Dynamik herrschte, die Ihnen vielleicht bekannt vorkommt: erfolgreiche, bildungsbeflissene Eltern mit einem Kind, das entweder jede nur erdenkliche Verzögerungstaktik anwendet, um die Hausaufgaben über jeden vernünftigen Zeitraum hinaus aufzuschieben, oder offen rebelliert, indem es Streit anfängt, weint und sich weigert – oder beides. Das macht keinen Spaß. Das kann den Abend zerstören und zu täglicher Angst vor den Hausaufgaben führen, und das sind die Stapel zerrissener Mathe-Arbeitsblätter und Schreibhefte nicht wert.

Andererseits zeigen einige Forschungsergebnisse, dass Hausaufgaben zwar nicht allen Kindern in schulischer Hinsicht so helfen, wie wir annehmen, aber sie sind auch nicht so nutzlos, wie manche behaupten. Eine oft zitierte Analyse ergab zwar, dass Hausaufgaben keine Auswirkungen auf die Noten haben, eine genauere Untersuchung der Daten ergab aber, dass diese Ergebnisse vom Alter des Kindes (ältere Kinder profitierten sehr wohl von Hausaufgaben) und von der Art der Hausaufgaben abhingen. Wenn der Zweck der Hausaufgaben eher das Üben als das Erlernen neuer Konzepte war, verbesserten die Hausaufgaben das kindliche Verständnis der Inhalte.[102]

In der Realität sieht es so aus, dass unsere Kinder nun mal Hausaufgaben aus der Schule mitbringen, und wir müssen über den Umgang mit ihnen entscheiden, unabhängig von unserer persönlichen Meinung über Sinn und Zweck von Hausaufgaben. Manche Eltern schreiben einfach eine E-Mail an die Lehrer und erklären: »In dieser Familie werden keine Hausaufgaben gemacht.« Aber denjenigen unter uns, die entweder den Sinn der Hausaufgaben bezweifeln oder ihn befürworten, kann eine Herangehensweise auf Grundlage des Autonomie-fördernden Bezugssystems helfen, erfolgreich damit klarzukommen, statt nur irgendwie durchzukommen.

Autonomie-fördernde Erziehung und Hausaufgaben

In einer Studie aus dem Jahr 2018 über Autonomie-fördernde Praktiken bei den Hausaufgaben erklären die Wissenschaftler den Ausgangspunkt für ihre Untersuchungen ungewöhnlich schlicht: »Das Problem ist, dass viele Kinder Hausaufgaben nicht mögen.« In der Studie gingen sie der Frage nach, ob das schrittweise Fördern der schulischen Fähigkeiten durch die Eltern dazu beiträgt, das Problem mit den Hausaufgaben zu lösen. Man fand heraus, dass ein »motivierendes Scaffolding« die innere Motivation der Kinder verbesserte, und dass Eltern die nötigen Techniken in wenigen Stunden erlernen könnten.[103]

Der Studie zufolge besteht dieses Scaffolding aus folgenden wesentlichen Komponenten:

> Die Motivation der Eltern, die Autonomie ihres Kindes zu unterstützen (also zum Beispiel »das Interesse meiner Kinder am Lernen zu fördern«).
> Eine herzliche und fürsorgliche Beziehung, innerhalb derer man sich auf die Kompetenzen des Kindes konzentrieren kann.
> Angemessene, auf die Fähigkeiten des Kindes abgestimmte Unterstützung.

Insgesamt wirkte sich die elterliche Motivation zur Förderung der kindlichen Autonomie positiv auf die Einstellung und die Selbstwirksamkeit (also den Glauben an die eigenen Fähigkeiten) des Kindes aus, zwei Faktoren, die mit einer größeren inneren Motivation zusammenhängen. Die Schlussfolgerung liegt also nahe, dass ein Kind, das die Hausaufgaben zuversichtlicher, motivierter und selbstständiger angeht, weniger Stress und Zeitaufwand für alle Beteiligten bedeutet!

In der mittleren Kindheit: Vergleichen und Vorankommen

Wie aus Gruppenchats und Facebook hervorging, schien meine Tochter nach der fünften Klasse zu den wenigen zu gehören, die im Sommer keinen Mathekurs belegt hatten, damit sie zu Beginn der sechsten Klasse möglichst in einen Siebt- beziehungsweise Achtklässlerkurs kam.

Ich hatte mich mit der Lehrerin beraten, weil ich sichergehen wollte, dass meine Tochter diesen Sommerkurs nicht brauchte, um den Anschluss zu halten. Die Lehrerin versicherte mir, dass sie den Stoff beherrsche und auf die sechste Klasse vorbereitet sei. Ich habe meine Tochter gefragt, um mich zu überzeugen, dass sie sich nicht ausgegrenzt oder im Hinblick auf die Mittelstufe gestresst oder noch gestresster fühlen würde, wenn sie diesen Sommerkurs nicht besucht. Sie hatte nicht nur keinerlei Bedenken, sondern weigerte sich schlichtweg, sich mit Mathe zu beschäftigen – und das im Sommer. Entweder waren ihre Mitschüler also weniger hartnäckig oder standen mehr auf Mathe. Oder sie wurden von ihren Eltern überstimmt, und meine Tochter war eine der wenigen, die im ersten Monat die Vormittage mit Faulenzen verbrachten, statt zu büffeln.

Die anderen Kinder werden wahrscheinlich zu Beginn in Mathe stärker sein, und einige werden in die Gruppe der Fortgeschrittenen aufgenommen. Nach den Erkenntnissen der Motivationswissenschaft könnte dieser schulische Vorteil jedoch mit einem geringeren Interesse an Mathematik und schwindenden Leistungen einhergehen. Mit Ausnahme der Kinder, die Mathe wirklich gern machen (innere Motivation), halten die externen Motivatoren (elterliche Erwartungen und Einstufung in einen höheren Kurs) ein Kind jedoch nicht bei der Stange und motivieren es nicht. Um auf die Definition von Autonomie zurückzukommen: Hatten diese Kinder das Gefühl, dass die Teilnahme an diesem Mathe-Sommerkurs ihre Entscheidung war?

Das Mathe-Sommererlebnis mag am Ende der mittleren Kindheit stattgefunden haben, aber es zeigt das Dilemma dieser Phase. Da wir in der mittleren Kindheit mehr Einfluss ausüben als in der Jugend, können die Herausforderungen und Ängste, die mit der Erziehung dieser Altersgruppe einhergehen, auch bei den Wohlmeinendsten unter uns eine Kontrollneigung zum Vorschein bringen. Wenn wir unsere guten Absichten darauf richten können, einem Kind Autonomie, Kompetenz und Eingebundenheit in der Schule zu vermitteln, kann eine solche Autonomie-fördernde Denkweise die Hoffnungen dieser Entwicklungsphase optimieren.

Die Herausforderung: Wenn unsere Kinder die fröhlichen, mit Spielzeug bestückten Räumlichkeiten des Kindergartens verlassen, in denen es Mittagsschläfchen und Ruhezeiten gab, dann beginnt die mittlere Kindheit und damit »der Ernst des Lebens«. Bei den Eltern setzt der Leistungsdruck ein, wahrscheinlich angestachelt durch die Angst um die Zukunft ihres Kindes und durch die Fallstricke sozialer Vergleiche. In dem, was ein aufregendes neues Kapitel der kognitiven, emotionalen und sozialen Entwicklung sein könnte, werden wir (und unsere eigenen Probleme) zu externen Motivatoren, die die interne Motivation unserer Kinder bedrohen, was sich – nachweislich – langfristig als schädlicher erweist als ein mittelmäßiger Notendurchschnitt. Dieser erhöhte Druck zeigt sich wahrscheinlich im Alltag bei den Hausaufgaben, da man die Hausaufgabenzeit jeden Tag als Abstimmung über das Potenzial und die Zukunft unserer Kinder auffassen könnte.

Die Befürchtung: In ihrem Buch *Thrivers* [104] erzählt Michele Borba eine Geschichte nach der anderen über Kinder, die das Gefühl haben, ihr Wert definiere sich in den Augen der Eltern über ihre Leistungen in der Schule. Das führt zu allen möglichen Problemen, zu denen nicht zuletzt das Gefühl gehört, sich abgekoppelt und unverstanden zu fühlen und von den Eltern nicht akzeptiert zu werden.

Wovor haben wir eigentlich Angst? Und wie passen Hausaufgaben zu dieser Angst? Ich habe mir selbst ein paar unangenehme Fragen gestellt, die auch Ihnen helfen könnten, Ihre unterschwellige Angst zu erkennen und zu überwinden: Was passiert, wenn Ihr Kind in der Grundschule nur mittelmäßige Leistungen erbringt, sei es bei Klassenarbeiten oder bei einem standardisierten Test? Was passiert, wenn es ohne vollständige Hausaufgaben zum Unterricht erscheint? Auf den ersten Blick nichts allzu Katastrophales (abgesehen von nicht erkannten Lernproblemen). Unsere Angst könnte davon kommen, was diese Mittelmäßigkeit für uns bedeutet – bei mir ist das mangelnde Arbeitsmoral, und genau diese Arbeitsmoral gehört zu meinen inneren Werten.

Die Hoffnung: Bevor die Stürme der Pubertät ihr Gehirn (zeitweise) außer Gefecht setzen, kann dieser Abschnitt ein wichtiges Zeitfenster und die Gelegenheit sein, um das Lernen lieben zu lernen und die Schule als positiven Ort für dieses Lernen zu erleben. Im Lauf der Grundschulzeit können wir vermutlich auch die individuellen Stärken unserer Kinder erkennen, um sie da zu fördern, wo ihre innere Motivation liegt. Als mein Zweitklässler sich beispielsweise nach der Schule eine Stunde lang hinsetzen und ein spannendes Buch lesen konnte, besorgten wir einen ganzen Vorrat an spannenden Lesestoffen. Im Gegenzug musste er seine Lektüren nicht mehr in dem Lesetagebuch dokumentieren, das er hasste. Er schimpfte auch über die Arbeitsblätter in Mathe, liebte aber Kopfrechnen, sodass wir kleine Matheaufgaben ins Gespräch einbauten: »Wenn es 15:30 Uhr ist und du um 17:00 Uhr eine Fernsehsendung ansehen willst, wie viele Minuten vergehen bis dahin?«

In dieser Phase der Kindheit, in der sich Vergleiche aufdrängen und eine wettbewerbsorientierte Erziehung einsetzen kann, ist es ganz entscheidend, beidem zu widerstehen, zum Wohle der Identität Ihres Kindes und seiner lebenslangen Beziehung zum Lernen.

Vermitteln Sie, was echter Erfolg bedeutet. Das müssen Sie vielleicht erst selbst neu definieren! Aber wenn Sie unter echtem Erfolg die Entwicklung von Eigenschaften wie Biss und Entschlossenheit verstehen und den Erfolg über die Schule hinaus auf soziale und emotionale Stärken ausweiten (sich zum Beispiel für einen gemobbten Mitschüler einsetzen), können Sie diese Eigenschaften ausdrücklich benennen, wenn Sie sie bei Ihrem Kind beobachten.

Hegen und pflegen Sie die innere Motivation Ihres Kindes. Finden Sie Wahlmöglichkeiten bei den Hausaufgaben oder bei schulbezogenen Aktivitäten. Achten Sie auf den Kenntnisstand des Kindes (Geschwister können unterschiedlich sein), und fördern Sie die Fähigkeiten, die seinen Möglichkeiten entsprechen. Wenn es zum Beispiel bei Lesetests etwas unter dem Klassenniveau ist, sollten Sie ihnen Bücher auf diesem Level besorgen, statt sie zur Lektüre fortgeschrittener Bücher zu drängen, weil sie die lesen »sollten«. Sich kompetent zu fühlen, fördert die innere Motivation!

Zeigen Sie bedingungslose positive Wertschätzung. Vergessen Sie nicht, Ihrem Kind Liebe zu schenken, egal, wie es in der Schule abschneidet. Wenn Ihr Kind sich schwertut, und Sie sich Sorgen machen, sollten Sie sein Potenzial unterstützen, statt ihm vorzuschreiben, dass es anders sein muss.

Leitfaden Hausaufgaben

Wie kann man in der Grundschule die Hausaufgabenzeit so gestalten, dass keine Tränen fließen und keine Bleistifte fliegen? Eine Lösung wäre, gar keine Hausaufgaben zu machen. Ich kenne Familien, die den Lehrern gesagt haben, dass ihre Kinder nur Hausaufgaben machen, wenn sie wollen, und die Kinder machen meistens keine Hausaufgaben. Angesichts der Forschungsergebnisse über den begrenzten Nutzen von Hausaufgaben mag das eine befriedigende Lösung für Ihre Familie sein. Falls nicht, gibt es Möglichkeiten, mithilfe des Autonomie-fördernden Bezugssystems einen Ablauf für die Hausaufgaben zu schaffen, der alle von Furcht und Elend zu mehr schulischer Kompetenz und Selbstvertrauen bringen kann.

> Wählen Sie die richtige Tageszeit, sodass weder Hunger noch Müdigkeit stören. Die meisten Kinder brauchen nach dem Schultag erst einmal eine Pause. Etwas Ruhe und ein kleiner Snack vor den Hausaufgaben sind für einen reibungslosen Ablauf oft nötig. Fragen Sie Ihr Kind, wann seiner Meinung nach die beste Zeit für die Hausaufgaben ist; seinen Input zu erbitten kann helfen, dass es sich in den Prozess einbringt.

> Wenn Ihr Kind nach der Schule bis kurz vor dem Abendessen eine Betreuungseinrichtung besucht, sollten Sie eine Möglichkeit finden, dass es dort Hausaufgaben macht. (Die meisten Einrichtungen haben eine feste Hausaufgabenzeit, aber Sie müssen vielleicht mit Ihrem Kind und dem Personal einen genaueren Plan festlegen, damit die Hausaufgaben auch wirklich gemacht werden.) Erklären Sie Ihrem Kind die Vorteile dieser Regelung (wie die Möglichkeit zu entspannen, sobald es nach Hause kommt), damit es sich dafür interessiert.

> Wenn die Hausaufgaben zu Hause erledigt werden, tun Sie sich mit Ihrem Kind zusammen, um eine Umgebung zu schaffen, die die Konzentration fördert. Ziehen Sie folgende Schritte in Betracht:

- Suchen Sie in der Wohnung oder dem Haus einen Bereich, an dem nicht viel passiert.
- Statten Sie den Platz mit Dingen aus, die Ihrem Kind helfen, ruhig und konzentriert zu arbeiten: einen Duftzerstäuber mit einem entspannenden Duft, etwas, das Ihr Kind gern in die Hand nimmt, während das Gehirn arbeitet, ein motivierendes Mantra, das es geschrieben hat. Ihr Kind kann sich aussuchen, was am geeignetsten ist.

> Legen Sie einen realistischen Zeitraum für die Hausaufgaben fest. Die empfohlene Zeit beträgt zehn Minuten multipliziert mit der Jahrgangsstufe des Kindes, d. h. ein Zweitklässler sollte maximal zwanzig Minuten sitzen, ein Fünftklässler fünfzig Minuten. Eine klare Anfangs- und Endzeit kann Ihrem Kind außerdem das Gefühl geben, dass die Hausaufgaben nicht ewig dauern.

> Wenn Ihr Kind die Hausaufgaben nicht in diesem Zeitraum erledigt, können Sie zusammen entscheiden, welche Konsequenz das haben soll. (Wichtig: Achten Sie darauf, dass der festgelegte Zeitraum zum Umfang der Hausaufgaben passt; wenn Ihr Kind mehr Hausaufgaben hat, als es in der zur Verfügung stehenden Zeit realistischerweise schaffen kann, sprechen Sie mit der Lehrkraft über die Prioritäten bei den Hausaufgaben.)

- Die erste Konsequenz: Am nächsten Morgen steht Ihr Kind mit unvollständigen Hausaufgaben vor dem Lehrer. Für manche Kinder wirkt das motivierend. Vielleicht müssen Sie Ihre eigene Angst vor dieser Situation überwinden, damit Ihr Kind das ausprobieren kann.
- Die zweite Konsequenz: Erarbeiten Sie zusammen mit Ihrem Kind eine motivierende logische Konsequenz, fragen Sie nach seinen Ideen, und halten Sie es zur Selbstreflexion an: »Wären die zwanzig Minuten am Tablet, die du so verlierst, wichtig genug für dich, um die Hausaufgaben zu machen, auch wenn du keine Lust hast?« (Hinweis: Achten Sie darauf, dass die Zeit vor dem Zubettgehen frei bleibt, damit Ihr Kind zur Ruhe kommen kann, denn wir wollen seinen Schlaf nicht stören!)

> Lassen Sie Ihr Kind allein Hausaufgaben machen. Machen Sie deutlich, dass Ihr Kind Sie um Hilfe bitten kann, und springen Sie nur ein, wenn es fragt. Es macht nichts, wenn es alles falsch macht; für die Lehrkraft ist es wichtig zu wissen, wenn es den Stoff nicht beherrscht. Wenn Ihnen die Leistungen Ihres Kindes Kopfzerbrechen machen, sollten Sie in die Sprechstunde der Lehrkraft gehen. Die tägliche Hausaufgabenzeit sollte von dieser Sorge nicht beeinflusst werden. Denken Sie immer daran, dass es für Ihr Kind wichtiger ist, Fähigkeiten wie Unabhängigkeit und Arbeitsmoral auszubauen, statt eine bestimmte Aufgabe zu erledigen!

> Legen Sie gemeinsam mit Ihrem Kind fest, was ihm bei den Hausaufgaben wichtig ist. Sagt es: »Nichts!«, stimmen Sie ruhig zu, dass es sich so anfühlen kann, als ob es keinen Sinne hätte, und dass es uns allen so geht, wenn wir etwas nicht machen wollen! Fragen Sie dann, warum es das Gefühl hat, als habe es keinen Sinn, und suchen Sie weiter, bis Sie wenigstens einen motivierenden Teil bei den Hausaufgaben finden: Genießt Ihr Kind zum Beispiel das Gefühl, eine ganze Liste mit schwierigen Wörtern schreiben zu können? Ist es stolz, wenn es der ganzen Klasse ein mathematisches Problem erklären kann?

> Legen Sie den Schwerpunkt auf lohnende Teile des Lernprozesses, und nicht auf die Ergebnisse (Noten und Punktzahlen). Setzen Sie sich zum Beispiel ein konkretes, erreichbares Wochenziel (»Ich werde jede einzelne Matheaufgabe auf dem Arbeitsblatt versuchen, ohne aufzugeben!«), und feiern Sie das Erreichen dieses Ziels.

Das Hausaufgaben-Szenario: »Mein Gehirn tut weh.«

Ihr frischgebackener Zweitklässler hat ein Hausaufgabenheft, in dem täglich die Lese-, Schreib- und Rechenaufgaben eingetragen werden. Er ist von Natur aus ein eifriger Leser und mochte Rechnen immer gern, aber in letzter Zeit kommen Aussagen wie: »Ich hasse Rechnen.« Er hat immer öfter kleine Zusammenbrüche und beklagt sich über Hausaufgaben und Schule. Wie können Sie seine Freude am Lernen erhalten und sein aufkeimendes Selbstvertrauen bei der Erledigung von Schulaufgaben unterstützen und ihm gleichzeitig den Wert von Bildung und harter Arbeit vor Augen führen?

Kontrollbasiert	Autonomie-fördernd
Seine Perspektive und seinen Eindruck durch Forderungen abwerten: »Wir müssen die Hausaufgaben machen, egal, wie. Der Lehrer erwartet das von dir.«	Interesse an seiner Perspektive zeigen: »Du scheinst dieses Jahr mit den Hausaufgaben überfordert zu sein, ganz anders als in der ersten Klasse!«
Ihm von außen eine Struktur aufdrängen, ohne nach seinem Input zu fragen: »Du machst Hausaufgaben, wenn du aus der Schule kommst, bis du fertig bist. Kein Fernsehen, kein Tablet, bis alles gemacht ist.«	Empathie und Wärme bekunden: »Wir wissen, dass du so hart arbeitest, und das kann ermüdend sein. Wir sind wirklich stolz auf alles, was du dieses Jahr lernst.«
Aufdringliches Verhalten an den Tag legen: »Das dauert ja ewig. Ich sage dir jetzt einfach den Rest der Antworten.«	Gründe nennen: »Wenn du das zu Hause übst, hilft es dir, in der Schule schneller zu lernen, und dann fällt dir alles leichter.«
Erniedrigende Bemerkungen machen: »Das ist doch so einfach. Warum schaffst du das nicht schneller?«	Das Kind in die Entscheidungen rund um die Hausaufgabenzeit einbeziehen und ihm helfen, sich auf seine Bedürfnisse einzustellen: »Wann hast du das Gefühl, dass es für dein Gehirn am einfachsten ist, Hausaufgaben zu machen?«
	Flexible Formulierungen verwenden: »Was hältst du davon, wenn du nach dem Lego spielen Mathe machst und dann die Sendung anschaust?«
	Unabhängigkeit und ein Gefühl der Kompetenz stärken: »Du scheinst zu wissen, wie das geht, aber sag Bescheid, wenn du nicht weiterkommst.«

Dieses Szenario stammt direkt aus meiner Familie. Ich kann also sagen, wie es im wirklichen Leben umgesetzt wurde. Nachdem wir einige Wochen lang zugesehen hatten, wie unser Sohn wegen seiner neuen Hausaufgabenpflichten am Rad drehte und sich negativ über die Schule äußerte, hatten mein Mann und ich beim Abendessen ein vertrauliches Gespräch mit ihm. Auf unsere neutralen Fragen hin gewährte er uns einige hilfreiche Einblicke: »Ich bin nach der Schule einfach müde. Es tut meinem Gehirn weh, die Hausaufgaben zu machen.« Wir fragten ihn nach seiner Vorstellung, wie die Hausaufgaben zu bewältigen seien, und er erklärte uns, dass es seinem Gehirn morgens besser gehe. Er ist Frühaufsteher und macht sich zügig fertig, das war also eine realistische Strategie.

Obwohl der kontrollbasierte Ansatz des Szenarios durch die vorhersehbare Struktur einer festen Hausaufgabenzeit Beständigkeit bietet, geht man damit andere Behinderungen für die Hausaufgaben nicht an, namentlich die mangelnde innere Motivation des Kindes. Wenn man die Erfahrungen des Kindes mit den Hausaufgaben und sein Gefühl der Handlungsfähigkeit ignoriert, übt man Druck auf das Kind aus und bekämpft seine Freude am Lernen. Das hieße Öl ins Feuer der Machtkämpfe bei den Hausaufgaben zu gießen, statt es zu löschen.

Die Kombination aus Autonomie-fördernden Strategien, die mein Mann und ich verwendeten – die Erfahrungen unseres Sohnes nachvollziehen, ihn bei der Problemlösung miteinbeziehen, die Erwartung aufrechterhalten, dass die Hausaufgaben erledigt werden, und die tägliche Verwendung einer flexiblen Sprache – verbesserte dagegen seine intrinsische Motivation. Mein willensstarker, lebhafter, aber schnell überforderter Sohn fand seinen Rhythmus. Er machte es fortan so, dass er nach Hause kam, sofort seine zwanzig Minuten las – weil er halt gern liest – und nebenher einen Snack zu sich nahm. Danach fühlte er sich in der Lage, zwischen Entspannung und Hausaufgaben zu wechseln, bis er mit dem Erreichten zufrieden war. Manchmal hob er auch Arbeiten für den nächsten Morgen auf, aber nicht immer. Ich glaube, allein die Tatsache, dass die Erledigung der Hausaufgaben seine bewusste Entscheidung war, stärkte sein Selbstvertrauen. Und das Beste daran? Keine Tränen, keine fliegenden Bleistifte.

In der Adoleszenz: Erst scheitern lassen, dann Erfolg haben

Anfang der Nullerjahre absolvierte ich ein Psychologiepraktikum in Stanford. Nach diesem Jahr war ich entschlossen, keine Teenager in der Bay Area großzuziehen. 2015 erschien in der Zeitschrift The Atlantic ein Artikel[105] über die alarmierend vielen Selbstmorde im Silicon Valley, oft im Zusammenhang mit Zügen und Schienen. Die tragische Komplexität der Selbstmordrate unter Jugendlichen würde den Rahmen dieses Buches bei Weitem sprengen. Diesen wichtigen Kontext müssen wir aber bei den Themen Erziehung und Schule berücksichtigen, da es um unsere Kinder in Mittel- und Oberstufe geht, deren mentale Gesundheit gerade von einer Krise bedroht ist. Wir erziehen Heranwachsende vor dem Hintergrund von Herausforderungen und Ängsten, die in Wettbewerb und Vergleichen wurzeln. Sich an die positiven Aussichten dieser Entwicklungsphase zu erinnern kann helfen, die Wettbewerbs- und Kontrollbestien in uns zu beruhigen und uns zur Förderung der Autonomie mit all ihren schulischen und psychologischen Vorteilen zu animieren.

Die Herausforderung: Die schulischen Anforderungen und Ansprüche nehmen in der Jugend zu. Die externen Motivatoren vervielfachen sich (z. B. der Wunsch, aufs beste College zu gehen), die innere Motivation sinkt nachweislich. Zuvor motivierte Kinder können ausbrennen und ihre Liebe zum Lernen verlieren, falls es diese je gab. Es ist Teil einer gesunden Entwicklung, dass die Jugendlichen sich von der Familie abgrenzen. Je mehr Druck wir also in Bezug auf Noten und College-Vorbereitung ausüben, desto mehr drängen wir sie wahrscheinlich dazu, sich weniger statt mehr zu engagieren. Und selbst wenn wir den Druck verringern, können die Jugendlichen durch Freundesgruppen, in denen nach Erfolg gestrebt wird, immer noch unter Gruppenzwang geraten. Die Kehrseite des Leistungsdrucks sind Jugendliche, die sich auf der Suche nach ihrer Identität selbst als »schlecht in der Schule« wahrnehmen und sich entziehen. Es ist wichtig zu erkennen, inwiefern Hausaufgaben diesen Druck verstärken: Jugendliche, die von ihren Eltern oder Freunden zur Leistung angestachelt werden, widmen den Hausaufgaben möglicherweise eine ungesunde Menge an Zeit, während Jugendliche, die von den Anforderungen in der Mittel- und Oberstufe überfordert sind, sich möglicherweise inkompetent fühlen und deshalb ihre Hausaufgaben gar nicht erledigen.

Die Befürchtung: Eltern scheinen von der grundlegenden Angst getrieben zu sein, dass ihre Kinder nicht aufs College vorbereitet sind oder nicht an einem College angenommen werden, das die Familie als »gut genug« erachtet. (Ich habe erlebt, dass diese Furcht bereits vor der Mittelstufe beginnt.) Die Erkenntnis, dass ein Kind seine Hausaufgaben nicht macht, insbesondere am Übergang zur Mittel- oder Oberstufe, kann die Angst der Eltern um die Zukunft ihrer Kinder noch verstärken. Ich habe den Verdacht, dass die Reaktion der Eltern bei Problemen mit den tagtäglichen Hausaufgaben (zum Beispiel das Nicht-Erledigen) diese größere Sorge widerspiegelt. Das kann den Druck im Kessel der schulischen Erwartungen maximal erhöhen.

In dieser Situation kann in der Familie an den eigenen Werten gearbeitet werden, um einer angstgesteuerten Erziehung vorzubeugen. Widmen Sie sich mal der Suche nach Ihren schlimmsten Ängsten, und hinterfragen Sie, welche Wertvorstellung dafür verantwortlich ist, dass Ihr Kind unbedingt auf eine bestimmte Art von College gehen muss. Dann überlegen Sie, wie es sich anfühlen würde, wenn es eine andere Wahl treffen würde. Idealerweise fühlt sich Ihr Teenager durch diese Überlegungen darin unterstützt, eine Entscheidung für seine Zukunft zu treffen, die sich nach einer eigenen anfühlt und nicht danach, nur den Erwartungen der Eltern zu entsprechen. Vielleicht hilft es, sich zu fragen: »Wie würde es sich anfühlen, wenn mein Kind das College meiner Träume verlässt, weil dieses College nie *sein* Traum war?«

Die Hoffnung: Die Adoleszenz stellt eine wichtige Phase der Identitätsentwicklung und der Höchstleistungen im Gehirn dar. Sie ist die Zeit für junge Menschen, um ihre Interessen zu entdecken und sich von innen heraus zu motivieren, ihren persönlichen Weg zum Erfolg zu finden, der von ihnen selbst und nicht von anderen bestimmt wird. Da sich ihre kognitiven Fähigkeiten weiter verfeinern und Introspektion und Selbstreflexion zunehmen, vermögen sie jetzt am besten, ihre Wertvorstellungen zu erforschen und herauszufinden, wie diese mit ihrer Rolle in der Welt zusammenhängen – einer Welt, die sich weit über die Schule hinaus erstreckt.

Um angesichts ihrer wachsenden Unabhängigkeit und Selbstwahrnehmung mit ihnen statt gegen sie zu arbeiten, müssen wir uns mit der Tatsache abfinden, dass die Heranwachsenden manchmal in der Schule Misserfolge erleben müssen. Und wir sollten sie machen lassen. Jessica Laheys Buch *The Gift of Failure* liefert überzeugende Beweise und Argumente dafür, unsere Kinder auch mal scheitern zu lassen. Eine erwähnenswerte Erkenntnis besagt, dass die Mittelstufe ein entscheidender Zeitraum dafür ist, innere Motivation aufzubauen, die unsere Kinder bis in die Oberstufe begleitet. Um das zu tun, müssen sie sich für das Lernen und die Schule engagieren. Und um das zu tun, müssen wir uns zurückhalten und sie buchstäblich scheitern lassen. Je mehr wir uns einmischen, desto weniger haben sie das Gefühl, dass sie das Lernen in die Hand nehmen müssen; wenn es ihr Scheitern und ihre Konsequenzen sind, haben sie mehr Anteil an dem Prozess. Und sie haben die Möglichkeit, beim nächsten Mal andere Entscheidungen zu treffen, weil sie sich ein besseres Ergebnis wünschen.[106]

Mir ist bewusst, dass manche Schulstrukturen besser geeignet sind als andere, um das Zurücktreten und Loslassen zu erleichtern – nämlich die, bei denen Noten in der Mittelstufe nicht von Bedeutung sind. Ein Schulsystem dagegen, in dem die Leistungen in der Mittel-stufe Teil des Bewerbungsverfahrens für wettbewerbsorientierte wei-terführende Schulen sind ... Was soll ich sagen? Hier zeigt sich, dass wir als Eltern nicht alles in der Hand haben. Änderungen des Systems würden dazu beitragen, das zu unterstützen, was wir in unseren Fa-milien erreichen wollen. Sie sollten jedoch auf jeden Fall sorgfältig abwägen zwischen dem Wert einer wettbewerbsorientierten weiter-führenden Schule und der Entwicklung von Fähigkeiten und intrin-sischer Motivation. Auch wenn das Sozialleben in Kapitel 7 geson-dert behandelt wird, lohnt es sich, noch einmal zu betonen, dass die soziale Kompetenz ein stärkerer Prädiktor für den beruflichen Erfolg im Erwachsenenalter ist als Noten. Das kann dazu beitragen, einen Teil des inneren Drucks im Hinblick auf die Schule von uns zu neh-men, um uns daran zu erinnern, auch positive soziale Beziehungen zu fördern.

Wie können Sie also Ihrem Jugendlichen helfen, eine innere Mo-tivation für Schule und Hausaufgaben zu entwickeln, und gleich-zeitig Ihre elterlichen Ängste vor Scheitern und Kontrollverlust unterdrücken? Aufgrund der Unterschiede zwischen den frühen Teen-agerjahren in der Mittelstufe und den mittleren bis späten Teenager-jahren biete ich für beide Altersgruppen separate Tipps für den Um-gang mit anstehenden Hausaufgaben an. Obwohl sich diese Tipps auf die Autonomieförderung rund um die Hausaufgaben konzentrieren, lässt sich das leicht mit den schulischen Leistungen im Allgemeinen in Zusammenhang bringen, da sie untrennbar miteinander verbun-den sind. Wie alle Empfehlungen in diesem Buch sollten Sie auch diese Tipps flexibel und im Rahmen des Machbaren umsetzen, damit sie zu Ihnen und Ihrem Kind passen.

Die Mittelstufe

Der Übergang in die Mittelstufe bringt oft eine deutliche Anhebung der schulischen Anforderungen mit sich, was mehr Zeit für Hausaufgaben erfordert. Zu Hause. Während also Ihr Kind in der Mittelstufe übermäßig viel emotionale Energie für die Bewältigung sozialer Stolpersteine und der Pubertät aufwendet, soll es auch noch viel mehr lernen. Es ist müde, und die Einhaltung der Hausaufgabenzeit dürfte ihm schwerfallen.

Viele der Tipps für die Hausaufgaben in der Grundschule gelten auch hier. Je nach Schule müssen sie vielleicht angepasst werden, um die längere Hausaufgabenzeit auszugleichen. Außerdem müssen Sie auch zwei andere große Veränderungen berücksichtigen, die Einfluss auf die Erledigung der Hausaufgaben haben: Sie sind vielleicht nicht mehr in der Lage zu helfen (ich weiß nichts mehr über Geometrie, Sie etwa?), und in der Mittelstufe wollen Ihre Kinder Sie im Allgemeinen noch weniger um sich haben als in früheren Jahren. Denken Sie jedoch daran, dass bei Ihrem Kind, auch wenn es laut verkündet, wie unabhängig es schon ist, immer noch die Teile seines Gehirns entwickelt werden, die für Planung, Organisation und Zeitmanagement zuständig sind, und dass es Unterstützung durch Scaffolding braucht. Unterstützung, keinen persönlichen Assistenten (also Sie).

Beginnen Sie mit eimerweise Empathie, versetzen Sie sich in Ihr Kind hinein. Ein Fünft- oder Sechstklässler hat im Laufe des Schultages so viel mehr zu bewältigen, darunter viele verschiedene Fächer mit anderen Lehrern. Und Hausaufgaben in jedem Fach! Betrachten Sie die ersten Wochen als wichtige Zeit, um sich mit Ihrem Kind über seine Erfahrungen mit diesen Veränderungen auszutauschen und darüber, wie es damit zurechtkommt. Zeigen Sie Ihre Neugier durch neutrale Fragen, bieten Sie Bestätigung und Unterstützung. Widerstehen Sie der Versuchung, die Hausaufgaben bis ins kleinste Detail zu kontrollieren. Dies kann die Voraussetzungen für eine effektivere Beteiligung der Eltern schaffen, falls diese überhaupt nötig ist, da Ihr Kind in dieser neuen Umgebung ja Unabhängigkeit und Kompetenz entwickeln soll.

Scaffolding nutzen. Da für die Mittelstufe anspruchsvolleres Denken und Planen nötig sind, ist es hilfreich zu verstehen, wie viel Struktur Sie dem Kind von außen vorgeben müssen, damit es seine Hausaufgabenzeit organisieren kann. Experimentieren Sie mit verschiedenen Strukturvorgaben, um zu sehen, was am besten funktioniert: Kalender, To-do-Listen auf dem Handy, usw.

Zur Unabhängigkeit anhalten. Wenn Ihr Kind Sie bittet, in seinem Namen mit einem Lehrer Kontakt aufzunehmen, geben Sie ihm so oft wie möglich die Verantwortung zurück. Es braucht vielleicht etwas Hilfe dabei, wie man eine E-Mail an eine Autoritätsperson verfasst, aber je eher Sie von ihm erwarten, dass es Verantwortung für seine schulischen Belange übernimmt, desto mehr Kompetenz und Autonomie kann es entwickeln.

Schauen wir nun einmal darauf, was uns verleiten könnte, Hausaufgaben mit Mittelstufenschülern auf Basis eines autoritären Erziehungsansatzes anzugehen, der auf der Angst beruht, dass unsere Kinder in der Schule versagen und sie womöglich abbrechen. Und wir schauen uns an, wie das Ganze im Rahmen der Autonomieförderung aussehen könnte (die auf dem Aufbau von innerer Motivation und Selbstvertrauen fußt und nicht auf dem Erreichen eines gewünschten Notendurchschnitts).

Das Szenario: »Ich hab den Stoff nachgeholt, alles in Ordnung« – aber nichts ist in Ordnung

Ihr naseweiser Achtklässler hat entdeckt, dass er schon alles weiß, weshalb Sie (die Eltern) überflüssig sind. Er schwört, dass er mit dem Stoff durch ist, es sei alles in Ordnung. Um nicht als »Helikopter-Eltern« dazustehen, nehmen Sie ihn beim Wort und unterdrücken den Drang zu nörgeln und zu kontrollieren. Doch dann kommt das Zeugnis, und die Noten sehen nicht aus, als sei alles in Ordnung. Auf Nachfrage bei den Lehrern stellt sich heraus, dass zahlreiche Arbeitsaufträge fehlen, was sich auf die Noten auswirkt. Wie reagieren Sie, wenn Ihr erster Impuls darin besteht, Ihr Kind daran zu erinnern, dass Sie sehr wohl mehr wissen als es selbst, und dass es sich vielleicht daran erinnern wird, wenn Sie ihm verbieten, sein Handy jemals wieder zu benutzen?

Kontrollbasiert	Autonomie-fördernd
Beschämende Kommentare abgeben: »Was zum Teufel stimmt nicht mit dir? Kriegst du nicht mal in Sport eine Eins?«	Selbstregulierung: Atmen Sie ein paar Mal tief durch, und gehen Sie in sich. Lassen Sie den Drang zu einer heftigen emotionalen Reaktion verfliegen, bevor Sie Ihr Kind zur Rede stellen.
Schuldgefühle hervorrufen: »Wir haben so hart dafür gearbeitet, die besten Eltern zu sein, und nicht rumgemotzt, und was hat uns das gebracht?«	Interesse bekunden: »Mich interessiert wirklich, wie der Unterschied zwischen dem, was im Zeugnis steht, und dem, was du mir über die Erledigung deiner Aufgaben gesagt hast, zustande kommt.«
Drohen: »Wenn du mich noch einmal anlügst, nehme ich dir alle elektronischen Geräte weg.«	Den Standpunkt des Kindes erkunden: »Wie hast du die Arbeitsbelastung empfunden?«
Bestrafen: »Keine Treffen mit deinen Freunden, solange du nicht überall gute Noten hast.«	Seine Wertvorstellungen miteinbeziehen: »Was ist dir an der Schule wichtig? Worin besteht ihr Sinn, und sind Noten wichtig oder nicht?«
Externe Motivatoren verwenden: »Ich geb dir für jede Eins im nächsten Zeugnis Geld.«	Familiäre Wertvorstellungen ansprechen: »Uns ist wichtig, dass du ehrlich sagst, was los ist, damit wir dir vertrauen können. Außerdem sind wir der Meinung, dass Bildung im Leben hilft und dass harte Arbeit und Engagement wichtige Kompetenzen im Leben sind.«
	Empathie für das vom Kind Erzählte zeigen: »Es klingt, als wäre die Schule langweilig, und es ist schwer, Hausaufgaben zu machen, wenn man lieber etwas anderes tun würde.«
	Regeln begründen: »Das Problem ist, dass du nicht offen zu uns warst, also können wir dir nicht mehr glauben. Wir brauchen ein neues System, um zu verfolgen, wie gut du mitkommst, damit du nicht noch mehr Rückstand hast und überfordert bist. Du bist ja noch dabei zu lernen, wie man all diese Arbeit plant und organisiert, und dabei könntest du unsere Hilfe brauchen.«

→

Kontrollbasiert	Autonomie-fördernd
	Das Kind in die Entscheidungen einbeziehen: »Hast du eine Idee, mit welchem System wir alle auf dem Laufenden bleiben, was deine Arbeit betrifft, ohne dass du uns lästig findest?«
	Klare Erwartungen benennen: »Der Plan sieht vor, dass wir uns einmal in der Woche zusammensetzen, um den Stand der Arbeitsaufträge zu sehen und eventuelle Probleme zu beheben. Wenn das gut klappt, können wir uns jede zweite Woche hinsetzen.«

Sie haben hoffentlich bemerkt, dass bei der Autonomie-fördernden Reaktion der Schwerpunkt nicht auf den Noten liegt, sondern auf Wertvorstellungen wie Ehrlichkeit und Arbeitsmoral, und auf der Unterstützung des Kindes bei der Erledigung seiner Aufgaben mithilfe von Scaffolding. Man könnte argumentieren, dass die kontrollbasierte Reaktion unmittelbarer wirkt als der Autonomie-fördernde Ansatz. Kurzfristig mag dies der Fall sein, aber vermutlich auf Kosten des langfristigen Lernverhaltens und der inneren Motivation. Der massive Einsatz externer Motivatoren mag das Verhalten vorübergehend ändern, aber die Motivationsforschung hat durchweg ergeben, dass von außen motivierte Veränderungen nicht von Dauer sind und die interne Motivation sinken lassen. Beachten Sie bei der kontrollbasierten Reaktion auch, dass der Grund für die Leistungsprobleme des Kindes überhaupt nicht angesprochen wird, wohingegen die Autonomie-fördernde Reaktion genauestens auf Probleme und Lösungen eingeht.

Die Oberstufe

Hoffen wir, dass die Mittelstufe ein gutes Übungsfeld für die Hausaufgaben war, um sich auf die höheren Anforderungen der Oberstufe vorzubereiten. Denn dort steigt der Notendruck natürlich, weil der Abschluss nur noch wenige Jahre entfernt ist. Das Ausmaß dieses Drucks hängt von den Ansprüchen und der Kultur der Familie ab. Ich hoffe, dass wir uns angesichts der Alarmglocken, die inzwischen in Amerika wegen der zu starken Konzentration auf die Aufnahme an den Universitäten der Ivy League läuten, alle etwas beruhigen, aber ich bin mir der unterschiedlichen Gründe bewusst, aus denen Eltern ihr Kind drängen, zumindest aufs College zu gehen (zum Beispiel, um später finanziell besser abgesichert zu sein, oder um der Erste in der Familie zu sein, der einen College-Abschluss macht usw.).

In dieser Entwicklungsphase können die Jugendlichen stichhaltige Diskussionen mit ihren Eltern haben, die kritisches Denken erfordern, um ihre Wertvorstellungen auszuloten, die – das sollten Sie nicht vergessen – sich von Ihren unterscheiden können. In der Pubertät kann sich auch die innere Motivation eines Teenagers festigen und mit seinen persönlichen Wertvorstellungen in Einklang gebracht werden. Er kann erkennen, dass es eine Rolle für die Zukunft spielt, sich in der Schule und bei den Hausaufgaben zu engagieren. Eine weitere gute Nachricht ist, dass das Gehirn eines Heranwachsenden jetzt über größere Kapazitäten für wichtige Teile der Hausaufgaben verfügt, wozu Eigeninitiative, Zukunftsplanung, Organisation und Urteilsvermögen gehören.

In Bezug auf Erziehung und Hausaufgaben in diesen Jahren vor dem Schulabschluss sollten Sie sich fragen, was passiert, wenn Sie weiter die Hausaufgaben Ihres Teenagers überwachen und managen, aber dann nicht mit ihm ins College ziehen? Macht er dann plötzlich all seine Arbeit allein? Meine Aufgabe ist es, Ihnen zu sagen, was Sie sicher bereits ahnen – nein, macht er nicht. Ich habe das bei jungen Erwachsenen erlebt, mit denen ich bei der Arbeit zu tun habe, und die nach dem Abschluss ans College wechseln – kluge, junge Erwachsene, die so an die allgegenwärtige Unterstützung durch ihre fürsorglichen Eltern gewöhnt sind, dass sie ohne diese ins Straucheln geraten. Mit Straucheln meine ich, dass sie das College abbrechen oder von einer vierjährigen auf eine zweijährige Ausbildung verkürzen und wieder bei ihren Eltern einziehen.

Wenn Sie also wollen, dass Ihr Kind auf dem College bleibt, sobald es einmal dort ist, ist es ein wichtiger Schritt in diese Richtung, während der letzten Schuljahre selbstständig Hausaufgaben zu machen. Eine bemerkenswerte Bedrohung ist die Tatsache, dass die Technologie es den Eltern ermöglicht hat, online jede Note für die kleinsten Arbeitsaufträge einzusehen. Wissen ist Macht, heißt es, aber in diesem Fall kann zu viel Wissen die Förderung der Unabhängigkeit beeinträchtigen. An diesem Beispiel zeigt sich, worin die Herausforderung für heutige Eltern hauptsächlich besteht: In einer Kultur des Übermaßes und der Möglichkeit übermäßiger Überwachung müssen wir lernen, uns zu mäßigen, ausgerechnet dann, wenn Teenager in ihrem Drang nach Freiheit in den höchsten Gang schalten.

Die Erziehung in dieser Phase der Adoleszenz erfordert eine sorgfältige Dosierung einiger Spritzer Aufsicht im großen Planschbecken der Freiheit. Wenn es um Hausaufgaben geht, sollte die Beteiligung aus der Vogelperspektive erfolgen, mit dem übergeordneten Ziel, dass Ihr Kind im letzten Schuljahr alleine klarkommt, denn das ist es, was es auch danach können muss.

> Andere Ressourcen nutzen (damit sind nicht Sie gemeint). Da das erste Jahr der Oberstufe ein wichtiger Übergang im Leben ist, ist das der richtige Zeitpunkt, die elterliche Erziehung durch externe Strukturen zu ergänzen und so die exekutiven Fähigkeiten Ihres Kindes zu unterstützen. Erstellen Sie gemeinsam eine Liste der verfügbaren Ressourcen: Beratungslehrer, Tutorenstunden in der Schule, freiwillige Zusatzkurse zum Vertiefen der organisatorischen Fähigkeiten usw.

> Zeitmanagement lernen. Erarbeiten Sie gemeinsam einen Zeitplan, um genügend Muße für die Hausaufgaben zu haben, und lassen Sie Ihr Kind diesen Zeitplan befolgen. Wenn es Probleme hat, fordern Sie es auf, Sie um Hilfe bei der Problemlösung zu bitten, aber vertrauen Sie darauf, dass es von allein weiß, wann es Hilfe braucht.

> Beaufsichtigen ja, ständige Nähe nein. Machen Sie es zur Regel, dass Sie regelmäßig die Fortschritte checken. In Abhängigkeit von der Größe Ihrer Sorge können Sie anfangs wöchentlich fragen, im Lauf der Zeit aber alle zwei Wochen oder sogar nur einmal im Monat. Das sorgt für Verantwortung und zeigt, dass Sie, auch wenn Sie nicht täglich nachfragen, aufmerksam und interessiert sind.

> Den Prozess in den Fokus stellen, nicht das Ergebnis. Was macht Ihr Kind gern? Wo hat es Schwierigkeiten? Je offener Sie sich zeigen, wenn es darum geht, seine Erfahrungen als Ganzes zu verstehen, statt seinen Notendurchschnitt zu hinterfragen, desto aufrichtiger wird es wahrscheinlich zu Ihnen sein. So haben Sie mehr Möglichkeiten, es bei Bedarf zu unterstützen.

> Sich von Wertvorstellungen leiten lassen. Denken Sie daran, die Wertvorstellungen als Teil der schulbezogenen Diskussionen zu behalten – *seine* Wertvorstellungen. Was ist ihm in der Schule wichtig?

Was bedeutet »gut abschneiden« für Ihr Kind – nicht für Sie? Passt das zu seinen Zukunftsplänen? Wenn ich mit Jugendlichen zu tun habe, die ein Medizinstudium anstreben, sich aber vor den Hausaufgaben drücken, besprechen wir, dass dieses Verhalten nicht zum Erreichen ihrer Ziele beiträgt. Wenn es ein Ungleichgewicht gibt, kann es hilfreich sein, die Gründe dafür zu erforschen. Sind diese Ziele wirklich ihre eigenen? Wie passt die Vision ihrer beruflichen Zukunft zu der authentischen Person, die sie sind? Das Schöne an diesem Alter ist, dass die Jugendlichen diese Gespräche führen können, wenn sie glauben, dass ihre Eltern hören wollen, was sie zu sagen haben.

Als ich auf einer Geburtstagsfeier im Kindergarten mit einer anderen Mutter plauderte, erzählte sie mir von ihrer Reaktion darauf, wie viel Prozent ihre Tochter bei einem standardisierten Test erreicht hatte: »Ich habe ihr gesagt: ›Mit 80 Prozent schaffst du es nicht nach Stanford!‹« Die Tochter war in der dritten Klasse. Ich war fassungslos. Ich hatte mich bemüht zu verhindern, dass die Leistungsdämonen aus meiner eigenen Kindheit in das Leben meiner Kinder eindrangen und ihnen schadeten. Durch das Gespräch auf der Geburtstagsfeier wurde mir klar, dass fürsorgliche und engagierte Eltern möglicherweise auf ihre eigenen Leistungsdämonen reagieren, ohne sich dessen bewusst zu sein.

Ich bin überzeugt, dass Eltern ihre eigene Motivation dahingehend entwickeln können, dass sie das Schulleben ihres Kindes mit Hoffnung, statt mit Angst angehen. Eine Neubewertung der begrenzten Definition von Erfolg, der Verzicht auf Vergleiche und Wettbewerb, um sich auf die einzigartigen Stärken Ihres Kindes zu konzentrieren, und eine gemeinschaftliche Anstrengung, um die innere Motivation Ihres Kindes zu beeinflussen, statt sich auf Noten und Testergebnisse zu konzentrieren – all das sind Möglichkeiten, um von einer auf Angst beruhenden zu einer auf Stärken beruhenden Erziehung im Hinblick auf die schulische Bildung überzugehen. Eltern können ihre besten Absichten – tiefe Fürsorge und Engagement für die Zukunft ihrer Kinder – auf eine Weise verwirklichen, die das autonome Selbst eines Kindes fördert, damit es für die Welt bereit ist und nicht nur fürs College.

Erziehung zu echtem Erfolg
quer durch alle Altersgruppen:
Wichtige Erkenntnisse

> Eher die Anstrengung loben, statt das Ergebnis. Natürlich wollen wir unsere Kinder loben, wenn sie bei einem Test oder in einem Kurs gut abschneiden, aber im Sinne einer wachstumsorientierten Denkweise sollten wir auch den Prozess loben: »Ich bin so stolz darauf, wie konzentriert du dich vorbereitet hast« oder »Du fandest es schwer, aber du hast durchgehalten!« Damit lenken Sie die Aufmerksamkeit auf Eigenschaften und Werte, die Sie fördern wollen, und nicht auf die Endnote.

> Erwartungen vorgeben, die zu Fähigkeiten und Interessen passen. Zu einer wirksamen Förderung gehört auch, dass wir unsere Erwartungen an die Fähigkeiten unserer Kinder anpassen. Wir müssen den Punkt treffen, an dem unsere Kinder gefordert und interessiert, aber nicht überfordert sind.

> Die innere Motivation fördern. Indem wir uns auf den Lernprozess konzentrieren und unsere Erwartungen an die Fähigkeiten des Kindes anpassen, stärken wir das Kompetenzgefühl des Kindes. Das wiederum stärkt die innere Motivation, die magische Zutat für positive Erfahrungen in der Schule.

> Werte kommen an erster Stelle. Studien belegen, dass nicht die tatsächlichen Wertvorstellungen der Eltern wichtig sind, sondern das, was Jugendliche dafür halten. Im Einklang mit dem Ziel der Autonomie-fördernden Erziehung, ein auf Wertvorstellungen beruhendes Verhalten zu fördern, müssen wir jede sich bietende Gelegenheit nutzen, um ausdrücklich zu betonen, wie sehr uns Verhaltensweisen und Eigenschaften außerhalb der Schule am Herzen liegen, genau wie die Wertvorstellungen, für die sie stehen.[107]

> Auf die individuellen Stärken schauen. Nicht jedes Kind passt in die traditionelle Schule, und die amerikanische Kultur jedenfalls ist nicht dafür bekannt, dass sie andere Arten von Erfolg wertschätzt. Wenn Ihr Kind eine besondere Begabung außerhalb der Schule aufweist, kann es für sein allgemeines Wohlbefinden entscheidend sein, Zeit und Energie auf die Förderung dieser Begabung zu verwenden. Das stärkt Zuversicht und Zufriedenheit Ihres Kindes und

gleicht so die Schwierigkeit aus, sich durch den Schulalltag quälen zu müssen.

> Wohlbefinden ist vielschichtig. Im Idealfall haben unsere Kinder jede Woche Zeit, sich in das zu vertiefen, was sie wirklich lieben. Ob sie vor dem Abendessen stundenlang Basketball spielen, ein Lego-Set von Anfang bis Ende zusammenbauen oder in einem Skizzenbuch zeichnen – wenn wir sicherstellen, dass unsere Kinder Zeit für diese Art von Aktivitäten haben, hilft ihnen das nicht nur, sich ruhiger zu fühlen, sondern auch Freude zu empfinden. (Eltern sind da vielleicht ziemlich schlechte Vorbilder, also müssen wir uns vielleicht erst einmal mit uns selbst auseinandersetzen, damit wir das bei unseren Kindern besser fördern können.)

> Der »Grit« entscheidet über den Erfolg, nicht die Noten. »Grit« wird definiert als eine Kombination aus Leidenschaft und Ausdauer. Er hat sich aus der Asche zahlreicher Datenbestände zu unterschiedlichsten Bevölkerungsgruppen erhoben, um diejenigen, die erfolgreich sind, wenn sie vor Herausforderungen stehen, von denen zu unterscheiden, die aufgeben. Wie Sie sich vorstellen können, steht dieser Grit für eine etwas umfangreichere Definition von Erfolg, als es Noten jemals könnten.[108]

Kapitel 10

Digitales Leben

Verantwortungsvolle Digital Citizens großziehen: Vom Konsum zur Mitwirkung

> *»Beim gekonnten Umgang mit der digitalen Welt geht es um Beziehungen. Um die Art Verbindung, die wir miteinander haben können. Um Vertrauen. Und Ausgewogenheit.«*
> Devorah Heitner, *Screenwise*[109]

Am ersten Tag der Winterferien bat meine zwölfjährige Tochter um ein Gespräch mit mir. Sie lag zusammengerollt auf ihrem Bett. Sachlich schlug sie mir ein Experiment vor: keine Überwachung des Zeitlimits für ihr Handy während der zwei Ferienwochen. Noch einen Monat zuvor hätte ich ob der Lächerlichkeit dieses Ansinnens laut gelacht. Aber nach diesem Monat und meinen Erlebnissen mit ihr war mir die Idee tatsächlich auch schon gekommen.

Ich hatte mir eingebildet, sie auf wissenschaftlicher Grundlage zu erziehen. Wir hatten bei unserer Tochter viele Autonomie-fördernde Ansätze ausprobiert, um ihre Handynutzung zu steuern. Aber es gab da etwas Schlimmeres als »zu viel Zeit« am Handy: Unsere Beziehung drohte, in die Brüche zu gehen. Wir stritten mehr; ich fürchtete mich jeden Abend davor, das Handy einzukassieren, weil ich vorhersah, wie es am nächsten Morgen laufen würde; sie wurde allmählich heimtückisch, was zu Vertrauensverlust führte. Während ich noch dachte, dass wir als Eltern verantwortungsbewusst handeln, übernahm das Telefon die Kontrolle über unsere Beziehung.

Zu jener Zeit las ich zufällig in Melinda Wenner Moyers Buch *Wie Kinder keine Arschlöcher werden*[110] das Kapitel über Bildschirmzeit. Ein Satz veränderte meine Sicht auf die gesamte Situation: »Im Durchschnitt scheint das Ausmaß der möglichen Auswirkungen von Bildschirmgeräten auf Kinder recht gering und unwesentlich zu sein.«[111] Dieser Verweis auf die Ergebnisse einer 2019 durchgeführten Studie mit 350 000 Jugendlichen[112] ermöglichte es meinem Kopf und meinem Herzen, endlich zueinanderzufinden und meine Ängste zu zerstreuen (also Überlegungen wie »Ich muss meine Tochter vor zu viel Zeit am Handy schützen.«). Ich fragte mich: »Wovor habe ich eigentlich Angst, wenn meine Tochter ihr Handy benutzt?« Und ich musste mich fragen, ob das, was ich befürchtete, schlimmer war als das, was bereits geschah. Das Scheitern unserer Beziehung in diesem Alter, in dem das Aufrechterhalten einer Verbindung so prekär ist, könnte schlimmere Folgen haben als die Überschreitung von zwei Stunden Handy-Zeit.

Als ob die Erziehung von Kindern nicht schon stressig genug wäre, ist das Aufkommen von Mobiltelefonen, Internet, sozialen Medien und der gesamten Cyberwelt zu einer Hauptquelle elterlicher Ängste geworden, die durch irreführende Forschung, anekdotische Horrorgeschichten und unseren eigenen Mangel an Orientierung aufgrund einer völlig analogen Kindheit angeheizt werden. Da es sich aber um einen integralen Bestandteil des modernen Lebens handelt, müssen wir unsere Kinder bei der autonomen Nutzung der digitalen Welt unterstützen und ihnen die Möglichkeit geben, einen verantwortungsvollen und ethischen Umgang damit zu erlernen.

Jede Entwicklungsphase bereitet uns Sorgen. Wir haben ein schlechtes Gewissen, wenn wir unseren Kleinkindern verzweifelt das Tablet überlassen, sind überfordert angesichts der vielen Entscheidungen rund um das digitale Leben in der Grundschulzeit, und verlieren erst recht die Kontrolle bei unseren Teenagern, die anscheinend immer am Handy oder an der Spielkonsole hängen. Wenn die Angst uns antreibt, werden wir kontrollsüchtiger, und ich kann bestätigen, dass der Umgang mit der digitalen Welt auch die größten Autonomieförderer unter uns Eltern noch kontrollwütiger machen kann.

Dieses Kapitel zielt darauf ab, auf Angst basierende Erziehung zu verringern und auf Wertvorstellungen basierende Erziehung im Zusammenhang mit der Digital Citizenship zu erhöhen, indem zentrale Dilemmata in jeder Entwicklungsphase angegangen werden: der klarsichtige und nicht so schuldbewusste Einsatz von Bildschirmgeräten in der frühen Kindheit, der Umgang mit den sozialen Medien in der mittleren Kindheit und das Finden eines Gleichgewichts zwischen Suchtprävention und Förderung der Bindung in der Adoleszenz.

Grundlagen: Wissenschaft, Praxis und Erziehung im wirklichen Leben

Ich habe schon darüber fantasiert, alle elektronischen Geräte im Haus einzusammeln und sie in unsere Feuerstelle im Garten zu werfen, um sie für immer zu zerstören (abgesehen von meinem Telefon natürlich). Es käme mir so viel einfacher vor, außerhalb des Netzes zu leben, wo es keine YouTube-Filter und Beaufsichtigung von TikTok gibt. Einmal habe ich einen Blogbeitrag geschrieben, in dem ich leidenschaftlich und selbstbewusst erklärte, warum »Kinder im Vorschulalter nicht in den sozialen Medien unterwegs sein sollten«. Ich bin mir ziemlich sicher, dass mein eigenes Vorschulkind mich nur wenige Wochen später davon überzeugte, ihm TikTok zu erlauben.

Während ich weiter nach Antworten suche, um meine Angst zu lindern, ist der Stand der Forschung zu den Auswirkungen von Bildschirmzeit, sozialen Medien und Online-Verhalten in der Kindheit – um es kurz zu sagen – verwirrend. Ich bin nicht sicher, ob mehr als eine Woche vergeht, in der ich nicht auf mindestens eine alarmierende Schlagzeile über die Auswirkungen eines dieser Themen auf unsere Kinder stoße. Wenn ich mir die Zeit nehme, den Artikel und nicht nur die Schlagzeile zu lesen, finde ich oft Fehler und übermäßige Verallgemeinerungen, die belegen, dass ein Großteil der Nachrichten in diesem Bereich übertrieben ist und eher auf unser Klickverhalten abzielt als auf substanzielle, nützliche Hinweise.

Beim Durchkämmen evidenzbasierter Leitlinien aus vertrauenswürdigen Quellen kristallisieren sich jedoch folgende Punkte heraus:

> Der nützlichste Erziehungsansatz liegt irgendwo zwischen restriktiv und permissiv: das sogenannte Mentoring.
> Regeln und Grenzen tragen zu einem gesünderen Umgang mit Bildschirmgeräten bei, zumindest bis zu einem Alter von zwölf Jahren.[113]
> Die passive Nutzung von Technologien (Scrollen) scheint mit schlechteren Ergebnissen verbunden zu sein als die aktive Nutzung (Erstellen von Inhalten, Kontakte mit anderen aufbauen).
> Auch der Umgang der Eltern mit den digitalen Geräten ist von Bedeutung – wir sind die größten Vorbilder unserer Kinder.

Obwohl diese wissenschaftlich untermauerten Tipps Parameter für die Erziehung in einer digitalisierten Welt liefern, sorgt ein Blick auf den aktuellen Stand der Forschung womöglich für mehr Fragen als Antworten. Naturgemäß untersucht die Forschung Trends in großen Gruppen, um Durchschnittswerte zu ermitteln, und blendet dabei aus, was in unseren Familien vielleicht am wichtigsten ist: das Individuum. Ein gewisses Maß an Regeln und Grenzen rund um den Gebrauch von elektronischen Geräten steht im Einklang mit der allgemeinen Erkenntnis, dass Kinder mit Grenzen gut zurechtkommen. Aber für Regeln gibt es keine allgemeingültigen Richtlinien. Wir sollten die lange Auflistung von Einschränkungen in der Forschung über Bildschirmzeiten und den Umgang mit digitalen Geräten bei Jugendlichen im Hinterkopf haben, wenn wir zu Hause Entscheidungen treffen.

Erziehung im digitalen Umfeld ist das beste Beispiel für ein Kontrolldilemma. Wir erachten die Einschränkung beim Gebrauch dieser Geräte als wesentlich für ein gesundes Leben unserer Kinder; sie haben oft das Gefühl, dass wir ihre sozialen Bedürfnisse und ihre Freizeit kontrollieren. Unsere Kinder empfinden die Grenzen möglicherweise als Bedrohung für ihre Lebenszufriedenheit, obwohl das Gegenteil unser Ziel ist. Wie können wir also Autonomie-fördernde Praktiken nutzen, um diese Spannung und die digitalen Herausforderungen zu bewältigen, die moderne Erziehung kennzeichnen?

Die wissenschaftlichen Untersuchungen zu dieser Form der Erziehung und digitalen Aktivitäten sind begrenzt, aber das Wenige, das es an Untersuchungen gibt, bringt Autonomie-fördernde Erziehung mit einem gesünderen Verhalten in Bezug auf die digitalen Medien in Verbindung. Eine Studie mit mehr als 3000 zehn- bis zwölfjährigen Kindern in fünf europäischen Ländern ergab, dass in diesen Ländern eine Autonomie-fördernde Kommunikation zum Thema Bildschirmzeit mit weniger Bildschirmzeit einherging, während ein eher kontrollbasierter Ansatz zu mehr Bildschirmzeit führte (gemeint sind Fernsehen, Filme schauen, Internetnutzung in der Freizeit und Videospiele).[114] Es gab einen deutlichen Zusammenhang zwischen dem Vorhandensein von Regeln und weniger Bildschirmzeit – unabhängig vom Erziehungsansatz. Doch die Eltern, die von ihren Kindern als kontrollgesteuert wahrgenommen wurden, berichteten über exzessivere Bildschirmzeiten als die Eltern von Kindern, die einen Autonomiefördernden Erziehungsstil erlebten. Die Autoren weisen darauf hin, dass man diese Ergebnisse auf unterschiedliche Weise interpretieren kann, zum Beispiel gehört dazu auch, dass das Verhalten des Kindes den Erziehungsstil beeinflussen könnte und nicht umgekehrt. Insgesamt sind das allerdings Erkenntnisse, die zum Nachdenken anregen. In einer anderen Studie mit chinesischen Jugendlichen wurde festgestellt, dass ein Autonomie-fördernder Erziehungsstil mit der verbesserten Fähigkeit verbunden ist, in die Zukunft zu denken und Selbstkontrolle zu üben, was wiederum ein positiveres Verhalten im Bereich Digital Citizenship vorhersagte (zum Beispiel respektvolles, hilfsbereites, ethisches Verhalten usw. auf digitalen Plattformen).[115]

Das Konzept vom Digital Citizen und seinem Verhalten umreißt den Zweck dieses Kapitels. Wenn wir die Teilnahme online als eine Notwendigkeit begreifen, um sich in unserer modernen Welt einbringen zu können, wie erziehen wir dann Kinder, die mit anderen so interagieren können, wie wir es uns erhoffen: verantwortungsbewusst, empathisch, moralisch, sicher und respektvoll? Wie können wir das Positive (Möglichkeiten, Lernen, Verbindungen schaffen) maximieren und gleichzeitig das Negative (Suchtverhalten, psychologisch schädliche soziale Vergleiche und Cybermobbing) minimieren?

Unter Verwendung des Autonomie-fördernden Bezugssystems wäre unser Ziel letztlich, Kinder großzuziehen, die diese Probleme und ihr Verhalten selbstständig durchdenken und gute Entscheidungen treffen können, auch wenn sie bereits Fehler gemacht haben. Dieser Prozess vom Kleinkindalter bis zur Adoleszenz würde idealerweise die Entwicklung eines eigenen Gespürs für Grenzen beinhalten, das sie mit größerer Wahrscheinlichkeit erlangen, wenn wir es schaffen herauszufinden, wie wir weniger kontrollgesteuert sein können.

Denken Sie bei der Darstellung der folgenden Entwicklungsabschnitte bitte an die Einzigartigkeit Ihres Kindes und Ihrer Familie. Das Ziel dieses Leitfadens ist es, Sie bei der Entwicklung Ihrer eigenen Familienkultur in Bezug auf Bildschirmzeit und Digitalverhalten zu unterstützen. Dies erfordert eine Mischung verschiedener Fähigkeiten: Ihr Kind zu kennen (Empathie, Einfühlungsvermögen und Akzeptanz), gemeinsam ein System einschließlich Regeln und Erwartungen an das Verhalten zu erstellen, und vor allem flexibel zu reagieren, wenn sich die Umstände – und die Kinder – ändern.

In der frühen Kindheit:
Parken vor dem Bildschirm

Bei meiner Erstgeborenen verfiel ich bereits bei dem Gedanken, jemals einen Fernseher oder Computer zu benutzen, in Panik. Im Alter von zwei Jahren gab ich schließlich nach: eine Episode von *Dora the Explorer* durfte sein, damit ich Abendessen machen konnte. Inzwischen haben wir drei Kinder, und mein Jüngster spielt schon lange vor dem von der American Academy of Pediatrics (AAP) empfohlenen Alter auf dem Tablet. Und er tut dies ganz sicher nicht zusammen mit mir, wie es die AAP ebenfalls empfiehlt. Ich stieß auf einen Artikel mit dem Titel »Trotzanfälle und Bildschirmzeit«, in dem eine Studie über eine kleine Gruppe von Eltern mit ein- bis fünfjährigen Kindern vorgestellt wird.[116] Es war, als würde ich eine Seite aus dem Tagebuch lesen, das ich aus Zeitmangel nicht hatte schreiben können, als ich drei Kinder im Alter von fünf und darunter hatte. Die Autoren der Studie kamen zu dem Schluss: »Die von uns befragten Eltern sehen die relative Freiheit, die sie aus der Bildschirmzeit ihrer Kinder ziehen, kritisch und erleben aufgrund ihrer Überzeugung, dass eine ausgedehnte Bildschirmnutzung für kleine Kinder nicht optimal ist, potenziell einen Interessenkonflikt. Obwohl sie finden, dass die Nutzung digitaler Angebote angemessen ist, um ihre eigene Produktivität oder ihr emotionales Wohlbefinden zu steigern, erklären sie, dennoch ein schlechtes Gewissen und eine ambivalente Einstellung zu haben.«

Klingt vertraut.

Die Herausforderung: Die Forscher bringen das Problem ungewöhnlich klar auf den Punkt: In den meisten Familien kollidiert die Wissenschaft ernsthaft mit dem realen Leben. Obwohl die AAP ihre Empfehlungen 2016 offiziell aktualisiert hat, um Kleinkindern Bildschirmzeit zu erlauben, tat sie das unter dem Vorbehalt, dass immer eine Betreuungspersonen dabei sein müsse, um sicherzustellen, dass die Inhalte angemessen für die Entwicklung sind und einen gewissen erzieherischen Nutzen haben.[117] Das klingt super, steht aber im Widerspruch zur Realität überforderter Eltern. Wie in der Studie über Trotzanfälle und Bildschirmzeit festgestellt wurde, nutzen die meisten Eltern diese, um ihre kleinen Kinder zu beschäftigen, während sie etwas anderes tun, das für einen funktionierenden Familienalltag wichtig ist, wie zum Beispiel das Abendessen zubereiten oder im Home Office tätig sein. Und manchmal wollen wir einfach nur kurz unsere Ruhe haben. Prompt meldet sich das schlechte Gewissen, wenn wir unseren anhänglichen Kleinen das Tablet in die Hand drücken, damit wir mal durchschnaufen können und nicht nur Eltern sein müssen.

Die Befürchtung: Viele von uns befürchten, dass es die Entwicklung unserer Kleinkinder beeinträchtigen könnte, wenn wir ihnen das Tablet überlassen, nur damit wir einen Podcast hören oder ohne Unterbrechung duschen können. So wie die meisten Medien die Forschungsergebnisse darstellen, schürt das die Befürchtung, dass die Nutzung digitaler Angebote die Sprachkenntnisse beeinträchtigt oder unser Kleinkind entweder durch zu viel Stimulation aggressiv oder durch zu wenig Stimulation zum Zombie macht. Dabei ist es in der modernen Welt praktisch unmöglich, mit Kleinkindern und Vorschulkindern ein Leben ohne digitale Angebote zu führen.

Die Hoffnung: Wenn wir für Klein- und Vorschulkinder ein Gleichgewicht bei der Nutzung digitaler Angebote finden, können wir ihnen helfen, diese Aktivitäten zu genießen, aber nicht von ihnen abhängig zu werden. Gleichzeitig können wir Zeit gewinnen und den emotionalen und geistigen Freiraum schaffen, um aufmerksame und präsente Eltern zu sein. Wenn wir Grenzen und Regeln aufstellen und Möglichkeiten zur bewussten Nutzung der Bildschirmzeit testen, können wir die Vorteile der digitalen Welt genießen, ohne das Gefühl eines Interessenkonflikts zu haben.

Um der Herausforderung zu begegnen, Bildschirmzeit und kleine Kinder in Einklang zu bringen, und um den Ängsten entgegenzuwirken, die schlechtes Gewissen und Schuldgefühle schüren, wenn wir Bildschirmzeit zulassen, ist es hilfreich, einen ausgewogenen Blick auf die Forschung zu werfen und den gesunden Menschenverstand einzuschalten. Erstens: Zu den dokumentierten Vorteilen für Kleinkinder, die sich Videos und Serien ansehen oder sich sogar mit Lernspielen beschäftigen, gehören folgende: Vermittlung von Empathie, Verbesserung des Wortschatzes (und das mit Dora!), die Entwicklung der Fähigkeit, Probleme zu lösen, die sich tatsächlich auf das wirkliche Leben übertragen lässt, und der Aufbau von Lese- und Schreibfähigkeiten mit E-Büchern und interaktiven Apps, wenn sie gemeinsam mit den Eltern genutzt werden.[118] Auch die Behauptung, dass die Bildschirmzeit die Entwicklung von Kindern beeinträchtigt, habe ich mir näher angeschaut und festgestellt, dass die Ergebnisse durch andere Faktoren wie Armut und bereits bestehende Entwicklungsprobleme verfälscht werden. Unsere Befürchtungen sind dennoch nicht ganz unbegründet, denn »ausufernder Medienkonsum« vor dem dritten Lebensjahr steht in Zusammenhang mit Aufmerksamkeitsstörungen und langfristigen Gesundheitsproblemen in Bezug auf Gewicht und Schlaf. Doch genau hier kommt der gesunde Menschenverstand ins Spiel: In der Forschung werden in der Regel die Extreme untersucht (zum Beispiel weit mehr als zwei Stunden Bildschirmzeit), aber unsere Erziehung verläuft oft moderater.

Wenn Sie die ursprünglichen offiziellen Richtlinien der AAP, also null Bildschirmzeit für Kleinkinder, nicht befolgt haben, sind Sie damit nicht allein. Eine Umfrage ergab, dass 90 Prozent der Eltern sie ignoriert haben. (Und worin sind sich 90 Prozent der Eltern schon einig?) Da wir die Realität akzeptieren, dass die meisten Eltern den Kontakt zu digitalen Medien nicht aufschieben werden, bis ihr Kind in die Grundschule kommt, gibt es einige Überlegungen zur frühkindlichen Entwicklung, die Sie bei Ihren Entscheidungen berücksichtigen sollten. Im Alltag erfordert beispielsweise der Übergang von der Bildschirmzeit zur nächsten Aktivität die Fähigkeit zur Selbstregulierung. Die haben unsere Jüngsten aber noch nicht, was zu Ausrastern und Trotzanfällen führt. Daraufhin fragen wir uns, ob wir die Bildschirmzeit überhaupt zulassen sollten, bis wir sie einen Tag später brauchen. Oder eine Stunde später. Das folgende Szenario zeigt Ihnen Schritt für Schritt, wie Sie damit umgehen können, wenn es bei diesen Übergängen mal wieder hakt.

Das Szenario: Bildschirmzeit – Trotz-Terror oder willkommene Hilfe?
Ihr Kleinkind sitzt gebannt vor einem YouTube-Video, das Ihren inhaltlichen Erwartungen entspricht und Ihnen erlaubt, das Abendessen zu machen. Sobald Sie rufen: »Essen ist fertig!«, tut Ihr Kind eines oder eine Kombination der folgenden Dinge:

> Es ignoriert die Ansage und schaut weiter,
> es fängt an zu schreien und zu weinen, oder/und
> es pfeffert das Tablet quer durchs Zimmer.

Wie reagieren Sie auf diesen Ausraster, ohne selbst auszurasten?

Kontrollbasiert	Autonomie-fördernd
Befehle erteilen: »Leg das Tablet sofort weg!« Drohen: »Wenn du nicht sofort aufhörst und essen kommst, darfst du das Tablet morgen gar nicht benutzen!« Die kindliche Perspektive abwerten: »Das ist doch nur eine blöde Sendung. Warum bist du so pampig?« Bestrafen: Dem Kind das Tablet entreißen und brüllen: »Jetzt reicht's. Das war's für diese Woche!«	Neutrale Aussagen: »Es ist Zeit, dass du zum Ende kommst, damit du essen kannst.« Empathie und Einfühlungsvermögen: »Ich weiß, es fällt schwer aufzuhören, weil du mitten in der Sendung bist. Ich mag das auch nicht, wenn man mich bei so was unterbricht.« Wahlmöglichkeiten anbieten: »Du kannst dir das Video nach dem Essen oder morgen Früh fertig ansehen.« Die Gründe für diese Regel erklären: »Das Essen wird kalt und schmeckt nicht mehr, wenn du zu lange wartest.«

Das Beenden der Bildschirmzeit löst bekanntlich bei unseren kleinen Kindern (und auch einigen älteren) Unruhe aus. In der Studie zum Thema Trotzanfälle und Bildschirmzeit wurde festgestellt, dass die Eltern den Beginn und das Ende der Bildschirmzeit nach ihren Bedürfnissen gestalteten. Um »zu viel« Bildschirmzeit zu vermeiden, so die Eltern, nutzten sie die Bildschirmzeit mit Bedacht, um das Kind zu beschäftigen. Als Mutter konnte ich das sofort nachvollziehen, aber ich sah auch das Problem, das damit verbunden ist: Dieser Umgang mit Bildschirmzeit ignoriert die Autonomie der Kinder, weil er so oft mit der Agenda und dem Zeitplan der Eltern verbunden ist – und damit einem kontrollgesteuerten Erziehungsverhalten entspricht.

Und seien wir ehrlich: Eine kontrollgesteuerte Reaktion schürt oft die Trotzanfälle unserer Kinder vor dem Bildschirm und verursacht weitere Probleme. Wenn wir beispielsweise das Tablet schnell und mit Nachdruck an uns nehmen, können die meisten unter uns bereits die folgende Explosion vorhersagen – wodurch sich das Essen noch mehr verzögert. Wir sind vielleicht versucht, das Tablet-Verbot für den nächsten Tag anzudrohen, weil wir dadurch die Aufmerksamkeit unserer Kinder kriegen. Aber wenn wir dass dann wirklich durchziehen, wer leidet dann mehr?

Eine Autonomie-fördernde Denkweise kann zu weniger Leid führen. Wenn wir uns zum Beispiel in unsere Kinder hineinversetzen, können wir verstehen, wie es sich anfühlt, mitten in einer höchst angenehmen Beschäftigung so ungerechtfertigt unterbrochen zu werden, um dann Brokkoli zu essen. Die sich aus diesem Verständnis ihrer Erfahrungen ergebende Empathie kann uns dazu veranlassen, neutralere Formulierungen zu verwenden und Wahlmöglichkeiten anzubieten, um den Machtkampf zu beenden, indem wir die Autonomie unserer Kinder stärken.

Zusätzlich zu den im Szenario beschriebenen Tipps zur Förderung der Autonomie schlägt die Studie zur Bildschirmzeit weitere Praktiken vor, die uns helfen können, diese kniffligen Übergange zu bewältigen und Wutanfälle zu vermeiden oder zu begrenzen:

> Bauen Sie die Bildschirmzeit in den Tagesablauf Ihres Kindes ein, statt sie nur zu nutzen, wenn es für Sie hilfreich erscheint. Das hilft dem Kind, sich an feste Bildschirmzeiten und die zeitliche Begrenzung zu gewöhnen.

> Nutzen Sie technisch gesteuerte Zeitlimits, um Ihrem Kind zu ermöglichen, sich allmählich vom Bildschirm zu lösen. Sie können zum Beispiel Auto-Play deaktivieren oder das Zeitlimit für eine App so einstellen, dass eine Nachricht auf dem Bildschirm erscheint, wenn ein vorab festgelegtes Limit erreicht wird.

> Machen Sie sich bewusst, wie schwer es ist, ohne Vorwarnung mitten in einer Sendung oder einem Spiel abbrechen zu müssen. Wenn Sie eine zeitliche Vorgabe haben, zum Beispiel für das Abendessen, helfen Sie Ihrem Kind, eine Beschäftigung auszuwählen, die mit diesem Zeitplan übereinstimmt, oder stellen Sie einen Timer auf dem Gerät ein, damit das Kind weiß, wann es aufhören muss. Das wird den Trotzanfall vielleicht nicht ganz verhindern, aber es kann helfen, Lautstärke, Intensität und Dauer zu begrenzen.

Hoffentlich konnte dieser etwas ausgewogenere Blick auf Wissenschaft und evidenzbasierte Leitlinien zumindest dazu beitragen, Ihnen die Schuldgefühle angesichts einer moderaten Nutzung von Bildschirmzeiten mit Ihrem Klein- oder Vorschulkind zu nehmen. Es dürfte klar sein, dass ein Kleinkind nicht den Großteil seines Tages online verbringen sollte! Das scheint aber in den meisten Haushalten nicht der Fall zu sein; Umfragedaten zeigen, dass Kleinkinder durchschnittlich zwischen zwei und zweieinhalb Stunden pro Tag am Bildschirm verbringen.[119] Eine Autonomie-fördernde Denkweise und eine Reihe von Strategien können Ihnen zumindest dabei helfen, Ihr Kind zu beobachten und auf seine Bedürfnisse einzugehen, sodass Sie sich um Ihre Bedürfnisse kümmern können – damit diese Phase des Medienkonsums mehr zu einer Bereicherung (für Ihr Kind und Sie selbst) und weniger zu einer weiteren Trotzphase wird.

In der mittleren Kindheit:
der Social-Media-Tsunami

Ich wurde Zeuge, wie meine Töchter meinen Erziehungsstil nachahmten, indem sie ihrem kleinen Bruder (sechs Jahre) erklärten, dass er Roblox erst mit neun Jahren spielen könne, weil er ja nicht wisse, wie man Fremde blockiert. (Ich habe diese Altersgrenze nie festgelegt. Aber je später, desto besser, sagte ich mir – und hielt mich an ihre Auslegung.) Ich genoss meinen Erziehungserfolg und die Tatsache, dass das Grenzen setzen und Regeln begründen sich ausgezahlt hatten, weil meine Kinder die Richtlinien für den Gebrauch der sozialen Medien wirklich verinnerlicht hatten. Ein paar Wochen später sahen eine andere Mutter und ich unseren Kindern beim Spielen zu, und wir freuten uns beide, dass unsere Kinder nie mit Roblox oder Minecraft angefangen hatten.

Es ist keine Übertreibung, wenn ich sage, dass meine neunjährige Tochter mich am selben Nachmittag auf den Boden der Tatsachen zurückholte, als sie verkündete: »Natürlich spiele ich Roblox!« Kaum hatte er das gehört, bat mein Sohn um die Erlaubnis, mitspielen zu dürfen, denn »alle meine Freunde spielen das«. (Stimmt, anscheinend abgesehen von dem Kind der anderen Mutter.) Deshalb genieße ich bewusst jeden meiner Erziehungserfolge – sie erweisen sich als flüchtig und manchmal als komplette Illusion. Innerlich vergoss ich Tränen. Dann ging ich dazu über, seine älteren Schwestern als Roblox-Lehrerinnen anzuheuern, um ihn zu schützen. Durch die Funktion als Mentoren können sie ihr eigenes Verantwortungsbewusstsein im Umgang mit sozialen Medien stärken. Außerdem habe ich nie Roblox gespielt, weshalb das vielleicht Eigennutz war – aber auch gut für die Entwicklung des Kindes.

Die Herausforderung: Selbst wenn Sie es schaffen, einen Schutzraum für Ihre Kleinkinder zu schaffen, so, wie ich es vorhatte, wird dieser von einem Social-Media-Tsunami ausgelöscht werden, sobald die Kinder in die Schule kommen. Kinder im Schulalter müssen in der Lage sein, das Internet für Schule und Leben zu nutzen, doch sie kommen durch Gleichaltrige mit einer ganz neuen Welt voller Möglichkeiten in Berührung: Minecraft, Roblox, Snapchat, TikTok, usw. Eine im März 2020 durchgeführte Umfrage unter US-amerikanischen Eltern ergab, dass TikTok das beliebteste soziale Netzwerk unter jüngeren Kindern ist: 13 Prozent der Kinder im Alter von elf Jahren und jünger nutzen TikTok, und 30 Prozent der Eltern mit Kindern im Alter von neun bis elf Jahren gaben an, dass ihr Kind TikTok nutze.[120] Der Begriff »soziale Medien« ist fast schon zu einem Schimpfwort geworden, doch die sozialen Medien sind so fruchtbar wie eh und je. Wie es scheint, taucht eine neue Plattform auf, sobald die Elternwelt eine andere in den Griff bekommen hat. Die Lernkurve fühlt sich endlos und anstrengend an.

Die Befürchtung: Auf Basis neuerer Schlagzeilen und vielleicht auch persönlicher Erfahrungen befürchten wir wahrscheinlich eine Kombination aus Folgendem: Unsere Kinder werden süchtig nach sozialen Medien, sie werden Inhalten ausgesetzt, die für Erwachsene bestimmt sind und die wir nie aus ihrem Gehirn löschen können, sie werden alle sozialen Fähigkeiten in der wirklichen Welt verlieren, und das Schlimmste ist, dass sie in die Fänge eines Triebtäters geraten. Artikel über das Risiko von Angstzuständen, Depressionen, Selbstmordgedanken und Essstörungen, die mit der Nutzung sozialer Medien in Verbindung gebracht werden, verstärken den Drang, unsere Kinder zu schützen, indem wir ihnen den Zugang zu den sozialen Medien gänzlich verbieten. Falls Sie das versucht haben, wissen Sie vielleicht, wie gut das bei vielen Kindern funktioniert: Ständige Streitereien oder heimtückisches Verhalten, um Zugang zu den sozialen Medien zu erhalten, werden sehr wahrscheinlich die Folge sein.

Die Hoffnung: Wie können wir dahin gelangen, den Umgang mit Social Media nicht mehr als Großbrand zu betrachten, sondern als eine weitere Gelegenheit, Lernen, Gedeihen und innere Werte bei unseren Kindern zu fördern? Wir können darauf vertrauen, dass Schulkinder die optimale Art und Weise entdecken werden, sich im digitalen Umfeld zu engagieren – innerhalb vernünftiger Grenzen, und dass sie es zum Guten nutzen werden! Wir können die Online-Präsenz unserer Kinder nicht zu einhundert Prozent überwachen, und ich verspreche Ihnen, dass sie in der Lage sind, uns zu überlisten, wenn wir es versuchen. An diesem Punkt kommt der Ansatz der Autonomie-fördernden Erziehung ins Spiel: Wir können die Beziehung, die wir aufgebaut haben, zu unserem Vorteil nutzen, um gemeinsam mit unseren Kindern gesündere Verhaltensweisen im digitalen Umfeld zu entwickeln. Es ist realistisch zu erwarten, dass sie Fehler machen werden und dass dieser Weg mit Stolpersteinen gepflastert ist. Aber so können wir zum Mentoring übergehen, statt ihnen nicht von der Seite zu weichen oder das Thema zu ignorieren.

> Begutachten Sie Plattformen gemeinsam. Ermutigen Sie Ihr Kind, sein Online-Wissen zu nutzen, um die bekannten Risiken einer interessanten Plattform zu erforschen und Sicherheitstipps zu finden.

> Implementieren Sie für jede App Sicherheitseinstellungen, und begründen Sie das (Beispiel: »Damit Fremde dich nicht finden können.«).

> Legen Sie gemeinsam den zeitlichen Rahmen fest. Fragen Sie Ihre Kinder, wie viel Zeit für eine App sie täglich für angemessen halten und wie sie das überprüfen wollen (vielleicht durch einen gemeinsamen abendlichen Check). So können Sie gleichzeitig etwas vermitteln und den maßvollen Umgang und das Einhalten von Grenzen üben.

> Bleiben Sie offen für Veränderungen, sollte sich Ihr Kind verändern oder Probleme auftreten. Selbst innerhalb weniger Monate kann sich die Struktur, die Ihr Kind braucht, ändern, wenn es reifer wird. Sprechen Sie immer wieder über den Umgang mit sozialen Medien, den Sie in Ihrer Familie haben, und seien Sie flexibel, ohne das übergeordnete Ziel aus dem Auge zu verlieren. Mein Ziel ist es zum Beispiel, dass meine Kinder auch weiterhin am Alltag teilnehmen, wozu Schule, Freunde und die Familie gehören.

Ausgehend von dem bereits erwähnten Großbrand, als den wir das Thema Kinder und soziale Medien empfinden können, sollten wir üben, wie wir reagieren, wenn ein Schulkind, dem wir vertrauen, eine Familienregel bricht, was wahrscheinlich auch bei uns heftige Gefühle hervorruft.

Das Szenario: Nicht Instagram!

Sie müssen feststellen, dass Ihre Viertklässlerin einen eigenen Instagram-Account eingerichtet hat und Bilder von sich postet, auf denen sie viel älter aussieht (Make-up, Schmollmund). Sie hat das nicht nur heimlich getan und dabei viel mehr technisches Können gezeigt, als Ihnen bewusst war, sondern sie nutzt es auch auf genau die Weise, die Sie am meisten fürchten. Sie machen sich Sorgen um ihr Urteilsvermögen und ihre Sicherheit im Hinblick auf dubiose Fremde. Sie sind verletzt und wütend, dass sie gegen die Familienregel verstoßen hat, die besagt, dass sie vor dreizehn keine sozialen Medien nutzen darf. Wie gehen Sie mit diesem Vertrauensbruch um, ohne einen Nervenzusammenbruch zu erleiden?

Kontrollbasiert	Autonomie-fördernd
Sofort nach der Entdeckung ins Zimmer der Tochter marschieren und sie wegen ihrer üblen Entscheidungen anschreien.	Tief durchatmen, wenn man merkt, dass die Emotionen hochkochen. Mit einer Vertrauensperson sprechen oder tun, was man tun muss, um sich zu beruhigen, bevor man das Thema dem Kind gegenüber anspricht.
Beschämende Kommentare abgeben: »Was um alles in der Welt hast du dir dabei gedacht? Was für ein Mensch tut so was?«	Einfühlungsvermögen üben: Zunächst einige Fragen stellen, um zu zeigen, dass man sich dafür interessiert, wie es zu diesen Entscheidungen kam.
Schuldgefühle hervorrufen: »Ich habe ja wohl einen schlechten Job als Mutter gemacht, wenn du so lügen und herumschleichen kannst.«	Auf Grundlage der kindlichen Reaktion Empathie zeigen: »Es klingt wirklich hart, dass du die einzige unter deinen Freundinnen bist, die nicht auf Instagram ist. Du hast dich wirklich ausgegrenzt gefühlt.«
Bestrafen und drohen: »Das Handy ist weg, bis ich beschließe, dass du es zurückbekommst, was vielleicht nie der Fall sein wird.«	Noch einmal die Gründe für den Verzicht auf soziale Medien durchgehen (zum Beispiel das Thema Sicherheit, negative Auswirkungen sozialer Vergleiche, weniger Zeit für andere wichtige Aktivitäten).
	Die Tochter in Entscheidungen über das weitere Vorgehen einbeziehen: • »Du hast die Regel gebrochen und warst nicht ehrlich; welche Konsequenzen sollte das deiner Meinung nach haben?« • »Was sollte deiner Meinung nach mit deinem Instagram-Account passieren?«

Bei dieser theoretischen Anekdote, die aus dem wirklichen Leben herausgelöst ist, scheint es vielleicht einfacher zu erkennen, dass solch kontrollbasierte Reaktionen ganz schnell und natürlich zustande kommen können, aber auch, wie viel verloren gehen kann, wenn man das standardmäßig macht. Mit dem Autonomie-fördernden Ansatz ist es wahrscheinlicher, dass das Kind seine Erfahrungen in einer Weise mitteilt, die Ihnen hilft, das Problem anzugehen und gleichzeitig die Eltern-Kind-Beziehung auch bei einer solchen Belastung aufrechtzuerhalten. Offen darüber zu sprechen und einander verbunden zu bleiben hilft, aus dieser Erfahrung ein Lehrbeispiel über den verantwortungsvollen bzw. -losen Umgang mit sozialen Medien zu machen. Außerdem erhält Ihre Tochter so einen Eindruck davon, mit welcher Reaktion Ihrerseits sie in Zukunft bei Fehlern rechnen kann, denn diese werden sicher kommen.

In der Adoleszenz: Süchtig oder kontaktfreudig?

Ich erinnere mich an einen Schüler, der schon auf die Highschool ging. Er erschien in meinem Büro, weil er aufgrund von Magenschmerzen nicht mehr am Präsenzunterricht teilnahm. Bei genauerem Nachforschen stellte sich jedoch heraus, dass ihm die Motivation fehlte, zur Schule zu gehen, weil er seine Tage zu Hause online verbringen konnte (und damit war kein Online-Unterricht gemeint). Das Verhalten hatte sich zu diesem Zeitpunkt schon über Jahre verfestigt, und obwohl Angst eindeutig eine wichtige Rolle spielte, war es schwierig, dagegen vorzugehen, solange er Zugang zum Internet hatte. Ich bin von Eltern gebeten worden, ihre Online-süchtigen Kinder zu behandeln, und habe sie an andere Stellen verwiesen, weil sich das zu einem Spezialgebiet im Bereich der psychischen Gesundheit von Jugendlichen entwickelt hat. Während ich bei meiner Arbeit als Psychologin Extreme gesehen habe, muss ich selbst daran arbeiten, einen gemäßigten Erziehungsansatz zu finden, um meinen eigenen Kindern die Chance zu geben, Mäßigung zu lernen.

Im digitalen Zeitalter bringt die Pubertät ganz eigene Herausforderungen und Ängste für Eltern mit sich. Wenn wir jedoch unsere Ängste im Zaum halten, besteht Hoffnung, dass wir junge Erwachsene großziehen, die ein erfülltes Leben führen können, das von der Cyberwelt bereichert statt dominiert wird.

Die Herausforderung: Die digitale Büchse der Pandora wurde bereits in der frühen Adoleszenz geöffnet, es sei denn, man hat das Glück, ohne Internet auf einer Farm zu leben, die hundert Meilen von der Zivilisation entfernt ist (und selbst dann …). Eine Umfrage des Pew Research Center aus dem Jahr 2018 ergab, dass 95 Prozent der Dreizehn- bis Siebzehnjährigen Zugang zu einem Smartphone haben (also stimmt es wohl, wenn ein Teenager sagt: »Alle haben eins, nur ich nicht!«). Und 45 Prozent der Teenager gaben an, »fast ständig« online zu sein.[121] Die Pubertät ist gekennzeichnet durch eine Kombination aus dem Überhandnehmen der Internetnutzung durch Teenager, dem abnehmenden Einfluss der Eltern und der zunehmenden Macht Gleichaltriger. Das schafft eine Erziehungslandschaft, die aufgrund unserer Angst prädestiniert ist für die Neigung zur Kontrolle. Die könnte sich zu einem Flächenbrand ausweiten, wenn wir nicht aufpassen. Da wir zum Beispiel nicht wirklich wissen, wie sich Handys, soziale Medien und Online-Spiele auf das Gehirn auswirken, verlegen wir uns womöglich aufs Kontrollieren, damit wir nicht versehentlich zulassen, dass die Gehirne unserer Kinder nachhaltig geschädigt werden.

Es kann verlockend sein, vor den digitalen Geräten zu kapitulieren, weil die Regulierung der Bildschirmzeit so viel Energie in Anspruch nehmen kann und droht, sämtliche Interaktionen mit unseren Kindern zu erdrücken. Sobald unsere Kinder also in der Pubertät sind und damit zweifellos in den Fängen des Internets, können wir am einen Ende des Kontrollkontinuums in den Lockdown-Modus schalten, um die Bedrohung abzuwehren, oder wir wählen das andere Ende und schalten in den »Alles-egal-Modus«. Ich bin jedoch zuversichtlich, dass wir uns mit ein bisschen Selbsterkenntnis und bewusster Arbeit alle in der konstruktiven, die Autonomie-fördernden Mitte wiederfinden können.

Die Befürchtung: Da unser Einfluss im Teenageralter kleiner wird, werden die Befürchtungen größer. Man braucht nur einen Blick auf eine Gruppe Teenager irgendwo in der Öffentlichkeit zu werfen, und die Annahme, »sie hängen immer am Handy« erweist sich als begründet. Chats und der Austausch in den sozialen Medien sind zu einer primären Kontaktform geworden, und wir machen uns berechtigterweise Sorgen, dass diese Kontaktform Beziehungen im wirklichen Leben ersetzen und sogar zur Sucht werden kann.

Die Hoffnung: Aber inmitten der Herausforderungen und Ängste, die mit der Erziehung im digitalen Zeitalter verbunden sind, können wir darauf vertrauen, dass unsere Jugendlichen das Potenzial haben, versierte Digital Citizens zu werden, die auf ihre internen Grenzen achten, statt sich auf unsere externen Grenzen zu verlassen. Sie können herausfinden, wie sie mit verschiedenen Aktivitäten in Verbindung bleiben können, damit das digitale Leben nur ein Stück vom Kuchen des Lebens ist, und nicht das beherrschende Ganze. Durch Übung können sie ihr kritisches Denken entwickeln und eine gute Entscheidungen darüber treffen, wie sie auf gesunde Art an der digitalen Welt teilnehmen.

Wir können ihnen helfen, diese Ziele zu erreichen, indem wir auf ihre Autonomie vertrauen und diese unterstützen. Da Teenager mehr Autonomie erlangen sollen, um ihre Identität zu finden und ihre Entwicklungsaufgaben zu erfüllen, die sie auf das Erwachsensein vorbereiten, haben wir natürlich weniger Übersicht und Einfluss. Ein Grund mehr, ihnen bei der Entwicklung gesunder Verhaltensweisen und Einstellungen zu helfen, statt zu versuchen, ihr Verhalten zu kontrollieren – eine Taktik, die sie sowieso irgendwann umgehen werden.

Die Risiken für Jugendliche, die online gehen, sind real, und wir müssen wachsam bleiben, aber vielen Jugendlichen geht es gut. Das geht in den Schlagzeilen unter. Hier einige Beispiele: In einer Umfrage von 2015 gaben nur sieben Prozent der Teenager an, über die sozialen Medien Bilder mit explizit sexuellem Inhalt erstellt und verbreitet zu haben; in einer landesweiten Umfrage von 2013 bestätigten nur sieben Prozent der Teenager, Cybermobbing erlebt zu haben (21 Prozent berichteten, persönlich gemobbt worden zu sein); und 58 Prozent der Teilnehmer einer Umfrage von 2016 gaben an, dass die Leute online »meistens nett« seien.[122]

Wie also können Sie Ihrem Kind helfen, ein vernünftiges Verhalten im digitalen Umfeld zu entwickeln, und gleichzeitig seine Autonomie fördern?

> Sprechen Sie darüber, dass Technologie Jugendliche manipulieren kann, nicht darüber, was ihnen Schlimmes zustoßen könnte. Helfen Sie Ihrem Teenager zum Beispiel, darüber nachzudenken, wie große Technologieunternehmen vom Suchtverhalten der User und

der dadurch steigenden Nutzung des Internets profitieren. Diese Bedrohung für ihr Gefühl der Handlungsfähigkeit kann wirkungsvoller sein als so mancher Vortrag über die abstrakten Gefahren des stundenlangen Internetkonsums. (Das passt auch zu den Lehren, die man aus einer wirkungslosen Kampagne zur Drogenprävention in den Achtzigerjahren gezogen hat.)

> Konzentrieren Sie sich auf das Leben jenseits der digitalen Welt. Statt nur darauf zu achten, was man nicht tun sollte (»Leg das Handy weg!«), fragen Sie Ihren Teenager nach seiner allgemeinen Zufriedenheit. Sprechen Sie darüber, wie seine Sozialkontakte aussehen, wie es in der Schule läuft, wie es ihm gesundheitlich geht usw. Und fragen Sie auch, ob er das Gefühl hat, dass es diese Lebensbereiche bereichert oder stört, wenn er online geht.

> Erinnern Sie an seine inneren Werte. Gehen Sie gemeinsam der Frage auf den Grund, ob die Online-Aktivitäten zu seinen inneren Werten passen oder diese untergraben. Besucht Ihr Teenager Websites, die seine Kreativität fördern, ihm Freude bereiten und Fähigkeiten vermitteln, die ihm helfen könnten, berufliche Ziele zu erreichen? Fühlt er sich mit Menschen verbunden, die ihm wichtig sind, wenn er mit ihnen Bilder und Nachrichten austauscht, oder leidet er unter Stimmungsschwankungen durch soziale Vergleiche und das Gefühl, nicht dazu zu gehören? Helfen Sie ihm durch neutrale Fragen, über folgende Punkte nachzudenken: »Verhalte ich mich online auf eine Weise, die meinen inneren Werten, meinem Charakter und dem, was mir als Mensch wichtig ist, entspricht?«

> Halten Sie sich mit Vorgaben zurück. Obwohl Grenzen bei der Kindererziehung wichtig sind und Online-Aktivitäten wiederum ein wichtiger Teil der Erziehung, sollten diese Grenzen mit dem zunehmenden Alter Ihres Teenagers immer mehr verinnerlicht werden. Wenn er erwachsen wird, sollte er selbst ein Gefühl dafür entwickeln, wann sein Medienkonsum »zu viel« ist, statt sich darauf zu verlassen, dass Sie das Internet sperren. Wenn er von zu Hause auszieht und beispielsweise in ein Studentenwohnheim geht, haben Sie keinen Zugang mehr zu seinem WLAN. Es ist also besser für Ihr Kind, wenn Sie es mit weniger externen Grenzen versuchen, solange es noch zu Hause lebt. Dann strauchelt er vielleicht anfangs unter Ihrer Obhut mehr als dann in der ersten Woche totaler Freiheit außer Haus.

> Achten Sie auf ausreichend Schlaf. Wenn der Schlaf ständig unterbrochen wird, hat das alle möglichen negativen Folgen für Körper, Geist und Gefühlsleben (alle Eltern Neugeborener wissen das nur zu gut). Wenn das Leben online stattfindet, während ein Teenager schlafen sollte, kann das die negativen Auswirkungen der Online-Aktivitäten noch verstärken. Ihr erster Schritt sollte darin bestehen, mit Ihrem Teenager einen besseren Schlafrhythmus anzustreben, um zu sehen, inwieweit sich sein Verhalten ändert, bevor Sie etwas gegen die Technologie selbst unternehmen.

Mit diesen Tipps im Hinterkopf wollen wir nun überlegen, wie Sie Autonomie-fördernde Strategien anwenden können, falls Sie befürchten, dass Ihr Kind unter Internet- oder Spielsucht leidet.

Das Szenario: Ist das jetzt schon Sucht oder nicht?

Ihr Sohn kommt aus der Schule nach Hause und spielt bis weit nach Mitternacht Online-Spiele. Er kommt in der Schule mit und behauptet, dass er sich auf diese Weise entspannt und enge Freunde trifft, aber Sie befürchten, dass er eine Sucht entwickelt. Morgens ist er noch mürrischer als früher. Er scheint kein Interesse mehr an anderen Freizeitaktivitäten zu haben, auch nicht an der Familie oder an persönlichen Treffen mit Freunden. Sie sind der Meinung, dass Sie neue Regeln und Grenzen für die Online-Spiele aufstellen müssen, aber wie können Sie das angehen, ohne dass er sich kontrolliert fühlt und sich deshalb gegen die Regeln und Sie wehrt?

Kontrollbasiert	Autonomie-fördernd
Übergriffig reagieren und bestrafen: Sie lassen ihn wissen, dass Sie sich Sorgen machen und ihm die Spielekonsole wegnehmen werden.	Interesse bekunden und seine Perspektive nachvollziehen: Beginnen Sie mit neutralen Fragen.»Hey, mir ist aufgefallen, dass du in letzter Zeit viel mehr am Computer spielst. Was hat sich geändert? Was macht dir daran Spaß?«
Befehle erteilen: Ihm sagen, dass Sie erwarten, dass er wieder mit der Familie zu Abend isst und mindestens einmal pro Woche etwas mit Freunden unternimmt.	Empathie zeigen:»Es klingt, als ob du über das neue Spiel wirklich enge Kontakte mit deinen Freunden pflegst. Ganz schön aufregend, so gegeneinander anzutreten.«

Kontrollbasiert	Autonomie-fördernd
Beschämen: Wenn er so reagiert, wie viele Teenager auf diese neuen Grenzen reagieren würden, also vermutlich mit patzigen Antworten, Streit und Verweigerung, brüllen Sie: »Du entwickelst dich zu einem totalen Loser, und das lasse ich nicht zu!«	Neue Regeln begründen: (Beispiele: Die Familie vermisst ihn, es ist bekannt, dass solche Spiele auf Exzesse und Sucht abzielen, Sie möchten einen Ausgleich schaffen usw.)
Seine Perspektive abwerten: Wenn Sie sich im Kreis drehen, sagen Sie: »Ich weiß, was das Beste für dich ist. Als deine Eltern müssen wir diese Entscheidungen für dich treffen. Ende der Diskussion.«	Ihn in Entscheidungen und die Problemlösung einbeziehen: »Womit würdest du gern mehr Zeit verbringen? Welche Aktivitäten, die nicht online stattfinden, fehlen dir? Wie viel Zeit ist deiner Meinung nach angemessen für Online-Spiele? Was würde dir dabei helfen, diese Grenzen einzuhalten, wenn es dir schwerfällt aufzuhören?«

Achten Sie darauf, welche Rolle die Angst bei der kontrollbasierten Reaktion spielt – die Angst davor, dass die Sucht überhand nimmt und seine Zukunft ruiniert, was die Emotionen der Eltern pusht. Sie versuchen verzweifelt, etwas unter Kontrolle zu bringen, das außer Kontrolle ist. Der Autonomie-fördernde Ansatz dagegen zeigt wichtige Grenzen auf, kommuniziert diese aber auf eine Weise, die das Gefühl der Handlungsfähigkeit bei Ihrem Teenager respektiert und nicht überrollt.

Die kontrollgesteuerte Reaktion mag sich spontan befriedigender anfühlen, als ob Sie nach dem letzten Fortnite-Exzess die Zügel wieder an sich nehmen würden. Allerdings leidet nicht nur die Eltern-Kind-Beziehung darunter, wenn sich der Jugendliche abgewertet, kontrolliert und zurückgewiesen vorkommt. Er wird wahrscheinlich auch die elterlichen Regeln kreativ umgehen. Ich bin auch nicht ganz naiv und sage Ihnen, dass der Autonomie-fördernde Ansatz zwar kritisches Denken, Selbstwahrnehmung und das gemeinschaftliche Lösen von Problemen im Dienste einer guten Eltern-Kind-Beziehung fördern kann. Das bedeutet aber nicht, dass der Weg dorthin immer eben und direkt verläuft. Aber wenigstens arbeiten Sie dann miteinander und nicht gegeneinander.

Kein anderer Bereich der Erziehung hat mich mehr verwirrt als die Frage nach dem »richtigen« Umgang mit Bildschirmzeit und sozialen Medien bei meinen Kindern. Wahrscheinlich ist das der Bereich, in dem ich am häufigsten den Kurs geändert habe, um den Anforderungen an die »Flexibilität« der Erziehung gerecht zu werden und in jedem Moment mein Bestes zu geben, damit ich die schwer zu fassenden Risiken der Technologie mit den Vorteilen der digitalen Welt in Einklang bringe. Die Umsetzung dessen, was ich in diesem Kapitel vorstelle – ich beobachte, wie meine Kinder das Internet nutzen und darauf reagieren, ich spreche mit ihnen darüber, wie sie Geräte nutzen (und äußere dabei auch Bedenken), ich bestehe auf der Einhaltung von Grenzen und behalte das große Ganze im Blick – all das hat sich als nützlich erwiesen, auch wenn es nicht möglich ist, immer eine genaue Richtung vorzugeben.

Nachdem ich jahrelang um der geistigen Gesundheit willen zwei Stunden Bildschirmzeit als Obergrenze angepriesen hatte, überraschte ich meine Tochter, glaube ich, weil ich schließlich einwilligte, als sie vorschlug, die zeitliche Begrenzung für den Handygebrauch versuchsweise auszusetzen. Nervös schlug ich meinem Mann vor, den Kurs zu ändern: »Wie wäre es, wenn wir eher darauf achten, wie sie im Leben klarkommt, statt darauf, wie viel Zeit sie am Handy verbringt, und das dann als Maßstab für unsere Sorge nehmen? Trifft sie sich mit Freunden, macht sie ihre Hausaufgaben, hilft sie wie gefordert im Haushalt und verbringt sie Zeit mit der Familie?« Ich musste meinen Hang zur Besorgnis neu ausrichten; statt alles nach dem Motto »Zu viel Zeit am Handy ist schädlich« zu beurteilen, wechselte ich zu: »Sehe ich irgendwelche Anzeichen dafür, dass das Handy Probleme macht?«

Ich bilde mir ein, dass ich an diesem ersten Tag der Ferien im Gespräch mit meiner Tochter Autonomie-fördernde Fähigkeiten einbrachte, indem ich mich in ihre Erfahrungen mit dem Handy-Limit einfühlte und durch neutrale Fragen ein Verständnis für ihre Perspektive erlangte. Ich offenbarte ihr mein eigenes Ringen und suchte gemeinsam mit ihr nach Wegen, um ein Gleichgewicht sicherzustellen. Als Mutter wurde mir klar, dass ich mir ein solches Gleichgewicht wünschte – ich wollte, dass meine Tochter ein ausgeglichenes Leben führt, das nicht von ihrem Handy dominiert wird. Als ich zuließ, mehr an dieses Gleichgewicht und weniger an die Zeitbegrenzung zu denken, sah ich klarer: Meiner Tochter ging es ziemlich gut. Aber wir werden sie im Auge behalten.

Die Digital Citizens von morgen erziehen – quer durch alle Altersstufen: Wichtige Erkenntnisse

> Beobachten Sie Ihr Kind. Scheint es – unabhängig vom Alter – anders zu sein, nachdem es online war, egal ob YouTube, Videospiele oder Snapchat? Ist es gereizter, streitsüchtiger, in sich gekehrter oder hyperaktiv? Oder NICHTS davon – denn nicht alle Kinder haben Probleme!

> Streben Sie nach Ausgewogenheit. Behalten Sie alle Lebensbereiche im Blick: zu Hause, Schule, außerschulische Aktivitäten, Freundschaften. Hat Ihr Kind einen ausgewogenen Alltag oder scheinen Bildschirmzeit und digitale Aktivitäten in einer Weise zu dominieren, die andere Aktivitäten beeinträchtigt? Geben Sie körperlicher Bewegung im Freien, echten Treffen mit Freunden, kreativem Freispiel und kleinen Auszeiten den Vorrang. Wenn Sie das Gefühl haben, dass Ihr Kind ein ausgewogenes Verhältnis zwischen diesen wichtigen Freizeitbeschäftigungen hinbekommt, muss die Bildschirmzeit nicht zur Diskussion gestellt werden.

> Stimmen Sie den Umgang mit der digitalen Welt auf Ihr Kind ab. Berücksichtigen Sie die besonderen Stärken und Schwächen Ihres Kindes. Ein kreatives Kind könnte beispielsweise davon profitieren, Videos auf TikTok zu gestalten; dasselbe Kind könnte aber auch empfindlich auf die Kritik Gleichaltriger reagieren und muss vielleicht darauf achten, wer die Videos sehen kann.

> Beraten statt kontrollieren. Schauen Sie sich neue Apps oder Spiele gemeinsam mit Ihrem Kind an und sprechen Sie über eine verantwortungsvolle Nutzung, wozu auch Verhaltensregeln gehören (zum Beispiel bleibt bei Chats mit Freunden der Tonfall immer freundlich). Ermutigen Sie Ihr Kind, Sie in heiklen Situationen um Hilfe zu bitten, damit es keine Angst vor Bestrafung hat und sich versteckt. Das würde verhindern, dass es aus seinen Fehlern lernt.

> Privatsphäre und Sicherheit in Einklang bringen. Obwohl meine Kinder wissen, dass ich Zugang zu ihren Handys und deren Inhalten habe, haben wir auch die Vereinbarung getroffen, dass der Austausch mit ihren Freunden ihre Privatsache ist und ich nicht herumschnüffele. Stellen Sie sich Chatverläufe als die moderne Version

unserer Telefonate auf dem Festnetz vor, bei denen wir das super-lange Kabel hinter uns her in ein Zimmer gezogen haben, um unsere Privatsphäre zu wahren. So wie wir nicht wollten, dass unsere Eltern jedes Wort mithören, verdienen unsere Kinder den gleichen Respekt bei ihren Gesprächen mit Freunden, auch wenn sie digital stattfinden. Etwas anderes ist es, wenn Eltern ernsthafte Sicherheitsbedenken haben, zum Beispiel wenn ein Kind selbstmordgefährdet ist, eine Essstörung hat oder unter Cybermobbing leidet.

> Konsequent sein und klare Grenzen setzen. Grenzen fördern das Verantwortungsbewusstsein und sind wichtiger Bestandteil des digitalen Lebens. Doch Kinder wachsen und lernen dazu, weshalb diese Grenzen sich ändern müssen, um zu ihren Bedürfnissen und Fähigkeiten zu passen.

> Und dann seien Sie flexibel. Ihr Kind wird reifer werden, sein Urteilsvermögen und seine Impulskontrolle werden sich entwickeln, und im Idealfall auch das Gespür dafür, wann es »zu viel« am Bildschirm war. Für ein sechsjähriges und ein sechzehnjähriges Kind sollten nicht die gleichen Regeln gelten. Achten Sie also weiter darauf, wie sich Ihr Kind verändert, um die Kontrolle von außen anzupassen. Flexibilität funktioniert auch in umgekehrter Richtung – vielleicht stellen Sie fest, dass die neu gewonnene Freiheit zu viel für den Entwicklungsstand Ihres Kindes ist und Sie die Bildschirmzeit wieder reduzieren müssen.

> Beziehen Sie Ihr Kind in die Festlegung von Regeln und Erwartungen mit ein. Wann, wo und wie sollte es seiner Meinung nach online sein? (Denken Sie daran, dass Sie ein Vetorecht haben, aber geben Sie ihm eine Chance!) Experimentieren Sie mit Erwartungen und Vorgaben und beziehen Sie Ihr Kind in den Prozess mit ein. Wenn Sie zum Beispiel einen Vertrag für die Handynutzung ausarbeiten, sollten Sie diesen bei Bedarf überprüfen und gegebenenfalls ändern.

> Rechnen Sie mit Fehlern. Unsere Kinder lernen, und dazu gehört es, Fehler zu machen. Auch wir lernen dazu, also seien Sie nachsichtig mit sich und Ihrem Kind! Fehler als Teil des Lernprozesses zu sehen, durch den man zu einem verantwortungsvollen Digital Citizen wird, bietet einen positiven Bezugsrahmen für Strategien und Gespräche. Sie wollen sicher ansprechbar sein, wenn Ihr Kind zum Beispiel auf beängstigenden oder sexuellen Content stößt, mit dem es nicht umgehen kann.

> Schlaf hat Vorrang. Halten Sie Handy, Tablets, Fernseher und Laptops über Nacht aus den Schlafzimmern fern! Schlafunterbrechungen durch Bildschirme und andere Geräte verstärken die negativen Auswirkungen möglicher Risiken wie Ängste und Depressionen. Das ist eine der einfachsten Strategien, um genau die Risiken zu minimieren, die Sie wahrscheinlich fürchten. Wenn man alle Belege zusammenträgt, sollte man in der Stunde vor dem Einschlafen ganz ohne Bildschirme auskommen, einschließlich Fernsehen. Ich weiß, das ist hart. Der Schlaf ist bei meiner therapeutischen Arbeit ein stetes Thema, vor allem bei Teenagern, die kaum die innere Motivation haben, Netflix auszuschalten oder ihr beruhigendes Handyspiel wegzulegen, um im Dunkeln die Augen zu schließen und einzuschlafen. Je eher diese Erwartungen zur Gewohnheit werden und in Ihrem Haushalt verinnerlicht sind, desto besser ist das für die Gesundheit aller.

> Schützen Sie die Zeiten, die der Familie vorbehalten sind. Legen Sie während der Woche bildschirmfreie Zeiten fest, an die sich alle Familienmitglieder halten (zum Beispiel beim Abendessen – keine Handys am Tisch!).

> Reden Sie. Halten Sie den Dialog aufrecht, während Ihr Kind in neue Bereiche der Cyberwelt hineinwächst. Vergessen Sie nicht, so oft wie möglich neutrale Fragen zu stellen, um die Perspektive Ihres Kindes nachzuvollziehen, und gleichzeitig sein kritisches Denken und die Fähigkeit zum Lösen von Problemen zu fördern:

- Was weißt du über diese und jene App – Gutes wie Schlechtes?
- Welche Strategien kennst du schon, um sicher damit umzugehen?
- Was beobachtest du bei Kindern deines Alters? Kennst du jemanden, der zu viel online ist oder ungute Entscheidungen trifft?

Social Media

> Interessiert bleiben und zu kritischem Denken anregen. Fragen Sie Ihr Kind, was es an verschiedenen Plattformen mag und warum es sich bei bestimmten ein Account zulegen will. Versteht es, wie das funktioniert? Welche Vorteile verspricht es sich davon? Versetzen Sie sich in seinen Kopf, um zu verstehen, was die sozialen Medien seiner Ansicht nach so attraktiv macht.

> Helfen Sie durch Scaffolding. Obwohl ich gemerkt habe, dass meine Kinder mehr über Social-Media-Plattformen wissen als ich, setze ich mich mit ihnen zusammen, und wir sehen sie uns gemeinsam an. Wir gehen die Datenschutzeinstellungen durch, und ich habe meine Kinder sogar Artikel über verschiedene Plattformen lesen lassen, damit sie mehr über die Risiken erfahren. Soziale Medien können das perfekte Übungsfeld sein, um mehr über Online-Sicherheit und Verantwortung zu lernen.

> Nutzen Sie flexible Formulierungen, um kritisches Denken anzu-regen. Dieser Bereich ist wie gemacht für jede Menge Vorträge! Mir ist bewusst, dass auch ich versucht war, all die Gründe aufzuzählen, warum soziale Medien schlecht sind; vielleicht habe ich das sogar getan und genau die leeren Blicke geerntet, die ich hätte erwarten sollen. Wenn man stattdessen flexibel beim Formulieren ist, könnte aus einem »Poste das bloß nicht« ein »Wie entscheidest du, was du postest?« werden. Damit vermitteln Sie, wie wichtig es ist, sich ein Urteil zu bilden, aber Ihr Kind denkt über eine vernünftige Antwort nach. (Wenn es keine anbietet, können Sie ihm mithilfe von Scaffol-ding eine Brücke bauen, um sich über das Für und Wider eines Posts klar zu werden. Mein Favorit ist der »Vorgarten«-Test: Würde man das auf ein Schild vor dem Haus schreiben? Denn was man in den sozialen Medien postet, ist noch viel sichtbarer!)

Kapitel 11

Bereit fürs echte Leben?
Das liebe Geld

Wie man Verantwortung großzieht:
Vom Taschengeld zur finanziellen Unabhängigkeit

»Geld durchwebt alles, betrifft uns alle und
verwirrt die meisten von uns.«
Morgan Housel, *Über die Psychologie des Geldes*[123]

Einmal entdeckte meine Familie zur Weihnachtszeit in der Nachbarschaft ein festlich beleuchtetes Haus, das Clark Griswold vor Neid hätte erblassen lassen. Ein beleuchtetes Riesenrad, geschmückt mit religiösen und weltlichen Symbolen, war nur ein Teil dieses teuren Anwesens, das funkelte und glitzerte. Mein Jüngster, der damals fünf war, erkundigte sich: »Wohnt hier der Amazon-König?« Zuerst waren wir nicht sicher, warum er dieses Haus mit dem Regenwald auf einem anderen Kontinent in Verbindung brachte, aber dann erkannten wir, dass er von Jeff Bezos sprach. Sein kindliches Gehirn hatte eine Verbindung zwischen dieser Zurschaustellung des Exzesses und dem kulturellen Symbol des Exzesses hergestellt.

Bezos mag der Inbegriff exzessiven Reichtums sein, aber auch andere Arten von Fragen rund ums Geld tauchen auf, zum Beispiel die Lieblingsfrage meiner Kinder: »Können wir in dem Haus wohnen?« (Finger deutet auf Villa.) Die meisten von uns haben darauf keine wirklich durchdachte lehrreiche Antwort, sondern winden sich heraus, etwa: »Nein, es sei denn, du hast mal eben einen Million übrig!«

Obwohl Fragen rund ums Geld, also wie wir wohnen, wie wir uns mit anderen vergleichen, was wir konsumieren und wo wir Urlaub machen, für unsere Kinder etwas ganz Natürliches sind, wissen wir vielleicht nicht, wie wir darauf reagieren sollen. Folglich sprechen viele Eltern nicht wirklich darüber, oder zumindest nicht in einer Weise, die unseren Kindern vermittelt, was wir ihnen über Geld und Wertvorstellungen beibringen wollen.

Wir alle bringen unsere eigenen Erfahrungen mit Geld in die Erziehung ein. Egal, ob man ohne Geld, mit wenig Geld oder in Wohlstand aufgewachsen ist, Geld steht nicht nur für Vermögenswerte, sondern auch für Werte an sich. In seinem nachgerade unbezahlbaren Buch *Die Verwöhnfalle. Wie man seine Kinder zu verantwortungsbewussten und glücklichen Menschen erzieht* [124] erklärt Ron Lieber überzeugend, warum wir tatsächlich mit unseren Kindern über Geld sprechen müssen, statt ihre Fragen abzutun oder um den heißen Brei zu reden. Um dabei effektiv zu sein, muss man sich über die eigene Beziehung zu Geld im Klaren sein und darüber, was man seinen Kindern in Bezug auf Geld und innere Werte vermitteln will.

Verantwortungsvoll. Arbeitsam. Fleißig. Innovativ. Solche Werte schaffen nicht nur erfolgreiche, zukünftige Angestellte, sondern tragen wahrscheinlich auch zu Stabilität und Unabhängigkeit im Erwachsenenalter bei. Und ich denke mal, dass diese Werte unsere Kinder zu der Art Erwachsenen machen, die wir großziehen möchten. Die Forschung deutet jedoch darauf hin, dass wir als Eltern Rückschritte gemacht haben und finanzielle Abhängigkeit statt Unabhängigkeit fördern. Was können wir also tatsächlich tun? Das ist einfach, aber anstrengend und eine Frage des Willens: Wir sollten unseren Kindern die Möglichkeit geben, eigenes Geld zu verdienen und zu spenden, den Umgang mit Geld zu üben, die eigenen Ausgaben unter Kontrolle zu haben und immer wieder über Geld zu sprechen, auch wenn wir nicht immer sicher sind, was wir sagen sollen.

In der Fülle der Erziehungsratgeber wird der Umgang mit Geld oder die Entwicklung finanzieller Kompetenzen bei unseren Kindern nur selten angesprochen. In einem Buch über die Erziehung unabhängiger Kinder ist das Thema Geld jedoch ein Muss, weil Geld und Autonomie miteinander verbunden sind. Geld gewährt Freiheit, und Autonomie ist ein Zustand der Freiheit. Für Erwachsene ist es mit Stress verbunden, das Gefühl zu haben, dass Geld unsere Entscheidungen und unser Verhalten kontrolliert. Der ultimative Vorteil finanzieller Sicherheit ist nicht das Geld an sich, sondern die Freiheit und die Kontrolle über Zeit und Lebensentscheidungen.

Viele von uns haben vielleicht das Gefühl, erst als Erwachsene etwas über Geld gelernt zu haben, aber die Vermittlung von finanziellem Wissen schon im jüngsten Alter gibt unseren Kindern eher die Chance, die mit finanzieller Sicherheit verbundene Autonomie zu erlangen.

Dieses Kapitel geht deshalb den Fragen nach, wie man Taschengeld zum Üben finanzieller Kompetenz nutzen kann, wie man schon bei den Jüngsten und ihrem Konsumverhalten anfängt, wie man kein »verwöhntes« Kind großzieht, welche Vorteile es hat, wenn Teenager einen Job haben, und wie man die größte finanzielle Entscheidung, die die meisten Familien treffen müssen, meistern kann: Ausbildung und Studium.

Grundlagen: Wissenschaft, Praxis und Erziehung im wirklichen Leben

Beruht die Vorstellung, dass Ihr Kind noch mit 25 bei Ihnen im Keller wohnt und arbeitslos ist, auf einer rationalen Angst, die sich auf Fakten stützt? Mag sein. Die Ergebnisse einer Umfrage aus dem Jahr 2017 zeigen, dass die Zahl junger Erwachsener zwischen 25 und 35, die noch zu Hause bei ihren Eltern leben, von Generation zu Generation gestiegen ist: Acht Prozent im Jahr 1964, zehn Prozent im Jahr 2000 und 15 Prozent im Jahr 2016.[125] Zugegeben, 85 Prozent dieser Altersgruppe sind von zu Hause ausgezogen, aber wie sieht es mit ihrer finanziellen Unabhängigkeit aus? Der Umfrage zufolge waren 2018 24 Prozent der jungen Erwachsenen im Alter von 22 Jahren oder jünger finanziell unabhängig, verglichen mit 32 Prozent im Jahr 1980. Was die Befragten als finanzielle Unterstützung ansehen, variiert, da mehr Eltern (59 Prozent) angaben, ihre erwachsenen Kinder im letzten Jahr finanziell unterstützt zu haben, als junge Erwachsene angaben, im letzten Jahr finanzielle Hilfe von ihren Eltern erhalten zu haben (45 Prozent).[126] Diese Zahlen sagen nichts über die Einstellung der Eltern, aber ich kann mir vorstellen, dass die meisten Eltern ihre erwachsenen Kinder nicht gern finanziell unterstützen.

Ich wage zu behaupten, dass die meisten Eltern ihre Kinder so erziehen wollen, dass sie als Erwachsene nicht nur ihr eigenes Geld verdienen, sondern auch ihre Finanzen im Griff haben und ein gesundes Verhältnis zu Geld entwickeln (zum Beispiel definiert das, was man verdient, nicht den Wert eines Menschen; Freundschaften und Familie verschaffen mehr Lebenszufriedenheit als viel Geld). Abgesehen von diesen altruistischen Bestrebungen für unsere Kinder wollen wir auch mal ganz offen darüber reden, dass Kinder teuer sind und es uns tatsächlich helfen kann, wenn sie einen Teil ihrer Rechnungen selbst bezahlen!

An diesem Punkt kommt die Autonomie-fördernde Erziehung ins Spiel. Denken Sie immer daran, dass es ein entscheidendes Merkmal von Autonomie ist, seine inneren Werte zu beachten. Obwohl es tabu ist, über Geld zu sprechen, müssen wir das tun, wenn wir unsere Kinder so erziehen wollen, dass sie nicht verwöhnt werden und ihre Finanzen im Griff haben. Wenn man hofft, einen finanziell unabhängigen Menschen großzuziehen, kann man nicht erst beginnen, ihn mit dem Thema Geld vertraut zu machen, wenn die Miete für seine erste Wohnung ansteht. Wenn wir also das Thema Geld in die Autonomie-fördernde Erziehung integrieren, fördern wir die Autonomie unserer Kinder und verringern gleichzeitig den Stress für uns selbst.

Autonomie-fördernde Erziehung und finanzielle Verantwortung

Welche Autonomie-fördernden Praktiken können wir also nutzen, um unseren Kindern das Thema Geld näherzubringen, und was sind die Vorteile? Die Wissenschaft, die sich mit dieser Art und Weise der Erziehung befasst, hat das Thema Geld und die damit verbundenen Fähigkeiten noch nicht untersucht. Deshalb stützt sich dieses Kapitel auf die Fortschreibung dessen, was wir über Autonomie-fördernde Erziehung wissen, um mit gesundem Menschenverstand eine Verbindung dazu herzustellen, wie wir unseren Kindern etwas über den Umgang mit Geld beibringen, um letztlich finanziell autonome Kinder zu erziehen. So lange der wissenschaftliche Rückhalt noch nicht vorliegt, ist es wichtig, den gesunden Menschenverstand anzuwenden, während wir auf Forschungsergebnisse warten.

Wenn das Erziehungsziel darin besteht, die Selbstorganisation unserer Kinder in finanziellen Angelegenheiten zu fördern, dann umfasst die Erziehung Prinzipien der Autonomieförderung, die inzwischen recht vertraut sind.

> Bieten Sie Ihrem Kind Wahlmöglichkeiten. Wie will es Geld verdienen? Wofür will es sein Geld ausgeben? An wen oder was will es spenden? Wofür will es sparen?

> Beziehen Sie Ihr Kind in finanzielle Entscheidungen der Familie mit ein (natürlich im Rahmen des Machbaren). So lernen Kinder,

über Geld nachzudenken und finanzielle Entscheidungen selbst zu treffen.

> Helfen Sie ihm, schrittweise ein Gefühl der Kompetenz zu entwickeln, zum Beispiel beim Einkaufen oder bei finanziellen Entscheidungen in der Familie.

> Erwarten Sie Eigenständigkeit. Wenn es über eigenes Geld verfügt, wird es zum Beispiel beim Einkaufen eigenständiger, statt von uns zu erwarten, Geld rauszurücken, wenn wir im Supermarkt oder im Kaufhaus sind.

> Unterstützen Sie wertorientiertes Verhalten. Wir lehren unsere Kinder, wie man auf eine Weise mit Geld umgeht, die zu ihren inneren Werten passt, statt ihnen zu widersprechen, und die Kinder lernen durch ihr Verhalten. In der Vorweihnachtszeit haute meine Tochter einmal fröhlich ihr ganzes Geld auf den Kopf, weil es ihr wichtig war, die neuen Freundschaften in der Mittelstufe mit aufmerksamen Geschenken zu würdigen.

Es könnte hilfreich sein, sich einen Moment Zeit zu nehmen, um Ihre eigenen Wertvorstellungen in Bezug auf Geld zu ermitteln. Die beeinflussen nämlich die Wertvorstellungen, die Sie Ihren Kindern vermitteln. Überlegen Sie, was Ihnen wichtig ist und welche Hemmungen Sie haben, was beides Ihr Erziehungsverhalten in Bezug auf Geld beeinflussen könnte. Vielleicht gehört ja Großzügigkeit zu Ihren inneren Werten, und Sie spenden regelmäßig für wohltätige Zwecke, die Ihnen am Herzen liegen. Da Sie aber womöglich in einem Haushalt aufgewachsen sind, in dem die Erwachsenen nicht mit Kindern über Finanzen gesprochen haben (was sehr häufig vorkommt), ist es Ihnen vielleicht noch nie in den Sinn gekommen, Ihren Kindern zu sagen, dass Sie das tun. Doch wenn Sie ihnen gegenüber übers Spenden sprechen, zeigen Sie, dass Sie Großzügigkeit als Wert schätzen, und das geht viel weiter, als einfach nur zu sagen: »Es ist gut, großzügig zu sein.«

Autonomie und Taschengeld

Wie schreibt Morgan Housel in seinem Buch *Über die Psychologie des Geldes* so treffend: »Der größte intrinsische Wert des Geldes – das kann man nicht oft genug betonen – ist seine Fähigkeit, Ihnen die Kontrolle über Ihre Zeit zu geben. Nach und nach ein Maß an Unabhängigkeit und Autonomie zu erlangen, das aus nicht ausgegebenem Vermögen besteht, welches Ihnen mehr Kontrolle darüber gibt, was und wann Sie es tun können.«[127] Eines der wichtigsten Ziele der Autonomie-fördernden Erziehung in Bezug auf Geld ist es, Kindern beizubringen, dass sie diese geldbedingte Freiheit finden können, indem sie eigenes Geld verdienen und ausgeben, und nicht das Ihre.

Der offensichtliche und konkrete Weg, um diesen Prozess einzuleiten? Kinder haben ihr eigenes Geld, um damit umzugehen. Eine gängige Methode hierfür ist Taschengeld. Ich weiß, dass manche Familien gegen Taschengeld sind, aber für diejenigen, die dem Konzept offen gegenüberstehen oder es ausprobiert haben (möglicherweise mit durchwachsenen Ergebnissen), bietet der folgende Taschengeld-Leitfaden Empfehlungen von Fachleuten und Autonomie-fördernde Prinzipien, um einen Weg zu finden, der für Ihre Familie geeignet ist.

Leitfaden Taschengeld

Wann beginnen?

Es gibt kein bestimmtes Alter, um mit dem Taschengeld anzufangen, aber laut Ron Lieber ist ein Kind bereit, wenn es seine Eltern anbettelt, ihm Sachen zu kaufen, zählen und Fragen über Geld und den Preis verschiedener Dinge stellen kann. Meiner Einschätzung nach trifft das bei den meisten Kindern irgendwann zwischen vier und sechs zu.

Wie viel?

Die meisten Empfehlungen reichen in den USA von 50 Cent bis zu einem Dollar pro Woche und Lebensjahr, und zwar bis zu einem Alter von zehn Jahren. (Anmerkung der Redaktion: Empfehlungen für Deutschland erhalten Sie u. a. auf www.jugendaemter.com oder auf www.dji.de – Deutsches Jugendinstitut.) Manche Experten empfehlen, dem Kind die Möglichkeit zu geben, eine Erhöhung auszuhandeln, während andere vorschlagen, das Taschengeld jedes Jahr zum Geburtstag zu erhöhen. In meiner Familie beschlossen wir, das Taschengeld an jedem Geburtstag zu erhöhen, bis mit zehn Jahren der Höchstbetrag von fünf Dollar pro Woche erreicht war. Ab diesem Zeitpunkt konnten die Kinder andere Wege finden, um neben diesem Betrag Geld zu verdienen.

Dieser Taschengeldplan sollte jedoch realistisch sein und zur finanziellen Situation Ihrer Familie passen. Wenn man zum Beispiel davon ausgeht, dass Kinder in den USA durchschnittlich 800 Dollar Taschengeld im Jahr bekommen, wären das bei meiner Familie 45 Dollar pro Woche für drei Kinder, also fast 200 Dollar im Monat. Das ist ein eigenständiger Posten in unserem monatlichen Budget. Deshalb beschlossen wir, mit zwei Dollar Taschengeld pro Kind anzufangen, und die Summe bei fünf Dollar zu deckeln. Die finanzielle Situation ist in jeder Familie anders, und fünf Dollar pro Woche sind vielleicht nicht realistisch, aber der Betrag ist nicht so wichtig wie die Erfahrung, wenigstens etwas Geld zu haben, über das man verfügen kann.

Und Teenager?

Jugendliche sind in vielerlei Hinsicht besonders. Dazu gehört auch, dass ihre »Wünsche« in der Regel deutlich teurer werden. Das ist dann hoffentlich der Punkt, an dem sich das jahrelange Üben im Umgang mit Geld auszahlt, sodass sie es nicht befremdlich finden, wenn man zurückhaltend auf ihre teuren Ansprüche reagiert. Den Rat meiner Mutter: »Spar dein Geld!«, habe ich heute noch im Ohr. Aber wenn Sie erst jetzt auf den Zug der Finanzerziehung aufspringen, ist es noch nicht zu spät. Sie können sich mit Ihrem Teenager zusammensetzen und das Familienbudget durchgehen, Wünsche und Bedürfnisse gegeneinander abwägen, über Möglichkeiten für Zusatzverdienste nachdenken und festlegen, für welche Ausgaben Ihr Teenager verantwortlich ist. Die Adoleszenz ist das perfekte Alter, um sie zu ermutigen, beziehungsweise von ihnen zu erwarten, sich andere Einnahmequellen zu erschließen, zum Beispiel durch einen Nebenjob (siehe dazu den Abschnitt über Adoleszenz).

Da Sie nun wissen, wann Sie mit dem Taschengeld beginnen und wie hoch es sein sollte, bleibt die Frage, wie Sie das Taschengeld im Familienalltag verankern. Die Ratschläge von Expertenseite, wie man das Thema Taschengeld angeht, lassen sich in wenigen Punkten zusammenfassen:

> Über das Thema sprechen, auch über die Entscheidung, wofür man Geld ausgibt, und über die Familienfinanzen, statt die Geldscheine oder Münzen einfach nur jede Woche auszuhändigen. Es ist wie mit den Empfehlungen zur Bildschirmzeit bei Kleinkindern: Taschengeld ist bereichernder, wenn Sie mit Ihrem Kind darüber sprechen.

> Das Taschengeld klar und sichtbar in Kategorien einteilen: ausgeben, spenden, sparen. (Verwenden Sie dafür Schraubgläser, Umschläge o. Ä.) Stellen Sie Regeln auf, damit immer ein Teil des Geldes für die Kategorien »Spenden« und »Sparen« beiseitegelegt wird. (Bei uns gilt ein Minimum von einem Dollar pro Woche für jede Kategorie; andere Familien arbeiten mit Prozentsätzen.)

> Zwischen »Wünschen« und »Bedürfnissen« unterscheiden. Sie können eine Liste anlegen, um zu üben, wie man zwischen beiden unterscheidet. Oder Sie erkundigen sich in Gesprächen übers Geldausgeben regelmäßig: »Ist das ein Wunsch oder ein echtes Bedürfnis?«

> Falls es Ihnen wichtig ist, legen Sie eine Liste verbotener Dinge an, für die Ihr Kind kein Geld ausgeben darf (zum Beispiel Süßigkeiten, ein Smartphone, Gewalt verherrlichende Videospiele usw.). Das richtet sich nach den Wertvorstellungen Ihrer Familie.

> Das Taschengeld immer an einem bestimmten Tag aushändigen, um feste Abläufe und Vorhersehbarkeit zu schaffen. Einige Jahre lang haben mein Mann und ich das mit dem Taschengeld eher halbherzig gehandhabt und unseren beiden älteren Kindern sage und schreibe zwei Dollar pro Woche gegeben. Und das auf denkbar bequeme Art: Wir überlegten, wann sie das letzte Mal Geld ausgegeben hatten, und rechneten dann aus, wie viele Wochen seitdem vergangen waren. Dieser willkürliche Umgang mit dem Thema Taschengeld trug natürlich wenig bis gar nicht dazu bei, meinen Kindern beizubringen, was ich ihnen über Geld beibringen wollte.

> Eine EC-Karte nutzen. Teenager können sich daran gewöhnen, nur auszugeben, was sie haben, und die schwierige Entscheidung zwischen Markenkleidung und der neuesten elektronischen Spielerei zu treffen. Oder genauso viele Getränke bei Starbucks zu kaufen, bis sie bei null sind.

Ein häufiges Dilemma: Sollen wir für die Hilfe im Haushalt zahlen?

Auf Grundlage der in Kapitel 6 erläuterten wissenschaftlichen Erkenntnisse zur Mithilfe im Haushalt versteht es sich von selbst, dass Kinder in irgendeiner Weise Verantwortung im Haushalt übernehmen sollten. Bleibt die Frage, ob man sie dafür bezahlen sollte.

> Argument 1: »Ich gebe meinen Kindern doch nicht Geld fürs Nichtstun. Sie müssen es schon verdienen.«

> Argument 2: »Die Hausarbeit sollte Teil des Familienlebens sein und dazu beitragen, weil wir ein Team sind, nicht, weil man dafür bezahlt wird.« (Gutes Argument. Eltern werden ja auch nicht für die Hausarbeit bezahlt!)

Es gibt keinen stichhaltigen Beweis dafür, dass der eine Ansatz dem anderen überlegen ist; jeder hat seine Berechtigung. Wie bei fast jedem Bereich der Erziehung kommt es auf die Kinder und den Kontext an. Ich könnte mir vorstellen, dass mindestens eines meiner gerissenen Kinder lieber aufs Taschengeld verzichtet, statt seinen Pflichten nachzukommen, oder – was noch wahrscheinlicher ist – es findet eine kreative Lösung, um anderweitig Geld zu verdienen. Eine Win-win-Situation für mein Kind, und ein Verlustgeschäft für mich und meinen chaotischen Haushalt. Unterm Strich kennen Sie Ihre Kinder am besten und wissen, was bei ihnen am besten zieht, auch wenn man erst ein bisschen herumprobieren muss.

Unabhängig davon, ob Ihre Familie ein solches Taschengeldsystem verwendet oder nicht, finden Sie hoffentlich Gelegenheiten für Ihre Kinder, in jeder Entwicklungsphase den Umgang mit eigenem Geld zu üben. Falls Sie nach Anregungen suchen, nennt Ron Lieber Ihnen eine Fülle von Beispielen: kreative Ideen, wie Eltern Projekte finden können, die sie kleineren Kindern gegen Bezahlung anbieten können, oder wie sie unternehmerisches Talent im Grundschul- und Teenageralter fördern können, um den Geschäftssinn zu trainieren. Das Wichtigste bleibt aber, dass Kinder ihr eigenes Geld brauchen, um zu lernen, wie man finanziell zurechtkommt und mit Geld umgeht, und zwar von klein auf bis zur Pubertät.

In der frühen Kindheit:
»Was kriege ich für so viel?«

Sie haben den Titel »Eltern« nicht verdient, bevor Sie nicht ein brüllendes Kind durch einen Laden manövriert haben, das genau dieses Spielzeug will, ohne das es nicht leben kann. Ich erinnere mich noch sehr gut daran, wie ich meinen Vierjährigen mit ins Spielzeuggeschäft genommen habe, um ein Geburtstagsgeschenk für seinen Freund auszusuchen (aus Sicht erfahrener Eltern ein Anfängerfehler). Es war vorhersehbar, dass er auf ein verlockendes Lego-Set abfuhr, während ich den kleinen Laden nach einem Geschenk durchstöberte. Als seine Trotzenergie sich bemerkbar machte, entdeckte ich in der Schlange eine Familie, die ich in meiner Therapiepraxis betreute. Wir begrüßten uns und plauderten ein bisschen, während ich krampfhaft überlegte, wie ich mit dem Geburtstagsgeschenk und einem ruhigen Kind aus dem Laden käme, damit sie nicht Zeugen meines Versagens in Sachen Erziehung würden. Stattdessen wartete ich, bis sie den Laden verlassen hatten, kaufte das Geschenk und trug meinen schreienden, rotgesichtigen Sohn unter dem Arm zurück zum Auto.

Die Herausforderung: Mein schreiender Sohn war der Beweis dafür, dass Kinder in der frühen Entwicklungsphase ihres Gehirns null Ahnung von Geld und Werten haben, dafür aber ein Verlangen nach jedem glänzenden Gegenstand, den sie in ihre klebrigen Finger bekommen können. Das führt dann immer wieder zu einem »Nein«, was immer wieder Trotzanfälle nach sich zieht, und dann möchten wir womöglich noch mehr Abstand zum Thema Geld und Kinder haben.

Die Befürchtung: Abgesehen davon, dass kleine Kinder noch nicht in der Lage sind, etwas so Abstraktes wie Geld zu verstehen, fühlen wir uns gegenüber diesem Konsumverhalten vielleicht machtlos, das durch den frühen Kontakt mit Medien angeheizt wird, die es genau auf diese leicht zu beeinflussende Zielgruppe abgesehen haben. Da wäre zum Beispiel die unerklärliche Faszination dafür, Multimillionären im Vorschulalter beim Spielen auf ihrem eigenen YouTube-Kanal zuzusehen! Dann machen wir uns vielleicht Sorgen, weil da suggeriert wird, es sei normal, übermäßig viel »Zeug« zu haben, und Freude sei ohne Spielzeug nicht möglich. (Vom Traum, selbst zum YouTube-Star zu werden, will ich gar nicht reden. Würg.)

Die Hoffnung: Mehr und immer mehr zu wollen, gehört zu den Herausforderungen in diesem Entwicklungsstadium des kindlichen Gehirns. Doch birgt die Phase der frühen Kindheit auch Hoffnung. Wenn man bereits in jungen Jahren mit entwicklungsgerechten Lektionen zum Thema Geld beginnt, kann man grundlegende Kenntnisse vermitteln, auf denen man aufbauen kann, wenn die Kinder älter werden. Derartige Ausraster im Spielzeugladen können wir vielleicht nicht verhindern (bestimmt nicht), aber wir können einige grundlegende Fähigkeiten vermitteln und Offenheit und Interesse zeigen, indem wir über Geld sprechen und was es bedeutet. Das bringt uns dem Ziel näher, in späteren Jahren einen vernünftigen Umgang mit Geld zu fördern. Und dann ist da ja auch noch eine Lektion fürs Leben: Man kriegt nicht immer, was man will, und das hilft uns, bessere Geldentscheidungen zu treffen, wenn wir keine Kleinkinder mehr sind.

Obwohl Eltern Kleinkindern normalerweise noch kein Taschengeld geben, sind einige kleine Kinder vielleicht schon so weit, wenn Sie beschließen, in Ihrer Familie ein Taschengeldsystem einzuführen. In unserer Familie begannen wir im Alter von etwa vier Jahren damit und erlebten prompt, wie sich die Einkaufsgewohnheiten unseres Sohnes änderten. Er fing an, darüber nachzudenken, wie er den Geldschein in seinen Händen verwenden sollte, anstatt uns um Geld anzubetteln. Wenn Ihr Kind über Bargeld verfügt, sei es aus seinem Taschengeld oder aus anderen Quellen wie den Großeltern, können Sie damit beginnen, Fähigkeiten zu trainieren, die Ihrem Kind den Weg zu finanzieller Kompetenz, Selbstvertrauen und Autonomie weisen.

Hier sind einige Tipps, wie Sie Ihren kleinen Kindern das Thema Geld näherbringen können:

> ➤ **Verwenden Sie anschauliches Material, um die Preise für verschiedene Dinge zu vergleichen.** Zum Beispiel können Spielsteine

der gleichen Größe oder auch Pennys zeigen, was verschiedene Dinge kosten, je nachdem, wie viele davon in einem Glas sind. Ein Schraubglas oder ein anderer durchsichtiger Behälter hilft Ihrem Kind zu sehen, wie viele Ersparnisse es schon angehäuft hat, auch wenn es sich dabei nur um eine Sammlung Glückspfennige vom Gehweg handelt oder um das Geburtstagsgeld von Verwandten.

> **Üben Sie, eine Auswahl zu treffen und Dinge zu vergleichen, um eine Vorstellung für ihren Wert zu vermitteln.** Zeigen Sie Ihrem Kind zum Beispiel zwei Sachen in einem Laden, die das Gleiche kosten: »Das Lego-Set hier kostet genauso viel wie diese fünf Action-Figuren. Was hättest du lieber?« Wenn es etwas Hochpreisiges möchte, können Sie Zahlen nutzen, die es versteht: »Um diese coole Uhr zu kaufen, musst du zehn Wochen sparen.« Auch, wenn sein Zeitverständnis noch dürftig ist, wird es erkennen, dass zehn Wochen sich wie eine Ewigkeit anfühlen!

> **Üben Sie den Umgang mit Geld hier und heute.** Ein Vierjähriger wird nicht verstehen, warum man monatelang auf den Kauf von etwas sparen muss. Also suchen Sie nach Gelegenheiten, wie er hier und jetzt über Geld nachdenken und es verwenden kann. Mein Mann und ich haben zum Beispiel von unserem Jüngsten nicht verlangt, sein Taschengeld nach den Kriterien Ausgeben, Sparen und Spenden aufzuteilen, bis er sieben wurde. In dieser Zeit übte er beim Einkaufen das Kopfrechnen anhand seiner zwei Dollar pro Woche und lernte, was Kaufkraft bedeutet. Als Antwort auf die häufige Frage meines Sohnes »Was kriege ich für so viel?« suchten wir gemeinsam die Regale ab, und er übte, die Preise auf den Artikeln zu lesen. Ich kann nicht behaupten, dass damit die Trotzanfälle in den Supermarktgängen vorüber waren, aber sie wurden definitiv weniger.

Auch wenn kleine Kinder abstrakte Begriffe wie Geld und Werte nur begrenzt verstehen, können wir mit ihnen im Alltag über finanzielle Konzepte sprechen und so den Grundstein für ihre wachsende Kompetenz in Geldfragen legen.

Das Szenario: Warum kann ich das (500 Dollar teure) Lego-Set nicht haben? (Gegenfrage: Warum ist Lego so teuer?)

Sie gehen mit Ihrer Vierjährigen und ihren zehn Dollar Geburtstagsgeld zum Einkaufen in ihr Lieblingsgeschäft für Spielsachen. Natürlich entdeckt sie sofort das teuerste und verlockendste Lego-Set im Regal und verlangt, es zu kaufen. Wie können Sie den drohenden Trotzanfall in eine Gelegenheit umwandeln, den Umgang mit Geld zu üben?

Kontrollbasiert	Autonomie-fördernd
Befehle erteilen: »Stell das zurück. Das ist viel zu teuer.«	Empathie und Einfühlungsvermögen zeigen: »Wow, das ist echt cool. Ich verstehe, warum du das haben willst.«
Die Sichtweise des Kindes entwerten: »Das brauchst du nicht. Du hast so viel Lego zu Hause.«	Dem Kind eine Brücke bauen, um den Preis zu verstehen: »Denk mal an dein ferngesteuertes Auto, das du so magst. Das Lego-Set hier kostet so viel wie zehn von diesen Autos!«
Eine Belohnung in Aussicht stellen, um das Verhalten zu kontrollieren: »Du kriegst einen Schokoriegel, wenn du aufhörst, nach diesem Set zu fragen.« Oder: »Du kriegst das Set, wenn du einen Monat lang keinen Trotzanfall bekommst.« (Wohl wissend, dass das nicht passieren wird!)	Die Regel begründen (warum man kein 500 Dollar teures Lego-Set kauft): »In unserer Familie überlegen wir sehr genau, wofür wir unser Geld ausgeben, damit es nicht ausgeht. Dieses Lego-Set zu kaufen würde bedeuten, dass wir uns andere wichtige Dinge für die Familie nicht leisten können.«
	Flexible Formulierungen verwenden: »Wie viel sollten wir deiner Meinung nach für Lego ausgeben?« (Darauf hat Ihr Kind vielleicht noch keine vernünftige Antwort, aber Sie stoßen damit das Nachdenken über das Konzept des Geldwerts an.)
	Das Kind in die Entscheidungsfindung miteinbeziehen: »Du hast zehn Dollar. Für welche anderen Spielsachen würdest du das Geld ausgeben wollen?«

Glauben Sie mir, ich habe die ersten beiden kontrollbasierten Antworten beim Einkaufen schon oft von mir gegeben. Haben wir bei solchen Einkauftouren jedoch Gelegenheit, etwas zu vermitteln, dann ermutigen die Autonomie-fördernden Antworten unsere jüngsten Kinder, einen solch teuren Artikel nicht als etwas zu sehen, das sie haben können, wenn sie nur genug jammern, betteln oder weinen. Stattdessen können Sie die Situation dafür nutzen, Ihrem Kind begreiflich zu machen, was Geld überhaupt bedeutet und wie es über seine Verwendung entscheiden kann.

In der mittleren Kindheit: Verwöhne ich mein Kind zu sehr?

Als meine Tochter elf war, bat sie mich um einen gemeinsamen Einkaufsbummel mit ihrer besten Freundin und deren Mutter, bevor die Schule wieder losging. Ich erinnerte mich gern daran, wie ich mit meiner Mutter Kleidung für die Schule gekauft hatte, und es stimmte mich wehmütig zu sehen, wie mein Kind heranwuchs. Deshalb willigte ich gern ein. Der Ausflug diente nicht nur dem gegenseitigen Kennenlernen, sondern erwies sich auch als lehrreiche Erfahrung darüber, wie unterschiedlich Menschen einkaufen und Geld ausgeben.

Glücklicherweise verdeutlichte diese Erfahrung auch, dass unsere bisherige Arbeit rund um Geld und Finanzen vielleicht etwas gebracht hatte. Sie hatte ein kleineres Budget als ihre Freundin, stellte aber fest: »Du und [ihre Mutter], ihr shoppt wirklich unterschiedlich! Ihre Mutter reicht ihr immer mehr Klamotten, während du und ich immer wieder Sachen zurücklegen.« Als sie und ich die Preisschilder an einfachen Baumwolloberteilen durchsahen, erklärte sie: »Ich würde nicht wollen, dass du so viel dafür ausgibst!«

Am Ende des Tages konnte ich einen Anflug von Enttäuschung erkennen, denn ihre »Ausbeute« betrug vielleicht ein Drittel der ihrer Freundin, aber sie hatte nicht einmal das von uns festgelegte Budget ausgeschöpft, weil sie ihre Entscheidungen aufgrund ihrer Wertvorstellungen getroffen hatte. Sie ging sofort nach Hause und gab das übrig gebliebene Geld online für erschwinglichere Sachen aus und bekam so mehr für ihr Geld. Das war das Ziel – sie traf Entscheidungen auf der Grundlage eines festgelegten Geldbetrags, über den sie nach Gutdünken verfügen konnte. An der Schwelle zur Pubertät hatte meine Tochter den Sturm der mittleren Kindheit gut überstanden, weil sie erkannt hatte, dass Geld begrenzt ist (man hat eben ein Budget), auch wenn der soziale Vergleich ein neues Bewusstsein dafür geweckt hatte, dass Freunde anders mit Geld umzugehen schienen. Denn eine weitere wichtige Erkenntnis solcher Vergleiche ist, dass der Schein trügen kann. Meine Tochter und ich gaben zum Beispiel bei diesem Einkaufstrip weniger Geld aus, was nicht bedeutete, dass wir weniger Geld hatten. Es mag Gründe dafür geben, warum ihre Freundin an diesem Tag mehr einkaufen musste.

Die Herausforderung: Wenn diese Altersgruppe in die Schule kommt, setzen allmählich soziale Vergleiche ein, und Sie werden vermutlich mehr Anfragen erhalten, bei denen es darum geht, Geld für etwas auszugeben, weil ein/e Freund/in das hat. Zu diesem Zeitpunkt können auch unangenehme Fragen über den Wohlstand und den Status Ihrer Familie kommen. Für Familien mit ausreichend Einkommen kann es auch eine Herausforderung sein, Anfragen zu verneinen, obwohl man sich das Gewünschte theoretisch leisten könnte.

Die Befürchtung: Wir wollen weder Gier, Materialismus noch Konsumdenken fördern, indem wir über Geld sprechen. Wir wollen auch keine anspruchsvollen, verwöhnten Kinder großziehen! Bei mir schrillen die Alarmglocken, wenn meine Kinder irgendetwas sagen, das undankbar oder verwöhnt klingt. Ein einziger Satz reicht, und ich komme ins Grübeln. Ich bilde mir dann ein, meine Kinder wüssten nicht, wie viel Glück sie haben. Ich frage mich, was mein Mann und ich falsch machen. Und ich erwäge, meinen Kindern nie wieder etwas zu kaufen. In Momenten der Schwäche habe ich vielleicht sogar ernsthaft vorgeschlagen, jedes Spielzeug im Haus an Kinder zu spenden, die es zu schätzen wüssten, da meine Kinder behaupten, sie seien »so gelangweilt« von dem Überangebot um sie her.

Die Hoffnung: Trotz der Schwierigkeit zu wissen, wann man Nein sagen muss, und der Angst, die Kinder zu sehr zu verwöhnen, ist dieser mittlere Abschnitt der Kindheit die beste Zeit, um auf dem in der frühen Kindheit geschaffenen Grundwissen aufzubauen und Fähigkeiten im Umgang mit Geld im wirklichen Leben (zum Beispiel entscheiden, was man ausgibt/spendet) und finanzielle Kompetenz (Wertverständnis) zu entwickeln. Das Gehirn der Kinder hat sich weit genug entwickelt, um auf komplexe Weise über Geld nachzudenken, was es in jüngeren Jahren einfach noch nicht konnte.

Wenn es um Geld geht, spielt der soziale Kontext – wie die Nachbarschaft oder die Schule – eine große Rolle. In einem Umfeld, in dem es üblich ist, die Wünsche der Kinder zu erfüllen, indem man ihnen jedes neue teure Objekt ihrer Begierde kauft, sorgt dieses Konsumverhalten für zusätzlichen Druck – und für Gelegenheiten, Werte zu vermitteln. Nehmen wir ein gängiges Szenario: der Kauf des ersten Handys für Ihr Kind. Und seien wir mal ehrlich – Handys und Verträge sind teuer, mal ganz abgesehen von der anstrengenden Handy-Debatte selbst.

Das Szenario: »Alle haben ein Handy mit Vertrag.«

Ihr Kind steht kurz vor dem Abschluss der Grundschule, als es Ihnen mitteilt, dass seine Freunde »alle« zum Übergang in die Mittelstufe ein Handy bekommen werden. Nicht einfach irgendein Handy, sondern das neueste Smartphone inklusive Vertrag. Ihr Plan war es, bis zur siebten Klasse zu warten, bis es sich in der weiterführenden Schule akklimatisiert hat. Ihr Kind aber fragt hartnäckig: »Wann bekomme ich ein Handy?« Wie reagieren Sie unter Berücksichtigung Ihrer eigenen Wertvorstellungen auf diesen Druck? Wie kann Ihr Kind etwas lernen, anstatt es mit den Worten »Hör auf zu fragen!« abzuschmettern? (Mal abgesehen davon, dass es sowieso nicht aufhört zu fragen.)

Kontrollbasiert	Autonomie-fördernd
Die Sicht des Kindes abwerten: »Mir doch egal, wer ein Handy hat. Ich zahle das nicht.«	Empathie und Einfühlungsvermögen zeigen: »Es wäre sicher schwer, der/die einzige ohne Handy zu sein. Das verstehe ich.«
Scham einflößen: »Bist du verrückt? Du schaffst es nicht mal, dein Zimmer aufzuräumen, willst aber mit einem so teuren Gerät umgehen können?«	Die Regel begründen (warum man kein neues Handy kauft): »Ein neues Smartphone ist echt teuer, und du hast noch keine Übung darin, auf so hochwertige Gegenstände achtzugeben.«
Schuldgefühle hervorrufen: »Meinst du etwa, du bist wichtiger als der Rest der Familie? Wir geben doch nicht unser ganzes Geld dafür aus.«	Das Kind in die Entscheidungsfindung miteinbeziehen: »Hast du eine Idee, wie wir das neue Handy und den Vertrag bezahlen können?«
Die Fragen jedes Mal mit Schweigen quittieren.	Gemeinsam an einer Lösung arbeiten: »Such doch mal nach erschwinglichen Handys, und wir könnten uns die monatliche Abrechnung ansehen, um zu wissen, wie viel teurer sie mit einem zusätzlichen Gerät wird.«
	Eigenständigkeit erwarten: Wenn ein Handy mit Vertrag das Familienbudget übersteigt, seien Sie ehrlich. Im Rahmen dieser Einschränkung können Sie Ihr Kind aber ermutigen, sich zum Ziel zu setzen, genug Geld zu verdienen. Das macht es oder nicht, aber es ist seine Entscheidung.

In der Theorie mag es einfach klingen, mit dem Handykauf bis zur siebten Klasse zu warten, aber ich will Ihnen nicht vorenthalten, dass in meiner Familie ein ähnliches Szenario eingetreten ist, und es war nicht einfach. Man könnte sagen, dass wir »eingeknickt« sind, aber ich behaupte, wir waren flexibel und haben einen Mittelweg gefunden, der die Wahrnehmung unseres Kindes respektiert und gleichzeitig unsere Ziele im Auge behält, Verantwortung zu lehren und Ansprüche herunterzuschrauben. Um den Autonomie-fördernden Ansatz zu vertiefen, gaben wir unserer Tochter den Sommer über probeweise ein altes Telefon (ohne Vertrag), um ihre Reife und ihr Verantwortungsbewusstsein zu testen. Wir haben sie auch in die Kostenrecherche für verschiedene Optionen einbezogen, und sie kam mit in den Laden, um die Kosten mit einem Verkäufer durchzusprechen. Der Zeitpunkt fiel mit der Abzahlung unserer Telefone zusammen, sodass es finanziell realistischer wurde. Letztendlich wartete sie einige Monate länger, als sie wollte, und hatte früher ein Telefon, als wir es geplant hatten. Aber wir gingen alle mit einem guten Gefühl aus diesem Prozess hervor.

Der kontrollbasierte Ansatz mag bei einigen Kindern funktionieren, um die Bitte abzuweisen, aber denken Sie auch hier daran, was durch so eine Reaktion verloren geht. Selbst wenn das Kind am Ende kein Handy bekommt, macht die auf Autonomieförderung beruhende Interaktion einen Unterschied bei den Erfahrungen, die das Kind mit Ihnen in Bezug auf Entscheidungen zum Thema Geld erlebt. Auch wenn es kein teures Telefon bekommt, lernt es so zum Beispiel, wie man über Ausgaben entscheidet, die Befriedigung eines Bedürfnisses hinauszögert und sich nicht in soziale Vergleiche verstrickt.

In der Adoleszenz: Cash und College

2013 hatten weniger als 20 Prozent aller US-amerikanischen Teenager einen Job – der niedrigste Wert, der jemals verzeichnet wurde, seit die USA 1948 begannen, die Zahl der Teenager mit einem Job zu erfassen. 2017 kletterte der Prozentsatz auf 20 Prozent.[128] Im Vergleich dazu arbeiteten früher konstante 45 Prozent der Amerikaner zwischen 16 bis 19 Jahren, bis nach 1998 ein Einbruch zu verzeichnen war.[129] In bestimmten Bevölkerungsgruppen, die es sich leisten können, dass die Kinder nicht zum Unterhalt der Familie beitragen müssen, scheinen

Teenager Zeit und Energie in erster Linie darauf zu verwenden, an den besten Colleges angenommen zu werden. Wenn man Vorbereitungskurse für Aufnahmetests, Nachhilfe, das Aufhübschen des Lebenslaufs durch ehrenamtliches Engagement und Vereinsmitgliedschaften, den unerhörten Zeitaufwand für jede Art von Highschool-Sport und natürlich die Hausaufgaben zusammenzählt, bleibt einfach keine Zeit für einen Job.

Ich werde nicht müde, meinen Kindern zu erzählen, dass ich gearbeitet habe, seit ich elf war. Ich begann, indem ich für zwei Dollar pro Stunde Müttern half – was meine großzügige und offensichtlich verzweifelte Lehrerin aus der dritten Klasse gern bezahlte, denn sie hatte widerspenstige Zwillinge. Mit vierzehn arbeitete ich regelmäßig als Babysitterin, im Durchschnitt zwanzig Stunden pro Woche. Da ich in einer Familie der Mittelschicht aufwuchs, musste ich mir das Geld selbst verdienen, das ich für nicht lebensnotwendige Dinge ausgeben wollte (zum Beispiel ein Outfit mit Leo-Print von einer besonderen Marke).

Im letzten Schuljahr belegte ich sämtliche Advanced Placement Classes und Honors-Classes, arbeitete am Jahrbuch mit und sagte zu jeder Gelegenheit Ja, die mich dem College meiner Träume näher brachte. Und ich arbeitete zwanzig Stunden pro Woche in einem Spielzeugladen. Ich sparte mein Geld für die anstehenden College-Kosten. Auf dem College arbeitete ich als studentische Hilfskraft und gewährte mir zwanzig Dollar Taschengeld pro Woche.

Die Erfahrungen, die ich als Heranwachsende mit Geld machte, haben meinen Erziehungsstil geprägt, denn ich möchte Kinder großziehen, die harte Arbeit, Großzügigkeit, Verantwortung und den Wert eines einzelnen Dollars zu schätzen wissen. Ich musste jedoch feststellen, dass dieses Bestreben in der heutigen Zeit in vielerlei Hinsicht herausfordernd ist.

Die Herausforderung: Wie die Daten zeigen, ist es nicht mehr die Norm, dass Teenager für ihr eigenes Geld arbeiten, wie es früher der Fall war. Wenn man die gestiegenen Kosten für die Freizeitgestaltung von Teenagern bedenkt (zum Beispiel Smartphones, Spielkonsolen usw.), dann scheint es, als bekämen Teenager einiges dafür, dass sie nicht viel tun. Zu allem Überfluss sind die Kosten fürs College auf geradezu bizarre Weise in die Höhe geschossen, was Eltern finanziell belastet und unvorbereitete Teenager schockiert.

Die Befürchtung: Wie ich in Arbeit und Privatleben mitkriege, befürchten Eltern, dass Teenager durch einen Job noch mehr Stress in einem ohnehin stressigen Leben hätten (vor allem nach den Belastungen der Pandemie für die Jugend). Dennoch könnte es eine Form der Überfürsorglichkeit sein, nicht von seinem Teenager zu erwarten, dass er finanziell unabhängig wird, indem er eigenes Geld verdient und ausgibt. Damit würde man ihn vor der Belastung schützen, statt diese als Chance für mehr Lebenskompetenz zu sehen.

Die Hoffnung: Wenn Jugendliche die Möglichkeit haben, ihr eigenes Geld zu verwalten, während sie noch unter unserem Dach leben, haben sie mehr Spielraum für Fehler, die nicht dazu führen, dass sie vor die Tür gesetzt werden oder nicht mehr als kreditwürdig gelten. Wenn wir es auf uns nehmen, unseren Teenagern etwas über Haushaltsbudgets, Kreditkarten, Vermögensanlagen und durchdachtes Konsumverhalten beizubringen, dann stellen Sie sich nur einmal vor, wie sie das als junge Erwachsene schützen wird. Das mag sich nach gesundem Menschenverstand anhören, aber warum passiert es in dieser entscheidenden Phase dann so selten, dass Teenager diese Lektionen in Sachen Geld lernen?

Ein Teil der Jugendlichen, die zu mir in die Therapie kommen, sind Überflieger, die sich auf ihre schulischen Leistungen konzentrieren. Sie und ihre Familien machen sich Sorgen, dass ein Job ihre Noten oder andere Aktivitäten beeinträchtigen könnte, die für die Bewerbung an einem College wichtig sind. Die Forschung zeigt jedoch, dass es eine Art goldene Mitte gibt bei der Frage, wie viel Zeit Jugendliche mit einem bezahlten Job verbringen sollten. Teilzeitjobs werden mit guten Noten in Verbindung gebracht, solange die Wochenarbeitszeit fünfzehn Stunden nicht übersteigt. (Glauben Sie mir, die meisten Teenager, die ich kenne, verbringen mindestens so viel Zeit pro Woche auf YouTube und Netflix – egal, wie fleißig sie in der Schule sind.) Es gibt auch Beweise dafür, dass diejenigen, die während der Highschool gejobbt haben, als junge Erwachsene besser mit Stress im Beruf klarkommen.[130] Mehr als zwanzig Arbeitsstunden pro Woche werden jedoch mit schlechten Ergebnissen wie schwächeren Noten und Drogenkonsum in Verbindung gebracht. Allerdings scheint es bereits vorab Risikofaktoren für diese Jugendlichen zu geben, wie zum Beispiel insgesamt weniger Engagement in der Schule und weniger soziale und wirtschaftliche Ressourcen.

Denken Sie an all die Lektionen, die ein Job während der Highschool uns lehrt: Pünktlichkeit, das Ertragen langweiliger und bedeutungsloser Aufgaben, nervige Chefs oder Kollegen, mit denen man lernen muss umzugehen, und der Aufbau von Beziehungen am Arbeitsplatz. Man hört sogar immer wieder, dass Hochschulen Beweise dafür sehen wollen, dass Bewerber bereits begonnen haben, Fähigkeiten zu entwickeln, die für ein unabhängiges Leben nützlich sind.

Neben diesen wichtigen Fertigkeiten ist der einfachste und naheliegendste Grund für einen Teenager-Job der, eigenes Geld zu verdienen. Während sich diese Jugendlichen auf das Leben als Erwachsene und die Möglichkeit eines Studiums vorbereiten, werden der Umgang mit Geld und die wirtschaftliche Unabhängigkeit immer wichtiger, denn sie können Teil der größten finanziellen Entscheidung werden, die Ihre Familie möglicherweise jemals treffen wird (Einsatz Soundtrack zu *Der weiße Hai*): die Finanzierung des Studiums.

Die andere Art der College-Vorbereitung: Familie und Finanzen

Je nach Alter Ihres Nachwuchses tun Sie vielleicht, was ich getan habe: Sie können das Thema Kosten für das Studium als Teil der Erziehung ausblenden. Ein Riesenthema. Schwammig. Voller Ungewissheiten. Und doch haben unsere Kinder immer wieder Geburtstage, die sie näher an die Highschool bringen. Aber unsere Kinder feiern einen Geburtstag nach dem anderen, und der Schulabschluss rückt unaufhaltsam näher. Angenommen, Sie möchten wie die meisten Eltern, dass Ihr Kind aufs College geht (und das aus gutem Grund, denn Studien belegen, wie hoch das Einkommen von Menschen mit College-Abschluss im Vergleich zu Menschen ohne einen solchen ist)[131], dann erwischt es uns und unsere Teenager irgendwann kalt.

Die Grundsätze der Autonomie-fördernden Erziehung können uns helfen, indem sie bekräftigen, warum wir in der Familie Gespräche über die Finanzierung des Studiums führen sollten: um das Engagement unserer Kinder für ihre College-Ausbildung zu erhöhen, indem sie aufgrund der erlernten Handlungsfähigkeit selbst zur Finanzierung beitragen, sei es durch direkte Beiträge, Darlehen, Stipendien, finanzielle Unterstützung oder Leistungsförderung. In einem Artikel in der Zeitschrift *Forbes* wurde 2013 behauptet, dass die Noten der Kinder umso schlechter ausfielen, je mehr die Eltern für ihre College-Ausbildung zahlten.[132] Die Vermutung liegt nahe, dass das Engagement eines Kindes im Studium zurückgeht, wenn wir Eltern die ganze Rechnung begleichen. Von Jugendlichen und jungen Erwachsenen, mit denen ich gearbeitet habe, erfuhr ich, dass sie motivierter sind, weniger zu feiern und mehr zu lernen, wenn der Verbleib am College wegen eines Stipendiums von ihren Noten abhängt.

Mit Ihrem Kind über die College-Finanzen zu sprechen, kann ihm wertvolle Fähigkeiten vermitteln, die ihm während seiner College-Zeit und beim späteren Umgang mit Geld immer von Nutzen sein werden. Wenn Sie für diese Art der College-Vorbereitung bereit sind, bietet das folgende Szenario Autonomie-fördernde Strategien, die Ihnen helfen werden, die Situation zu meistern.

Das Szenario: »Ihr zahlt doch fürs College, oder?«

Es ist so weit. Ihr Teenager fängt an, sich ernsthaft Gedanken über seine College-Wahl zu machen, und bereitet zusätzlich zu seinem ohnehin schon hektischen Zeitplan die Teilnahme an SAT und ACT vor, den Prüfungen, die seine Studierfähigkeit zeigen sollen. Sie sind stolz auf den ehrgeizigen Plan Ihres Kindes, an einer der besten Universitäten ein vierjähriges Vollstudium zu absolvieren, und Sie möchten es dabei so gut wie möglich unterstützen. Eines Abends, als Sie sich gemeinsam die Websites einiger Colleges ansehen, sagt Ihr Kind: »Bei allen meinen Freunden zahlen die Eltern die Studiengebühren; das macht ihr doch auch, oder?«

Ähmmm ... tun Sie das? Einmal angenommen, Sie haben tatsächlich nicht vor, die Studiengebühren komplett zu übernehmen, die bei vier Jahren wahrscheinlich zwischen 100 000 und 300 000 Dollar liegen. Wie können Sie Ihrem Kind diese Entscheidung mitteilen, ohne es zu entmutigen? (Zu dieser Diskussion gehören deutlich mehr Aspekte als nur »kontrollbasierte« oder »Autonomie-fördernde« Antworten; weitere Tipps finden Sie deshalb im Anschluss an die Tabelle.)

Kontrollbasiert	Autonomie-fördernd
Einen schroffen Tonfall anschlagen: »Verdammt, nein! Das musst du schon selbst auf die Reihe kriegen!«	Sich offen und interessiert zeigen: »Hm. Ich gebe zu, wir haben noch nicht darüber gesprochen. Ich kann mich nicht erinnern, jemals gesagt zu haben, dass wir fürs College bezahlen. Klingt, als müssten wir darüber reden.«
Scham einflößen: »Wie kommst du denn auf die Idee? Wie verwöhnt bist du eigentlich, dass du denkst, wir geben dir mal eben so viel Geld?«	
Die Sicht des Kindes abwerten: »Ich hatte niemanden, der mich unterstützt hat. Du kannst froh sein, dass wir einen Teil zahlen.«	Zahlen anschaulich machen: Setzen Sie sich zusammen und schreiben Sie auf, was die vier Jahre an den Hochschulen kosten, die Ihr Kind interessieren.
Forderungen stellen: »Du musst dir ein paar Jobs suchen und den Sommer über ranklotzen.« (Das ist für den durchschnittlichen Schüler eher nicht verlockend!)	Die Gründe für die »Regel« erläutern, warum man nicht die ganzen Studiengebühren übernimmt (natürlich in Abhängigkeit von den familiären Hintergründen): »Es ist für uns nicht machbar, die ganze Summe zu zahlen, und wir finden es wichtig, dass du einen Beitrag leistest, da es ja *dein* Studium ist.«
Drohen: »Wenn du das nicht auf die Reihe kriegst, zahlen wir gar nichts. Dann gehst du halt hier aufs Community College.« (Anmerkung: Ein Community College kann eine gute Idee sein; in diesem Szenario habe ich es allerdings als »Drohung« eingesetzt, weil es ja nicht zu den Ambitionen des Kindes passt.)	In die Lösung des Problems einbeziehen: »Lass uns mal mögliche Geldquellen durchgehen (zum Beispiel Stipendien, Beihilfen, Darlehen).«
	In die Entscheidungsfindung einbeziehen: »Wenn wir in der Lage sind, dir diesen Betrag zur finanziellen Unterstützung zuzusagen, was ist dann für dich die realistischste Möglichkeit, den anderen Teil aufzubringen?«
	Empathie und Einfühlungsvermögen zeigen: »Ich weiß, das fühlt sich im Moment ziemlich überwältigend und vielleicht auch nicht machbar an.«
	Bedingungslose Unterstützung zeigen: »Du musst das doch nicht allein hinkriegen. Wir sind da, um dir beizustehen.«
	Regeln und innere Werte in Einklang bringen: »Sich an den Studiengebühren zu beteiligen bedeutet, mehr Verantwortung zu übernehmen, denn du bist bald erwachsen.«

Der Autonomie-fördernde Ansatz vermittelt, dass Sie Ihrem Teenager zutrauen, wie ein Erwachsener über Geldfragen zu entscheiden, und Sie begleiten ihn gleichzeitig Schritt für Schritt, damit er sich nicht allein gelassen fühlt. Diese Mischung aus Struktur und Unterstützung, die wahrscheinlich über Wochen hinweg und nicht nur bei einem einzigen Gespräch vermittelt wird, bereitet Ihren Teenager darauf vor, wie er das College finanzieren will. Und er übt damit für ähnliche Entscheidungen, die als junger Erwachsener anstehen. Im Gegensatz dazu erfasst die kontrollbasierte Reaktion zwar vielleicht Ihre Gedanken und Gefühle in Bezug auf die Ansprüche Ihres Teenagers, trägt aber nicht zur Entwicklung nützlicher Fertigkeiten bei.

Ergänzend zu den im Szenario skizzierten Strategien zur Förderung der Autonomie erwähnt Ron Lieber in seinem Buch *The Price You Pay for College* einige wichtige Punkte für ein Gespräch mit Ihrem Kind zum Thema »Geld und College«:[133]

> Sprechen Sie mit Ihrem Kind über die Finanzierung des Studiums, noch bevor es in die Highschool kommt, denn ab da zählen die Noten fürs College. Das ist eine schwierige Gratwanderung: Einerseits gilt es, unnötigen und wenig förderlichen Druck auf die schulischen Leistungen in der Highschool zu vermeiden, andererseits sollte man seinem Kind klarmachen, dass bessere Noten die Kosten fürs College senken können, weil man eher ein Stipendium bekommt. Und dann stünden auch mehr Colleges zur Wahl.

> Lassen Sie Ihr Kind wissen, wie viel Sie vorhaben zu zahlen, damit es nicht in letzter Minute überrascht wird.

> Sprechen Sie offen über das Thema Sparen; Sparkonten, die auf den Namen Ihrer Kinder laufen, können für deren eigene Spargewohnheiten dienlich sein.

> Falls es finanzielle Grenzen gibt, ermitteln Sie diese im Voraus, damit Ihr Kind weiß, wie viel ihm zur Verfügung steht.

> Vermeiden Sie Vergleiche! Es ist unmöglich, die Situation anderer Familien zu durchschauen und zu wissen, ob sie sich höhere Studiengebühren wirklich leisten können. (Solche Vergleiche habe ich in meiner Praxis gehört: »Bei allen anderen übernehmen die Eltern die Kosten fürs College!«)

Mit diesen Empfehlungen können Sie den Autonomie-fördernden Ansatz bei der finanziellen Vorbereitung auf das College stärken. Letztlich haben wir Eltern die Befugnis, über diese enorme finanzielle Belastung für die Familie zu entscheiden, aber Ihr Teenager kann parallel dazu ein Gefühl der Autonomie entwickeln und durch eine offene, aufrichtige Kommunikation mit Ihnen Kompetenzen in Geldfragen aufbauen.

Seit ich Liebers Bücher und andere Artikel gelesen habe, haben wir in der Familie viele Diskussionen über den Umgang mit Geld geführt, und ich habe mir Zeit genommen, über meine eigenen Geldprobleme nachzudenken. Nachdem ich den Schritt gewagt hatte, Änderungen beim Taschengeld vorzunehmen und offen über die Familienfinanzen zu sprechen, begannen meine Kinder, mehr Fragen zu stellen, und ich sah mehr Möglichkeiten für Erziehung rund um das Thema Geld. Wir melden sie zum Beispiel nicht einfach für lustige Unternehmungen an und wünschen ihnen viel Spaß. Vorher sprechen wir darüber, wie wir zu der Entscheidung kamen, dass es das Geld wert ist.

Nur wenige Wochen, nachdem ich bewusst das Thema Geld direkt angesprochen hatte, ist mir ein Familienausflug in den Buchladen in Erinnerung geblieben, weil er mir gezeigt hat, dass die Gespräche tatsächlich etwas bewirkt hatten. Es war das erste Mal, dass wir in den örtlichen Buchladen kamen (in dem meine Kinder immer vieles haben wollten), und kein einziges Kind wollte etwas kaufen. Das war besonders beeindruckend für den damals Vierjährigen, bei dem Kaufgelüste immer eine zielstrebige Entschlossenheit auslösen. Wir gingen die Regalreihen ab und wählten ein Geburtstagsgeschenk für einen Freund aus. Kein einziges Mal wurde gebettelt, gejammert oder geweint, und niemand kam mit etwas für sich selbst aus dem Laden. Natürlich hat sich diese Sternstunde nicht bei jedem folgenden Einkauf wiederholt – schließlich reden wir hier von Kindern, aber die Streitereien ließen auf jeden Fall immer mehr nach, je besser sie mit Geld umzugehen lernten.

Ich weiß, dass die Diskussionen und das Lernen gerade erst begonnen haben. Und auch wenn Geld nicht die Lösung für alles ist, können wir eine Menge lernen, wenn wir uns mit dem Thema Geld auseinandersetzen.

Über Geld sprechen, den Umgang mit Geld lernen – quer durch alle Altersstufen: Wichtige Erkenntnisse

> **Zeigen Sie sich offen für Gespräche über Geld.** Das wurde in Ihrer Herkunftsfamilie vielleicht nicht so gehandhabt, da viele unserer Eltern das Gefühl hatten, Geld sei ein Tabu.

> **Wenn sie uns fragen, sollten wir antworten.** Kinder sind dafür bekannt, uns zu überrumpeln. Deshalb stellen Sie sich schon mal auf diese Fragen ein: »Sind wir reich oder arm? Warum ist unser Haus kleiner oder größer als ihres? Wie viel verdienst du?« Die Versuchung ist groß, solche Fragen aus Unbehagen abzuwehren: »Nein, wir sind nicht reich. Wir mochten halt dieses Haus. Es reicht, um die Rechnungen zu bezahlen!« Als meine Kinder nach unserem Gehalt fragten, war uns klar, dass die Zahlen für sie nach viel klingen. Das hätte eine ganze Reihe von Wünschen nach neuen Geräten und schicken Urlauben ausgelöst. Deshalb haben wir in unserer Antwort angegeben, wie hoch die Ratenzahlungen sind und was wir ungefähr im Monat für den Familienunterhalt ausgeben. Stichwort Kontext. Ron Lieber empfiehlt drei einfache Worte als Antwort auf jede Geldfrage: »Warum fragst du?« Damit gewinnen Sie nicht nur Zeit, um sich zu sammeln, wenn eine Frage Unbehagen auslöst, sondern Sie können auch herausfinden, wonach Ihre Kinder *wirklich* fragen.

> **Nutzen Sie Alltagssituationen als Lehrbeispiele.** Vor Kurzem wollte meine neunjährige Tochter mir beim Tanken helfen. Als ich ihr den Ablauf erklärte, wies ich auch auf die Zahlen hin, die an der Zapfsäule zu sehen waren. Fassungslos stellte sie fest, dass die Tankfüllung sechsundfünfzig Dollar kostete! Ich erklärte ihr, dass es für Teenager, die den Führerschein machen wollen, hilfreich ist, eigenes Geld zu verdienen, damit sie das für den Fahrspaß nötige Benzin zahlen können. Wie heißt es so schön? Freiheit gibt es nicht umsonst!

> **Sorgen Sie dafür, dass Ihr Kind Geld zur Verfügung hat, um den Umgang damit zu lernen!** Wenn Ihr Kind nicht regelmäßig Taschengeld bekommt, überlegen Sie, wie es ein bisschen Geld verdienen könnte, entweder durch zusätzliche Aufgaben im Haushalt oder mithilfe kreativer, unternehmerischer Bestrebungen.

> Überlassen Sie Ihrem Kind, wie es Geld verdient, spart, ausgibt und spendet.
> Weisen Sie ausdrücklich auf die Verbindung zwischen Geld und familiären sowie persönlichen Wertvorstellungen hin.

Kapitel 12

Ein Leben für den Sport

Selbstwahrnehmung fördern: »Der Beste« sein
oder lieber »das Beste« für sich rausholen

> »Wir müssen Körper und Geist schützen, statt nur da rauszu-
> gehen und zu tun, was andere von uns erwarten.«
> Simone Biles, Turnerin und Rekord-Olympiasiegerin

Ich erinnere mich noch, wie wild entschlossen und sicher meine Tochter schon als Kleinkind auf dem Spielplatz herumturnte und -kletterte. (Ich schwöre, das Mädchen wurde mit einem Sixpack geboren.) Seit dem Alter von sechs Jahren hatte sie sich mit der ihr eigenen Hartnäckigkeit (und mit ihren Muskeln) durch die Sportklassen gekämpft und mit neun Jahren schließlich für eine Wettkampfmannschaft qualifiziert. Ihr bei den Wettkämpfen zuzusehen, war ein unerwarteter Nervenkitzel. Es machte mich stolz, wie sie neue akrobatische Fähigkeiten meisterte und bei den Siegerehrungen vor Stolz strahlte.

Als sie in dem Sommer, in dem sie elf wurde, verkündete, sie wolle aufhören, stellte das meinen Anspruch, nach den Grundsätzen der Autonomieförderung zu erziehen, auf eine harte Probe. Ich wollte nicht, dass sie aufhörte. Ich versuchte, ihr zu vermitteln, dass es allein ihre Entscheidung sei, aufzuhören oder weiterzumachen, und ermutigte sie gleichzeitig, »noch mal darüber nachzudenken«. Ich glaube, ich habe meine Wünsche nicht so gut versteckt, wie ich dachte, oder sie war selbst hin- und hergerissen, denn sie quälte sich noch ein weiteres Jahr mit dem Leistungsturnen. Es war das Jahr, in dem sie keine Handstände mehr im ganzen Haus machte und nicht mehr zum Training gehen wollte. Das führte mir vor Augen, warum ich ihre Entscheidung, mit dem Turnen aufzuhören, aufrichtiger hätte unterstützen sollen, statt zu hoffen, dass sie ihre Liebe zum Turnen mit der Zeit wiederentdeckt. Sie hatte sich jahrelang als Turnerin gesehen, und dann änderte sich das und passte nicht mehr zu ihr.

Der zweitwichtigste Punkt bei der Erziehung zur Autonomie besteht darin, ein Kind großzuziehen, das ist, was es ist – und nicht das, wofür wir es halten oder was wir wollen. Zum Zickzack-Kurs der Identitätsfindung und der Entwicklung unserer Selbstwahrnehmung gehört es, sich auszuprobieren, um den eigenen Weg zu finden. In der Highschool hatte ich zum Beispiel eine Grunge-Phase, in der ich hauptsächlich Flanellhemden und Männerjeans trug. So ziehe ich mich heute nicht mehr an. So bin ich nicht mehr, aber dadurch drückte ich zumindest einen Teil dessen aus, wer und was ich in meiner Jugend war. Während unsere Kinder herausfinden, wer sie sind und wo sie in der Welt stehen, müssen wir aufpassen, dass wir unsere Kinder nicht dazu drängen, eine Identität anzunehmen, die *uns* gefällt, wie zum Beispiel die eines Spitzensportlers oder Spitzenmusikers.

In diesem Kapitel wird untersucht, wie unsere Kinder durch die Rollen, die sie beim Sport und bei anderen Aktivitäten einnehmen, Teile ihrer Identität entwickeln. Diese Rollen vermitteln oft ein Gefühl der Zugehörigkeit und formen Charaktereigenschaften, die für das Leben wichtig sind. Das Autonomie-fördernde Bezugssystem, mit dessen Hilfe wir diesen Weg mit unseren Kindern beschreiten, leitet uns dabei an, die Handlungsfähigkeit und die Wahlmöglichkeiten unserer Kinder anzuerkennen und ihre innere Motivation aufzubauen, selbst in unserem gegenwärtigen kulturellen Klima des Turbowettbewerbs.

So sehr ich auch gehofft hatte, eine Reihe von Interessen einbeziehen zu können (Theater, Kunst, Musik usw.), so sehr dominierte am Ende der klassische Sport, denn der beschäftigt die Forschung – und illustriert damit perfekt die Wertvorstellungen unserer Kultur: sich für einen Sport entscheiden und sich darin hervortun. Und auch der Leistungsdruck wird deutlich, der auf Jugendlichen lastet. Die Forschungsergebnisse lassen sich jedoch verallgemeinern und zeigen, wie wir bei jeder Aktivität, die unsere Kinder wählen und die Teil ihrer Identität wird, eine Autonomie-fördernde Erziehung praktizieren können.

Grundlagen: Wissenschaft, Praxis und Erziehung im wirklichen Leben

Auch wenn wir heute noch davon schwärmen, dass Basketball uns zum dem gemacht hat, der wir sind, haben die kulturellen Veränderungen seit unserer Kindheit zu neuen Risiken bei der sportlichen Betätigung geführt. Der Druck ist jetzt höher, sich bereits in jungen Jahren zu spezialisieren und Leistung zu bringen. So wird beispielsweise die sportliche Betätigung schon in jüngerem Alter mit dem Eintritt ins College verknüpft. In ihrem Buch *The Gift of Failure* findet Jessica Lahey Belege dafür, dass die Sportabteilungen der Colleges bereits in der Mittelstufe der Schule mit der Rekrutierung beginnen und das Potenzial von Elf- bis Dreizehnjährigen begutachten.[134] Kein Druck, schon klar.

Stellen Sie sich vor, wie sich dieses Maß an externer Motivation auf die innere Motivation des Kindes auswirkt. Im direkten Gegensatz zu dem, was wir über die allgemeine Zufriedenheit wissen, die man aus Erlebnissen und Aktivitäten zieht, machen Kinder das zu oft ihren Eltern zuliebe. Oder um aufs College gehen zu können. Oder aus beiden Gründen gleichzeitig. Dieser Druck in Verbindung mit dem wie eine Epidemie um sich greifenden Leistungsdruck in der Schule, der in Michele Borbas Buch *Thrivers*[135] dokumentiert ist, steht nicht im Einklang mit der Erziehung autonomer Kinder. Es ist entscheidend, sich selbst zu fragen: »Macht mein Kind das, weil es möchte und Spaß daran hat? Und hat es das Gefühl, eine Wahl zu haben?« Auch wenn wir unserer Tochter gesagt haben, dass es ihre Entscheidung sei, noch eine weitere Wettkampfsaison mitzumachen, hatte sie das Gefühl, dass dem wirklich so war?

Meine Tochter steht mit ihrer Entscheidung nicht allein da. 75 Prozent der Familien in den Vereinigten Staaten haben mindestens ein Kind im Schulalter, das Sport treibt. Davon hören aber 70 bis 80 Prozent auf, bevor sie fünfzehn werden. Diese Abbruchquote ist bedauerlich, da die Forschung anführt, dass Sport eine ganze Reihe psychologischer Vorteile mit sich bringt.[136]

Jugendliche, die Teil einer Mannschaft sind, scheinen glücklicher zu sein, berichten über ein höheres Selbstwertgefühl und weniger Ängste und haben ein geringeres Risiko, Selbstmord zu begehen.

Wenn Trainer Schulungen für wirksames Training absolviert haben, empfinden die jugendlichen Sportler mehr Zufriedenheit, Motivation und Selbstwertgefühl und fühlen sich weniger ausgezehrt.

Die Teilnahme am Sport verbessert Fähigkeiten, die im Leben von Nutzen sind: Zielsetzung, Zeitmanagement, Affektregulation, Führungsqualitäten, Umsicht, soziale Intelligenz, Teamfähigkeit und Selbsterkenntnis.

So viele Vorteile Sport und andere Hobbys auch haben mögen, ohne Mäßigung verschwinden diese. Jugendliche, die fünfzehn bis zwanzig Stunden pro Woche mit außerschulischen Aktivitäten verbringen, berichten häufiger über Symptome wie Depressionen und Angstzustände, weniger Schlaf und ein höheres Stressniveau.[137] Das Problem, das sich aus diesem Zeitaufwand für außerschulische Aktivitäten ergibt, ist ein ganz einfaches: Der Tag hat nur vierundzwanzig Stunden. Und es werden auch mit all unseren Interessen nicht mehr. Die Zeit für Schlaf, Spaß und Auszeiten ist also begrenzt, doch alle schwächen die Auswirkungen von Stress ab. Wenn neben der Schule auch die Freizeit zu verplant ist, nehmen die negativen Auswirkungen von Stress zu. Dann lauern Depressionen und Angstzustände.

Ein Beispiel: Die Fünfzehnjährige, die mir energisch versicherte, dass ihr von Sonnenaufgang bis Mitternacht durchgeplanter Alltag (Schwimmen vor der Schule, Theater und Schwimmen nach der Schule, dazwischen Hausaufgaben für ihre anspruchsvolle Privatschule) großartig sei, weil sie keine Zeit habe, traurig oder ängstlich zu sein, gab schließlich zu, dass sie ständig an Panikattacken litt.

Die Tatsache, dass unsere Jugendlichen im Vergleich zu früher mehr Zeit mit Sport verbringen, hängt mit dem Trend der letzten zwanzig Jahre zusammen, sich in immer jüngerem Alter auf eine Sportart zu spezialisieren. Zusätzlicher Zeitaufwand und Spezialisierung sind jedoch keine Garantie für den sportlichen Erfolg in späteren Jahren. Eine Schätzung besagt, dass nur 0,2 Prozent der Highschool-Sportler die höchste Stufe (Profisportler oder Olympionike) erreichen werden. Eine frühe Spezialisierung birgt auch Risiken, darunter Isolation von Gleichaltrigen, Burn-out, körperliche Probleme und eine höhere Abbrecherquote.[138]

Das Trainingsprogramm meiner eigenen Tochter, das sich als das weniger intensive von zwei Mannschaften herausstellte, entsprach nicht den Empfehlungen der American Academy of Pediatrics. Diese empfiehlt, sich erst im Alter von zwölf bis dreizehn Jahren auf eine Sportart zu spezialisieren, einen bis zwei Tage pro Woche freizunehmen, zwei Monate Erholung pro Jahr einzuplanen und pro Saison nur in einer Mannschaft zu sein. Tatsächlich fiel die Entscheidung meiner Tochter, das heiß geliebte Turnen aufzugeben, mit einer Ausweitung der Trainingszeiten und ganzjährigem Training zusammen. Mit elf Jahren hatte sie ein gutes Gespür dafür, dass das zu viel für sie war. Wie kann uns also ein Autonomie-förderndes Bezugssystem dabei helfen, unsere Kinder so zu erziehen, dass sie auf eine Art an außerschulischen Aktivitäten teilnehmen, bei der die Vorteile optimiert und die Risiken minimiert werden?

Die Wissenschaft der Autonomie-fördernden Erziehung bestätigt für sportliche und außerschulische Aktivitäten, was wir auch in der Fachliteratur über interne Motivation erfahren: Je stärker Kinder wahrnehmen, dass ihre Eltern (und Trainer, Lehrer und Gruppenleiter) ihre Autonomie bei der Wahl ihrer Aktivitäten und ihrem Engagement unterstützen, desto größer ist die eigene Motivation des Kindes, was langfristig oft zu besseren Leistungen führt. Hier einige wichtige Erkenntnisse aus diesem Bereich der Forschung:

> Qualitativ anspruchsvolle Studien (eingehende Analysen von Interviews) haben ergeben, dass zu einer Autonomie-fördernden Erziehung in Bezug auf Sport und Musik folgende Bestandteile gehören:[139]

- Flexible Gesprächsführung und Unterstützung bei der Entscheidungsfindung
- Bessere Strukturierung durch Festlegen von Erwartungen, die auf inneren Werten beruhen
- Interesse und Engagement in allen Bereichen zeigen, nicht nur beim Sport
- Keine Richtung vorgeben
- Gemeinsame Ziele haben, die zur Eigenständigkeit beitragen
- Das Bemühen und den Spaßfaktor hervorheben

Der Autonomie-fördernde Ansatz für bessere Ergebnisse im Sport wird durch weitere Erziehungsdetails ergänzt, insbesondere:

> Vertrauen zu und Kommunikation mit den Trainern sind Schwerpunkte, um vertrauensvolle Beziehungen aufzubauen
> Unterstützung bei der emotionalen Bewältigung vor, während und nach Wettkämpfen.

Auch die Vorteile Autonomie-fördernder Ansätze wurden in allen Studien deutlich.

> Es zeigte sich, dass die Autonomieförderung durch die Betreuer nicht nur mit einer stärkeren internen Motivation der Schüler einhergeht, sondern dass diese positive Erfahrung auch mit einer höheren internen Motivation für die Schule verbunden ist, sowohl im laufenden Schuljahr als auch in späteren Jahren. Die Wahrnehmung der Schüler, dass ihr Betreuer ihnen Wahlmöglichkeiten gab, sie zu Fragen ermutigte und ihren Beiträgen zuhörte, ging mit dem allgemeinen Gefühl einher, dass die Schule ihnen helfen könnte, ihre persönlichen Ziele zu erreichen. Bemerkenswert ist, dass in dieser Studie 276 Schüler befragt wurden, die aus ärmeren Stadtteilen kamen, in denen die allgemeine Motivation für die Schule ein Problem darstellt.[140]

> In einer Studie über die Auswirkungen der elterlichen Unterstützung auf das Erlernen eines Musikinstruments hatten Eltern Kinder, die laut eigener Aussage mehr Freude, Motivation, Selbstwertgefühl, Selbstvertrauen und Zufriedenheit beim Musikunterricht empfanden, wenn die Eltern sie nach ihrer Meinung zu einer angemessenen elterlichen Beteiligung fragten, Regeln für das Üben im Rahmen der Erwartungen der Lehrer aushandelten, zu Hause einen Rahmen für das Üben boten und Interesse an der Musik ihrer Kinder zeigten.[141]

Erinnern Sie sich an das übergeordnete Ziel einer Autonomie-fördernden Erziehung: ein Kind großziehen, das sich autonom fühlt, was übersetzt bedeutet, dass es das Gefühl haben soll, dass seine Teilnahme an Sport und anderen Aktivitäten seine Entscheidung ist. Wenn Kinder diese Teile ihrer Identität entdecken, können wir Strategien anwenden, die mit der Autonomie-fördernden Erziehung übereinstimmen, um sie dabei zu unterstützen, von so vielen Vorteilen wie möglich zu profitieren und gleichzeitig die Risiken zu minimieren. Dieses Kapitel befasst sich mit der mittleren Kindheit und der Adoleszenz, weil das die Entwicklungsphasen sind, in denen sich die Identität ausbildet. Kleinkinder und Vorschulkinder sollten sich auf nichts anderes spezialisieren als auf ein paar ungeschickte Purzelbäume und Ballwürfe!

In der mittleren Kindheit:
»Ich dachte, das soll Spaß machen.«

Im Alter von sechs Jahren erklärte mein Sohn, er sei ein »Dreierlei-Sport-Typ«, weil er einen Skateboardkurs besuchte, eine Saison Fußball gespielt hatte und sich auf einen vierwöchigen Turnkurs vorbereitete. Vielleicht hat er mit dieser Bezeichnung aufgrund seines Niveaus etwas übertrieben, aber ich bewunderte seine Begeisterung. Meine Älteste hatte vor der Einschulung ein bisschen getanzt und Fußball gespielt, aber nach ihrer ersten Turnstunde im Alter von sechs Jahren verkündet: »Ich werde turnen, bis ich zwanzig bin!« Mein mittleres Kind war am wenigsten zielgerichtet, was ihrem offenen und flexiblen Wesen entsprach. Sie versuchte sich im Tanzen, Turnen, Eislaufen und Schwimmen, bevor sie im Alter von acht Jahren zum Turnen zurückkehrte und in die Fußstapfen ihrer großen Schwester trat, um schließlich an Wettkämpfen teilzunehmen.

Der Punkt ist, dass jedes Kind seine eigene Herangehensweise an Sport und außerschulische Aktivitäten hat, und manche gehen gezielter und entschlossener vor als andere. Unsere Aufgabe ist es, sie herausfinden zu lassen, was zu ihnen passt und wer sie sind, und sie dabei so wenig wie möglich zu steuern. Das kann ein ziemlicher Kampf sein im gegenwärtigen Klima der Überspezialisierung und des Wettbewerbs. Außerdem wollen wir ja den Spaßfaktor nicht vergessen! Meine Tochter brachte ihre Erfahrungen mit einem humorlosen, überehrgeizigen Tennislehrer in ihrem Tenniskurs für Anfänger auf den Punkt: »Ich dachte, das soll Spaß machen.« Wenn man den Spaß in den Vordergrund stellt, wird die alles entscheidende innere Motivation gestärkt. Die Kinder haben eher das Gefühl, eine Wahl zu haben und autonom zu sein, was ein Gegenmittel zu all dem äußeren Druck ist, der heutzutage mit Sport und anderen außerschulischen Aktivitäten einhergeht.

Die Herausforderung: Die Spezialisierung setzt immer früher ein, weshalb der Druck auf die Eltern enorm ist, die Phase des Ausprobierens zu überspringen. Die ist aber für Kinder, die noch nach ihrer Identität suchen, besser geeignet. Einige Elemente des Jugendsports passen auch nicht zum Entwicklungsstand der jüngeren Kinder, denn in dem Alter sollte der Schwerpunkt auf Spaß, Bewegung,

Freundschaften, der Festigung von Fertigkeiten und der Belohnung liegen, wobei das Bemühen im Vordergrund steht und nicht die Ergebnisse.[142]

Die Befürchtung: Es ist leicht, diesem kulturellen Druck zur Spezialisierung nachzugeben, wenn sie zur Norm wird. Verständlicherweise befürchten Eltern, dass ihre Kinder unwiederbringlich ins Hintertreffen geraten, wenn sie nicht schon in jungen Jahren mit einer Sportart oder etwas anderem beginnen und viel trainieren. Häufig ist es heutzutage praktisch unmöglich, erst mit elf Jahren eine neue Sportart zu beginnen, und es kann schwierig sein, entsprechende Angebote zu finden (fragen Sie meine Tochter!). Dieser Spezialisierungsdruck geht einher mit dem Druck, »Leistung« zu erbringen und »super« zu sein. Das nährt die Angst der Eltern, die Chance zu verpassen, dass ihr Kind ein phänomenaler Fußballer oder ein hervorragender Cellist wird und dann ein Stipendium fürs College erhält. Manche Eltern befürchten auch, dass ein Kind, das seine Leidenschaft und sein Talent unter Beweis gestellt hat, nicht die beste Entscheidung für sich selbst trifft, wenn es sagt, dass es aufhören möchte. In diesem Fall wäre es übergriffig, ein Kind anzuhalten, am Ball zu bleiben.

Die Hoffnung: Wenn wir dem Druck standhalten und unsere Ängste beschwichtigen können, kann die mittlere Kindheit die beglückende Erfahrung bereithalten zu erleben, dass verschiedene Aktivitäten mit den angeborenen Interessen und Fähigkeiten unserer Kinder zusammenpassen. Vielleicht entdecken sie dabei auch die Zugehörigkeit zu Gemeinschaften, die in dieser Phase am besten zu ihnen passen, wie die Theatergruppe oder die Bande beim Skaten. Zu dieser Freiheit des Ausprobierens zu ermutigen, kann Kindern helfen, sich selbst noch besser kennenzulernen, denn das ist ein besserer Weg zur Identitätsfindung.

In unserer heutigen Kultur, die vom Wettbewerbsgedanken und dem Streben nach Höchstleistungen geprägt ist, werden unsere Kinder im Grundschulalter wahrscheinlich irgendwann vor der Entscheidung stehen, ob sie in einem bestimmten Interessengebiet vorankommen und aufsteigen wollen. Das folgende Szenario zeigt, wie wir mit diesem Dilemma umgehen können, indem wir uns auf die Autonomie unserer Kinder konzentrieren und nicht auf unsere Vorstellung davon, was »das Beste« für sie ist.

Das Szenario: Hopp oder top?

Ihre Tochter ist in der vierten Klasse. Seit der ersten Klasse spielt sie Softball. Jetzt ist es an der Zeit, entweder den Aufstieg in ein Team zu versuchen, das zu Wettkämpfen reist, sodass keine Zeit für andere Aktivitäten wie Tanzen und Klavier bleibt, oder weiter auf einem weniger wettbewerbsorientierten Niveau zu spielen. Fällt die Entscheidung gegen die Leistungsklasse, ist es so gut wie sicher, dass Ihre Tochter in der Highschool ganz auf Softball verzichtet, denn nur mit dem Wettkampfteam wird sie am Ball bleiben. Sie sehen Potenzial in Ihrer Tochter und glauben, dass sie von der Spezialisierung auf Softball profitieren könnte. Sie selbst scheint hin- und hergerissen zu sein und befürchtet, dass die anderen Hobbys ihr fehlen werden. Der Termin für das Probetraining des Wettkampfteams rückt näher. Wie sprechen Sie das Thema an, ohne dabei die Vorstellung Ihrer Tochter aus dem Blick zu verlieren, was am besten für sie ist?

Kontrollbasiert	Autonomie-fördernd
Die kindliche Perspektive abwerten: »Mit dem Wettkampfteam hast du bestimmt Spaß. Tanzen und Klavier fehlen dir sicher nicht, wenn du keine Zeit dafür hast.«	Interesse zeigen und offen sein, weil Sie wollen, dass Ihre Tochter das wählt, was sich für sie man besten anfühlt, unabhängig von Ihren Wünschen: »Was meinst du, willst du dem Team beitreten oder nicht?«
Suggestive Formulierungen verwenden: »Meinst du nicht, dass Softball genau das ist, was du in der Highschool machen willst?«	In die Entscheidungsfindung miteinbeziehen und dabei flexibel formulieren: »Wir können das Für und Wider jeder Option besprechen, wenn du willst.« (Damit erwartet man von ihr auch eine gewisse Eigenständigkeit.)
Liebe mit Bedingungen verknüpfen: Die meisten Eltern, die ich kenne, tun das nicht absichtlich, aber wir müssen aufpassen, dass wir nicht unbewusst Botschaften senden, mit denen wir ihnen suggerieren, dass ihr Wert in unseren Augen von ihren Entscheidungen abhängt. In diesem Szenario wäre das beispielsweise der Fall, wenn wir uns in einem Gespräch über die Entscheidung für das Wettkampfteam sehr engagiert zeigen, während wir uns bei der anderen Option distanziert geben oder sogar offen kritisch reagieren.	Wahlmöglichkeiten anbieten: Wenn Sie stark zu einer Seite tendieren, achten Sie darauf, ihr zu vermitteln, dass sie eine Wahl hat! »Das ist deine Entscheidung, weil es dein Leben ist.« Bedingungslose Liebe und Akzeptanz zeigen: Achten Sie im Gegensatz zu der kontrollbasierten Reaktion, bei der Bedingungen an Ihre Zuneigung geknüpft sind, darauf, sich offen, interessiert und liebevoll auf Ihre Tochter einzulassen, egal, wie
	→

Kontrollbasiert	Autonomie-fördernd
Druck ausüben: Alles vorab Genannte setzt das Kind unter Druck, eine Vollblut-Sportlerin zu werden und Tanz und Klavier sein zu lassen, die ja auch Teile von ihr sind.	das Gespräch verläuft: »Das ist eine schwere Entscheidung, und ich bin hier, um dich zu unterstützen, egal, was du machst.«

Wie so oft bei kontrollbasierten Ansätzen hat dieser Elternteil im Sinn, was er für das »beste Interesse« seines Kindes hält. Er sieht die potenziellen Vorteile der Softball-Karriere – vor allem, wenn es einen eindeutigen Zusammenhang zwischen der anstehenden Entscheidung und dem gibt, was an Alternativen in der High School denkbar wäre. Der Autonomie-fördernde Ansatz gibt dem Kind eher ein Gefühl der Handlungsfähigkeit in Bezug auf die Entscheidung, wie es seine Zeit verbringt. Damit zeigt man, dass man ihm zutraut zu wissen, was das Beste ist. Diese beiden Gaben werden das Kind in die Lage versetzen, während seines Reifeprozesses auch andere Aspekte seiner Identität zu entwickeln.

Zusätzlich zu den oben genannten Ansätzen zur Förderung der Autonomie kann Achtsamkeit in einem solchen Szenario besonders wichtig sein – wenn Sie zwar eine Überzeugung oder Vorliebe haben, aber wissen, dass es für Ihr Kind am besten ist, eine eigene Entscheidung zu treffen. Wenn ich von Achtsamkeit spreche, meine ich damit, dass Sie sich bewusst sind, inwieweit Ihre Emotionen und Gedankengänge Einfluss darauf haben könnten, wie Sie bei diesem Thema mit Ihrem Kind interagieren. Offen und interessiert zu sein bedeutet, dass Sie ehrlich zu sich selbst sind, was Ihre Vorlieben betrifft, und damit umgehen können, während Sie sich auf Ihren Anspruch konzentrieren, Ihr Kind eine Entscheidung treffen zu lassen, die für es selbst am besten ist.

In der Adoleszenz:
So viel zu tun und nie genug Zeit

Als zufällige »Turnmutter« (was vor dem Kinderkriegen nicht Teil meiner Visionen war) rechnete ich zum Zweck der Inspiration damit, zusammen mit meinen Töchtern das Erlebnis zu teilen, Simone Biles bei den Olympischen Spielen in Tokio zu sehen. Statt ihr rekordverdächtiges, der Schwerkraft trotzendes Talent zu bestaunen, wurden wir Zeugen, wie eine selbstbewusste junge Frau ihre geistige und körperliche Gesundheit über den Druck und die Erwartungen einer Nation und der Welt (und die Einschaltquoten der Fernsehsender) stellte. Als Biles der Kritik an ihrer Entscheidung, nicht teilzunehmen, standhielt, erzählte ich meinen Töchtern, dass selbst ein Mensch, der (buchstäblich) Höchstleistungen vollbracht hat, mit dem kulturellen Druck, Leistung zu bringen, zu kämpfen haben kann.

Während wir uns andere Disziplinen ansahen, kamen meine Kinder und ich übereinstimmend zu der Meinung, dass sie (also meine Kinder) nicht an Olympia teilnehmen müssen. »Da verbringt man einfach viel zu viel Zeit mit nur einer Sache«, sagte eine meiner Töchter. Da hatte sie recht. Wir diskutierten darüber, dass diese außergewöhnliche Konzentration von Zeit und Energie nicht zu einem ausgewogenen Leben beitragen würde, das für psychische Gesundheit und Wohlbefinden so wichtig ist. (Für Kinder, die den Antrieb und die innere Motivation aufbringen, so viel Zeit zu investieren, würde eine Autonomie-fördernde Erziehung natürlich darin bestehen, diese Leidenschaft zu fördern – im Rahmen der familiären Möglichkeiten.)

Die Herausforderung: Das hohe Wettbewerbsniveau und die Erwartung von Spitzenleistungen im Sport und bei anderen Aktivitäten sind zu einer kulturellen Norm geworden. Auch wenn wir unsere Teenager nicht drängen, Olympioniken zu werden, kann der Druck durch soziale Vergleiche und die Vorbereitung aufs College dazu führen, dass wir unsere Kinder entweder dazu ermutigen, an zu vielen außerschulischen Aktivitäten teilzunehmen, oder sie nicht davon abhalten, zu viele davon mitzumachen. Der vollgepackte Terminkalender unserer Teenager geht oft zu Lasten von Schlaf, Familienzeit, Erholung und letztlich auch der geistigen und körperlichen Gesundheit.

Die Befürchtung: Viele Eltern glauben, dass die sportliche oder musikalische Begabung ihres Kindes der Schlüssel dazu ist, dass ihr Kind auf das beste College kommt oder ein Stipendium erhält, um es zu finanzieren. Dieser Glaube führt zu der Befürchtung, dass sich die Chancen des Kindes verschlechtern, aufs College zu kommen, wenn Sie es nicht antreiben. Obwohl diese externe Motivation angesichts der irrsinnigen Kosten, die heutzutage für ein College anfallen, verständlich ist, lässt sich diese Befürchtung statistisch nicht belegen. So schaffen es beispielsweise weniger als vier Prozent der Fußball-,

Football- oder Basketballspieler einer Highschool später auf ein College, für das sie in der Division 1 oder 2 spielen können; nur ein Prozent der Highschool-Sportler erhält ein Stipendium für ein College der Division 1, und die durchschnittliche Höhe des Stipendiums deckt je nach Art des Colleges vielleicht 20 bis 50 Prozent der Studiengebühren. Tatsächlich haben Untersuchungen gezeigt, dass Eltern in den Jahren vor dem College oft mehr Geld für die Sportförderung ausgeben als später für die Kosten einiger Colleges![143]

Die Hoffnung: Es ist wirklich erhebend, als Eltern zu beobachten, wie das eigene Kind sich leidenschaftlich für etwas begeistert und hart arbeitet, um eine Herausforderung zu meistern. Wenn Leidenschaft und Arbeit Ihres Kindes aus eigener Motivation entstehen, kann diese Phase der Entwicklung eine beglückende Erfahrung sein, um herauszufinden, was zu seinem wahren Selbst passt. Wie ich jedoch mit Simone Biles Beistand meinen Kindern erklärte, sollten wir auch dazu beitragen, diese Leidenschaft zu zügeln, indem wir unseren Kindern die Bedeutung gesunder Grenzen vermitteln.

Während unser Einfluss in der Pubertät schwindet, nimmt der ihrer Freunde, anderer Erwachsener (zum Beispiel Trainer) und des Umfeldes im Allgemeinen zu. Die Pubertät ist eine Zeit, in der man anfällig für soziale Vergleiche ist, die durch die kulturelle Norm, fleißig zu sein und der beste College-Bewerber zu werden, noch verstärkt wird. Das Zusammentreffen dieser Faktoren führt oft dazu, dass ein Jugendlicher sich übernimmt und seine Grenzen nicht erkennt. Auch wenn wir weniger Einfluss haben als in der mittleren Kindheit, können wir dennoch eine Rolle dabei spielen, das Wohlbefinden unserer Teenager durch Strategien der Autonomieförderung zu unterstützen.

Das Szenario: Die große Debatte

Ihr Teenager hat das berüchtigte vorletzte Jahr der Schule erreicht – in den USA das sogenannte Junior Year, – in dem der Druck zur Vorbereitung auf das College immer größer wird und die Schüler so viele Möglichkeiten haben, der bestmögliche Bewerber zu werden, der sie sein können! Vorbereitungskurse, Ehrenämter, Sport, Schülervertretung ... Die Liste ließe sich ewig fortsetzen. Da Sie im Laufe der Jahre als Eltern gelernt haben, ein gewisses Gleichgewicht zu wahren, machen Sie sich Sorgen, dass Ihr ehrgeiziger Teenager sich zu viel aufhalst. Als er nach Hause kommt und ankündigt, dass die Teilnahme am Debattierclub ein weiterer Pluspunkt in seinem Lebenslauf sein soll, beschließen Sie, Ihre Bedenken zu äußern. Wie sprechen Sie mit Ihrem gestressten, überlasteten Teenager darüber, dass er kürzertreten soll?

Kontrollbasiert	Autonomie-fördernd
Eine fordernde Sprache verwenden: »Du kannst nicht in den Debattierclub. Du bist viel zu beschäftigt, und das gibt dir den Rest! Sag ihnen, dass du deine Meinung geändert hast.«	Versuchen, seine Perspektive einzunehmen: »Wie bist du auf die Idee mit dem Debattierclub gekommen? Hast du das Gefühl, dass du ihn mit deinem Wochenplan vereinbaren kannst?«
Seine Perspektive abwerten: »Das brauchst du nicht fürs College. Du schaffst das auch so!«	Einen einladenden Tonfall verwenden: »Ich kann mir einfach nicht vorstellen, wie all das in deine Woche passen soll. Und du brauchst ja auch Zeit zum Entspannen! Ich frage mich, ob wir uns das zusammen ansehen können, damit ich sehe, wie du dir das vorstellst.«
Schuldgefühle hervorrufen: »Dir ist es wohl gar nicht mehr wichtig, Zeit mit der Familie zu verbringen, und das kurz bevor du uns verlässt, um aufs College zu gehen!«	Ihr Kind in die Problemlösung einbeziehen: Wenn es Ihnen abkauft, dass es zu beschäftigt ist, können Sie anbieten, mit ihm das Problem zu lösen (zum Beispiel können Sie eine Prioritätenliste erstellen oder einen Wochenplan mit allen Terminen ausarbeiten, in dem Zeiten für Ausruhen, Freunde und Familie geblockt werden).
Drohen: »Entweder du lässt das mit dem Debattierclub, oder ich zahle den Vorbereitungskurs fürs College nicht mehr.«	
Liebe an Bedingungen knüpfen: Sie zeigen ihm so lange die kalte Schulter, bis er Ihnen zustimmt.	Wahlmöglichkeiten anbieten: Lenken Sie die Diskussion als Teil der Problemlösung auf seine Handlungsfähigkeit und seine Wahlmöglichkeiten innerhalb einer Entscheidung, um zu mehr Ausgewogenheit beizutragen.
	An persönliche Wertvorstellungen anknüpfen: Sprechen Sie anhand der Prioritätenliste darüber, welche Aktivitäten am ehesten zu seinen inneren Werten passen.
	Bedingungslose Liebe und Akzeptanz zeigen: Auch wenn Sie angesichts der Entscheidungen Ihres Kindes starke Gefühle und Ansichten haben, bleiben Sie interessiert und in Verbindung mit ihm, selbst wenn es mit Entscheidungen ringt, mit denen Sie nicht einverstanden sind.

Wie Sie sehen, können sich unsere Ängste und Sorgen um das Wohlergehen unserer Kinder leicht in einen kontrollgesteuerten Ansatz verwandeln, der am Ende ihrem Wohlbefinden nicht sehr dienlich ist. Der Autonomie-fördernde Ansatz vermittelt Besorgnis, respektiert aber auch die Handlungsfähigkeit des Teenagers in Bezug auf Entscheidungen, während die Eltern ihrem Kind helfen können, kritischer über diese nachzudenken.

Selbst wenn die Eltern die Botschaft verstanden haben, dass Jugendliche, die zu viel zu tun haben, ernsthafte Risiken eingehen, gibt es immer noch Jugendliche, die sich nicht überzeugen lassen und ihre Tage vollpacken, sei es aufgrund sozialer Anreize, um mit Gleichaltrigen mitzuhalten, sei es aufgrund inneren Leistungsdrucks. Je nachdem, was Ihre Besorgnis erregt, wie zum Beispiel die psychische Gesundheit, können Sie mit mehr Nachdruck darauf dringen, Aktivitäten wegzulassen und so die Gesundheit zu schonen. Ansonsten sollten Sie das Thema Ausgewogenheit immer wieder ansprechen und die Jugendlichen dazu ermutigen, selbstkritisch darüber nachzudenken, wie sich ihr Zeitplan und der damit einhergehende Stress auf sie auswirken.

Unsere Kinder finden heraus, wer sie sind und wo sie in der Welt stehen, indem sie Pfade der Zugehörigkeit ausprobieren – Zugehörigkeit zu Sportmannschaften, Vereinen und anderen außerschulischen Gemeinschaften. Entscheidend für unsere Rolle ist, ob wir sie dabei fördern oder uns einmischen. Auch wenn wir die besten Absichten haben – sei es, dass wir unseren Kindern Erfolg auf dem College wünschen oder Charaktereigenschaften wie eine starke Arbeitsmoral und Ausdauer, laufen wir Gefahr, ihre Entscheidungen zu sehr zu manipulieren und zu lenken und ihre Erfahrungen zu entwerten, während sie zu verstehen trachten, wie sie als Personen in die Gemeinschaft passen. Je mehr wir unsere Unterstützung für diese Identitätserforschung zum Ausdruck bringen können – indem wir akzeptieren, wer sie in jeder Entwicklungsphase sein möchten, desto wahrscheinlicher werden sie schließlich ihr authentisches Selbst finden, während sie auf dem Pfad der Selbstfindung umherstreifen.

Mag sein, dass ich in meiner Tochter die »geborene« Turnerin gesehen habe, als sie klein war, was sich den größten Teil der Kindheit mit ihren eigenen Interessen deckte. Als sie anfing, das Training schwänzen zu wollen und nicht mehr mit Begeisterung den Wettkämpfen entgegenfieberte, war mein erster Impuls herauszufinden, wie ich ihr die Freude zurückgeben konnte, die sie jahrelang angetrieben hatte, anstatt zu erkennen, dass sie sich verändert hatte. Wir hätten Corona die Schuld dafür geben können, dass ihr Elan weg war, weil sie monatelang nicht trainieren konnte und die Wettkämpfe eingeschränkt wurden. Wir hätten ihr auch vorwerfen können, dass sie sich nicht genug anstrengt oder die Sache nicht ernst genug nimmt. Aber warum? Warum das nicht als natürlichen Teil ihrer Identitätsfindung betrachten? Als sie zwölf Jahre alt wurde und sich immer mehr von dem früher heiß geliebten Sport abwandte, brauchte sie keine Vorwürfe, sondern Unterstützung und Verständnis. Zum Glück waren wir nicht davon ausgegangen, dass ihre Zukunft als Olympionikin unseren Ruhestand finanzieren würde. Und obwohl es sich für uns wie ein Verlust anfühlte, war es für sie vielleicht ein Gewinn – sie gewann Selbsterkenntnis und Verständnis für ihren Platz in der Welt.

Aktive, ausgeglichene und Zugehörigkeit empfindende Kinder großziehen – quer durch alle Altersstufen: Wichtige Erkenntnisse

> **Ermutigen Sie Ihre Kinder bei ihren Entscheidungen.** Wenn Kinder eine neue Aktivität ausprobieren wollen, achten Sie darauf, wie Sie auf ihre Entscheidungen reagieren. Stellen Sie neutrale Fragen, und zeigen Sie Interesse an den Neigungen Ihres Kindes. Im Mittelpunkt steht seine Begeisterung für eine Sache, nicht Ihre. Wenn Ihr Kind noch kleiner ist, ermutigen Sie es zum Ausprobieren.

> **Bringen Sie Ihrem Kind bedingungslose Liebe und Akzeptanz entgegen, egal, wofür es sich entscheidet.** Denken Sie immer daran, dass es darauf ankommt, wie unsere Kinder unsere Zuneigung und Anerkennung wahrnehmen. Kinder kommen leicht zu der Schlussfolgerung, dass sie einen Sport treiben sollen, weil die Eltern ihn mögen. Also seien Sie klar und deutlich: »Du musst nicht Hockey spielen, nur weil ich Hockey mag. Ich möchte, dass du etwas auswählst, was dir Spaß macht.«

> Machen Sie deutlich, dass Ihre Liebe nicht vom Gewinnen oder von Siegerpokalen abhängt. Verlieren Sie nie aus dem Blick, wie hart Ihr Kind gearbeitet hat oder wie es mit Niederlagen oder Enttäuschungen umgeht. Das bringt mehr, als nur aufs Gewinnen oder Verlieren zu achten. (Ich habe von einer Mutter gehört, die ihrer fünfzehnjährigen Tochter sagte, sie dürfe nur dann mit ihrem Freund in den Freizeitpark fahren, wenn sie bei ihrem Fußballspiel ein Tor erzielt. Wie bitte?!?!)

> Unterstützen Sie Ihr Kind dabei, Selbstvertrauen und Kompetenz in der von ihm gewählten Aktivität aufzubauen, indem Sie Autonomie-fördernde Strategien anwenden, um es zu ermutigen, Fähigkeiten zu üben:

- Machen Sie deutlich, wie wichtig das Üben und Vorführen im Rahmen der Wertvorstellungen ist, zu denen Arbeitsmoral, Verantwortung gegenüber einer Mannschaft und das Engagement gehören, besser zu werden.

- Legen Sie mit Ihrem Kind einen Übungsplan fest, falls eine Aktivität unabhängiges Üben erfordert (zum Beispiel das Spielen eines Instruments). Er kann dabei helfen, die besten Wochentage, die beste Uhrzeit und die beste Möglichkeit festzulegen, um Beständigkeit zu zeigen (zum Beispiel durch kindgerechte Wochenplaner).

- Erwarten Sie eigenständiges Verhalten, wozu zum Beispiel gehört, einem Trainer oder Ausbilder Probleme oder Anliegen mitzuteilen (wenn Ihr Kind beispielsweise mehr eingesetzt werden möchte, machen Sie es nicht wie »diese« Eltern, die mehr Einsätze in Spielen fordern; ermutigen Sie Ihr Kind stattdessen, den Trainer selbst zu fragen, was es tun muss, um häufiger eingesetzt zu werden).

- Legen Sie Regeln für die Anmeldung fest: Sich für ein Jahr einzuschreiben bedeutet, dass man das Jahr durchhält, auch wenn man beschließt, dass man diesen Sport nicht weitermachen will. Fragen Sie Ihr Kind als Erstes, was in seinen Augen vernünftige Regeln und Erwartungen für eine Anmeldung sind, und bleiben Sie konsequent, wenn es diese Regeln vergisst. (Das wird es nämlich. Wenn das der Fall ist, legen Sie vielleicht eine neue Tabelle an, oder Sie lassen Ihr Kind seinen Wochenplaner aktualisieren, den es vielleicht noch gar nicht benutzt hat!)

➤ **Behalten Sie die Verhältnismäßigkeit im Auge.** Das eine oder andere Kind übernimmt sich in seiner Begeisterung möglicherweise zeitlich und körperlich und gefährdet so seine Gesundheit. Sogar die beste Turnerin aller Zeiten, Simone Biles, musste irgendwann mit Nachdruck auf diesen Grenzen bestehen, und Ihrem Kind mag es ähnlich ergehen.

Kapitel 13

Der Sinn des Lebens

Zur Verantwortung erziehen:
erst ichbezogen, dann sozial engagiert

*»Indem wir die Menschlichkeit
unserer Mitmenschen erkennen, erweisen wir uns
selbst die höchste Ehre.«*
Thurgood Marshall, Richter am obersten Gerichtshof der USA

Ein Erziehungsratgeber ist nicht der richtige Ort, um den Verfall des grundlegenden menschlichen Anstands in den letzten Jahren in Amerika und weltweit zu analysieren (ich weiß, ich höre mich wie eine Großmutter an). Aber wir müssen mit dieser feindlichen Atmosphäre fertigwerden, weil unsere Kinder nun mal in ihr aufwachsen. Egal ob grausame Kommentare in den sozialen Medien oder Nachrichten, die ihre Boshaftigkeit in die Welt brüllen, es kann sich anfühlen, als ob die Gesellschaft im Allgemeinen ihren elementaren Sinn für Respekt gegenüber anderen verloren hat, zusammen mit den einfachsten Formen von Empathie und Verständnis. Forscher bezeichnen einen Teil des Problems als »Tribalismus«, was bedeutet, dass wir uns zu Gleichgesinnten hingezogen fühlen und jeden, der nicht zu dieser Gruppe gehört, als »anders« und schlecht einstufen, was die Spaltung verstärkt und diejenigen entmenschlicht, die wir als »anders« sehen. Das gilt für alle Arten von Gruppen, von ethnischen bis hin zu nationalen und politischen.

Wissenschaft und Geschichte zeigen, dass diese Tendenz, Personen als »anders« zu sehen und dadurch zu entmenschlichen, verheerende Folgen sowohl für den Einzelnen als auch für das soziale Netzwerk hat.[144] (Die Entmenschlichung von Afrikanern und Juden war beispielsweise ein wichtiger Faktor für die Fortdauer der Sklaverei und für den Holocaust – zwei der schlimmsten Verbrechen in der Geschichte der Menschheit.) Es ist kein Zufall, dass der zunehmende Tribalismus mit sich ausbreitender Einsamkeit einhergeht – dieses

Phänomen gleicht einer Epidemie, die so schlimm ist, dass Großbritannien 2018 einen Minister für Einsamkeit ernannt hat. Einsamkeit lässt es reizvoller erscheinen, eine Gemeinschaft zu finden, die ein Gefühl der Zugehörigkeit bietet, selbst wenn diese Gemeinschaft toxisch ist. So sehr die Unterteilung in »wir« und »die« auch Teil der menschlichen Natur sein mag, so sehr hat der Instinkt, eine Gemeinschaft aufzubauen, indem man trotz Unterschieden zusammenarbeitet, uns als Spezies bewahrt.

Was das mit Erziehung zu tun hat? Wir können vielleicht nicht die Facebook-Rhetorik ändern oder die hasserfüllte Propaganda, die als »News« durchgeht, aber wir können unsere Kinder dazu erziehen, an andere und an das Allgemeinwohl zu denken, statt selbst dieses soziale Gift zu versprühen. Wir können dazu beitragen, auf wohlwollende Weise Teil unserer Community zu sein und unsere wichtigsten inneren Werte hochhalten.

Wie Sie vielleicht schon bemerkt haben, sind Kinder bei der Geburt sehr ichbezogen, aber sie müssen nicht so bleiben. Bei Erreichen der mittleren Kindheit sind sie in der Lage, die Perspektive anderer einzunehmen und abstrakte Ideen zu verstehen – zum Beispiel, dass nicht alle Menschen immer ein warmes Bett haben, in dem sie schlafen können. Dieser Prozess der Reifung ermöglicht die Entwicklung von Einstellungen und Verhaltensweisen, die sich auf die Verantwortung anderen gegenüber konzentrieren. Kinder entwickeln ein Verständnis dafür, wie sich die eigenen Handlungen auf andere auswirken, und für die Wertvorstellung, an das Gemeinwohl zu denken und nicht nur an die Befriedigung der eigenen Bedürfnisse.

Aber soziale Verantwortung entsteht nicht von selbst; wir müssen sie aktiv fördern. Zwei konkrete Möglichkeiten, das in der Erziehung umzusetzen, sind ehrenamtliche Tätigkeiten und das religiöse Leben. Freiwilligendienste und religiöse Zugehörigkeit fördern sowohl innere Werte rund um die soziale Verantwortung als auch die Entwicklung einer tieferen Selbstwahrnehmung, weil man Sinnhaftigkeit und Bedeutung erforscht. In der Tat zeigt die Forschung in diesem Bereich, dass ein größeres soziales Verantwortungsbewusstsein zu einer tieferen Selbstwahrnehmung und Sinnhaftigkeit beiträgt, was wiederum eine lange Reihe von Vorteilen mit sich bringt (allgemeines Glück und Wohlbefinden, bessere körperliche Gesundheit, Resilienz, Grit und schulischen Erfolg).[145]

Die Theorie der Autonomie-fördernden Erziehung steht selbstredend im Einklang mit dem Ziel, soziale Verantwortung und Selbstwahrnehmung zu unterstützen. In der Praxis kann es jedoch zu kontrollierenden Tendenzen kommen. Für Eltern, die Religion in das Familienleben einbeziehen, könnte beispielsweise die Natur vieler religiöser Traditionen dazu führen, dass man als Eltern die Kinder unter Druck setzt, den Glauben auf vorgeschriebene Weise zu praktizieren und sich entsprechend zu verhalten. Es hat sich gezeigt, dass eine Autonomiefördernde Erziehung den Familien hilft, diesem Zwang entgegenzuwirken und den Prozess der religiösen Identitätsfindung des Kindes zu fördern.

Dieses Kapitel befasst sich mit Freiwilligendiensten und Religion als Wege zur Erziehung von Kindern, die sich einem größeren Ziel verbunden fühlen und ein Gefühl der Verantwortung gegenüber anderen haben. Obwohl sich Freiwilligendienste und Religion oft überschneiden, da Glaubensgemeinschaften Raum für ehrenamtliches Engagement bieten, können auch Freiwilligendienste Familien, die nicht religiös sind, ähnliche Vorteile bieten. Da der Prozess der Sinnsuche und Identitätsfindung einen anspruchsvolleren Entwicklungsstand erfordert, als Klein- und Vorschulkinder ihn haben, behandelt dieses Kapitel die mittlere Kindheit und das Jugendalter.

Grundlagen: Wissenschaft, Praxis und Erziehung im wirklichen Leben

Ehrenamtliche Tätigkeiten

Die Verbundenheit mit anderen und dem Gemeinwohl kann hilfreich bei der Selbstdefinition oder der Identitätsentwicklung sein. Die Forschung zu freiwilligen Tätigkeiten, die auch als »bürgerschaftliches Engagement« bezeichnet werden, legt nahe, dass Freiwilligendienst aufgrund dieser Verbundenheit mit anderen und dem Allgemeinwohl mit einer positiven Identitätsbildung in Zusammenhang steht. Das geschieht, wenn ein Jugendlicher neue Rollen ausprobiert, Beziehungen zu erwachsenen Vorbildern außerhalb der Familie aufbaut, Karriere- und Vernetzungsgelegenheiten schafft und seine Fähigkeiten entwickelt. In einer Studie, die den Zusammenhang zwischen Identitätsentwicklung und bürgerschaftlichem Engagement bei Jugendlichen untersuchte, stellten die Forscher fest, dass engagiertere Jugendliche von einem stärkeren Identitätsgefühl sprachen, und dass ihr Verhalten soziale Verantwortung zeigte. Im Gegensatz dazu zeigten die weniger engagierten Jugendlichen ein weniger ausgeprägtes Identitätsgefühl. Es scheint, dass soziale Verantwortung der Schlüsselmechanismus ist, der die Verknüpfung von bürgerschaftlichem Engagement und Identitätsfindung erleichtert. Soziale Verantwortung wird definiert als »die Auffassung, dass es wichtig ist, sich um die Gemeinschaft zu kümmern«[146]. Das stimmt perfekt mit einem Teil der Definition von Autonomie überein, nämlich »mit einem grundlegenden Gefühl der Verantwortung gegenüber anderen zu handeln«[147].

Die Forschung konnte zeigen, dass Kinder, die durch Autonomiefördernde Prinzipien wie Empathie und Hilfsbereitschaft unterstützt werden, als Jugendliche und später als Erwachsene mehr Verantwortung für die Gemeinschaft und mehr freiwilliges Engagement zeigen. Und sie spenden als Erwachsene großzügiger.[148]

In ähnlicher Weise scheint der Dienst an der Gemeinschaft diesen zu begünstigen, da der Glaube daran, dass man in der Gemeinschaft etwas bewirken kann (»Bürgerkompetenz«), und das Gefühl, anderen gegenüber verpflichtet zu sein (»soziale Verantwortung«), die Beteiligung an gemeinnützigen Unternehmungen sowohl vorhersagen als auch zur Folge haben. Die Bedeutung der inneren Motivation wird dadurch unterstrichen, dass freiwilliges Engagement in der Jugend stärkere Vorteile hat als unfreiwilliges, einschließlich einer stärkeren Beteiligung an Freiwilligendiensten als junge Erwachsene und einer größeren Lebenszufriedenheit. Außerdem wurde festgestellt, dass sowohl freiwilliges als auch unfreiwilliges bürgerschaftliches Engagement einen höheren Bildungsstand und ein höheres Einkommen vorhersagen. Im Allgemeinen wird freiwilliges Engagement von Jugendlichen mit einem höheren Selbstwertgefühl, stärkeren sozialen Fähigkeiten (zum Beispiel bei der Kommunikation, beim Lösen von Problemen, bei der Mitarbeiterführung), größerem Sozialkapital sowie einer höheren schulischen Motivation und Leistung in Verbindung gebracht.[149]

Freiwilligendienste und ihr Nutzen können sich mit religiösem Engagement überschneiden, da viele Glaubensgemeinschaften eine ehrenamtliche Tätigkeit als Teil ihres Auftrags sehen. Die Erkundung der eigenen religiösen Identität dürfte aber größere Spannungen zwischen Autonomie-fördernden und kontrollbasierten Erziehungsansätzen mit sich bringen.

Religion

Der Bereich, in dem sich eine kontrollgesteuerte Erziehung und eine Beeinträchtigung der positiven Identitätsentwicklung quasi aufdrängen, ist vielleicht der der religiösen Identität. Religions- und Glaubensgemeinschaften definieren sich durch gemeinsame Überzeugungen und Wertvorstellungen sowie einen Verhaltenskodex im Einklang mit religiösen Werten. Folglich unterstützen einige Religionen ausdrücklich eine kontrollgesteuerte Erziehung. Was aber passiert, wenn ein Kind nicht an das glaubt, was seine Eltern tun? Was, wenn ein Jugendlicher feststellt, dass er nicht nur andere, sondern sogar gegensätzliche Wertvorstellungen hat?

In einer Umfrage fand das Pew Meinungsforschungsinstitut 2009 heraus, dass 44 Prozent der Amerikaner laut eigenen Angaben nicht mehr der Religionsgemeinschaft ihrer Kindheit angehörten.[150] 2016 sagten 78 Prozent derjenigen, die sich als »religiös ungebunden« bezeichneten, sie seien in »streng religiösen Familien« aufgewachsen.[151] Forscher, die sich mit diesem Thema befassten, stellten fest, dass häufige Gründe für den Austritt zu viel Strenge und zu wenig Flexibilität in der Jugend waren.[152] (Kommt Ihnen das bekannt vor? Kontrollgesteuerte Erziehung!)

Auch wenn man bei der religiösen Erziehung zur Kontrolle neigt, kann die Anwendung von Autonomie-fördernden Prinzipien Ihrem Kind helfen, eine gesunde Einstellung zu Religion und Spiritualität zu entwickeln. Untersuchungen zur Entwicklung religiöser Identität bei Jugendlichen legen nahe, dass Kinder eher eine befriedigende religiöse Identität finden, wenn die Eltern das Hinterfragen zulassen und unterstützen. Dieselbe Studie befürwortet auch die Anwendung Autonomie-fördernder Praktiken zur Unterstützung einer positiven religiösen Identitätsentwicklung.[153]

In einer Studie über die religiöse und spirituelle Entwicklung, in der Themen aus Interviews mit religiösen Eltern und ihren Teenagern analysiert wurden, empfehlen die Forscher, dass Eltern einen Ausgleich zwischen religiöser Strenge und religiöser Flexibilität herstellen und die Handlungsfähigkeit ihrer Kinder respektieren, einschließlich ihrer Interessen und der Art und Weise, wie sie religiöse Praktiken in ihren Tagesablauf integrieren.[154] Warme, enge Eltern-Kind-Beziehungen erhöhen auch die Wahrscheinlichkeit, dass Kinder die Religion ihrer Eltern übernehmen. In einer Studie über jüdische Familien wurde die elterliche Unterstützung der kindlichen Autonomie – den Kindern wurde gestattet, in religiösen Fragen eigene Entscheidungen zu treffen – mit einer stärkeren Identifikation mit dem Judentum in Verbindung gebracht. Diese Studie unterstreicht die Bedeutung einer Autonomie-fördernden Erziehung für die Entwicklung der jüdischen Identität bei Jugendlichen.[155]

Die Autonomie-fördernde Herangehensweise an die Erkundung der religiösen Identität hat also eindeutige Vorteile. Blicken wir nun darauf, wie eine kontrollgesteuerte Annäherung an die Religion in einigen Familien aussehen kann. Wissenschaftler verwenden Konzepte wie das der »fruchtbaren« und der »destruktiven« Hingabe, um zu beschreiben, auf welch gegensätzliche Weise Familien Glauben integrieren. Die fruchtbare Hingabe bezieht sich auf eine religiöse Haltung, die das Wohlbefinden und die Handlungsfähigkeit der Familienmitglieder respektiert. Im Gegensatz dazu spaltet destruktive Hingabe Familien und schadet ihnen, wenn ein Familienmitglied Religion als eine Form von Macht oder in extremer und unbeugsamer Weise einsetzt, die in Beziehungen eher entfremdend als verbindend wirkt, vergleichbar den Extremen der kontrollgesteuerten Erziehung. Wenn Sie an der religiösen Selbstfindung Ihrer Kinder mitwirken, denken Sie daran, dass eine unterstützende, fruchtbare Hingabe auf natürliche Weise mit einer die Autonomie-fördernden Denkweise verbunden ist.[156]

Zusammenfassend lässt sich sagen, dass Freiwilligendiensten und Religion innewohnende Erfahrungen einen gemeinsamen Nenner haben – soziale Verantwortung. Diese wird durch verschiedene Aspekte Autonomie-fördernder Praktiken unterstützt. Dazu gehören zum Beispiel Empathie und die Unterstützung der Handlungsfähigkeit eines Teenagers, damit er seine Identität bis in die Tiefen erforschen kann. Freiwilligendienste und wohl auch die Zugehörigkeit zu religiösen oder spirituellen Gemeinschaften können unseren Kindern helfen, ihre Identität besser zu definieren und ein generelles Zielbewusstsein zu entwickeln, was weitreichende Vorteile hat.

In der mittleren Kindheit:
Verwöhnt oder verantwortungsbewusst?

Die Forschung zur Identitätsentwicklung befasst sich hauptsächlich mit Jugendlichen, aber die Entfaltung der Fähigkeiten, die prosoziales Verhalten im Jugendalter prophezeien (Empathie, Hilfsbereitschaft, Einfühlungsvermögen und soziale Verantwortung), beginnt bereits in jüngeren Jahren. Glücklicherweise beschäftigt sich dieses Buch damit, wie wir unsere eigene Empathie und unser Einfühlungsvermögen nutzen können, um dasselbe bei unseren Kindern zu fördern und ihnen dadurch zu helfen, grundsätzlich Verantwortung gegenüber anderen aufzubauen. Aber wie können wir in dieser prägenden Entwicklungsphase diese Verhaltensweisen und Einstellungen gegenüber Familie und Freunden auch auf größere Gemeinschaften übertragen?

Die Herausforderung: Auch wenn einige Kinder bereits im Grundschulalter spontan freiwillige Arbeit leisten möchten, habe ich diesen Wunsch vor allem bei Kindern erlebt, deren Eltern sich stark in einer Gemeinschaft engagieren. Selbst wenn Freiwilligendienste, bürgerschaftliche Beteiligung, religiöses Engagement und soziale Verantwortung mit unseren Wertvorstellungen übereinstimmen, kann es sein, dass unsere vollen Terminkalender nicht zulassen, dass wir dem auch nachgeben können. Ganz zu schweigen davon, dass unsere Kinder vielleicht kein Interesse an ehrenamtlicher Arbeit haben oder jeden Sonntag in die Kirche gehen wollen (mit anderen Worten: die innere Motivation fehlt).

Die Befürchtung: Ohne eine Verbindung zu einer Gemeinschaft, sei es eine religiöse oder eine andere, könnten wir befürchten, dass unsere Kinder entweder unsere Moral- und Wertvorstellungen nicht beherzigen, oder dass die fehlende Verbindung zur Gemeinschaft ein Vakuum hinterlässt und sie anfällig macht für die Entwicklung von Werten, die nicht den unseren entsprechen. Es kann sich wie eine große Last anfühlen, Moral- und Wertvorstellungen ohne Unterstützung durch eine Gemeinschaft vermitteln zu müssen. Dann befürchten wir, dass unser Kind keinen moralischen Kompass hat, wenn es Süßigkeiten aus der Speisekammer stibitzt und das nicht zugibt (was übrigens völlig normal ist). Wir machen uns vielleicht auch Sorgen, dass unsere Kinder, wenn sie so oft bekommen, was sie wollen, ohne an andere zu denken, egozentrisch werden und – um das garstige Wort zu benutzen – verwöhnt.

Die Hoffnung: Die Umsetzung Autonomie-fördernder Prinzipien kann uns helfen, diese Herausforderungen und Ängste zu überwinden. Wenn wir in der Familie bewusst gemeinschaftlichen Aktivitäten den Vorrang geben, haben wir vielleicht die realistische Möglichkeit, unseren Kindern durch Freiwilligendienste oder religiöses und spirituelles Engagement Werte zu vermitteln. Da Kinder in diesem Alter über die kognitiven Fähigkeiten verfügen, Eindrücke zu verstehen, die nicht ihre eigenen sind, haben sie das Potenzial, durch ehrenamtliche und religiöse Aktivitäten, die auf soziale Verantwortung ausgerichtet sind, geprägt zu werden. Diese Prägung macht es wahrscheinlicher, dass sie auch in der Adoleszenz und als Erwachsene aus sozialer Verantwortung heraus handeln werden.

Zurück zur größten Herausforderung dieser Phase der Kindheit: Selbst wenn Ihre Familie Wert auf soziale Verantwortung legt, kann es unmöglich scheinen, die Zeit und Energie aufzubringen, um diese Werte umzusetzen. Wie können Sie also wertbasierte Aktivitäten in den vollen Terminkalender Ihrer Familie einbauen?

> **Achten Sie auf existierende Angebote.** Wir brauchen nicht das Gefühl zu haben, dass wir den Gedanken der Freiwilligkeit allein umsetzen müssen. Wir können uns da auf wohlbekannte Organisationen wie die Pfadfinder und sämtliche Kirchengemeinden verlassen, da ein großer Teil ehrenamtlicher Arbeit in den Kirchengemeinden geleistet wird. Auch Schulen können Möglichkeiten für freiwilliges Engagement oder zumindest Spendenaktionen anbieten, die zum Nachdenken darüber anregen, Menschen in Not zu helfen.

> **Weisen Sie auf Beispiele hin.** Es finden sich immer wieder Gelegenheiten, um zum Beispiel in den Nachrichten auf Menschen oder historische Persönlichkeiten hinzuweisen, die für Werte stehen, die Sie vermitteln möchten. Mir gefällt besonders, andere Kinder oder Jugendliche zu finden, die sich mutig für das Wohl anderer einsetzen.

> **Soziale Verantwortung lässt sich in viele Situationen integrieren.** Welches Schulkind liebt es nicht, bei einem Flohmarkt mitzumachen? Schlagen Sie Ihren Kindern vor, einen Teil ihrer Einnahmen für eine gute Sache oder eine Wohltätigkeitsorganisation zu spenden, die ihnen am Herzen liegt.

Das Szenario: An andere denken? »Ist doch langweilig«

Im Leben Ihres Zehnjährigen dreht sich alles um Freunde, Videospiele, Baseball und Fußball. Sie fragen sich, ob er auch mal an andere denkt, und machen sich Sorgen, dass sein gemütlicher Lebensstil dazu führen könnte, dass er egozentrisch und rechthaberisch wird. Als er sich darüber beschwert, dass Sie ihm die Teilnahme an einem teuren, luxuriösen Sommercamp nicht ermöglichen, beschließen Sie zu handeln, damit er mal über den Tellerrand schaut und ein Gefühl für soziale Verantwortung entwickelt. Als Sie ihm vorschlagen, einmal pro Woche in einem örtlichen Tierheim auszuhelfen, lehnt er dies rundheraus ab: »Auf keinen Fall. Das ist langweilig.« Wie können Sie soziale Verantwortung fördern, ohne sie zu erzwingen?

Kontrollbasiert	Autonomie-fördernd
Seine Perspektive abwerten: »Mir doch egal, ob du das langweilig findest.«	Empathie und Einfühlungsvermögen zeigen: »Ich verstehe, dass das vielleicht langweilig klingt, vor allem, weil du das noch nie gemacht hast, und weil es nicht deine Idee war.«
Befehle erteilen: »Du machst mit. OHNE Wenn und Aber.«	
Scham einflößen: »Du bist verwöhnt und undankbar.«	Die Gründe für Ihre Erwartungen erklären: »Durch Freiwilligendienste und gemeinnützige Arbeit können wir anderen helfen. Es tut uns gut, mal einen Blick über den Tellerrand zu wagen und Teil von etwas Größerem zu sein.«
Drohen: »Wenn du nicht mitmachst, gibt es keine Videospiele mehr.«	
Bestrafen: Die Spielekonsole abschalten und verstecken, bis er nachgibt.	Das Kind in die Entscheidungsfindung miteinbeziehen: »Welche Art von Freiwilligendienst könnte dich interessieren? Lass uns mal gemeinsam überlegen.«
Belohnungen zur Verhaltenskontrolle einsetzen: »Wenn du mitkommst, gehen wir danach Eis essen.«	Wahlmöglichkeiten anbieten: »Du kannst dir aus diesen Optionen einen Favoriten aussuchen. Du kannst entscheiden, wann du gehen willst und wie viel Zeit du damit verbringen willst.« (Natürlich nur, wenn diese Wahlmöglichkeit innerhalb der Optionen besteht!)
	Scaffolding einsetzen: »Lass uns etwas nehmen, dass wir zusammen machen können.« (Dann können Sie zeigen, wie man positiv an die Sache herangeht und eigene Zeit opfert.)

Kontrollbasiert	Autonomie-fördernd
	Handlungen mit eigenen Wertvorstellungen verknüpfen: »In unserer Familie legen wir Wert darauf, Bedürftigen zu helfen und an andere zu denken, nicht nur an uns selbst.«

Es versteht sich, dass die kontrollbasierte Reaktion »funktionieren« könnte – damit könnte man das Kind dazu bringen zu tun, was es nicht tun will. Aber bedenken Sie, dass keine Wertvorstellungen und keine Strategien zur Problemlösung vermittelt werden, wenn es sich gezwungen fühlt. Bei der Autonomie-fördernden Reaktion ändert sich die Erwartung nicht, dass das Kind freiwillig hilft, aber das Vorgehen ist nicht so dogmatisch, sodass seine Handlungsfähigkeit und Entscheidungsfreiheit in die Erwartung miteinbezogen werden können, genau wie eine Diskussion über die inneren Werte der Familie.

In der Adoleszenz:
Die Suche nach einem Sinn

Die Jugend ist die entscheidende Phase, um nach Orientierung und dem Sinn des Lebens zu suchen. Die Forschung hat herausgefunden, dass Religiosität und Spiritualität bei Jugendlichen mit der Entwicklung von Moral, hochwertigen Eltern-Kind-Beziehungen, psychologischem Wohlbefinden und der Identitätsbildung zusammenhängen. Auch wenn mancher das bestreiten mag, ist Religion jedoch keine Voraussetzung für die moralische Entwicklung und die Suche nach dem Sinn des Lebens. Freiwilliges Engagement in der Gemeinschaft ist auch eine Möglichkeit, sich für ein größeres Ziel einzusetzen und in dieser Arbeit einen Sinn zu finden. Obwohl Teenager in diesem Lebensabschnitt reichlich Möglichkeiten haben, eine persönliche Identität zu entwickeln, kommt die Adoleszenz uns im wirklichen Leben nicht immer so vor, da Herausforderungen und Ängste bei der Erziehung unsere innersten Werte berühren. Aber wir können diese Herausforderungen und Ängste überwinden, um eine gute Eltern-

Kind-Beziehung aufrechtzuerhalten, die unserem Teenager die Selbst-findung erleichtert, statt sie zu behindern.

Die Herausforderung: Die Pubertät ist eine Phase, in der viel hinterfragt, gestritten und rebelliert wird, was uns im Innersten treffen kann (zum Beispiel lehnen unsere Teenager vielleicht eine religiöse Gemeinschaft ab, in die wir jahrelang um ihretwillen investiert haben). Weil unsere Teenager unsere tiefsten und persönlichsten Wertvorstellungen hinterfragen und angreifen, kann sich diese Art von Konflikt wie eine Bedrohung anfühlen für unsere Absicht, einen »guten Menschen« zu erziehen.

Die Befürchtung: Dieses Hinterfragen kann unsere Teenager veranlassen, Entscheidungen zu treffen, die unseren eigenen Werten entgegenstehen. Das erschwert es uns womöglich, sie weiterhin nach den Prinzipien der Autonomieförderung zu erziehen. Diese Art Rebellion kann dazu führen, dass wir mehr Kontrolle ausüben, um unsere Kinder wieder auf den unserer Meinung nach richtigen Weg zu bringen. Doch durch Kontrolle fühlen sich Kinder nicht akzeptiert, was zu mehr Rebellion führt.

Die Hoffnung: Obwohl es so aussieht, als wären kontrollgesteuerte Antworten in dieser Phase der kritischen Fragen und der Suche der beste Weg, damit unsere Kinder erkennen, was das Beste für sie ist, rauben wir ihnen so die Möglichkeit, ihr wahres Selbst zu finden. Je mehr wir uns während dieses Prozesses in der Erziehung an die Autonomieförderung halten, desto positiver werden sie ihre Identitätsentwicklung vermutlich erleben. So können wir eine innige Beziehung aufrechterhalten und als Orientierung bei der stürmischen Suche nach Sinnhaftigkeit und dem wahren Selbst dienen.

Während wir uns durch den Sturm der existenziellen Suche unserer Teenager kämpfen, sollten wir ein zentrales Bedürfnis der Heranwachsenden im Auge behalten: das Gefühl der Handlungsfähigkeit. Meine Eltern hatten festgelegt, dass ich mit dreizehn wählen durfte, ob ich in die Kirche gehen wollte oder nicht. Diese Erwartung habe ich vor Jahren auch für meine Kinder übernommen. Als sich der dreizehnte Geburtstag meiner Tochter näherte, erinnerte sie mich an diese Entscheidung in Bezug auf ihre Mitgliedschaft in unserer unitarisch-universalistischen Gemeinde (UU). Einer der sieben Grundsätze der UU besagt, dass wir die »freie und verantwortungsbewusste Suche nach Wahrheit und Sinn« befürworten und unterstützen. Wenn ich verlange, dass sie jede Woche zur Jugendgruppe geht, ist das keine freie Suche mehr! Auch wenn wir uns verzweifelt wünschen, dass unsere Kinder andere Entscheidungen treffen, können wir ihren Sinn für Handlungsfähigkeit unterstützen.

> **Fragen und zuhören.** Zeigen Sie Interesse an ihren sich entwickelnden Überzeugungen; vermeiden Sie Predigten oder Vorträge, die den Austausch beenden und die Wahrscheinlichkeit verringern, dass er in Zukunft stattfindet.

> **Respekt für ihre Meinungen und Entscheidungen zeigen.** Je respektierter sich ein Jugendlicher fühlt, desto eher wird er über seine persönliche Entwicklung reden, was uns mehr Raum zur Einflussnahme gibt, und sei sie noch so klein.

> **Vorbild sein.** Wir sollten das Verhalten eines Jugendlichen nicht kontrollieren, aber wir können durch unser Verhalten zu sozialer Verantwortung als Wert ermutigen – indem wir aufzeigen, wo im Leben wir soziale Verantwortung übernehmen, und indem wir unsere Erfahrungen teilen.

In der Theorie hört sich das alles toll an, aber im wirklichen Leben ist es nicht so einfach, wenn wir den Eindruck haben, dass die Teenager von uns hochgehaltene Werte und Überzeugungen aufgeben. Wohlwissend, dass dieser Kampf zu hitzigen Debatten führen kann, wollen wir uns mit einer Situation befassen, die immer häufiger vorkommt: Ein Jugendlicher tritt aus der Religionsgemeinschaft der Familie aus.

Das folgende Szenario konzentriert sich auf die Spannungen zwischen einem religiösen Elternteil und einem Teenager, der sich als Atheist sieht. Doch diese Spannungen können auch in anderer Form auftreten. Vielleicht sind Sie selbst Atheistin oder Atheist, und Ihr Teenager wird religiös, oder Sie identifizieren sich stark mit einer Religion, die Ihr Teenager ablehnt, um entweder nichts zu glauben oder einen ganz anderen Glauben anzunehmen. Die Spannung könnte auch in Form von politischen Überzeugungen und der Zugehörigkeit zu einer bestimmten Partei auftreten. Worum es in diesem Szenario geht, ist die Frage, wie man mit einem Thema umgeht, das potenziell starke Emotionen hervorruft, da es unsere innersten Werte und unsere Identität betrifft.

Das Szenario: »Ich bin Atheist.«

Ihr/e Siebzehnjährige/r war schon seit einigen Jahren nicht mehr in der Kirche, weil er/sie kein Interesse daran hat und andere Aktivitäten und die Schule im Vordergrund stehen. Für Sie ist die Kirche eine wichtige Stütze, die Ihnen ein starkes Zugehörigkeitsgefühl gibt. Sie hatten gehofft, dass Ihr Kind in den Schoß der Kirche zurückkehrt, wenn es dazu bereit ist. Deshalb haben Sie es gewähren lassen, als es nicht mehr jede Woche mit zum Kirchgang kam. Stattdessen hat Ihr Teenager kürzlich verkündet, nicht mehr an Gott zu glauben und jede Form von Religion abzulehnen. Wie ermutigen Sie Ihr Kind, sich weiter umzusehen, auch wenn Sie hoffen, dass es irgendwann zu dem zurückkehren wird, was Sie für »das Beste« halten?

Kontrollbasiert	Autonomie-fördernd
Seine Perspektive abwerten: »Doch, du glaubst an Gott. Das ist nur eine Phase.«	Interesse zeigen: »Wow, das ist ja ganz anders, als wir dich erzogen haben. Mich interessiert, wie du über Gott denkst und was das für dich bedeutet.«
Befehlen: »Du musst einfach wieder zur Kirche gehen.«	
Dem Kind ein schlechtes Gewissen machen: »Du machst das nur, weil wir zugelassen haben, dass du nicht mehr zur Kirche gehst. Das beweist, was für schlechte Eltern wir sind.«	Eine einladende Sprache verwenden: »Ich hoffe, wir können weiter darüber reden, um die Überzeugungen des anderen zu verstehen.«
	Nach Wertvorstellungen fragen: »Was ist dir in deinem Leben wichtig?«
Scham einflößen: »Wenn du nicht an Gott glaubst, wirst du ein unmoralisches Leben führen.«	
Liebe an Bedingungen knüpfen: »Wenn du nicht an Gott glaubst, bist du nicht mein Kind.«	Bedingungslose Liebe und Akzeptanz zeigen: »Natürlich ändern deine Ansichten über Gott und Religion nichts daran, wie sehr ich dich liebe. Ich unterstütze dich dabei, für dich einen Sinn im Leben zu finden.«

Die kontrollbasierte Reaktion drängt das Kind dazu, auf bestimmte Art zu handeln oder zu denken. Da Religion etwas sehr Persönliches und Emotionales ist, könnten selbst die größten Autonomieförderer unter uns dazu verleitet werden, die Autonomie unserer Kinder in diesem Bereich zu untergraben, wenn wir nicht achtsam damit umgehen. Aber wenn man dem Erziehungsgrundsatz treu bleibt, nämlich dem Wunsch, dass Kind möge sein wahres Ich entdecken, kann das helfen, die Emotionen zu bewältigen, die eine Ablehnung der Religion oder anderer Werte wahrscheinlich begleiten, und einen Autonomie-fördernden Ansatz zu wählen.

Die Neugier und Offenheit, die dem Autonomie-fördernden Ansatz innewohnen, sind richtungsweisend für zukünftige Gespräche dieser Art, die mehr über das Innenleben und die Erfahrungen Ihres Teenagers enthüllen könnten, statt Konflikte in der Familie zu schüren. Die religiösen Überzeugungen einer Familie können zum Beispiel ausdrücklich einen Teil der Identität eines Teenagers verurteilen, wenn er/sie zum Beispiel homosexuell oder trans ist. Weiterhin bedingungslose Liebe zu zeigen, obwohl Sie unterschiedliche Auffassungen haben, macht es wahrscheinlicher, dass Sie im Laufe der Zeit die Identität Ihres Kindes bis in die Tiefen verstehen und eine herzliche Beziehung fördern und aufrechterhalten können.

Die Autonomie-fördernden Denkweisen und Strategien, die in diesem Buch auf die einzelnen Erziehungsbereiche angewandt werden, sind in diesem letzten Bereich vielleicht am wirkungsvollsten: bei der Unterstützung der Sinn- und Zielsuche unserer Heranwachsenden, die zu einer guten Selbstwahrnehmung und sozialer Verantwortung führt. Die wichtigsten Voraussetzungen für eine wirksame Autonomieförderung sind die gleichen wie bei der Unterstützung einer positiven Identitätsentwicklung – unsere Kinder sollen sich dank unserer Empathie und unseres Einfühlungsvermögens verstanden und akzeptiert fühlen. Indem wir diesen Prozess offen und interessiert begleiten und Autonomie-fördernde Strategien anwenden, um konstruktive Diskussionen anzustoßen, schenken wir unseren Kindern zweierlei: die Freiheit, ihr wahres Selbst zu entdecken, und nicht unter Druck zu geraten, jemand anderes zu sein, als sie sind, während sie herausfinden, wer das ist.

Ich persönlich bin immer noch auf der Suche nach dem Sinn des Lebens, aber ich empfinde diese Suche als eine angenehme Reise, da ich in verschiedenen Abschnitten dieses Weges einen Sinn erkenne. Meine größte Hoffnung bei der Erziehung meiner Kinder ist, dass sie bei ihrer Entwicklung einen Sinn in allem sehen, von den kleinen Dingen bis hin zu den lebensverändernden Erfahrungen. Ich wünsche ihnen, dass sie diesem Streben nach Sinn und Zweck die Schönheit des Lebens in ihren Beziehungen zu anderen Menschen und unsere Verbundenheit untereinander erkennen. Vor allem aber erträume ich mir eine Zukunft für sie, in der sie das Gefühl haben, dass sie, egal was sie tun, einen Sinn und eine Bedeutung haben, weil sie einfach so sind, wie sie sind.

Soziale Verantwortung und Selbstbewusstsein quer durch alle Altersstufen vermitteln: Wichtige Erkenntnisse

---

Freiwilliges Engagement

> **Vorbild sein.** Nicht nur davon reden. Führen Sie Ihrem Kind vor, wie man sich ehrenamtlich engagiert, statt es nur zu fordern. Meine Kinder stöhnen jedes Mal auf, wenn ich einmal im Monat abends zum »Kirchentreffen« gehe, da ich im Ausschuss für religiöse Erziehung mitarbeite. Aber sie sehen, dass ich meine kostbare Freizeit für ein größeres Ziel opfere. Durch eine solche Vorbildfunktion beeinflussen wir auch Vorlieben in Bezug auf Verhaltensweisen und Entscheidungen, ohne dass wir unsere Kinder direkt dazu drängen, die gleichen Entscheidungen zu treffen.

> **Nutzen Sie Gemeinschaften zu Ihrem Vorteil.** Finden Sie Organisationen in Ihrer Umgebung, die wissen, was sie tun, damit Sie nicht selbst Freiwilligendienste für Ihre Kinder organisieren müssen. Glaubensgemeinschaften bieten oft Möglichkeiten für freiwilliges Engagement, das gut in die Gemeindeaktivitäten integriert ist, aber auch Verbände wie die Pfadfinder können eine gute Idee sein.

> **Lassen Sie Ihre Kinder wählen und ausprobieren.** Vielleicht haben Sie schon beschlossen, dass Sie von Ihrem Schulkind die Teilnahme an gemeinschaftlichen Unternehmungen erwarten. Dann bieten Sie ihm eine Auswahl von Aktivitäten, an denen es sich beteiligen könnte, damit es sich für eine davon entscheiden kann.

> **Bleiben Sie flexibel.** Wenn Sie das Gefühl haben, dass aktive Tätigkeiten aus zeitlichen oder anderen Gründen nicht möglich sind, können Sie diese Wertvorstellung dennoch vermitteln, indem Sie Beispiele für aktuelle und historische Persönlichkeiten anführen, die sich für das Allgemeinwohl eingesetzt haben. Oder Sie weisen explizit darauf hin, dass Sie einen Beitrag leisten, indem Sie Geld an wohltätige Organisationen spenden. Behalten Sie im Auge, ob

sich das Familienleben ändert, sodass vielleicht eine ehrenamtliche Tätigkeit denkbar ist.

Religion

David Dollahite und Loren Marks, zwei Professoren von der Brigham Young University, haben eine groß angelegte Studie durchgeführt, die 2019 veröffentlicht wurde: das »American Families of Faith Project«.[157] Die Interviews mit Eltern und Kindern (198 Familien, 476 Einzelpersonen) wurden in Familien durchgeführt, die verschiedene Glaubenstraditionen repräsentieren und von religiösen Führungspersönlichkeiten als »stark in ihrem Glauben verhaftet« und »erfolgreich in ihren familiären Beziehungen« empfohlen wurden. Die Studie untersuchte, wie gläubige Eltern die religiöse Entwicklung ihrer Kinder steuern und kam zu folgenden Ratschlägen:

> **Mehr zuhören, weniger predigen.** Wenn Jugendliche anstelle ihrer Eltern Diskussionen zum Thema Religion leiteten, waren das laut Eltern und Kindern positivere, emotionale Erfahrungen.

> **Handlungsfähigkeit und Beziehungen respektieren.** Gespräche zwischen Eltern und Kindern, in denen die positive religiöse und spirituelle Entwicklung eines Heranwachsenden unterstützt wird, »würdigen die Handlungsfähigkeit der Jugendlichen, respektieren ihre Meinungen und Gefühle, [und] sind darauf ausgerichtet, die Beziehung zu Gott, Mitgliedern der Familie und anderen innerhalb und außerhalb der Glaubensgemeinschaft zu stärken«.

> **Überzeugungen in die Praxis umsetzen.** Eltern bemühen sich vorzuleben, was sie ihren Kindern beibringen möchten.

> **Wahlmöglichkeiten anbieten.** Fragen stellen, die sich auf die Erfahrung des Teenagers mit dem Gefühl von Wahlmöglichkeiten beziehen:
>
> • Welche Wahl hat er seiner Meinung nach in Bezug auf spirituelle und religiöse Verpflichtungen, Überzeugungen und Praktiken getroffen?
>
> • Hat er das Gefühl, dass andere über sein religiöses Leben bestimmt haben?
>
> • Würde er rückblickend eine andere Wahl treffen, und wie wird er seiner Meinung nach entscheiden, wenn er älter ist?

Teil III

Nicht mehr ohnmächtig, sondern handlungsfähig

Kapitel 14

Psychische Gesundheit und Autonomie-fördernde Erziehung

Angstzustände und Depressionen

Sein süßes Gesichtchen lugt friedlich und entspannt unter der Bettdecke hervor. Seine winzige, warme Hand rutscht schlaff aus meiner, und ich schleiche mich auf Zehenspitzen aus dem Zimmer.

»Mamaaa! Wo willst du hin?«

Himmel Herrgott ... Er war doch eingeschlafen!

Ich atme tief durch und kehre an sein Bett zurück, stopfe die Decke fest, streiche ihm über die Stirn und versichere ihm, dass er gleich schlafen wird. Das tut er dann auch innerhalb von Sekunden, aber diesmal warte ich ein paar Minuten, bevor ich versuche zu fliehen.

Als Baby war mein Sohn nicht einmal mein schlechtester Schläfer. Das war vielmehr seine Schwester, die mich dreizehn Monate lang mehrmals pro Nacht wachhielt und inzwischen am tiefsten von meinen drei Kindern schläft. Die Schlafprobleme meines Sohnes begannen, als er mit zweieinhalb aufhörte, Mittagsschlaf zu machen, und damit für Chaos in der Kindertagesstätte und am Wochenende zu Hause sorgte. Phasenweise hatten wir Schlafenszeiten, die alle in Tränen ausbrechen ließen. Und nachts um 02:00 Uhr waren wir stundenlang wach, um ihn zu trösten. Als er fünf wurde, gingen wir schließlich zu einem lebenswerteren Einschlafritual über: Meditation und Mama (und eine winzige Dosis Melatonin), was oft dazu führte, dass er innerhalb von zehn Minuten einschlief (nicht immer). Und dann war da noch ein Schlafsack, der auf dem Fußboden des Elternschlafzimmers auf ihn wartete, zusammen mit der Anweisung, dass er bei Bedarf reinkommen und sich leise hineinlegen und schlafen konnte, statt uns zu wecken.

Inzwischen ist er sieben, und wir haben kaum Fortschritte gemacht. Allerdings sitze ich jetzt im Flur und nicht mehr an seinem Bett. Die Tür ist immer noch offen, und an manchen Abenden meditieren wir dreimal, während ich mich darüber ärgere, dass ich noch nicht unten auf der Couch neben meinem Mann sitze. Unser Sohn kommt ohne erkennbares Muster in unser Zimmer – manchmal zwei Wochen hintereinander und manchmal eine ganze Woche lang nicht. Da ich zu Schlafstörungen neige, ist mein Mann zuständig für die zwei Minuten, die unser Sohn in etwa braucht, um irgendwann zwischen 00:30 und 03:30 Uhr zur Ruhe zu kommen. Aber manchmal fällt es selbst meinem Mann schwer, wieder einzuschlafen, was ihn tagsüber ziemlich mürrisch macht.

Das Mantra, dass ich in der Praxis immer von mir gebe, verfolgt mich auch zu Hause: »Schlaf ist das A und O«. Wenn man nicht ausreichend schläft, funktioniert man nicht gut (fragen Sie mal die Eltern von Neugeborenen). Wenn man unausgeschlafen Auto fährt, ist das genauso gefährlich wie Trunkenheit am Steuer. Schlaf ist sowohl für die psychische als auch für die körperliche Gesundheit von zentraler Bedeutung. Ausreichend Schlaf unterstützt nicht nur unser Immunsystem bei der Bekämpfung von Krankheiten, sondern hilft auch, besser mit Stress umzugehen und in Beruf und Schule bessere Leistungen zu erbringen. Was wie Angstzustände oder Depressionen aussieht, kann sich ändern, wenn jemand anfängt, besser zu schlafen. Angstzustände und Depressionen gehen jedoch häufig mit Schlafstörungen einher, was zu einem Teufelskreis führen kann. Wenn ein Kind oder Jugendlicher in meine Praxis kommt, fangen wir in vielen Fällen mit dem Thema Schlaf an.

Aber ... mein Sohn kann nicht von allein einschlafen. Und seine Eltern – beide Kinderpsychologen – waren nicht in der Lage, das Schlafproblem in den Griff zu bekommen.

Wenn ich das Problem durch die Brille der Autonomieförderung betrachte, erkenne ich, was zu tun ist: Wir müssen sein Zutrauen stärken, dass er allein einschlafen kann. Dazu gehört, seine Erfahrungen mit der Angst zu verstehen, und ihm Werkzeuge an die Hand zu geben, die er immer selbstständiger nutzen kann. Das erfordert auch, dass wir ihn weder beschämen noch bestrafen, was verlockend sein kann, wenn wir in der fünften Nacht in Folge wach sind und aus Schlafmangel am liebsten weinen würden. Also, warum haben wir all das nicht getan?

Es fällt uns schwer, seine Ängste zu ertragen – nicht nur, weil wir mit ihm fühlen, sondern auch, weil wir selbst Angst haben. Wenn mein Sohn normalerweise um 20:15 Uhr schläft und mich um 20:45

Uhr immer noch vom Bett aus anstarrt, spüre ich, wie die Angst in mir hochkommt, meine gewohnte freie Zeit zu verpassen. Aber ich gehe nicht weg, denn die dann folgende Aufregung würde das Einschlafen noch weiter hinauszögern. Dieser kurzfristige Schmerz trübt unsere Sicht auf den langfristigen Gewinn.

Dieses persönliche Beispiel veranschaulicht zwei wichtige Punkte in Bezug auf Erziehung und psychische Gesundheit:

> elterliche Ängste können die Förderung der psychischen Gesundheit unserer Kinder beeinträchtigen,
> Autonomie-fördernde Maßnahmen können vor psychischen Symptomen schützen.

Um einen Autonomie-fördernden Erziehungsansatz so anzuwenden, dass die psychische Gesundheit unterstützt wird, müssen viele Eltern zunächst ihre eigenen Ängste in den Griff bekommen.

Wie sich elterliche Angst auf die psychische Gesundheit von Kindern auswirkt

Ob es an den Genen liegt oder daran, dass wir durch unser ängstliches Verhalten den Kindern vorleben und vermitteln, ängstlich und besorgt zu sein – Tatsache ist: Unsere Angst wirkt sich auf unsere Kinder aus. Wenn das Ihnen oder dem anderen Elternteil Ihres Kindes bekannt vorkommt, sollten Sie erst mal durchatmen, bevor die Angst in Ihnen hochkommt, dass Sie Ihre Kinder ruinieren und alles Ihre Schuld ist. Es geht nicht darum, mit dem Finger auf die Schuldigen zu zeigen, sondern darum, sich als Teil der Lösung zu fühlen. Eine Yale-Studie über die Behandlung von Angstzuständen in der Kindheit ergab, dass es bereits zu einer signifikanten Verringerung der kindlichen Angstsymptome, wenn nur die Eltern behandelt werden, nicht aber das Kind.[158] Auch wenn wir als Eltern uns oft so fühlen, als wären wir nur Beifahrer, können wir, sobald es um ängstliche Kinder und Jugendliche geht, tatsächlich helfen. Sehr viel sogar. Der erste Schritt besteht darin zu erkennen, inwieweit unsere eigenen Ängste zu kontrollgesteuerten Erziehungsmustern gegenüber unseren Kindern beitragen.

Vielleicht sind oder kennen Sie Eltern, die ihrem Kind nicht erlauben, auf einen Baum zu klettern, weil es sich einen Arm brechen könnte, oder Essen zuzubereiten, weil sie dann mit Messern und Feuer in Berührung kämen. Oder Sie gehören zu denen, die um ihr Ansehen fürchten und sich zum Beispiel fragen: »Was wird der Lehrer denken?« Diese Überlegung veranlasst dazu sicherzustellen, dass die Hausaufgaben immer perfekt gemacht sind. Wenn wir uns die Zeit nehmen, genauer darauf zu schauen, warum wir so reagieren, wie wir es tun, können die kontrollbasierten Reaktionen unseren Kindern gegenüber oft auf unsere eigenen Sorgen und Ängste zurückgeführt werden.

Obwohl die Kontrollneigung oft der Liebe und Fürsorge für unsere Kinder entspringt, verringert eine kontrollbasierte Erziehung naturgemäß das Gefühl des Kindes, sein Leben selbst zu beherrschen und unter Kontrolle zu haben, weil die Eltern ihr Kind unter Druck setzen, auf vorgeschriebene Weise zu denken und zu handeln. Überfürsorgliche »Helikopter-Eltern« sind in der Erziehung eben auch kontrollbasiert und tragen nachweislich zu Ängsten bei, da sie dem Kind die Möglichkeit vorenthalten, mit Stress und Unannehmlichkeiten umzugehen.[159] Die Eltern schirmen ihr Kind im Wesentlichen gegen Stress und Schwierigkeiten ab. Oft tun sie das, weil es ihnen selbst unangenehm ist zu sehen, wie ihr Kind sich abmüht.

Vielleicht kennen Sie die Studien mit Nagetieren im Labyrinth, die in der Einführung in die Psychologie zur Veranschaulichung des Konzepts der erlernten Hilflosigkeit verwendet werden, einem Hauptmerkmal von Depressionen. Nagetiere, die gelernt hatten, dass sie nicht aus dem Labyrinth herausfinden können, egal wie sehr sie sich anstrengen, gaben den Versuch auf, selbst wenn das Labyrinth umgestaltet und ein Entkommen möglich wurde. Sie lernten, dass sie es nicht schaffen, und gaben auf, auch wenn sie es tatsächlich hätten schaffen können. Ähnlich verhält es sich mit der kontrollgesteuerten Erziehung: Ein Kind, das wiederholt erlebt, dass seine Eltern die Zügel in die Hand nehmen und Entscheidungen für es treffen, lernt, dass es nicht in der Lage ist, selbst Entscheidungen zu treffen – obwohl es das könnte.

Auch wenn Sie sich nicht als zur Kontrolle neigend oder als »Helikopter-Eltern« bezeichnen, kann es sein, dass Sie Ihr Kind in einer Weise erziehen, die versehentlich ängstliches Verhalten bei ihm hervorruft. Ich weiß zum Beispiel sehr wohl um die Gefahren »nachgiebigen Verhaltens«, und doch ertappe ich mich dabei, dass ich nachgebe. Dieser Begriff bezieht sich darauf, dass wir unser Verhalten und unsere

Umgebung ändern und so der Angst, den Sorgen oder dem Unbehagen eines Kindes »nachgeben« (das häufigste Beispiel dafür sind die Mahlzeiten). In den meisten Fällen gebe ich nicht nach, wenn zum Beispiel meine Sechstklässlerin nicht in die Schule will, weil ihre Freundinnen nicht in der Stadt sind. Sie geht zur Bushaltestelle! Aber wie in vielen modernen Familien ist es auch bei uns so, dass ich bei Zeitdruck und Stress – und dem Wunsch nach Schlaf – eher nachgiebig werde. Wenn wir unseren Kindern weniger entgegenkommen, stärken wir nicht nur ihre Bewältigungsfähigkeiten, sondern auch ihr Selbstvertrauen.

Wenn Sie an Autonomie-fördernden Praktiken arbeiten, achten Sie darauf, ob und wann Sie Angst haben. Dann sollten Sie innehalten und erst mal nachdenken. Vielleicht werden Sie zum Beispiel Zeuge, wie sich Ihr Kind auf dem Spielplatz mit einem anderen Kind streitet. Instinktiv wollen Sie dazwischengehen, damit es aufhört. Atmen Sie durch, und fragen Sie sich: »Warum will ich mich einmischen, und was könnte passieren, wenn ich es nicht tue?« Hoffentlich wissen Sie inzwischen, dass das Ziel in diesem Fall darin besteht, die Entwicklung sozialer Fähigkeiten zu ermöglichen, solange keine körperlichen Schäden drohen. Je besser wir unsere Ängste aushalten können, desto besser können wir unseren Kindern beibringen, dasselbe zu tun. Gleichzeitig fördern wir so Vertrauen statt Zweifel.

Autonomie-fördernde Erziehung als Prävention vor psychischen Problemen

Das Erkennen und Bekämpfen unserer elterlichen Ängste kann die psychische Gesundheit unserer Kinder positiv beeinflussen, aber Autonomie-fördernde Praktiken können diese Auswirkungen noch verstärken. Sind wir zum Beispiel kontrollierter und beherrschter, fühlen wir uns weniger ängstlich und deprimiert. Der Aufbau von Handlungsfähigkeit und Kompetenz durch Autonomie-fördernde Erziehung gibt dem Kind ein größeres Gefühl der Kontrolle über seinen Alltag und die Entwicklung seines Selbst. Die Forschung belegt den naheliegenden Zusammenhang zwischen stärkerer Autonomieförderung und schwächerem Risiko für Depressionen und Ängste, wenn auch mit Einschränkungen. Ein Großteil der Forschung beschäftigt sich mit dem übergeordneten Konstrukt der »psychischen Gesundheit« und nicht speziell mit Symptomen von Angst oder Depressionen. Ein Überblick über alle Studien belegt jedoch, dass die Wahrnehmung der Eltern als Autonomie-fördernd mit einer gesünderen Psyche in Zusammenhang steht.[160]

Dieser Zusammenhang zwischen Autonomie-fördernder Erziehung und psychischem Wohlergehen bringt uns wieder zur Selbstbestimmungstheorie und der Frage, inwieweit sie zur Untersuchung der Ursachen psychischer Probleme taugt.

Wie in Kapitel 1 beschrieben, besagt die Selbstbestimmungstheorie, dass ein Mensch psychisch eher gesund ist, wenn drei grundlegende menschliche Bedürfnisse erfüllt werden – Autonomie, Kompetenz und Eingebundenheit. Diese drei Bedürfnisse stehen in direktem Zusammenhang mit drei wesentlichen Merkmalen von Depressionen:

> Das Gefühl mangelnder Handlungsfähigkeit und Machtlosigkeit = geringe Autonomie
> Das Gefühl, etwas nicht zu beherrschen, geringes Selbstwertgefühl und geringe Selbstwirksamkeit = geringe Kompetenz
> Das Gefühl, sozial isoliert und nicht integriert zu sein = geringe Eingebundenheit

Dieser Zusammenhang zwischen Selbstbestimmungstheorie und Depressionen trifft auch auf einige der häufigen Ursachen von Angst zu, darunter das Gefühl, keine Kontrolle über die eigene Umgebung zu haben, und ein geringes Maß an Handlungsfähigkeit und Beherrschbarkeit des täglichen Lebens. Wenn die Erziehung darauf abzielt, diese grundlegenden menschlichen Bedürfnisse mit der Zeit zu stärken, kann das Gefühl von Autonomie, Kompetenz und Eingebundenheit wie ein Schutzschild gegen die Entwicklung von Depressionen und Ängsten wirken.

Psychische Krisen bei Jugendlichen

Auch wenn wir unseren Teil dazu beitragen, das emotionale Wohlergehen unserer Kinder zu fördern, können sie dennoch auf Schwierigkeiten stoßen. Das Leben ist, wie es ist, einschließlich traumatischer Ereignisse oder schweren und chronischen Stresses, was die im Aufbau befindlichen seelischen Ressourcen eines Kindes überfordern kann. Hier nur eine Auswahl der ernüchternden Statistiken: Laut einer Umfrage der American Psychology Association von 2018 berichten Teenager häufiger über eine schlechte psychische Gesundheit sowie Ängste und Depressionen als jede andere Altersgruppe; 2019 ergab eine Studie, dass es bei Zwölf- bis Siebzehnjährigen seit Mitte der Nullerjahre einen Anstieg um 52 Prozent bei schwerwiegenden psychischen Störungen, Depressionen und Selbstmorden gab.[161] Seit Beginn der Pandemie wurden die Zahlen sogar noch alarmierender, aber der Trend zur Eskalation psychischer Symptome begann bereits vor 2020. Da möchte man seine lieben Kleinen am liebsten festhalten und nicht mehr loslassen (was sie wahrscheinlich noch ängstlicher und depressiver macht!). Die Wahrheit ist, dass wir trotz zahlreicher Hypothesen (soziale Medien, schulischer Druck, Handys, Klimawandel, Schießereien in Schulen, Eltern, Junkfood usw.) nicht genau wissen, warum psychische Erkrankungen so dramatisch zunehmen. Die genaueste Antwort besteht vermutlich in drei Worten: Es ist kompliziert.

Der Rest des Kapitels zielt darauf ab, Ihnen dabei zu helfen, die in diesem Buch besprochenen Autonomie-fördernden Strategien abzuwandeln, falls Ihr Kind unter Angst und Depressionen leidet – zwei verbreiteten Phänomenen. Das Thema psychische Gesundheit ist kompliziert, und auch wenn Autonomie-fördernde Erziehung Angst und Depressionen nicht immer vorbeugt, schafft die Anwendung der Strategien bei einem ängstlichen oder depressiven Kind ein Fundament aus Kompetenz, Autonomie und Eingebundenheit, was den Symptomen letztendlich entgegenwirkt, auch wenn es einige Zeit dauert.

Ängste

Je nach Quelle sagen die Statistiken, dass jeder vierte oder sogar jeder dritte Jugendliche zwischen dreizehn und achtzehn Jahren an einer Angststörung leidet. Damit ist sie statistisch gesehen das häufigste psychische Problem, mit dem ein Kind konfrontiert werden kann.[162] Bei Mädchen scheint die Häufigkeit mit 38 Prozent höher zu sein als bei Jungen mit 26 Prozent.[163] Diese statistischen Angaben erfassen wahrscheinlich nicht einmal die Breite und Tiefe der Ängste bei unseren Jugendlichen, da die Erhebungen auf Selbstauskünften beruhen und genügend Symptome für eine Störung vorliegen müssen. Ich würde behaupten, dass Ängste nicht erst ein für eine Diagnose ausreichendes Niveau (erhebliche Beeinträchtigung der Funktionsfähigkeit) erreichen müssen, bevor wir als Eltern aktiv werden sollten.

Beim Thema Angst ist es wichtig, zwischen dem Gefühl der Angst und einer Angststörung zu unterscheiden. Angst als Gefühl ist eine Empfindung, die man eher ertragen muss, als ihr zu entkommen – etwas, das wir alle erleben. Im Gegensatz dazu will man einer Angststörung vorbeugen, denn dieses Maß an Angst beeinträchtigt das Leben erheblich. Selbst wenn ich in meiner therapeutischen Praxis Diagnosen stellen soll, vermeide ich solche Etikettierungen oft und verwende stattdessen Begriffe wie »Neigung zur Angst« oder »ängstliche Verdrahtung«, um einen Rahmen für das Verständnis der Verhaltensweisen eines Kindes und seiner Reaktion auf Stress zu schaffen. Etikettieren erhöht die Gefahr, dass Kinder und Eltern sich zu sehr mit der Diagnose als Teil der Identität des Kindes identifizieren, was zu einer fixen Denkweise beiträgt. Wenn wir unsere Kinder als »ängstlich« abstempeln, wird es wahrscheinlicher, ängstliches Verhalten als Teil ihres Wesens zu akzeptieren und dem nachzugeben, statt zu sehen, dass unsere Kinder das Potenzial haben, Ängste und Sorgen zu überwinden.

Wenn Sie als Eltern verstehen, was Angst ist, lernen Sie Ihr Kind besser kennen. Dann haben Sie auch eher Einblick in die Frage, wie Sie die Erziehung gestalten können. Wenn Sie zum Beispiel erkennen, dass dem Verhalten eines Kindes Angst zugrunde liegt, können Sie nicht nur effektiver, sondern auch einfühlsamer reagieren. Teil der bedingungslosen Liebe zu unseren Kindern ist auch, emotionale Probleme anzuerkennen und zu akzeptieren. Diese Liebe und Akzeptanz angesichts schwierigen Verhaltens und Handelns zu zeigen, kann einen wertvollen Beitrag dazu leisten, dass Ihr Kind eine gesunde Selbstwahrnehmung entwickelt.

Was also sind Anzeichen dafür, dass Ihr Kind unter Angstzuständen leiden könnte? Im Folgenden werden häufige Anzeichen für Angst bei Kindern und Jugendlichen aufgeführt. Vielleicht fällt Ihnen auf, dass viele dieser Verhaltensweisen typisch sind, vor allem für jüngere Kinder. Denken Sie also eher an das Gesamtpaket, statt an einzelne Verhaltensweisen. Berücksichtigen Sie auch den Allgemeinzustand Ihres Kindes und inwieweit eines dieser Merkmale im Leben des Kindes oder der Familie Probleme verursacht.

- Trotziges und/oder widersetzliches Verhalten
- Perfektionismus und die Schwierigkeit, Fehler zu tolerieren
- Körperliche Beschwerden und Schmerzen (zum Beispiel die Bauchschmerzen am Sonntagabend)
- Schlafprobleme (meist Einschlafschwierigkeiten aufgrund von rasenden Gedanken, Sorgen oder Furchtgefühlen; auch Aufwachen mitten in der Nacht, worauf sie in Ihrem Zimmer landen, weil sie sich davor gruseln, allein einzuschlafen)
- Sich weigern, Neues auszuprobieren
- Angst davor, neue Fertigkeiten zu entwickeln
- Unentschlossenheit
- Die Sorge, dass ihnen oder ihren Angehörigen etwas zustößt, was zu ängstlichem Verhalten führen kann
- Anfälligkeit für Angst (vor der Dunkelheit, Ungeziefer, Gewitter)
- In sich gekehrtes oder übersteigertes Verhalten in Gesellschaft, vor allem, wenn es um fremde Personen und Orte geht
- Sensorische Überempfindlichkeit
- Stures, unflexibles Verhalten
- Schwierigkeiten bei Übergängen (Zusammenbrüche, Trotzanfälle)
- Aufmerksamkeitsprobleme, körperliche Unruhe (Angstzustände und ADHS treten häufig gemeinsam auf, und beide können aufgrund des anderen irrtümlich diagnostiziert werden)

Autonomie-fördernde Erziehung und Angst

Ihnen fällt möglicherweise auf, dass einige der aufgelisteten Anzeichen von Angst die Anwendung von Grundsätzen der Autonomiefördernden Erziehung erschweren könnten. Dazu gehört, dass man eigenständiges Verhalten erwartet, dass man Wahlmöglichkeiten anbietet und dass man Kinder an Entscheidungen beteiligt. Ein verbreitetes Behandlungskonzept bei allen Arten von Ängsten ist die sogenannte »Konfrontationstherapie«. Das bedeutet, dass Sie Ihrem Kind weiterhin erlauben, sich mit den Ursachen von Ängsten und den ängstlichen Gefühlen auseinanderzusetzen, um weiter an den Fähigkeiten zur Angstbewältigung zu arbeiten. Da ängstliche Gefühle oft nicht beseitigt werden können, ist es hilfreicher zu lernen, wie man das Unbehagen erträgt.

Wenn wir den Ängsten unserer Kinder nachgeben (indem wir zum Beispiel jahrelang beim Schlafengehen an ihrem Bett sitzen, obwohl wir es besser wissen), nährt dieses Zurückweichen vor dem Unwohlsein bei Eltern und Kind die Angst, die ihre Tentakel dann in immer mehr Lebensbereiche ausstrecken kann. Wenn wir also mit unseren Kindern Autonomie-fördernde Praktiken anwenden, um ihnen zu helfen, sich ihren Ängsten zu stellen und sie zu bewältigen, statt sie zu meiden, wird so ein entscheidendes Gefühl der Beherrschung ihrer Angst aufgebaut. Sie »haben« vielleicht immer noch Angst (genau wie die Eltern), aber die ist jetzt nur noch ein Beifahrer und nicht mehr der Steuermann.

Autonomie-fördernde Tipps und Maßnahmen bei Angstzuständen

> **Üben Sie, empathisch und einfühlsam auf Ängste zu reagieren.** Sobald Sie erkannt haben, dass ein bestimmtes Verhalten vermutlich Ausdruck von Angst ist, können sich Empathie und Einfühlungsvermögen als sehr hilfreich und wirksam erweisen. Wenn Ihr Kind zum Beispiel schreit: »Ich geh nicht zum Fußball!«, sagen Sie nicht: »Doch, du gehst. Wir haben dafür bezahlt, und du GEHST!« Versuchen Sie es eher so: »Es war letzte Woche so schwer, als deine Mannschaft verloren hat. Ich wette, du hast Angst, dass ihr wieder verliert, und das macht keinen Spaß.«

> **Seien Sie vorbereitet.** Für Kinder, die mit Ängsten zu kämpfen haben, ist es besonders wichtig zu wissen, was sie erwartet. Wenn möglich, helfen Sie ihnen bei der Vorbereitung, indem Sie ihnen im Voraus sagen, was auf sie zukommt. Das Leben ist jedoch voller Unwägbarkeiten, und für den Umgang damit braucht es eine wichtige Lebenskompetenz: Flexibilität. Daher können Sie solche Momente als Lehrmittel nutzen und gleichzeitig Empathie zeigen: »Ich frage mich, ob du verärgert bist, weil der Plan sich geändert hat und es schwer ist, sich darauf einzustellen.«

> **Schritt für Schritt Bewältigungsstrategien erarbeiten.** Statt durch Scaffolding dem Kind zu helfen, eine Entwicklungsetappe zu bewältigen, geht es bei dieser Art Scaffolding darum, Bewältigungsstrategien schrittweise zu stärken. Hat ein Kind Angst vor Spinnen, wirft man ihm nicht plötzlich eine große Gummispinne zu, um es damit

zu konfrontieren. (Fragen Sie meinen Sohn; er war drei, und ich werde nie vergessen, wie entsetzt er schaute und wie sehr ich meinen »evidenzbasierten« Versuch in Sachen Konfrontationstherapie bereute, den ich spontan in unserem Keller durchführte.) Arbeiten Sie mit Ihrem Kind an Strategien, die sie anwenden können, wenn sie Angst haben (zum Beispiel tief in den Bauch atmen, Ihre Hand drücken, laut sagen: »Ich bin aufgeregt.«); erinnern Sie Ihr Kind in Situationen, die Angst auslösen, an diese Strategien.

> **Halten Sie daran fest, eigenständiges Verhalten zu erwarten.** Ihr ängstliches Kind braucht vielleicht mehr Einfühlungsvermögen und Unterstützung, um ein eigenständiges Verhalten zu entwickeln. Wichtig ist nur, dass Sie die Erwartungen an die Fähigkeiten Ihres Kindes nicht herunterschrauben (vorausgesetzt, es handelt sich dabei um eine realistische Einschätzung auf der Grundlage seines Entwicklungsstandes), denn dadurch würde die Überzeugung verstärkt, die oft im Mittelpunkt der Angst steht: »Ich schaffe das nicht.« Äußern Sie Zuversicht und Vertrauen in Ihr Kind, um ihm zu helfen, Selbstvertrauen aufzubauen und sich zu trauen, Fehler zu machen und daraus zu lernen, sich unwohl zu fühlen und schwierige Gefühle zu ertragen. Wenn es eine Angst überwindet oder etwas Neues ausprobiert, obwohl es Angst hat, erkennen Sie seine Stärke und seinen Mut an. Einer meiner Lieblingssprüche lautet: »Wer keine Angst hat, kann auch nicht mutig sein.«

> **Wahlmöglichkeiten einschränken.** Wenn sich die Angst Ihres Kindes in Form von Unentschlossenheit und Überforderung äußert, können Sie die Strategie der Wahlmöglichkeiten anpassen. Als Kind das Gefühl zu haben, eine Wahl treffen zu können, kann bei Angstpatienten sogar eine noch größere Wirkung haben, denn allgemein ist die Erfahrung von Angst oft mit dem Gefühl verbunden, keine Kontrolle zu haben. Wahlmöglichkeiten bieten ein Gefühl der Kontrolle. Wenn Sie aber eines dieser Kinder haben, das eine Stunde lang die Auswahl an Spielzeug anstarrt und sich nicht für eines entscheiden kann, sollten Sie damit beginnen, die überwältigende Auswahl zu reduzieren. Statt mit der Aufforderung: »Such dir irgendein Spielzeug aus!«, können Sie mit der Frage beginnen: »Welche/n/s dieser beiden Puppen/Trucks/Kartenspiele möchtest du haben?«

> **Zeit lassen, um über Entscheidungen nachzudenken.** Angst kann mit Gefühl einhergehen, mehr unter Druck zu stehen, was zu soge-

nanntem »Freezing« führt, also zum Erstarren. Wenn Sie also annehmen, dass Sie Ihrer Aufgabe als Autonomieförderer nachkommen, indem Sie Ihr Kind in die Entscheidungsfindung einbeziehen, und es sich entweder verschließt oder unerwartet heftig reagiert, sind nicht Sie schuld. Die Ängste sind schuld. Ändern Sie in einer solchen Situation den Gesprächsverlauf mit einem zusätzlichen Satz: »Lass dir Zeit, um darüber nachzudenken, und wir reden später weiter.« Unabhängig von der genauen Formulierung, die Sie verwenden, verringert die Botschaft, dass es sich Zeit nehmen kann, um die Informationen zu verarbeiten, das Gefühl der Dringlichkeit und entlastet das ängstliche Gehirn, um Platz für das denkende Gehirn zu schaffen.

Depressionen

Die gute Nachricht zuerst: Depressionen haben bei Jugendlichen in den letzten Jahren offenbar nicht im gleichen Maß zugenommen wie Angstzustände. Die schlechte Nachricht: Nach einer Phase der Stabilität im Allgemeinen und rückläufiger Selbstmordraten steigen die Zahlen wieder. Die Selbstmordrate bei den Zehn- bis Vierzehnjährigen hat sich in den USA zwischen 2007 und 2014 verdoppelt. Zum ersten Mal seit über zwanzig Jahren starben 2011 mehr Jugendliche durch Selbstmord als durch Mord.[164] Ist Ihr Kind zwölf oder älter, wird es wahrscheinlich von seinem Kinderarzt im Hinblick auf Depressionen befragt, wenn der Arzt die Richtlinien der American Academy of Pediatrics befolgt, also der Vereinigung amerikanischer Kinderärzte. Je jünger Ihr Kind ist, desto unwahrscheinlicher ist es, dass es an einer klinischen Depression leidet, aber die Raten depressiver Störungen steigen in der Jugend stetig an.

Genau wie bei Ängsten gibt es auch bei Depressionen eine Abstufung von Schweregraden, deren schlimmster suizidales Verhalten ist – der größte Albtraum aller Eltern. Auf dem Weg zu diesem Extrem kann ein Kind oder Jugendlicher Symptome einer »Depression« zeigen. Es ist Teil der menschlichen Natur, periodisch einige dieser Symptome zu erleben oder sich ab und zu »depressiv« zu fühlen. Besorgniserregend ist jedoch, wenn die Symptome im Laufe der Zeit chronisch und beeinträchtigend werden. Das Handbuch psychiatrischer Störungen, das *Diagnostische und Statistische Manual* (DSM),[165] kennt zahlreiche

Kategorien depressiver Störungen. Am wichtigsten ist jedoch, wie die verbreiteten Symptome sich zusammenfügen und den Alltag Ihres Kindes beeinträchtigen:

> Reizbarkeit und Wut. Diese Anzeichen einer Depression treten bei Kindern und Jugendlichen häufiger auf als im Erwachsenenalter, in dem eine allgegenwärtige traurige Stimmung Depressionen kennzeichnet.

> Verlust des Interesses an erfreulichen und lustigen Aktivitäten. Ein schwieriger Punkt, denn die Interessen von Kindern ändern sich so schnell wie ihre Schuhgrößen. Ein Problem ist dann gegeben, wenn sie keine Freude mehr zu haben scheinen an etwas, das ihnen entweder immer Freude bereitet hat oder objektiv besehen erfreulich ist (zum Beispiel Ferien).

> Zurückgezogenes Verhalten gegenüber der Familie oder sozialen Aktivitäten.

> Konzentrationsschwierigkeiten, die sich oft im Unterricht oder bei den Hausaufgaben zeigen.

> Gefühle der Hoffnungs- und Hilflosigkeit.

> Selbstvorwürfe und Schuldgefühle angesichts von Dingen, auf die sie keinen Einfluss haben.

> Verändertes Schlafverhalten (entweder Probleme beim Ein- oder Durchschlafen oder mehr Schlaf als üblich).

> Veränderter Appetit (entweder Appetitlosigkeit und verminderte Nahrungsaufnahme oder übermäßiges Essen).

> Klagen über Müdigkeit und geringe Energie. Eltern beschreiben ein depressives Kindes oft als »faul«. Auch wenn es nach Faulheit aussieht, können Depressionen dazu führen, dass ein Kind sich niedergedrückt fühlt und sich nicht viel bewegen will.

> Ein geringes Selbstwertgefühl oder ein schlechtes Selbstbild: »Ich bin zu nichts gut. Niemand mag mich. Ich bin dumm.«

> Ich kann nichts.

> Nachlassendes Interesse an der Schule oder schlechtere Noten.

> Geringe Motivation.

> Verändertes Verhalten, einschließlich riskanteren Verhaltens wie Drogen- und Alkoholkonsum, die umgekehrt die depressive Stimmung verstärken und eine klinische Depression verschlimmern können.

> Selbstmordgedanken und suizidales Verhalten.

In manchen Fällen sind Menschen mit schweren Depressionen »hochfunktional«, d. h. sie zeigen ihre Probleme nicht nach außen, sondern leiden innerlich. Bei einem hochfunktionalen Kind mit Depressionen spielt die Innigkeit Ihrer Beziehung zu ihm eine entscheidende Rolle. Je mehr Sie im Laufe der Jahre geübt haben, sich in Ihr Kind einzufühlen und auch in schwierigen Zeiten Empathie zu zeigen, desto eher wird Ihr Kind Sie an seinen Gefühlen teilhaben lassen. In meiner Praxis habe ich das Gegenteil erlebt – wenn ein Kind das Gefühl hat, dass seine Eltern sich schon lange nicht mehr für sein Leben interessieren, wird es auch das Gefühl haben, dass es seine dunklen Gedanken und Gefühle nie gefahrlos äußern kann, und nach außen so tun, als sei »alles gut«, obwohl nichts gut ist.

Ein Kind zu haben, das an einer Depression leidet, ist nicht nur herzzerreißend, sondern oft auch sehr frustrierend für die Eltern, die die damit einhergehende Machtlosigkeit aufsaugen. Eltern haben das Gefühl, ihr Kind verloren zu haben, und fragen sich womöglich, ob das andere, nicht-depressive Kind jemals zurückkehren wird. Da Depressionen mit Rückzug und Sich-Entziehen einhergehen, kann es zu einem schmerzhaften Bindungsverlust kommen, wenn Eltern verzweifelt versuchen, zu ihrem Kind durchzudringen, und sich dabei zurückgewiesen fühlen.

Autonomieunterstützende Ansätze können bei Kindern und Jugendlichen nützlich sein, die kurze Phasen der Depression durchlaufen, die mit der typischen kindlichen Entwicklung einhergehen. Wenn unsere Kinder jedoch unter chronischen Depressionen leiden, ist in der Regel eine professionelle Behandlung erforderlich, da sich die Depression unbehandelt verschlimmern kann (zum Beispiel suizidales Verhalten, Depressionen als Erwachsene usw.). Die standardisierten Empfehlungen für Kinder und Jugendliche mit einer depressiven Störung lauten: Therapie bei leichten Depressionen und eine Kombination aus Medikamenten und Therapie bei mittelschweren bis schweren Depressionen (der Schweregrad wird durch eine Beurteilung bestimmt).[166] Hoffentlich fühlt es sich für Sie wie eine Bestätigung an, dass Sie als Eltern Ihres Kindes nicht wissen müssen, wie man seine Depressionen »repariert«. Genauso wenig, wie Sie von sich selbst erwarten, bei Ihrem Kind eine Mittelohrentzündung zu diagnostizieren und zu behandeln, erwartet niemand von Ihnen, einen Hochschulabschluss in Psychologie zu haben, um Eltern eines chronisch depressiven Kindes zu sein.

Autonomie-fördernde Erziehung und Depressionen

Ich bin mir der großen Lücke zwischen Angebot und Nachfrage bei der Behandlung von psychischen Erkrankungen bei Kindern bewusst – es ist eine Farce. Ich hoffe jedoch, dass Sie mit Unterstützung von professioneller Seite Autonomie-fördernde Praktiken bei der Erziehung Ihres depressiven Kindes anwenden können. Da Autonomie-fördernde Erziehungsmethoden Kompetenz und Handlungsfähigkeit stärken, die bekanntermaßen vor Depressionen schützen, könnte dieser Ansatz Ihrem Kind helfen, die Depressionen zu überwinden und danach für das Leben besser gerüstet zu sein.

Autonomie-fördernde Maßnahmen und Tipps bei Depressionen

> **Ganz viel Empathie zeigen.** Dafür müssen Sie möglicherweise sicherstellen, dass Sie selbst genug Unterstützung haben, denn es kann emotional anstrengend sein, mit einem depressiven Kind zu fühlen. Machen Sie sich zum Beispiel bewusst, dass das, wozu Sie es ermutigen (aufstehen, das Haus verlassen usw.), ihm sehr schwerfällt. Das ist eine Gratwanderung zwischen dem Versuch, sein Kind zu verstehen, und der Tatsache, dass man nicht wirklich weiß, wie es sich fühlt. Haben Sie selbst Erfahrungen mit Depressionen, können Sie mehr Empathie zeigen, aber seien Sie gewarnt, dass Ihr Kind dennoch behaupten könnte: »Du verstehst das nicht.« Trotzdem ist es nützlich, über Ihre eigenen Erfahrungen mit Depressionen zu sprechen. Ihre Offenheit kann Ihr Kind dazu ermutigen, sich selbst zu öffnen und mehr von sich zu erzählen. Gefühle zum Ausdruck zu bringen ist auch ein bewährter Weg, um Depressionen ganz allgemein zu lindern.

> **Interesse und Einfühlungsvermögen zeigen.** Sich dafür zu interessieren, wie sich Ihr Kind fühlt, kann Ihnen dabei helfen, Empathie zu spüren und sich in seine Sicht der Dinge einzufühlen: »Was fühlt sich anders an, seit die Depression begonnen hat? Was ist das Schwierigste für dich?«

> **Schrittweise Erwartungen an das Verhalten aufbauen.** Bei Ängsten braucht es eine abgestufte Konfrontation, um Vermeidungsverhalten zu reduzieren; bei Depressionen braucht es eine konsequente »Verhaltensaktivierung«. Dieser Fachbegriff meint, dass man aktiv bleibt, auch wenn einem aufgrund der Depression eher danach ist,

nichts zu tun. Das ist ein evidenzbasierter Ansatz, und er funktioniert. Mithilfe von Scaffolding werden die Erwartungen jedoch in kleinere, besser zu bewältigende Schritte unterteilt, um leichter Erfolg zu haben. Statt von einem depressiven Teenager zu erwarten, dass er am Wochenende um 10:00 Uhr aufsteht und nicht den ganzen Tag schläft, können Sie erst einmal einen kleinen Spaziergang am Samstag ansetzen.

> **Liebe und Akzeptanz bekunden.** Da das Gefühl der Wertlosigkeit und der Selbstkritik häufig mit Depressionen einhergeht, ist es von größter Wichtigkeit, Ihrem Kind (trotz Depression) kontinuierlich Liebe und Akzeptanz zu vermitteln. Besonders im Zusammenhang mit der Stigmatisierung der psychischen Gesundheit ist es wichtig, dass Ihr Kind immer wieder von Ihnen hört: »Ich halte in dieser schweren Zeit zu dir. Wir stehen das gemeinsam durch.« Damit decken Sie auch einen weiteren Schlüsselfaktor bei der Behandlung von Depressionen ab: die starke soziale Unterstützung.

Anmerkung: Liebe und Akzeptanz bedeuten nicht, destruktive Verhaltensweisen zu akzeptieren, die mit Depressionen einhergehen können. Sie lieben das Kind, nicht sein Verhalten. Es ist immer noch darauf angewiesen, dass Sie Grenzen aufrechterhalten. Dazu gehört, dass es Wut auf andere Weise als durch Fluchen ausdrückt, abends rechtzeitig nach Hause kommt und nicht raucht, trinkt, Drogen nimmt oder andere riskante Verhaltensweisen an den Tag legt. Denken Sie auch daran, sich selbst das gleiche Mitgefühl zu zeigen und auf Ihre eigene soziale Unterstützung zu achten. Die Erziehung eines depressiven Kindes oder Jugendlichen kann enorm viel Kraft und Energie kosten.

> **Eigenständiges Verhalten erwarten.** Dafür braucht es wahrscheinlich mehr aktive Ermutigung und Anleitung als bei einem nichtdepressiven Kind. Bei geringer Motivation und wenig Energie müssen Sie vielleicht wieder mehr helfen, aber Ihr Vertrauen in die allgemeine Kompetenz Ihres Kindes ist ein weiterer wichtiger Bestandteil, um depressiven Gedanken entgegenzuwirken.

> **In Entscheidungen einbeziehen.** Das kann sich als schwierig erweisen, da ein depressives Gehirn nicht gut denken kann (zum Beispiel denkt es übermäßig negativ und pessimistisch); aber zu zeigen,

dass Sie die Meinung Ihres Kindes schätzen, kann auch ein Gegengewicht zu abwertenden Selbstgesprächen bilden.

> **Über innere Werte reden.** In Anlehnung an die evidenzbasierte Akzeptanz- und Commitment-Therapie (ACT) kann die Einbeziehung von Werten in Gespräche der Schlüssel zur Überwindung von Depressionen sein. Erkunden Sie weiter mit Ihrem Kind, was ihm in seinem Leben und für seine Zukunft wichtig ist. Finden Sie zusammen heraus, wie Depressionen diesen wichtigen Werten im Wege stehen. Studien belegen, dass die Verbindung mit persönlichen Werten auf diese Art zur Verhaltensänderung bei Menschen mit Depressionen motivieren kann.

> **Bereit sein.** Um die Autonomie Ihres Kindes zu unterstützen, kann es entscheiden, was es tun möchte, um Unternehmungslust und Engagement anzustoßen. Jeder noch so kleine Schritt, der sich wie eine eigene Entscheidung anfühlt, trägt dazu bei, den Pessimismus und die Ohnmacht, die mit Depressionen einhergehen, zum Bröckeln zu bringen.

Obwohl die neuesten Zahlen zur psychischen Gesundheit bei Jugendlichen nach der Pandemie und sogar schon vor der Pandemie alarmierend waren, gibt der Bereich der Stress- und Resilienzforschung Anlass zur Hoffnung. Widrige Umstände können tiefgreifende Vorteile mit sich bringen wie Flexibilität, Dankbarkeit und Zufriedenheit im späteren Leben.[167] Stress kann eine positive Erfahrung sein, die uns hilft, Vertrauen in unsere Fähigkeit aufzubauen, mit schwierigen Situationen umzugehen. Es stimmt, Pandemien sind eine extreme Form von Stress, und wir werden wahrscheinlich nicht sehen, was wir daraus gewonnen haben, solange wir noch mittendrin stecken. Aber Stress im Allgemeinen kann gut für uns und unsere Kinder sein. Autonomie-fördernde Erziehung hilft uns, die Vorteile von Stress zu ernten und Angstzustände oder Depressionen als Stressreaktion abzuwehren, indem sie uns hilft, starke Bindungen als sichere Basis für Unterstützung, Vertrauen in unsere Fähigkeit zur Bewältigung von Herausforderungen und ein Gefühl der Beherrschung aufzubauen, bei dem wir tatsächlich die Kontrolle haben.

Eltern, die entweder ein Kind haben, das Anzeichen von Ängsten oder einer depressiven Verstimmung zeigt, oder ein Kind, dessen Angststörung oder schwere Depressionen professionelle Hilfe erforderlich machen, können mithilfe von Autonomie-fördernden Ansätzen wichtige Bewältigungskompetenzen fördern, die ihr Kind zur Verbesserung seiner psychischen Gesundheit benötigt. Der Weg mag düster erscheinen, aber eine Autonomie-fördernde Denkweise hilft Eltern und ihrem Kind, langsam und stetig Schritte in die richtige Richtung zu machen.

Mein Mann und ich müssen zwar noch weiter am Schlaf unseres Siebenjährigen arbeiten, aber neulich erlebten wir einen Durchbruch bei seiner Angst, allein in einem Raum zu sein. Obwohl diese Angst mit zunehmendem Alter glücklicherweise abgenommen hat, kann sie immer wieder zu unpassenden Zeiten auftauchen, sodass es viel verführerischer ist, ihr nachzugeben und einfach mit ihm in den verdammten Keller zu gehen (ein allgemein gefürchteter Raum in unserem Haus). Als er neulich etwas aus dem Keller brauchte und mich anflehte, es zu holen, schlug ich ihm vor, beim Treppensteigen einen Tapferkeitsgesang anzustimmen. Sein Gesicht hellte sich auf, und er begann singend die Treppe hinunterzusteigen, wobei auch ein paar derbe Worte zu hören waren – er ist schließlich erst sieben. Das Singen half ihm, sich weniger allein zu fühlen, obwohl er auf sich gestellt war, und er kehrte sichtlich stolz zurück. In diesen Minuten widerstand ich dem Drang nachzugeben, und erkannte die Gelegenheit, die Kompetenz meines Sohnes im Umgang mit dem Gefühl der Angst zu fördern. Ich verband die Gesangsstrategie mit seiner Neigung zu Lautstärke und Wiederholungen – und voilà! Ein Schritt vorwärts beim Aufbau von Selbstvertrauen und beim Abbau von Angst.

Kapitel 15

Neurodiversität und
Autonomie-fördernde Erziehung

Erziehung bei ADHS und Autismus

A ls eine Gruppe Eltern von Fünftklässlern den Übertritt ihrer Kinder auf die weiterführende Schule im Park »feierte«, kaum dass wir ein Corona-Schuljahr mit Online-Unterricht hinter uns hatten, fragte jemand neben mir: »Sollen wir jetzt alle unsere Kinder zu diesen neuropsychologischen Untersuchungen schicken? Alle Eltern aus dem Softball-Team meiner Tochter haben ihre Kinder angemeldet, und jetzt habe ich das Gefühl, dass ich etwas verpasse. Sollte ich mir Sorgen machen?«

Es ist nicht überraschend, dass Eltern sich vermehrt um die Lernfähigkeit ihrer Kinder sorgen, seit sie mitansehen mussten, wie sie mit dem Online-Unterricht klarkamen. Ich hatte auch so meine Zweifel, seit ich meinen Erstklässler bei der morgendlichen Begrüßung in seinem Zimmer im Kreis laufen sah und meine Fünftklässlerin ständig über Konzentrationsprobleme klagte. Unterricht am Bildschirm ist für das kindliche Gehirn im Allgemeinen ungeeignet und spiegelt nicht das Lernen unter normalen Bedingungen wider. Aber es hat uns allen vielleicht einen Vorgeschmack darauf gegeben, wie Schwierigkeiten mit den exekutiven Funktionen aussehen und sich anfühlen.

Exekutive Funktionen beziehen sich auf die Teile unseres Gehirns, die es einem Vorstand ermöglichen, ein Unternehmen zu leiten, oder einem Elternteil, einen Haushalt zu führen: Planen, Organisieren, Probleme lösen, Erinnern, etwas anfangen und zu Ende bringen, zwischen Aktivitäten wechseln, mit heftigen Emotionen umgehen, Entscheidungen treffen, impulsives Handeln unterdrücken, aufmerksam sein, ein gutes Urteilsvermögen und Selbstkontrolle.

Obwohl die exekutiven Funktionen eine große Bandbreite an Schwankungen kennen (zum Beispiel vergisst meine Zwölfjährige immer, die Schachteln und Tüten wegzuräumen, nachdem sie einen Snack zubereitet hat) und sich bis Mitte zwanzig entwickeln, haben die meisten Kinder keine Diagnose, die eine neuropsychologische Beurteilung erforderlich macht. Bei denjenigen mit einer Diagnose ist eine Beurteilung durch einen pädiatrischen Neuropsychologen oder einen Psychologen, der speziell für diese Art Beurteilungen geschult ist, unerlässlich, um nicht nur der Schule Anweisungen für die Bedürfnisse des Kindes zu geben, sondern auch Ihnen als Eltern einen Einblick zu geben, wie und warum bestimmte Erziehungsstrategien funktionieren und andere nicht.

Auch wenn die meisten Kinder keine neuropsychologische Beurteilung benötigen, sind das gesellschaftliche Bewusstsein für Unterschiede im Gehirn und damit verbundene Diagnosen seit meiner Promotion im Jahr 2007 stark gestiegen. Neurodiversität ist zu einem Begriff geworden, den sich Interessengruppen zu eigen gemacht haben, um die Stigmatisierung zu minimieren, die oft mit unterschiedlichen Arten des Lernens und der Wahrnehmung einhergeht. Wir alle sind neurodivers! Als neurodivergent bezeichnet man Menschen, deren Gehirn sich deutlich anders entwickelt als das »neurotypische« Gehirn. Zwei häufige Diagnosen im Kindesalter, die mit Neurodivergenz in Verbindung gebracht werden, sind die Aufmerksamkeitsdefizit-/Hyperaktivitätsstörung (ADHS) und die Autismus-Spektrum-Störung (ASS).

Trotz des gestiegenen Bewusstseins für die neurodiverse Vielfalt lässt ein Großteil der gängigen Erziehungshilfen Eltern neurodivergenter Kinder fragen: »Was ist mit meinem Kind? Dieser Rat wird nie funktionieren!«

Obwohl ich mich als Psychologin auf die Arbeit mit Menschen spezialisiert habe, die krank sind, arbeite ich – weil ich mit Kindern arbeite – mit Familien und Kindern zusammen, die mit Autismus und ADHS leben. Während es Spezialisten für die neurologische Entwicklung gibt, die über mehr Fachwissen in Bezug auf die allgemeinen Erfahrungen bei der Erziehung eines neurodivergenten Kindes verfügen, werden die Erfahrungen bei der Erziehung von neurodivergenten Kindern in klassischen Elternratgebern oft nicht berücksichtigt. Dieses Kapitel soll dazu beitragen, diese Lücke zu schließen, indem es die Bereiche der Autonomie-fördernden Erziehung hervorhebt, die aufgrund der Gehirnverdrahtung des Kindes möglicherweise angepasst werden müssen.

ADHS

Kinder mit ADHS können sehr unterschiedlich sein, es gibt nicht nur den stereotypen Jungen, der Wände hochklettert, von Möbeln springt und ununterbrochen redet. Die Diagnose ADHS scheint im Laufe der Jahrzehnte gelitten zu haben, weil sie sehr häufig gestellt wurde und es die Befürchtung gab, amerikanische Eltern würden ihre Kinder einfach unter Drogen setzen, damit sie sich benehmen. Im Laufe der Zeit und mit zunehmendem Bewusstsein haben sich Wissenschaft und Medien anscheinend zusammengetan, um sich für eine einfühlsamere und genauere Darstellung von ADHS als einer Art von Gehirnfunktion einzusetzen, die der Unterstützung bedarf, und nicht als Ausdruck schlechter Erziehung oder eines »schlechten Kindes«.

Der sich wandelnde kulturelle Kontext ist mit Veränderungen im Bereich der psychischen Gesundheit im Hinblick auf die Einordnung dieser Diagnose einhergegangen. Die American Psychiatric Association, die die ADHS-Diagnose (und alle anderen, die wir in diesem Bereich verwenden) entwickelt hat, ist nicht für ihr gutes Marketing bekannt. Während ADHS im Laufe der Jahrzehnte immer besser verstanden wurde, wurde das Akronym immer irreführender. Es steht für »Aufmerksamkeitsdefizit-/Hyperaktivitätsstörung«; doch nicht jedes Kind mit ADHS ist auch hyperaktiv (heutzutage spricht man von ADHS von primär unaufmerksamem Typ), und Probleme mit der Aufmerksamkeit, die als Markenzeichen jeder Art von ADHS gelten, stehen für unterschwellige Schwächen der Exekutivfunktionen, die das eigentliche Problem sind, das es zu behandeln gilt. Der langjährige ADHS-Forscher und Psychologe Russel Barkley vertritt eine andere Sichtweise und definiert ADHS als eine Störung der »Selbstkontrolle und der exekutiven Funktionen«. (Wenn Sie nach einem umfassenden Erziehungsratgeber suchen, empfehle ich sein Buch *12 Principles for Raising a Child with ADHD*[168].)

Autonomie-fördernde Erziehung und ADHS

Die Forschung zu Autonomie-fördernder Erziehung und Exekutivfunktionen ist besonders relevant, da Schwächen bei den exekutiven Funktionen für ADHS charakteristisch sind. Die bis dato zusammengetragenen Belege bestätigen, dass Autonomieförderung bei jüngeren

Kindern zu stärkeren exekutiven Funktionen führt.[169] Andere Studien deuten darauf hin, dass Kinder mit schwächeren Exekutivfunktionen im Kleinkindalter ihre Eltern zu weniger Autonomie-fördernden Maßnahmen veranlassen.[170] Diese Studien untersuchen die Exekutivfunktionen jedoch in der Bevölkerung allgemein und geben nicht an, ob bei den Kindern eine ADHS-Diagnose vorliegt.

Weil die Stärkung schwach ausgeprägter Exekutivfunktionen zentraler Bestandteil der ADHS-Behandlung ist, lassen sich die Belege dafür, dass Autonomie-fördernde Erziehung die exekutiven Funktionen im Allgemeinen fördert, sinnvollerweise auch auf die Lebenswirklichkeit der Erziehung eines Kindes mit ADHS übertragen. In einer Studie mit Kindern im Alter von sieben bis zwölf Jahren untersuchten die Forscher den Zusammenhang zwischen der Beharrlichkeit beim Lösen einer Aufgabe, exekutiven Funktionen und Autonomieförderung. Sie kamen zu dem Schluss, dass Kinder mit stärkeren ADHS-Symptomen bei einer Aufgabe schneller aufgaben, mit Ausnahme derjenigen, deren Eltern die Autonomie stark förderten; diese Kinder zeigten die gleiche Beharrlichkeit wie die Kinder mit weniger ADHS-Symptomen.[171]

Auch wenn wir die Vorteile der Autonomieförderung bei Kindern mit ADHS kennen, besteht die größte Herausforderung darin, dass die mit ADHS verbundenen Verhaltensweisen bei Erwachsenen eher eine Kontrollneigung hervorrufen. Das entspricht nicht nur dem gesunden Menschenverstand, sondern ist auch wissenschaftlich belegt: Eine 2008 durchgeführte Überprüfung früherer Studien ergab, dass Eltern von Kindern mit ADHS ganz allgemein auf problematischere Erziehungsmethoden zurückgreifen, um auf das Verhalten ihrer Kinder zu reagieren.[172] Da Kinder mit ADHS aber häufig Schwierigkeiten mit Emotionen und Impulskontrolle haben, kann es besonders sinnvoll sein, sie dabei zu unterstützen, mehr Kompetenz und Autonomie zu erleben. Kinder mit ADHS werden auch eher von Gleichaltrigen abgelehnt und haben ein geringes Selbstwertgefühl, weshalb die Förderung durch die Eltern ein starkes Gegengewicht darstellen kann.

Ein großer Schritt hin zur Verringerung kontrollgesteuerter Erziehungsmethoden als Reaktion auf ADHS-bedingte Verhaltensweisen ist die Erkenntnis, dass ADHS ein Fähigkeitsdefizit ist und nicht bewusster Ungehorsam. Bei neurodivergenten Kindern geht es oft nicht darum, dass sie nicht wollen, sondern dass sie nicht können. Wenn man Autonomie-fördernde Erziehung mit Verständnis für die spezielle Gehirnstruktur bei ADHS kombiniert, kann das die Eltern-Kind-Beziehung und damit das allgemeine Wohlbefinden Ihres Kindes jetzt und in Zukunft optimieren.

Wichtige Merkmale von ADHS, die bei der Anwendung eines Autonomie-fördernden Bezugsrahmens zu berücksichtigen sind:

> **Selbstregulierung:** Probleme bei der Regulierung der Emotionen in Kombination mit Impulsivität äußern sich in intensiveren Gefühlsausbrüchen, die auch körperliche Aggression beinhalten können. Das erfordert eine intensivere Förderung der Selbstregulierung, die in Kapitel 8 besprochen wird.

> **Interne Motivation:** Langweilige Aufgaben sind für Kinder mit ADHS schwerer zu ertragen als für neurotypische Kinder, sodass es häufiger und intensiver zu Machtkämpfen bei der Mithilfe im Haushalt oder den Hausaufgaben usw. kommen kann.

> **Beziehungsprobleme:** Impulsivität kann die Beziehungen zu Gleichaltrigen, Lehrern und der Familie belasten, was zu einem negativen Selbstbild führen kann.

> **Arbeitsgedächtnis:** Ein schwächeres Arbeitsgedächtnis (zum Beispiel die Fähigkeit, eine Telefonnummer lange genug im Gedächtnis zu behalten, um sie ins Telefon einzutippen) kann erklären, was Eltern als besonders frustrierend erleben: Das Kind scheint Anweisungen nicht zu befolgen (zum Beispiel vergisst es einfach, was Sie ihm aufgetragen haben, wenn es auf dem Weg dahin abgelenkt wird).

> **Ein grauenhaftes Zeitmanagement!** Für Menschen mit ADHS ist es schwer, ein Zeitgefühl zu entwickeln, was sich auf die Zukunftsplanung auswirkt (zum Beispiel ein großes Projekt, das innerhalb von zwei Wochen erledigt werden soll) oder darauf, rechtzeitig irgendwo zu sein. Es kann ihnen auch schwerfallen, Konsequenzen ihrer Handlungen einzuschätzen.

Autonomie-fördernde Maßnahmen
und Tipps bei ADHS

> **Einfühlsames Verhalten zeigen.** Das Gefühl, von den Eltern verstanden und akzeptiert zu werden, ist für ein Kind mit ADHS ein wichtiger emotionaler Puffer, da es einem größeren Risiko ausgesetzt ist, von Gleichaltrigen abgelehnt und von Lehrern negativ beurteilt zu werden. Sich einzufühlen mag einfacher sein, wenn man selbst ADHS hat und die innere Erfahrung nachvollziehen kann, wie es ist, wenn sich Gedanken wie Maiskörner anfühlen, die im Gehirn wie Popcorn aufplatzen. Aber Sie tun sicher Ihr Bestes, um zu verstehen, wie sich die Welt für Ihr Kind anfühlt. Wir leben in einem Zeitalter neurodivergenter Influencer, die auf Instagram und TikTok den »Neurotypischen« mehr Zugang zu neurodivergenter Wahrnehmung verschaffen. Der konsequente Einsatz von Empathie und Einfühlungsvermögen kann dazu beitragen, die überaus wichtige Verbindung zwischen Ihnen und Ihrem Kind aufzubauen, damit es ein positiveres Selbstkonzept entwickeln kann.

> **Die Interessen Ihres Kindes stützen.** Da Kinder mit ADHS in der Regelschule und im sozialen Umfeld mehr Schwierigkeiten haben, sollten Sie Einfühlungsvermögen, Empathie und Ihr Verständnis für die Situation Ihres Kindes nutzen, um es dabei zu unterstützen, seinen Interessen, Talenten oder Stärken nachzugehen, um sein Selbstbild zu stärken. Sport kann ein besonders gutes Ventil bei hohem Bewegungsdrang sein. Der Olympiasieger Michael Phelps ist bekanntermaßen der Auffassung, dass das Schwimmen ihm geholfen hat, seine ADHS-Energie zu kanalisieren, um die Schule zu schaffen.

> **Die interne Motivation fördern.** Aufgrund der schwächeren intrinsischen Motivation können Belohnungen ein wirksames Mittel sein, vor allem, wenn sie unmittelbar gegeben werden, um bestimmte Verhaltensweisen zu fördern (und nicht jeden Teil des Alltags!). Wenn Ihr Kind zum Beispiel jeden Abend seinen Rucksack für den nächsten Schultag packt und neben die Tür stellt, erhält es einen Aufkleber für seine Wasserflasche.

> **Regeln für den Haushalt sichtbar machen.** Regeln und Grenzen geben Kindern mit ADHS eine wichtige äußere Struktur, und visuelle Hinweise sorgen dafür, dass Regeln im Gedächtnis bleiben. Visuelle

Erinnerungen sind bei einem schwachen Arbeitsgedächtnis eine Hilfe, also verwenden Sie viele sichtbare Hinweise wie Listen und Schilder.

> **Altersgerecht unterstützen.** Jahre der Forschung haben ergeben, dass Kinder mit ADHS im Durchschnitt 30 Prozent jünger sind als ihr biologisches Alter. Wenn Ihr Kind also zehn Jahre alt ist, braucht es vielleicht die gleiche Unterstützung bei den Hausaufgaben wie ein Siebenjähriger.[173]

> **Begründungen für JETZT nützen.** Bei der Begründung von Regeln gilt: Je unmittelbarer die Begründung, desto besser. Wenn Sie Ihr Kind zum Beispiel über die Gefahren von E-Zigaretten aufklären, konzentrieren Sie sich auf die unmittelbaren Risiken (Lungenversagen) und nicht auf die langfristigen (kürzere Lebenserwartung).

> **Prioritäten setzen bei den Erwartungen an eigenständiges Verhalten!** Um eine liebevolle, herzliche Verbindung zu Ihrem Kind aufrechtzuerhalten, sollten Sie auswählen, in welchem Bereich Sie das unabhängige Verhalten Ihres Kindes fördern. Wenn man zu viele Verhaltensweisen auf einmal angeht, besteht das Risiko, dass es im Laufe des Tages zu kleineren Konflikten und Machtkämpfen kommt, was die Verbindung zu Ihrem Kind und sein Selbstwertgefühl belastet. Wählen Sie aus, was am wichtigsten ist (hier können innere Werte ins Spiel kommen). Den Rest stellen Sie hinten an. Schwerpunkte bei den Erwartungen zu setzen stärkt bei Ihrem ADHS-Kind das Gefühl von Kompetenz und Autonomie, da es weniger kritisiert und beurteilt wird und sich auf den Aufbau von Kraft und Vertrauen konzentriert.

Autismus

Die Mutter in meinem Büro sah niedergeschlagen aus, als wir darüber sprachen, wie viel Zeit ihr Achtjähriger vor dem Bildschirm verbrachte: »Meine Freunde sagen, ich solle ihm das Tablet einfach wegnehmen. Sie verstehen das nicht.« Er war wegen seiner Angststörung und den damit verbundenen Symptomen im Magen-Darm-Trakt zu mir gekommen (das ist mein Spezialgebiet). In den ersten Monaten der Behandlung riet ich auch dazu, die Nutzung des Tablet einzuschränken, zu dem er griff, um vor anderen Angst auslösenden

Aspekten seines Lebens zu flüchten. Mit der Zeit wurde jedoch deutlich, dass er keine typische Angststörung hatte, sodass ich ihn zu einer umfassenderen Untersuchung überwies. Als dann die Autismus-Diagnose gestellt wurde, seufzten seine Eltern erleichtert auf, weil sie sich in ihrem seit Jahren bestehenden Gefühl bestätigt sahen, dass etwas anders war. Nun hatten sie eine Diagnose, die zumindest einige der Erziehungsrätsel aufklären konnte. Zu dieser Aufklärung gehörten gezielte Maßnahmen, die besser auf die Funktionsweise seines Gehirns abgestimmt waren. Es ging also nicht nur darum, »ihm das Tablet einfach wegzunehmen«. Neue Erkenntnisse (und meine eigenen Beobachtungen) deuten darauf hin, dass autistische Kinder besonders anfällig für die süchtig machenden Eigenschaften von Bildschirmgeräten zu sein scheinen; daher bietet »Bildschirmzeit« andere Vorteile als für andere Kinder (wie die beruhigende Flucht vor den Anforderungen sozialer Interaktion). Obwohl seine Eltern, die behandelnden Experten und ich verstehen konnten, was diese Autismus-Diagnose mit sich brachte, konnten die wohlmeinenden Freunde seiner Mutter nicht ganz nachvollziehen, was es bedeutet, ein Kind mit Autismus großzuziehen.

Vielleicht ist Ihnen der Begriff Autismus-Spektrum-Störung (ASS) vertraut. Das Wort »Spektrum« ist von Bedeutung, weil es ausdrückt, wie unterschiedlich Kinder mit einer Autismus-Diagnose sich präsentieren können. Autismus geht einher mit erheblichen Defiziten und Entwicklungsverzögerungen bei sozialen und kommunikativen Fähigkeiten, aber wie sich das im täglichen Leben äußert, ist sehr unterschiedlich. Zum Beispiel reicht die Bandbreite bei den verbalen Fähigkeiten von nonverbal bis hin zu einem frühreifem Sprachgebrauch. Darüber hinaus treten bei autistischen Kindern oft noch andere begleitende Verzögerungen und Störungen auf, vor allem sensorische Verarbeitungsstörungen, Angststörungen, Depressionen, ADHS und geistige Behinderungen. Jedes Kind bringt eine einzigartige Mischung aus Stärken und Schwächen mit. Bei einigen wird die Diagnose bereits in der frühen Kindheit gestellt, bei vielen anderen erst in der mittleren Kindheit, in der Jugend oder als Erwachsene.

Anmerkung: Wenn Sie diesen Abschnitt lesen, haben Sie vielleicht ein Kind mit einer Autismus-Diagnose oder vermuten, dass Sie eines haben. Wenn Ihr Kind noch nicht auf Autismus untersucht wurde und Sie sich Sorgen machen, empfehle ich Ihnen, dies zu tun. Eine neuropsychologische Beurteilung, die üblicherweise zur Diagnose von ADHS und Lernstörungen eingesetzt wird, unterscheidet sich von einer Autismus-Beurteilung. Psychologen, die solche Autismus-Beurteilungen durchführen, müssen eine spezielle Ausbildung für bestimmte Tests haben, die eine hochqualifizierte Durchführung der Bewertung und ein differenziertes Verständnis für die Interpretation der Ergebnisse erfordern. Im Idealfall können Sie sich an eine Stelle wenden, die sich auf Entwicklungsverzögerungen und Autismus spezialisiert hat und oft Teil einer großen pädiatrischen Einrichtung ist. Wenn dies nicht möglich ist, und Sie einen Psychologen vor Ort aufsuchen, sollten Sie sich vergewissern, dass er über die entsprechende Ausbildung verfügt. Eine umfassende Bewertung umfasst eine Analyse der individuellen Fähigkeiten Ihres Kindes und Empfehlungen, die darauf basieren, wie Ihr Kind lernt und Informationen verarbeitet. Diese Empfehlungen wirken sich auf die Erziehung und Behandlung des Kindes aus, damit sie seinen Bedürfnissen besser entsprechen.

Autonomie-fördernde Erziehung und Autismus

Wenn Sie ein autistisches Kind haben, muss man unbedingt bedenken, was wir über Autonomie-fördernde und kontrollbasierte Erziehung bei autistischen Kindern wissen, und wie der Stress, den die Erziehung eines autistischen Kindes mit sich bringt, sich auf Sie als Elternteil und den Umgang mit Ihrem Kind auswirken kann. Es gibt nur wenige Studien, die sich speziell mit autistischen Kindern und Jugendlichen befassen, aber die sich abzeichnenden Erkenntnisse zeigen Folgendes:

> Autonomie fördernde Praktiken von Lehrern im Unterricht werden mit positiven Ergebnissen für autistische Schüler in Verbindung gebracht, darunter weniger Verhaltensprobleme und bessere schulische Leistungen.[174]

> Autistische Kinder, deren Verhalten besondere Herausforderungen darstellt, lösen bei den Eltern häufiger kontrollbasierte Reaktionen aus.[175]

> Autistische Kinder können auch unter den negativen Folgen einer kontrollgesteuerten Erziehung leiden, zu denen depressive und ängstliche Symptome und Verhaltensauffälligkeiten gehören.[176]

Im Zusammenhang mit diesen Forschungsergebnissen muss man berücksichtigen, dass die Erziehung eines autistischen Kindes häufig mit sehr viel Stress verbunden ist. Es dürfte nicht neu sein, dass herausforderndes Verhalten von Kindern im Allgemeinen mit mehr elterlichem Stress einhergeht, während positives Verhalten von Kindern mit weniger elterlichem Stress verbunden ist. (Wir sind uns wohl alle einig, dass es nicht vieler Studien bedurfte, um das herauszufinden!) All das kann sich mit einem autistischen Kind noch verstärken. Es ist dokumentiert, dass die Erziehung eines autistischen Kindes potenziell eine Bedrohung für alle drei Grundbedürfnisse der Eltern darstellt, zum Beispiel ein größeres Risiko, sich von Freunden und Familie isoliert zu fühlen (Eingebundenheit), ein geringeres Maß an Selbstvertrauen (Kompetenz) sowie finanzielle und zeitliche Einschränkungen (Autonomie).[177]

Eine Studie mit Müttern autistischer Kinder fand heraus, dass man anhand des Grades der Befriedigung psychischer Bedürfnisse der Mütter vorhersagen kann, inwieweit sie Autonomie-fördernde Strategien nutzten, zum Beispiel die Unterstützung der Handlungsfähigkeit ihres Kindes, das Einfühlen in seine Perspektive und die Anpassung an seinen Entwicklungsstand. Die Studie zeigte auch, dass prosoziales Verhalten des Kindes, zum Beispiel nett zu anderen zu sein, zu mehr Autonomieförderung durch die Mutter führte. Hielt die Rückkopplungsschleife zwischen Erfüllung der mütterlichen Bedürfnisse, positivem Sozialverhalten des Kindes und Anwendung Autonomie-fördernder Praktiken seitens der Mutter von einem auf den anderen Tag an, blieben die Vorteile interessanterweise eine ganze Woche über bestehen. Es überrascht nicht, dass auch das Gegenteil der oben genannten Ergebnisse zutrifft: Die Bedürfnisfrustration der Mütter führte zu stärkerer Kontrollneigung bei der Erziehung, und kontrollbasierte Strategien traten häufiger an Tagen auf, an denen das Kind mehr Aggressionen und Regelverstöße zeigte. Außerdem führte ein »schlechter Tag« zu mehr Kontrollneigung am nächsten Tag.[178]

Da autistische Kinder sich mit einer Gehirnverdrahtung durch das Leben bewegen, die mit unserem kulturellen Umfeld oft nicht kompatibel ist, kann der Nutzen einer Autonomie-fördernden Erziehung sogar noch größer sein. Sie erziehen ein autistisches Kind dann in der Überzeugung, dass es ein autonomes Wesen ist, das die gleichen Bedürfnisse hat wie jedes andere Kind. Wenn Sie das autistische Gehirn Ihres Kindes verstehen, kann dieses Verständnis Ihren Autonomie-fördernden Denkweisen und Strategien den Rücken stärken.

Wichtige Merkmale von Autismus, die bei der Anwendung eines Autonomie-fördernden Bezugssystems berücksichtigt werden sollten:

> **Unerkannte Entwicklungsverzögerungen.** Da Autismus eine Entwicklungsstörung ist, entsprechen die sozialen und emotionalen Fähigkeiten eines autistischen Kindes höchstwahrscheinlich dem eines jüngeren Kindes. Das kann verwirrend sein, wenn ein autistisches Kind Stärken hat, die es reifer erscheinen lassen als seine Altersgenossen (zum Beispiel ein fortgeschrittener Wortschatz und mehr »erwachsene« Interessen). Doch sogar bei einer solchen Frühreife besteht großer Unterstützungsbedarf.

> **Schwarz-Weiß-Denken und wörtliche Auslegung.** Wenn Sie mit Ihrem Kind kommunizieren – sei es, um Empathie unter Umständen oder Erwartungen an sein Verhalten auszudrücken, kann es sein, dass es weder Witze noch Sarkasmus oder Redewendungen versteht.

> **»Begeisterung«.** Sogenannte »eingeschränkte Interessenmuster« sind ein Kriterium für eine Autismus-Diagnose, das Züge von Besessenheit annehmen und uns verrückt machen kann. Aber es ist hilfreich, diese Besessenheit in »Begeisterung« umzudeuten, wie Dr. Barry Prizant erklärt.[179] Wenn das Gehirn Ihres Kindes erst einmal an etwas Gefallen gefunden hat, zum Beispiel einer bestimmten Lego-Figur oder einer Erweiterung für Roblox, werden Sie vermutlich so lange davon hören, bis das Verlangte da ist. Das kann sehr zermürbend sein, aber ich hoffe, es hilft Ihnen, mehr Geduld aufzubringen, wenn Sie es durch die Brille der Gehirnverdrahtung Ihres Kindes betrachten und nicht als eine Mission, Sie aus den Angeln zu heben. (Nebenbei bemerkt: Meine Kinder sind auch hartnäckig – obwohl sie keine Autisten sind. Deshalb habe ich eine Ahnung davon, wie viel Geduld das erfordert!)

> **Interaktion mit dem Bildschirm.** In unserer heutigen Welt erleben Kinder diese »Begeisterung« oft vor einem Bildschirm. Es gibt Hin-

weise darauf, dass die Nutzung von Bildschirmen mit der Verdrahtung des autistischen Gehirns auf eine Art und Weise interagiert, die den an Sucht grenzenden Konsum fördert. Ich stütze mich auf Beobachtungen in meiner Praxis, wenn ich mich frage, ob Scrollen und sich wiederholende Inhalte (zum Beispiel auf YouTube) etwas Besänftigendes haben, das als Flucht vor dem überwältigenden Stress der nicht-digitalen Welt dient.

> **Mentaltheorie.** Das klingt vielleicht ein bisschen nach Kauderwelsch, aber es gibt ein Merkmal von Autismus, das den Austausch mit Eltern, Geschwistern und Gleichaltrigen erheblich beeinträchtigt: Autistische Kinder können nicht von Natur aus die Perspektive anderer einnehmen oder deren Erfahrungen verstehen. Und sie brauchen auch mehr Unterstützung von außen als andere Kinder, um ein Bewusstsein für ihre eigenen Gedanken und Gefühle zu entwickeln.

> **Schwächen bei der Selbstregulierung.** Ähnlich wie bei Kindern mit ADHS zeigen autistische Kinder Verzögerungen bei der Fähigkeit zur Selbstregulierung, einschließlich der Emotionsregulierung, was zu heftigen Gefühlsausbrüchen und körperlicher Aggression führen kann, oft in einer Weise, die man von einem kleineren Kind erwartet. Wie in Kapitel 8 über die Innenwelt erörtert, sind diese Fähigkeiten zur Emotionsregulierung für eine gesunde Entwicklung von entscheidender Bedeutung, und Ihr autistisches Kind braucht wahrscheinlich gezielte Unterstützung, um sie zu entwickeln, oft auch professionelle Hilfe.

> **Übergänge und Veränderungen.** Der Wechsel von einer bevorzugten Aktivität (zum Beispiel Minecraft spielen) zu einer nicht bevorzugten Aktivität (zum Beispiel Abendessen, Hausaufgaben usw.) kann für das autistische Gehirn besonders schwer sein, was Sie oft mit einem herausfordernden Verhalten konfrontiert.

> **Abweichungen bei der sensorischen Verarbeitung.** Empfindlichkeit gegenüber Geräuschen und Berührungen kann beispielsweise dazu beitragen, dass ein autistisches Kind Schwierigkeiten mit der Selbstregulierung hat. Wenn zum Beispiel ein Film im Kino zu laut ist, kann es nichts anderes mehr verarbeiten und ist überfordert.

Autonomie-fördernde Maßnahmen und Tipps

> **Verbindungen mit Empathie aufbauen.** Autistische Kinder können sehr sensibel und emotional sein, aber um eine Verbindung zu ihnen aufzubauen, muss man lernen, sich ihre Welt über ihre Interessen und Sprachkenntnisse zu erschließen, da sie ihre Emotionen nicht so leicht erkennen oder mitteilen können. Ich habe jedoch erlebt, dass autistische Kinder mit der Zeit darauf eingehen können, wenn andere ihnen wiederholt und ausdrücklich Empathie entgegenbringen und vorleben.

> **Ihr Denken verstehen.** Je besser Sie die Stärken und Schwächen Ihres autistischen Kindes verstehen, desto eher können Sie sich in seine Denkweise hineinversetzen, um zu wissen, wie es die Welt erlebt. Je nachdem, wie stark die Entwicklungsverzögerung Ihres Kind ist, kann das eine echte Herausforderung sein, aber allein die Anstrengung und die Absicht zu verstehen, auf welch einzigartige Weise Ihr Kind mit seiner Umwelt interagiert, wird Ihnen zweifellos helfen, sich effektiver und ihm näher zu fühlen.

> **Die Gesprächsführung ändern.** Wenn Sie über Ihre Erwartungen an sein Verhalten reden, sagen Sie genau, was Sie meinen! Und wenn es Sie korrigiert, dann nicht aus Unhöflichkeit, sondern weil es Ihre Aussagen wörtlich nimmt.

> **Übergänge unterstützen.** Stellen Sie sich darauf ein, dass Ihr autistisches Kind Schwierigkeiten mit dem Übergang von einer bevorzugten zu einer nicht bevorzugten Aktivität hat, und entwickeln Sie gemeinsam ein System (am besten ein visuelles!), das ihm hilft, sich auf Übergänge oder Planänderungen vorzubereiten und weniger aufgewühlt darauf zu reagieren. Je vorhersehbarer Übergänge im Alltag sind, desto einfacher werden sie. Aber auch die Planung nicht alltäglicher Aktivitäten wie Urlaub und Reisen ist hilfreich.

> **Nach Möglichkeiten zur Förderung der Eigenständigkeit suchen.** Autistische Kinder verdienen Autonomie und Kompetenz, auch wenn sie dafür möglicherweise intensives Scaffolding und mehr Anleitung benötigen. Auch hier gibt es ein Spektrum von Verzögerungen, aber die meisten Kinder finden Bereiche, in denen sie Unabhängigkeit und Autarkie entwickeln können. Achten Sie auf dieses Potenzial und äußern Sie Ihre Zuversicht, dass Ihr Kind sein unabhängiges Verhalten verbessern kann.

Stellen Sie sich vor, Sie leben in einer Welt, die nicht zu Ihrem Gehirn passt – als würde man einem Gehirn, das Bewegung braucht, um sich zu konzentrieren, befehlen, es solle »stillsitzen und sich konzentrieren«. Und das ständig. Aufgrund dieser Unvereinbarkeit können Kinder mit Schwächen der Exekutivfunktionen ein Verhalten an den Tag legen, das Erwachsene veranlasst, ihr Verhalten zu kontrollieren. Je mehr ein Kind uns Anlass zu Kontrollen gibt, desto mehr verlangt es möglicherweise nach Autonomie, weil es sich so kontrolliert fühlt. So entsteht ein Kreislauf aus Bedürfnisfrustrationen. Neurodivergente Kinder wollen dasselbe wie alle Kinder (und Erwachsenen) – Autonomie, Kompetenz und Eingebundenheit, aber wie sie dieses Bedürfnis ausdrücken und wie sie sich verhalten, um ihr Ziel zu erreichen, kann anders aussehen und manchmal Autonomie-fördernde Absichten auf die Probe stellen.

Der erste Schritt nach vorn, der auf wissenschaftlichen Erkenntnissen und dem gesundem Menschenverstand beruht, ist die Priorisierung der eigenen »Bedürfnisbefriedigung«. Bestimmte Kinder, und nicht nur solche mit einer Diagnose, benötigen mehr geistige, körperliche und emotionale Energie Ihrerseits. Wenn dazu noch die anderen Belastungen des Lebens kommen, ob mit oder ohne Pandemie, kann es sein, dass wir nur noch sehr wenig zu geben haben. Die Wissenschaft sagt uns Eltern, dass wir nicht völlig gestresst sein dürfen, wenn wir psychisch in der Lage sein wollen, uns in unsere Kinder einzufühlen, und wenn wir die Kraft haben wollen, ihre Autonomie zu fördern. Ein neurodivergentes Kind zu erziehen ist stressig, und Stress führt zu Kontrollneigung. Sie werden umso häufiger Autonomieförderung anbieten können, je eher Sie dem Stress entkommen, sei es, weil sie Unterstützung durch andere Eltern mit ähnlichen Erfahrungen haben, oder weil sie sich bei Trash-TV und Schokolade im Bad oder einem Wandschrank verschanzen.

Zweitens: Wenn Sie ein neurodivergentes Kind zu Hause haben, sollten Sie sich bewusst machen, dass Sie sein Selbstverständnis in dieser seltsamen Welt entscheidend beeinflussen können, indem Sie verstehen, wie es diese Welt erlebt. Ihr Kind hat vielleicht Probleme mit der Beziehung zu Freunden und Lehrern. Aber seine Beziehung zu Ihnen kann ihm das Gefühl geben, wertvoll zu sein und geliebt zu werden. Das hilft ihm, die sozialen Herausforderungen zu bestehen. Mag sein, dass Sie der einzige Mensch sind, der im »Hyperfokus« oder dem

»eingeschränkten Interessenmuster« seines Kindes großes Potenzial sieht, das es zu entwickeln gilt, statt es zu entfernen. Das einzigartige Gehirn Ihres Kindes anzunehmen, seine Stärken zu kanalisieren und es so zu akzeptieren, wie es ist (auch wenn Sie sein Verhalten nicht immer akzeptieren), ist für Ihr Kind das größte Erziehungsgeschenk: sich geliebt, akzeptiert und verstanden zu fühlen.

Schlusswort

»Ihr könnt mich nicht zwingen!«

Zuerst einmal Hut ab, dass Sie es bis zum letzten Kapitel geschafft haben, egal, wie lange Sie dafür gebraucht haben oder wie viele Kapitel oder Abschnitte Sie möglicherweise übersprungen haben, um bis hierher zu kommen. Ich würde mir wünschen, dass Sie aus diesem Buch mitnehmen, was Sie in Ihrer aktuellen Situation brauchen, und auf andere Kapitel zurückgreifen, wenn Sie bei der Erziehung eine neue Seite aufschlagen. Ich hoffe auch, dass sich der Begriff »Autonomie-fördernde Erziehung« nicht mehr nach wissenschaftlichem Kauderwelsch anhört, der keinen Sinn ergibt, sondern dass Sie ihn mit einer Denkweise und einer Reihe praktischer Strategien verbinden, die etwas Ordnung in das Chaos bei der Erziehung bringen.

Der Autonomie-fördernden Erziehung liegt ja der Anspruch zugrunde, unseren Kindern zu ermöglichen, sich ihres Wesens bewusst zu werden. Wir wollen sie nicht zwingen zu sein, wie wir sie wollen oder wie sie unserer Meinung nach sein sollen. Das klingt toll als Spruch, den man in den sozialen Medien posten kann, aber dahinter steckt harte Arbeit. Da wir Eltern Menschen sind – und keine Supermänner/-frauen, wie wir manchmal meinen, tun wir uns schwer damit, unsere Wünsche nicht auf unsere Kinder zu projizieren. Wir alle machen das, aber je bewusster wir uns dessen sind und je eher wir den Wunsch haben, es nicht zu tun, desto leichter können wir diesen Drang zügeln und die Autonomie unserer Kinder sprießen lassen.

Dieser Drang wird sich wahrscheinlich – im Großen wie im Kleinen – als Neigung zur Kontrolle äußern, sei es, dass wir Druck wegen der Notengebung ausüben, weil wir hoffen, dass unsere Kinder sich in der Schule hervortun, oder sei es, dass wir auf Drohungen zurückgreifen, damit sie einfach unsere Anweisungen befolgen, sobald wir eine Bitte äußern. Kontrolle ausüben zu wollen ist menschlich, besonders in stressigen Zeiten. Wenn wir das Gefühl haben, dass alles außer Kontrolle ist, sehnen wir uns danach, Kontrolle über irgendetwas zu haben. Unsere Kinder, die oft selbst nach einem eigenen Gefühl der Kontrolle suchen, sind dann ein leichtes Ziel für unsere Kontrollsucht.

Viele Aspekte der modernen Erziehungskultur nähren dieses Ringen um Kontrolle. Von der fehlenden Betreuungsinfrastruktur, die Eltern von Babys und Kleinkindern zusätzlich stresst, bis hin zu den Hardcore-Vergleichen in den sozialen Medien (ist ernsthaft jeder Elfjährige Leistungssportler?) – wir leben in einem Ozean der Kontrollströmung, die uns ständig vom Ufer der bedingungslosen Liebe und Akzeptanz wegzieht. Der Kontrollneigung nachzugeben, ob aus Stress, Wut oder Angst, kann sich im ersten Moment befriedigend anfühlen. Diese Nachgiebigkeit vertreibt entweder unsere eigenen heftigen Emotionen oder gibt uns ein Gefühl von Ordnung im Chaos dieser Welt. Aber diese unmittelbare Befriedigung geht zu Lasten unseres Wohlergehens und des Wohlergehens unserer Kinder.

Meiner Meinung nach ist der überfürsorgliche Erziehungsansatz zumindest teilweise ein Nebenprodukt der allgemeinen kulturellen Tendenz, die Kontrolle zu erlangen und zu behalten. Aber jetzt sehen wir, dass es weder uns noch unseren Kindern guttut, wenn wir unsere elterlichen Sorgen ans Steuer lassen. Wir müssen die Kraft und die Strategien aufbringen, um die auf Angst basierende Erziehung auf den Rücksitz zu verbannen, damit unsere klügere Seite das Steuer übernehmen kann. Autonomie-fördernde Erziehung ist ein Beispiel für diese Klugheit, da der Bezugsrahmen und die dazugehörigen Werkzeuge das Potenzial unserer Kinder wirksam einsetzen, ihre grundlegenden menschlichen Bedürfnisse zu erfüllen. Das hilft diesen kleinen Menschen, zu selbstbewussten, integrierten, mitfühlenden und zufriedenen großen Menschen heranzuwachsen.

Nachdem ich ein Jahr lang zu Autonomie-fördernder Erziehung recherchiert und geschrieben und sie (absichtlich) praktiziert habe, erkannte ich jedoch das zentrale Dilemma: Kinder fühlen sich auch dann kontrolliert, wenn wir Autonomieförderung anwenden und uns von kontrollbasiertem Verhalten distanzieren. Warum? Weil Kinder Dinge tun müssen, die sie nicht tun wollen – zur Schule gehen, Hausaufgaben machen, zum Training gehen, die Großeltern besuchen, ihr Zimmer aufräumen ... Ein Teil der Erziehung besteht darin, Erwartungen aufrechtzuerhalten und unseren Kindern beizubringen, wie man damit umgeht, wenn sie einfach mal wieder »nicht wollen«. Deshalb fühlen sich unsere Kinder auf einer gewissen Ebene oft nicht selbstständig.

Fragen Sie mal meinen Sohn, der genau an dem Morgen, an dem ich dieses Kapitel schrieb, einen Streit mit mir hatte, weil er für Samstagmorgen zu einem Malkurs angemeldet war. Es handelte sich um eine einmalige Unternehmung mit seinen Freunden, für die wir ihn Wochen zuvor angemeldet hatten, und wir hatten ihn die ganze Woche über pflichtbewusst darauf vorbereitet. Der Morgen kam, und er weigerte sich hinzugehen.

Also setzte ich die für diesen Anlass geeigneten Instrumente zur Förderung der Autonomie ein: Empathie, Einfühlungsvermögen, die Auflistung der Gründe für seine Teilnahme (wenn wir uns für etwas anmelden, gehen wir auch hin) und die schrittweise Vorbereitung, also Scaffolding (Kleidung bereitlegen, damit er sich nicht davon überfordert fühlte, diesen Schritt zu tun).

Es stellte sich heraus, dass das Anhören der Perspektive meines Sohnes und das Eingehen auf seine Gefühle seine trotzige Weigerung nicht wie von Zauberhand in kooperativen Feenstaub verwandelten: Die Situation eskalierte. Er blieb bis zehn Minuten vor der Abfahrt im Schlafanzug und rief aus seinem Versteck: »Ich gehe nicht! Ihr könnt mich nicht zwingen!«

Als ich versuchte, seine Weigerung zu umgehen, wurde mir bewusst, dass ich zu dem überging, was manche als Drohungen bezeichnen würden. Ich möchte es lieber als Hinweis auf die logischen Konsequenzen verstanden wissen: »Wenn du nicht in fünf Minuten angezogen bist, gibt es kein Roblox mehr, und du zahlst uns die Stunde von deinem Taschengeld zurück.«

Wie mein Sohn bestätigen kann, verhindert eine Autonomiefördernde Erziehung nicht, dass Kinder sich kontrolliert fühlen (wie irrational auch immer das ist). Und sie bietet auch keine eindeutigen Antworten auf alle Erziehungsfragen. Obwohl ich ein ganzes Jahr lang bewusst darauf geachtet habe, ein Autonomie-förderndes Bezugssystem zu verwenden, haben sich die Erziehungsprobleme nicht in Luft aufgelöst. Ich hatte mächtig damit zu kämpfen, dass meine Große in die frühe Pubertät und auf die weiterführende Schule kam – und dass damit eine intensive Handynutzung einhergeht. Ich hatte auch mit meiner jüngeren Tochter zu kämpfen: Sie war während der anstrengenden Monate der Pandemie ein emotionales Wrack, weil ihr von Natur aus empathischer Geist so viel Leid mitbekam. Und ich kämpfte mit meinem Jüngsten und seiner temperamentvollen Art, die ein übermenschliches Durchhaltevermögen erfordert.

Mir anzuschauen, wie ich im Rahmen der Autonomieförderung mit diesen Kämpfen umgehen kann, hat mir mehr Ruhe und Vertrauen darauf geschenkt, dass ich auf dem richtigen Weg bin. Als ich von einem auf Angst beruhenden zu einem auf Stärke beruhenden Erziehungsstil überging, indem ich mich auf das übergeordnete Ziel der Förderung von Autonomie, Kompetenz und Eingebundenheit konzentrierte, fühlte sich die Beziehung zu meinen Kindern besser und vertrauter an. Ich bemerkte, dass meine Älteste ihren täglichen Pflichten im Haushalt ohne Ermahnung nachkam, dass meine Mittlere freiwillig weniger Zeit mit Bildschirmgeräten verbrachte und dass mein Jüngster gelassener reagierte, wenn ich auf einer Grenze bestand (natürlich mit einigen Ausnahmen). Ich weiß die unerwartet aufschlussreichen Gespräche zu schätzen, die aufkamen, wenn ich auf eins meiner Kinder zuging, ohne ein Verhalten hart zu bestrafen, das mit meinen Wertvorstellungen in Konflikt stand. Als ich mir Zeit nahm und nachdachte, um der ursprünglichen Versuchung Herr zu werden, meine Kinder durch Belehrungen und Anweisungen zu kontrollieren, merkte ich, was wirklich los war, und sie fühlten sich verstanden, statt kritisiert zu werden. Deshalb änderten meine Kinder ihr Verhalten oft aus eigenem Antrieb.

Ich habe jeden Tag mein Bestes gegeben, auch wenn »mein Bestes« je nach Stress und Müdigkeit besser oder schlechter war, und ich habe in meinen kontrollgesteuerten Momenten Nachsicht mit mir geübt. Deshalb konnte ich klarer sehen, wie meine Kinder tatsächlich an Eigenständigkeit und innerer Motivation dazugewannen und entdeckten, wer sie eigentlich sind.

Wenn Sie etwas aus diesem Buch mitnehmen, dann hoffentlich, dass Sie die Verantwortung als »Sozialisationsinstanz« Ihres Kindes annehmen, um ein autonomes, kompetentes und eingebundenes Kind zu erziehen, mit Nachsicht und Geduld im Hinblick auf den holprigen Weg, den Ihr Kind sicherlich einschlagen wird. Als Menschen, die vermutlich selbst um Autonomie und die Kenntnis des eigenen Selbst ringen, kommen wir auch mal ins Stocken. Die menschliche Seite an der Erziehung ist, dass es Zeiten geben wird, in denen wir einfach nicht in der Lage sind, den »richtigen« Weg zu sehen, auch wenn wir uns von Werten leiten lassen. Aber ich hoffe für Sie, dass dieses Autonomie-fördernde Bezugssystem zumindest etwas Licht ins Dunkel des Weges bringt, um Ihnen die Gewissheit zu geben, dass Sie über einige Werkzeuge verfügen, die Sie zu Hilfe nehmen können, auch wenn Sie sich mühsam vorantasten.

Auch wenn eine Autonomie-fördernde Erziehung nicht immer zu funktionieren scheint, kann man es doch hinkriegen. Als mein Sohn und ich zum Malkurs fuhren und die Tränen auf seinem immer noch pausbäckigen Gesicht trockneten, sagte ich: »O Mann, ich weiß, wie schwer sich das heute Morgen angefühlt hat. Es tut mir leid, dass manche Sachen sich so schwer anfühlen.« Er blieb still. Als ich ihn zwei Stunden später abholte, sagte die Lehrerin über ihn und seine Kumpel: »Ich weiß ja nicht, wie viel sie gemalt haben; sie waren einfach mit Quatschen beschäftigt!« Er hatte die Sache abgehakt. Und auch ich hakte sie ab und ging Hand in Hand mit ihm zum Auto, während er mir alles erzählte.

Danke

Als lebenslanger Bücherwurm und aufstrebende Schriftstellerin ist das hier meine Version einer Oscar-Dankesrede. Statt eine goldene Statue in der Hand zu halten, die den Gipfel des Ruhmes für Filmemacher bedeutet, darf ich tatsächlich ein Buch in die Hand nehmen, das ich geschrieben habe. Aber ich habe es nicht allein geschrieben, und glücklicherweise muss ich mich bei meiner Danksagung nicht kurz fassen, weil ich sonst von der Bühne komplimentiert werde.

Zuerst einmal muss ich ausdrücklich den Wissenschaftlern Anerkennung zollen, die der Erforschung Autonomie-fördernder Erziehung Jahrzehnte gewidmet haben. Da ich selbst einmal in der Forschung war, weiß ich, dass sich die Mühe, die es macht, präzise Studien vorzubereiten, durchzuführen und auszuwerten, undankbar anfühlen kann. Ich bewundere die Hingabe dieser Wissenschaftler und danke ihnen dafür, dass sie eine Evidenzbasis geschaffen haben, die Eltern nutzen können, um ihr Leben zu bereichern. Ich hoffe, dass dieses Buch einen Beitrag – und mag es nur ein kleiner sein – dazu leistet, eine Brücke zwischen der Welt der Forschung und der wirklichen Welt zu schlagen.

Ein riesengroßer Dank geht an meine kluge und zielstrebige Agentin Sharon Bowers, weil sie Potenzial in einer alles andere als Prominenten ohne eine Million Follower gesehen hat. Die Sachlichkeit ihrer E-Mails ist einmalig, und ihre Ratschläge sind immer willkommen. Danke an die Mitarbeiter von *Familius*, dass sie es mit mir versucht und mir meinen Traum von der Veröffentlichung eines echten Buches erfüllt haben. Besonderen Dank an Abby Tree, die das Buch bis fast zu dem Tag redigiert hat, an dem sie selbst Mutter wurde, und an die Cheflektorin Brooke Jorden, die es über die Ziellinie gebracht hat.

Ich danke den vielen liebenswürdigen und großzügigen Menschen, die meinen Weg vom Blog zum Buch mitgestaltet haben: Jenna Helwig (mein Schreibengel!); meinen Cheerleader-Freundinnen Barbara Jandasek, Helene Morgan, Jill Stuart, Louisa Olushoga, Mona Stepansky und noch so vielen anderen; meinen Schwiegereltern, die mein Schreiben verfolgen, obwohl sie keine Erziehungsratschläge brauchen; Tiffany Taft, deren Engagement für eine ausgewogene Work-Life-Balance es mir ermöglichte, meine Arbeit zu behalten und gleichzeitig ein Buch zu schreiben; den tatkräftigen Psychologinnen und Autorinnen Rebecca Schrag Hershberg und Ilyse Dobrow DiMarco, deren Großzügigkeit mich mit genau den richtigen Leuten vernetzte; Emily W. King, die so freundlich war, mir ihr Fachwissen zur Erziehung neurodivergenter Kinder zur Verfügung zu stellen; der Mastermind-Gruppe (Debbie Sorenson, Jill Stoddard, Tamara Hubbard, Yael Schonbrun) für ihre humorvolle und pfiffige Unterstützung; und den Redakteuren bei Parents.com, die mir eine Kolumne für Erziehungsratschläge anvertraut haben. Dankend erwähnen möchte ich meine großartige und begabte Schreibpartnerin Yael Schonbrun, die mir bei meiner Achterbahnfahrt als Autorenneuling nicht von der Seite gewichen ist. Ohne ihren Input und ihre Inspiration wäre dieses Buch ein einziges Chaos gewesen.

Als ich mich auf dem Weg, eine Autorin zu werden, den Risiken, Ängsten und stundenlangen Zweifeln des Hochstapler-Syndroms ausgeliefert sah, zeigte sich die Welt der Schriftstellerzunft warm und einladend. Ich danke den vielen großzügigen und gütigen Autorinnen und Autoren, die mir geholfen haben, meinen Weg zu finden: KJ Dell'Antonia, Jessica Lahey, Jennie Wallace und Melinda Wenner Moyer, um nur ein paar zu nennen; aber es gibt noch viele weitere.

Meiner besten Freundin und Seelenverwandten, Danielle Wilkie, die mir bei einem peruanischen Essen, das durch meine Tränen der Angst fast ruiniert wurde, versicherte: »Du bist dazu bestimmt, etwas Großartiges zu vollbringen.« Oder etwas in der Art. Sie hat mich eingenordet, als ich vom Weg abgekommen war. Wir alle brauchen eine solche Danielle. Und meinen Eltern, Carol Clause und Carl Crider, die nicht nur immer meine Autonomie und Freiheit (mit viel Verantwortungsgefühl!) unterstützten, sondern auch meine Liebe zum Lesen von Anfang an förderten und die Ersten waren, die mich als Schriftstellerin sahen. Vielen Dank für die harte Erziehungsarbeit (auch wenn das in den Achtzigern war und ich ja wirklich unkompliziert bin, oder?).

Ich möchte meinem Ehemann und Miterzieher Phil danken, dessen berufliche Chance uns nicht nur in eine neue Stadt brachte, sondern mich auch vor einen beruflichen Scheideweg stellte, der es mir ermöglichte, wieder zu schreiben. Ich hätte allerdings aufgegeben, wenn er mich nicht fortwährend mit seinem unerschütterlichen Glauben, dass ich weitermachen muss, angefeuert hätte. Er sagte mir, ich solle weiterschreiben, und das tat ich.

Und schließlich: meine Kinder. Sie hatten nicht wirklich ein Mitspracherecht, als ich dieses Buch schrieb, also danke ich ihnen dafür, dass sie Teil davon waren, ohne wirklich zu erkennen, wie viel sie über meine Erklärung »Ich erzähle ein bisschen von euch« hinaus beigetragen haben. Hoffentlich verzeihen sie mir, wenn sie als Erwachsene das Bedürfnis dazu verspüren. Die drei sind der Zauber und das Glück meines Leben. Sie sorgen dafür, dass ich ehrlich, bescheiden und immer offen für Neues bleibe. Sie machen mich zu einer besseren Mutter und einem besseren Menschen. Danke, dass ich mit anderen teilen darf, was ich von euch gelernt habe, damit auch sie etwas lernen können. Ich hoffe, dass ihr alle euer autonomes Selbst entdeckt und dass ich euch nicht im Weg stehe. Ich liebe euch drei genau so, wie ihr seid, auch wenn ihr mich »peinlich« findet, mich neckt, weil ich meine Strickjacke »wie eine Mutter« um die Taille wickle, und mit den Augen rollte, weil ich den Unterschied zwischen einem Mandalorianer- und einem Boba-Fett-Helm nicht erkenne. Ich werde nie aufhören, daran zu arbeiten, euch die beste Mutter zu sein, und ich liebe euch über alles.

Endnoten

1 Soenens, Bart & Vansteenkiste, Maarten (2010). A theoretical upgrade of the concept of parental psychological control: Proposing new insights on the basis of self-determination theory. *Developmental Review*, 30(1), S. 74–99

2 Senior, Jennifer (2014). *Himmel und Hölle: Das Dilemma moderner Elternschaft.* Kein & Aber

3 Lythcott-Haims, Julie (2015). *How to Raise an Adult.* Henry Holt and Company

4 Skenazy, Lenore. (2009). *Free-Range Kids, How to Raise Safe, Self-Reliant Children (Without Going Nuts with Worry).* John Wiley & Sons

5 Ryan, Richard M., & Deci Edward L. (2000). Self-determination theory and the facilitation of intrinsic motivation, social development, and well-being. *American Psychologist*, 55(1), S. 68

6 Deci, Edward L., & Flaste, Richard. (1996). *Why we do what we do: Understanding self-motivation.* Penguin books London

7 Ebd.

8 Ebd.

9 Lythcott-Haims, Julie (2015). *How to Raise an Adult.* Henry Holt and Company

10 Chen, Beiwen, Vansteenkiste, Maarten, Beyers, Wim, Boone, Liesbet, Deci, Edward L., Van der Kaap-Deeder, Jolene, Duriez, Bart, Lens, Willy, Matos, Lennia, Mouratidis, Athanasios, Ryan, Richard M., Sheldon, Kennon M., Soenens, Bart, Van Petegem, Stijn & Verstuyf, Joke, (2015). Basic psychological need satisfaction, need frustration, and need strength across four cultures. *Motivation and emotion*, 39(2), S. 216–236

11 Neubauer, Andreas B., Schmidt, Andrea, Kramer, Andrea C., & Schmiedek, Florian (2020). A little autonomy support goes a long way: Daily autonomy-supportive parenting, child well-being, parental need fulfillment, and change in child, family, and parent adjustment across the adaptation to the COVID-19 Pandemic

12 Van Petegem, Stijn, Zimmer-Gembeck, Melanie J., Soenens, Bart, Vansteenkiste, Maarten, Brenning, Katrijn, Mabbe, Elien, Vanhalst, Janne & Zimmermann, Grégoire (2017). Does general parenting context modify adolescents' appraisals and coping with a situation of parental regulation? The case of autonomy-supportive parenting. *Journal of child and family studies*, 26(9), S. 2623–2639

13 Vasquez, Ariana C., Patall, Erika A., Fong, Carlton J., Corrigan., Andrew S. & Pine, Lisa (2016). Parent autonomy support, academic achievement, and psychosocial functioning: A meta-analysis of research. *Educational Psychology Review*, 28(3), S. 605–644

14 Deci, Edward L., & Flaste, Richard. (1996). *Why We Do What We Do: Understanding self-motivation.* Penguin books London

15 https://www.pewresearch.org/short-reads/2014/09/18/families-may-differ-but-they-share-common-values-on-parenting/

16 Borba, Michele (2021). *Thrivers.* G. P. Putnam's Sons

17 Deci, Edward L., & Flaste, Richard. (1996). *Why We Do What We Do: Understanding self-motivation.* Penguin books London

18 Soenens, Bart & Vansteenkiste, Maarten (2010). A theoretical upgrade of the concept of parental psychological control: Proposing new insights on the basis of self-determination theory. *Developmental Review*, 30(1), S. 74–99

19 Ebd.

20 Mabbe, Elien, Soenens, Bart, & Vansteenkiste, Maarten, van der Kaap-Deeder, Jolene & Mouratidis, Thanasis (2018). Day-to-day variation in autonomy-supportive and psychologically controlling parenting: The role of parents daily experiences of need satisfaction and need frustration. *Parenting* 18(2)

21 Deci, Edward L., & Flaste, Richard. (1996). *Why We Do What We Do: Understanding self-motivation.* Penguin books London

22 Soenens, Bart & Vansteenkiste, Maarten (2010). A theoretical upgrade of the concept of parental psychological control: Proposing new insights on the basis of self-determination theory. *Developmental Review*, 30(1), S. 74–99

23 Deci, Edward L., & Flaste, Richard. (1996). *Why We Do What We Do: Understanding self-motivation.* Penguin books London

24 Ebd.

25 Ebd.

26 Ebd.

27 Dieleman, Lisa M., De Pauw, Sarah S. W., Soenens, Bart, Beyers, Wim & Prinzie, Peter (2017). Examining bidirectional relationships between parenting and child maladjustment in youth with autism spectrum disorder: A 9-year longitudinal study. *Development and psychopathology*, 29(4), S. 1199–1213

28 Barkley, Russell A. (2020). *12 Principles for Raising a Child with ADHD*. Guilford Publications

29 Mageau, Geneviève A., Bureau, Julien S., Ranger, Francis, Allen, Marie-Pier, & Soenens, Bart (2016). The role of parental achievement goals in predicting autonomy-supportive and controlling parenting. *Journal of Child and Family Studies*, 25(5), S. 1702–1711

30 Van der Kaap-Deeder, Jolene, Soenens, Bart, Mabbe, Elien, Dieleman, Lisa, Mouratidis, Athanasios, Campbell, Rachel & Vansteenkiste, Maarten (2019). From daily need experiences to autonomy-supportive and psychologically controlling parenting via psychological availability and stress. *Parenting: Science and Practice*, 19(3), S. 177–202

31 https://www.apa.org/news/press/releases/stress/2022/march-2022-survival-mode https://www.apa.org/news/press/releases/stress/2021/one-year-pandemic-stress-parents

32 Mageau, Geneviève A., Ranger, Francis, Joussemet, Mireille, Koestner, Richart, Moreau, Elise, & Forest, Jacques (2015). Validation of the perceived parental autonomy support scale (P-PASS). *Canadian Journal of Behavioural Science/Revue canadienne des sciences du comportement*, 47(3), S. 251 Wintre, Maxine G., & Yaffe, Marvin (1991). Perception of Parents Scale: Development and Validation

33 Doucleff, Michaeleen (2021). Kindern mehr zutrauen. Die Erziehungsgeheimnisse indigener Gemeinschaften. Stressfrei – gelassen – liebevoll. Kösel

34 Soenens, Bart, Vansteenkiste, Maarten, Lens, Willy, Luyckx, Koen, Goossens, Luc, Beyers, Wim & Ryan, Richard M. (2007). Conceptualizing parental autonomy support: Adolescent perceptions of promotion of independence versus promotion of volitional functioning. *Developmental psychology*, 43(3), S. 633

35 Chen, Beiwen, Vansteenkiste, Maarten, Beyers, Wim, Boone, Liesbet, Deci, Edward L., Van der Kaap-Deeder, Jolene, Duriez, BBart, Lens, Willy, Matos, Lennia, Mouratidis, Athanasios, Ryan, Richard M., Sheldon, Kennon M., Soenens, Bart, Van Petegem, Stijn & Verstuyf, Joke, (2015). Basic psychological need satisfaction, need frustration, and need strength across four cultures. *Motivation and emotion*, 39(2), S. 216–236

36 Pomerantz, Eva M. & Wang, Qian (2009). The role of parental control in children's development in Western and East Asian countries. *Current Directions in Psychological Science*, 18(5), S. 285–289

37 Chirkov, Valery I. & Ryan, Richard M. (2001). Parent and teacher autonomy-support in Russian and US adolescents: Common effects on well-being and academic motivation. *Journal of cross-cultural psychology*, 32(5), S. 618–635

38 Marbell, Kristine N. & Grolnick, Wendy S. (2013). Correlates of parental control and autonomy support in an interdependent culture: A look at Ghana. *Motivation and Emotion*, 37(1), S. 79–92

39 Chilenski, Sarah M., Ridenour, Ty, Bequette, Amanda W. & Caldwell, Linda L. (2015). Pathways of influence: How parental behaviors and free time experiences are associated with African American early adolescent development and academic achievement. *The Journal of Negro Education*, 84(3), S. 401–415 Zong, Xiaoli, Cheah, Charissa S. L., Yu, Jing, Lim, Hui Jun, Vu, Kathy T. T. & Opara, Nneka (2019). Identity synthesis as a pathway linking parenting and emerging adults' internalizing problems. *Journal of Child and Family Studies*, 28(4), S. 1029–1041

40 Benito Gomez, Marta, Williams, Kenneshia N., McCurdy, Amy & Fletcher, Anne C. (2020). Autonomy supportive parenting in adolescence: Cultural variability in the contemporary United States. *Journal of Family Theory & Review*, 12(1), S. 7–26

41 Ebd.

42 Ebd.

43 Coffey, John K., Xia, Mengya, & Fosco, Gregory M. (2020). When do adolescents feel loved? A daily within-person study of parent-adolescent relations. *Emotion*, 22(5), S. 861–873

44 Deci, Edward L., & Flaste, Richard. (1996). *Why We Do What We Do: Understanding self-motivation*. Penguin books London

45 Roth, Guy, Kanat Maymon, Yaniv & Assor, Avi (2016). The role of unconditional parental regard in autonomy supportive parenting. *Journal of personality*, 84(6), S. 717

46 Smith, Julie & Ross, Hildy (2007). Training parents to mediate sibling disputes affects children's negotiation and conflict understanding. *Child development*, 78(3), S. 790–805

47 Wenner Moyer, Melinda (2022). *Wie Kinder keine Arschlöcher werden: So erziehen wir unsere Kinder zu toleranten, mitfühlenden und selbstbewussten Menschen*. Gräfe und Unzer

48 Smith, Julie & Ross, Hildy (2007). Training parents to mediate sibling disputes affects children's negotiation and conflict understanding. *Child development*, 78(3), S. 790–805

49 Van der Kaap-Deeder, Jolene, Vansteen-kiste, Maarten, Soenens, Bart, Loeys, Tom, Mabbe, Elien & Gargurevich, Rafael (2015). Autonomy-supportive parenting and autonomy-supportive sibling interactions: The role of mothers' and siblings' psychological need satisfaction. *Personality and Social Psychology Bulletin*, 41(11), S. 1590–1604

50 Bindman, Samantha W., Pomerantz, Eva M. & Roisman, Glenn I. (2015). Do children's executive functions account for associations between early autonomy-supportive parenting and achievement through high school? *Journal of educational psychology*, 107(3), S. 756–770

51 Laurin, Julie C., & Joussemet, Mireille (2017). Parental autonomy-supportive practices and toddlers' rule internalization: A prospective observational study. *Motivation and Emotion*, 41(5), S. 562–575

52 McCurdy, Amy L., Williams, Kenneshia N., Lee, Grace Y., Benito Gomez, Marta & Fletcher, Anne C. (2020). Measurement of Parental Autonomy Support: A Review of theoretical Concerns and Developmental Considerations. *Journal of Family Theory & Review*, 12(3); S. 382–397

53 Ross Hildy, Ross Michael, Stein Nancy, Trabasso Tom (2006). How siblings resolve their conflicts: the importance of first offers, planning, and limited opposition. *Child Development* 77(6): S. 1730–1745

54 Song, Ju-Hyun & Volling, Brenda L. (2018). Theory of Mind development and early sibling relationships after the birth of a sibling: Parental discipline matters. *Infant and child development*, 27(1)

55 Kim, Ji-Yeon, McHale, Susan M., Osgood, Wayne D. & Crouter, Ann C. (2006). Longitudinal course and family correlates of sibling relationships from childhood through adolescence. *Child development*, 77(6), S. 1746–1761

56 Van der Kaap-Deeder, Jolene, Vansteen-kiste, Maarten, Soenens, Bart, Loeys, Tom, Mabbe, Elien & Gargurevich, Rafael (2015). Autonomy-supportive parenting and autonomy-supportive sibling interactions: The role of mothers' and siblings' psychological need satisfaction. *Personality and Social Psychology Bulletin*, 41(11), S. 1590–1604 Karavasilis, Leigh, Doyle, Anna B., & Markiewicz, Dorothy (2003). Associations between parenting style and attachment to mother in middle childhood and adolescence. *International Journal of Behavioral Development*, 27(2), S. 153–164

57 Seligman, Martin E. P., Ernst, Randal M., Gillham, Jane, Reivich, Karen & Linkins, Mark (2009). Positive education: Positive psychology and classroom interventions. *Oxford review of education*, 35(3), S. 293–311

58 Van der Kaap-Deeder, Jolene, Vansteen-kiste, Maarten, Soenens, Bart, & Mabbe, Elien. (2017). Children's daily well-being: The role of mothers , teachers, and siblings autonomy support and psychological control. *Developmental psychology*, 53(2), S. 237–251

59 Van der Kaap-Deeder, Jolene, Vansteen-kiste, Maarten, Soenens, Bart, Loeys, Tom, Mabbe, Elien & Gargurevich, Rafael (2015). Autonomy-supportive parenting and autonomy-supportive sibling interactions: The role of mothers' and siblings' psychological need satisfaction. *Personality and Social Psychology Bulletin*, 41(11), 1590–1604, S. 1591

60 Roth, Guy, Kanat Maymon, Yaniv & Assor, Avi (2016). The role of unconditional parental regard in autonomy supportive parenting. *Journal of personality*, 84(6), S. 716–725

61 Van Petegem, Stijn, Zimmer-Gembeck, Melanie J., Soenens, Bart, Vansteenkiste, Maarten, Brenning, Katrijn, Mabbe, Elien, Vanhalst, Janne & Zimmermann, Grégoire (2017). Does general parenting context modify adolescents' appraisals and coping with a situation of parental regulation? The case of autonomy-supportive parenting. *Journal of child and family studies*, 26(9), S. 2623–2639

62 Ebd.

63 Kim, Ji-Yeon, McHale, Susan M., Osgood, Wayne D. & Crouter, Ann C. (2006). Longitudinal course and family correlates of sibling relationships from childhood through adolescence. *Child development*, 77(6), S. 1746–1761

64 Tucker, Corinna J., Updegraff, Kimberly, McHale, Susan M. & Crouter, Ann C. (1999). Older siblings as socializers of younger siblings' empathy. *The Journal of Early Adolescence*, 19(2), S. 176–198

65 Vasquez, Ariana C., Patall, Erika A., Fong, Carlton J., Corrigan., Andrew S. & Pine, Lisa (2016). Parent autonomy support, academic achievement, and psychosocial functioning: A meta-analysis of research. *Educational Psychology Review*, 28(3), S. 605–644 McCurdy, Amy L., Williams, Kenneshia N., Lee, Grace Y., Benito Gomez, Marta & Fletcher, Anne C. (2020). Measurement of Parental Autonomy Support: A Review of theoretical Concerns and Developmental Considerations. *Journal of Family Theory & Review*, 12(3); S. 382–397

66 Dell Antonia, K. J. (2018). *How to Be a Happier Parent*. Avery

67 https://www.wsj.com/articles/why-children-need-chores-1426262655

68 https://ghk.h-cdn.co/assets/cm/15/12/55071e0298a05_-_Involving-children-in-household-tasks-U-of-M.pdf

69 Rende, Richard (2015). The developmental significance of chores: Then and now. The Brown University Child and Adolescent Behavior Letter, 31(1), S. 1–7

70 https://slate.com/human-interest/2014/06/making-caring-common-project-study-finds-that-students-value-achievement-over-caring-for-others.html

71 Doucleff, Michaeleen (2021). Kindern mehr zutrauen. Die Erziehungsgeheimnisse indigener Gemeinschaften. Stressfrei gelassen liebevoll. Kösel

72 Bryan, Christopher J., Master, Allison & Walton, Gregory M. (2014). »Helping« versus »being a helper«: Invoking the self to increase helping in young children. Child Development, 85(5), S. 1836–1842

73 Lythcott-Haims, Julie (2015). How to Raise an Adult. Henry Holt and Company

74 Jones, Damon E., Greenberg, Mark & Crowley, Max (2015). Early social-emotional functioning and public health: The relationship between kindergarten social competence and future wellness. American journal of public health, 105(11), S. 2283–2290

75 Clark, Karen E. & Ladd, Gary W. (2000). Connectedness and autonomy support in parent-child relationships: Links to children's socioemotional orientation and peer relationships. Developmental psychology, 36(4), S. 485–498
Matte-Gagné, Célia, Harvey, Brenda, Stack, Dale M. & Serbin, Lisa A. (2015). Contextual specificity in the relationship between maternal autonomy support and children's socio-emotional development: A longitudinal study from preschool to preadolescence. Journal of Youth and Adolescence, 44(8), S. 1528–1541

76 Matte-Gagné, Célia, Harvey, Brenda, Stack, Dale M. & Serbin, Lisa A. (2015). Contextual specificity in the relationship between maternal autonomy support and children's socio-emotional development: A longitudinal study from preschool to preadolescence. Journal of Youth and Adolescence, 44(8), S. 1528–1541
Clark, Karen E. & Ladd, Gary W. (2000). Connectedness and autonomy support in parent-child relationships: Links to children's socioemotional orientation and peer relationships. Developmental psychology, 36(4), S. 485–498
Van Petegem, Stijn, Brenning, Katrijn, Baudat, Sophi, Beyers, Wim & Zimmer-Gembeck, Melanie J. (2018). Intimacy development in late adolescence: Longitudinal associations with perceived parental autonomy support and adolescents' self-worth. Journal of adolescence, 65, S. 111–122
Joussemet, Mireille, Koestner, Richard, Lekes, Natasha & Landry, Renée (2005). A Longitudinal Study of the Relationship of Maternal Autonomy Support to Children's Adjustment and Achievement in School. Journal of Personality, 73(5), S. 1215–1236
Soenens, Bart & Vansteenkiste, Maarten (2005). Antecedents and outcomes of self-determination in 3 life domains: The role of parents' and teachers' autonomy support. Journal of youth and adolescence, 34(6), S. 589–604

77 Matte-Gagné, Célia, Harvey, Brenda, Stack, Dale M. & Serbin, Lisa A. (2015). Contextual specificity in the relationship between maternal autonomy support and children's socio-emotional development: A longitudinal study from preschool to preadolescence. Journal of Youth and Adolescence, 44(8), S. 1528–1541

78 Cook, Emily C., Buehler, Cheryl & Fletcher, Anne C. (2012). A process model of parenting and adolescents friendship competence. Social Development, 21(3), S. 461–481

79 Hartl, Amy C., Laursen, Brett & Cillessen, Antonius H. N. (2015). A survival analysis of adolescent friendships: The downside of dissimilarity. Psychological Science, 26(8), S. 1304–1315

80 Matte-Gagne, Célia, Harvey, Brenda, Stack, Dale M. & Serbin, Lisa A. (2015). Contextual specificity in the relationship between maternal autonomy support and children's socio-emotional development: A longitudinal study from preschool to preadolescence. Journal of Youth and Adolescence, 44(8), S. 1528–1541

81 Soenens, Bart & Vansteenkiste, Maarten (2005). Antecedents and outcomes of self-determination in 3 life domains: The role of parents' and teachers' autonomy support. Journal of youth and adolescence, 34 (6), S. 589–604

82 Ebd.

83 Cook, Emily C., Buehler, Cheryl & Fletcher, Anne C. (2012). A process model of parenting and adolescents' friendship competence. Social Development, 21(3), S. 461–481

84 Schrag Hershberg, Rebecca (2018). The Tantrum Survival Guide. Guilford Publications

85 Vanderberg, Rachel H., Farkas, Amy H., Miller, Elizabeth, Sucato, Gina S., Akers, Aletha Y. & Borrero, Sonya B. (2016). Racial and/or ethnic differences in formal sex education and sex education by parents among young women in the United States. Journal of pediatric and adolescent gynecology, 29(1), S. 69–73

86 Albert, Bill (2012) With One Voice 2012: America's Adults and Teens Sound off About Teen Pregnancy. The National Campaign to prevent teen and unplanned pregnancy, August 2012

87 Mellins, Claude A., Walsh, Kate, Sarvet, Aaron L., Wall, Melanie, M., Gilbert, Louisa, Santelli, John S., Thompson, Martie P., Wilson, Patrick A., Khan, Shamus, Benson, Stephanie, Bah, Karimata, Kaufman, Kathy, Reardon, Leigh & Hirsch, Jennifer S. (2017). Sexual assault incidents among college undergraduates: Prevalence and factors associated with risk. PLoS one, 12(11)
Kann, Laura, McManus, Tim, Harris, William A., Shanklin, Shari L., Flint, Katherine, Queen, Barbara, Lowry, Richard, Chyen, David, Whittle, Lisa, Thornton, Jemekia, Lim, Connie, Bradford, Denise, Yamakawa, Yoshimi, Leon, Michelle, Brener, Nancy & Ethier, Kathleen A. (2018). Youth risk behavior surveillance United States, 2017. Surveillance Summaries, 67(8), S. 1–114

88 Wenner Moyer, Melinda (2022). Wie Kinder keine Arschlöcher werden: So erziehen wir unsere Kinder zu toleranten, mitfühlenden und selbstbewussten Menschen. Gräfe und Unzer

89 https://sexandsensibility.net/wpcontent/uploads/2012/06/FiveCoreNeeds.pdf (die 5 Bedürfnisse zitiert nach Roffman, Deborah M. (2001): Sex and Sensibility: The Thinking Parent's Guide to Talking Sense About Sex. Da Capo Lifelong Books

90 Roth, Guy, Vansteenkiste, Maarten, & Ryan, Richard M. (2019). Integrative emotion regulation: Process and development from a self-determination theory perspective. Development and psychopathology, 31(3), S. 945–956

91 Lincoln, Courtney R., Russell, Beth S., Donohue, Erin B. & Racine, Lauren E. (2017). Mother-child interactions and preschoolers' emotion regulation outcomes: Nurturing autonomous emotion regulation. Journal of Child and Family Studies, 26(2), S. 559–573
Meuwissen, Alyssa S. & Carlson, Stephanie M. (2019). An experimental study of the effects of autonomy support on preschoolers' self-regulation. Journal of Applied Developmental Psychology, 60, S. 11–23

92 Perez, Christopher M., Nicholson, Bonnie C., Dahlen, Eric R. & Leuty, Melanie E. (2020). Overparenting and emerging adults' mental health: The mediating role of emotional distress tolerance. Journal of Child and Family Studies, 29(2), S. 374–381

93 Erschienen im Arbor Verlag, 2013. (Originaltitel: The Whole Brain Child)

94 Bronson, P., & Merryman, A. (2009). Nature Shock. Twelve
Steinberg, Laurence (2014). Age of Opportunity. Houghton Mifflin Harcourt

95 Steinberg, Laurence (2014). Age of Opportunity. Houghton Mifflin Harcourt

96 Roth, Guy, Vansteenkiste, Maarten, & Ryan, Richard M. (2019). Integrative emotion regulation: Process and development from a self-determination theory perspective. Development and psychopathology, 31(3), S. 945–956

97 Lythcott-Haims, Julie (2015). How to Raise an Adult. Henry Holt and Company

98 Dweck, C. S. (2006). Mindset. Random House

99 Borba, M (2021). Thrivers. G. P. Putnam's Song

100 https://www.washingtonpost.com/lifestyle/2019/09/26/students-high-achieving-schools-are-now-named-an-at-risk-group/

101 Vasquez, Ariana C., Patall, Erika A., Fong, Carlton J., Corrigan, Andrew S. & Pine, Lisa (2016). Parent autonomy support, academic achievement, and psychosocial functioning: A meta-analysis of research. Educational Psychology Review, 28(3), S. 605–644

102 Cooper, Harris, Robinson, Jorgianne C. & Patall, Erika A. (2006). Does homework improve academic achievement? A synthesis of research, 1987–2003. Review of educational research, 76(1), S. 1–62
Snook, Ivan, O'Neill, John, Clark, John, O'Neill, Anne-Marie & Openshaw, Roger (2009). Invisible learnings? A commentary on John Hattie's book ›Visible learning: a synthesis of over 800 meta-analyses relating to achievement‹. New Zealand journal of educational studies, 44(1), S. 93–106

103 Moè, Angelica, Katz, Idit, & Alesi, Marianna (2018). Scaffolding for motivation by parents, and child homework motivations and emotions: Effects of a training programme. British Journal of Educational Psychology, 88(2), S. 323–344

104 Borba, M (2021). Thrivers. G. P. Putnam's Song

105 https://www.theatlantic.com/magazine/archive/2015/12/the-silicon-valley-suicides/413140/

106 Lahey, Jessica (2015). The Gift of Failure. Harper Collins

107 Ciciolla, Lucia, Curlee, Alexandria S., Karageorge, Jason & Luthar, Suniya (2017). When mothers and fathers are seen as disproportionately valuing achievements: Implications for adjustment among upper middle class youth. Journal of youth and adolescence, 46(5), S. 1057–1075

108 Duckworth, Angela (2017). Grit. *Die neue Formel zum Erfolg. Mit Begeisterung und Ausdauer ans Ziel*. C. Bertelsmann

109 Heitner, Devorah (2016). *Screenwise*. Routledge

110 Wenner Moyer, Melinda (2022). *Wie Kinder keine Arschlöcher werden: So erziehen wir unsere Kinder zu toleranten, mitfühlenden und selbstbewussten Menschen*. Gräfe und Unzer

111 Ebd., S. 254

112 Orben, Amy & Przybylski, Andrew K. (2019). The association between adolescent well-being and digital technology use. *Nature human behaviour*, 3(2), S. 173–182

113 Kamenetz, A. (2018). *The Art of Screen Time*. PublicAffairs

114 Bjelland, Mona, Soenens, Bart, Bere, Elling, Kovács, Éva, Lien, Nanna, Maes, Lea, Manios, Yannis, Moschonis, George, te Velde, Sakia J. Associations between parental rules, style of communication and children's screen time. *BMC Public Health*, 15, Artikel Nr. 1002 (2015) https://doi.org/10.1186/s12889-015-2337-6

115 Wang, Hongxia, Geng, Jingyu, Liu, Ke, Wei, Xinyi, Wang, Jing & Lei, Li (2021). Future Time Perspective and Self-Control Mediate the Links between Parental Autonomy Support and Adolescents' Digital Citizenship Behavior. *Youth & Society*, 54(6)

116 Hiniker, Alexis, Suh, Hyewon, Cao, Sabina & Kientz, Julie A. (2016). Screen time tantrums: How families manage screen media experiences for toddlers and preschoolers. CHI '16: Proceedings of the 2016 ChI Conference on Human Factors in Computing Systems. S. 648–660

117 Hill, David, Ameenuddin, Nusheen, Reid Chassiakos, Yolanda L., Cross, Corinn, Hutchinson, Jeffrey, Levine, Alanna, Radesky, Jenny, Christakis, Dimitri, Boyd, Rhea, Mendelson, Robert, Moreno, Megan & Swanson, Wendy S. (2016). Media and young minds. *Pediatrics*, 138(5)

118 Hiniker, Alexis, Suh, Hyewon, Cao, Sabina & Kientz, Julie A. (2016). Screen time tantrums: How families manage screen media experiences for toddlers and preschoolers. CHI '16: Proceedings of the 2016 ChI Conference on Human Factors in Computing Systems. S. 648–660

119 https://www.commonsensemedia.org/sites/default/files/uploads/research/2020_zero_to_eight_census_final_web.pdf

120 https://www.statista.com/statistics/1150621/most-popular-social-networks-children-us-age-group/

121 https://www.pewresearch.org/internet/2018/05/31/teens-social-media-technology-2018/

122 Kamenetz, Anya (2018). *The Art of Screen Time*. PublicAffairs. S. 50

123 Housel, Morgan (2021). *Über die Psychologie des Geldes*. Finanzbuch Verlag

124 Lieber, Ron (2025). *The opposite of spoiled: Raising kids who are grounded, generous, and smart about money*. Harper Collins Publishers

125 https://www.pewresearch.org/fact-tank/2017/05/05/its-becoming-more-common-for-young-adults-to-live-at-home-and-for-longer-stretches/

126 https://www.pewresearch.org/social-trends/2019/10/23/majority-of-americans-say-parents-are-doing-too-much-for-their-young-adult-children/

127 Housel, Morgan (2020). *The Psychology of Money*. Harriman House Limited.
Deutscher Titel: *Über die Psychologie des Geldes: Zeitlose Lektionen über Reichtum, Gier und Glück*. Finanz Buch Verlag

128 Lieber, Ron (2016). *Die Verwöhnfalle. Wie man seine Kinder zu verantwortungsbewussten und glücklichen Menschen erzieht*. MVG Verlag

129 https://www.pewresearch.org/fact-tank/2022/06/21/after-dropping-in-2020-teen-summer-employment-may-be-poised-to-continue-its-slow-comeback/

130 Mortimer, Jeylan T. (2010). The benefits and risks of adolescent employment. *The prevention researcher*, 17(2), S. 8–11

131 Lieber, Ron (2021). *The Price You Pay for College*. HarperCollins

132 https://www.forbes.com/sites/susanadams/2013/01/16/want-your-kids-to-succeed-dont-pay-for-their-education/?sh=501a1bd061d3

133 Lieber, Ron (2021). *The Price You Pay for College*. Harper Collins.

134 Lahey, Jessica (2015). *The Gift of Failure*. Harper Collins

135 Borba, Michele (2021). *Thrivers*. G. P. Putnam's Sons

136 Merkel, Donna (2013). Youth sport: Positive and negative impact on young athletes. *Open access journal of sports medicine*, 4, S. 151

137 https://www.kqed.org/mindshi/41205/what-kids-need-for-optimal-health-and-school-engagement

138 Merkel, Donna (2013). Youth sport: Positive and negative impact on young athletes. *Open access journal of sports medicine*, 4, S. 151–160

139 Holt, Nicholas, Jørgensen, Helene & Deal, Colin J. (2021). How Do Sport Parents Engage in Autonomy- Supportive Parenting in the Family Home Setting? A theoretically Informed Qualitative Analysis. *Journal of Sport and Exercise Psychology*, 43(1), S. 61–70

Pynn, Shannon R., Dunn, John G. H. & Holt, Nicholas (2019). A qualitative study of exemplary parenting in competitive female youth team sport. *Sport, Exercise, and Performance Psychology*, 8(2), S. 163–178

140 Denault, Anne-Sophie & Guay, Frédéric (2017). Motivation towards extracurricular activities and motivation at school: A test of the generalization effect hypothesis. *Journal of Adolescence*, 54, S. 94–103

141 Creech, Andrea (2010). Learning a musical instrument: The case for parental support. *Music Education Research*, 12(1), S. 13–32

142 Merkel, Donna (2013). Youth sport: Positive and negative impact on young athletes. *Open access journal of sports medicine*, 4, S. 151–160

143 Whitt, Sam, Yanus, Alixandra B., McDonald, Brian, Graeber, John, Setzler, Mark, Ballingrud, Gordon & Kifer, Martin (2021). Tribalism in America: Behavioral experiments on affective polarization in the Trump era. *Journal of Experimental Political Science*, 8(3), S. 247–259

144 https://www.purposechallenge.org/why-purpose/

145 Crocetti, Elisabeta, Jahromi, Parissa & Meeus, Wim H. J. (2012). Identity and civic engagement in adolescence. *Journal of adolescence*, 35(3), S. 521–532

146 Atkins, Robert, Hart, Daniel & Donnelly, Thomas M. (2005). The association of childhood personality type with volunteering during adolescence. *Merrill-Palmer Quarterly*, 51(2), S. 145–162
https://www.edweek.org/leadership/volunteerism-declined-among-young-people/2018/07

147 Deci, Edward L., & Flaste, Richard. (1996). *Why We Do What We Do: Understanding self-motivation*. Penguin books London 7

148 Kim, Jinho & Morgül, Kerem (2017). Long-term consequences of youth volunteering: Voluntary versus involuntary service. *Social science research*, 67, S. 160–175

149 Ebd.

150 https://www.pewresearch.org/religion/2009/04/27/faith-in-flux/

151 https://www.pewresearch.org/short-reads/2016/08/24/why-americas-nones-left-religion-behind/

152 Dollahite, David C. & Marks, Loren D. (2019). Positive youth religious and spiritual development: What we have learned from religious families. *Religions*, 10, S. 548–568

153 https://americanfamiliesofaith.byu.edu/

154 Dollahite, David C. & Marks, Loren D. (2019). Positive youth religious and spiritual development: What we have learned from religious families. *Religions*, 10, S. 548–568

155 Cohen, Lori L., Milyavskaya, Marina & Koestner, Richard (2009). The Internalization of Jewish Values by Children Attending Orthodox Jewish Schools, and its Relationship to Autonomy-Supportive Parenting and Adjustment. *Journal of Jewish Education*, 75(4), S. 350–363

156 Dollahite, D. C., & Marks, L. D. (2019) Positive youth religious and spiritual development: What we have learned from religious families. *Religions*, 10, S. 548

157 https://americanfamiliesoffaith.byu.edu/

158 Lebowitz, Eli R., Marin, Carla, Martino, Alyssa, Shimshoni, Yaara & Silverman, Wendy K. (2019). Parent-based treatment as efficacious as cognitive-behavioral therapy for childhood anxiety: A randomized noninferiority study of supportive parenting for anxious childhood emotions. *Journal of the America Academy of child & adolescent psychiatry*, 59(3), S. 362–372a

159 Schiffrin, Holly H., Liss, Miriam, Miles-McLean, Haley, Geary, Katherine A., Erchull, Mindy J. & Tashner, Taryn (2014). Helping or hovering? The effects of helicopter parenting on college students' well-being. *Journal of child and family studies*, 23(3), S. 548–557

160 Vasquez, Ariana C., Patall, Erika A., Fong, Carlton J., Corrigan., Andrew S. & Pine, Lisa (2016). Parent autonomy support, academic achievement, and psychosocial functioning: A meta-analysis of research. *Educational Psychology Review*, 28(3), S. 605–644

161 Twenge, Jean M., Cooper, A Bell, Joiner, Thomas E., Duffy, Mary E. & Binau, Sarah G. (2019). Age, period, and cohort trends in mood disorder indicators and suicide-related outcomes in a nationally representative dataset, 2005–2017. *Journal of abnormal psychology*, 128(3), S. 185–199

162 https://adaa.org/understanding-anxiety/facts-statistics

163 https://www.nimh.nih.gov/health/statistics/any-anxiety-disorder

164 https://www.cdc.gov/nchs/data/databriefs/db352-h.pdf

165 American Psychiatric Association. (2013). *Diagnostisches und Statistisches Manual Psychischer Störungen DSM-5*

166 Clark, Molly S., Jansen, Kate L. & Cloy, J. Anthony (2012). Treatment of childhood and adolescent depression. *American family physician*, 86(5), S. 442–448

167 Seery, Mark D., Holman, E. Alison, & Silver, Roxane C. (2010). Whatever does not kill us: cumulative lifetime adversity, vulnerability, and resilience. *Journal of personality and social psychology*, 99(6), S. 1025–1041

168 Barkley, R. A. (2020). *12 Principles for Raising a Child with ADHD*. Guilford Publications

169 Bindman, Samantha W., Pomerantz, Eva M. & Roisman, Glenn I. (2015). Do children's executive functions account for associations between early autonomy-supportive parenting and achievement through high school? *Journal of educational psychology*, 107(3), S. 756–770

170 Eisenberg, Nancy, Vidmar, Masa, Spinrad, Tracy L., Eggum, Nathalie D., Edwards, Alison, Gaertner, Bridget & Kupfer, Anne (2010). Mothers' teaching strategies and children's effortful control: a longitudinal study. *Dev Psychol*, 46(5), S. 1294–1308

171 Thomassin, Kristel & Suveg, Cynthia (2012). Parental autonomy support moderates the link between ADHD symptomatology and task perseverance. *Child Psychiatry Hum Dev.*, 43(6), S. 958–967

172 Modesto-Lowe, Vania, Danforth, Jeffrey S. & Brooks, Donna (2008). ADHD: does parenting style matter? *Clin Pediatr (Phila)*, 47(9), S. 865–872

173 Barkley, Russell A. (2020). *12 Principles for Raising a Child with ADHD*. Guilford Publications

174 Reutebuch, Colleen, El Zein, Farah & Roberts, Garrett J. (2015). A systematic review of the effects of choice on academic outcomes for students with autism spectrum disorder. *Research in Autism Spectrum Disorders*, 20, S. 1–16

175 Dieleman, Lisa M., Soenens, Bart, Vansteenkiste, Maarten, Prinzie, Peter, Laporte, Nele & De Pauw, Sarah S. W. (2019). Daily sources of autonomy-supportive and controlling parenting in mothers of children with ASD: The role of child behavior and mothers' psychological needs. *Journal of autism and developmental disorders*, 49(2), S. 509–526

176 Dieleman, Lisa M., De Pauw, Sarah S. W., Soenens, Bart, Beyers, Wim & Prinzie, Peter (2017). Examining bidirectional relationships between parenting and child maladjustment in youth with autism spectrum disorder: A 9-year longitudinal study. *Development and Psychopathology*, 29(4), S. 1199–1213

177 Karst, Jeffrey S. & Van Hecke, Amy V. (2012). Parent and family impact of autism spectrum disorders: A review and proposed model for intervention evaluation. *Clinical child and family psychology review*, 15(3), S. 247–277
Woodgate, Roberta L., Ateah, Christine & Secco, Loretta (2008). Living in a world of our own: The experience of parents who have a child with autism. *Qualitative health research*, 18(8), S. 1075–1083

178 Dieleman, Lisa M., Soenens, Bart, Vansteenkiste, Maarten, Prinzie, Peter, Laporte, Nele & De Pauw, Sarah S. W. (2019). Daily sources of autonomy-supportive and controlling parenting in mothers of children with ASD: The role of child behavior and mothers' psychological needs. *Journal of autism and developmental disorders*, 49(2), S. 509–526

179 Prizant, Barry M. (2016). *Einzigartig anders und ganz normal*. VAK

Register